重九，重九

史传纪实文学

农历九月九日，因含两九故称重九，俗称重阳。这是辞书对重九最简明的解释。然而在云南，在中国烟草界，提到重九，人们会自然联想到一个事件和一盒香烟……

冉隆中　段平◎著

作者用四年的时光来研究一个名词，走进一种情感，述说一段历史。在这个名词的背后隐藏着一个历史事件和一个品牌的渊源……

CHONGJIU CHONGJIU

就让我从那个战火纷飞的年代开始说起吧——

云南出版集团公司
云南人民出版社

图书在版编目（CIP）数据

重九 重九 / 冉隆中, 段平著. —昆明 : 云南人民出版社, 2012.9

ISBN 978-7-222-10315-3

Ⅰ.①重… Ⅱ.①冉… ②段… Ⅲ.①纪实文学－中国－当代 Ⅳ.①I25

中国版本图书馆CIP数据核字（2012）第227673号

出品人：刘大伟

责任编辑：刘大伟　赵石定　王　韬

装帧设计：马　滨

责任印制：洪中丽

责任校对：刀保厚

书名：**重九 重九**

作者：**冉隆中　段平**

出版：云南出版集团公司　云南人民出版社

发行：云南人民出版社

地址：昆明市环城西路609号

邮编：650034

网址：http://ynpress.yunshow.com/

E-mail：rmszbs@public.km.yn.cn

开本：720×1010 1/16

印张：28.75

字数：490千

版次：2012年11月第1版第1次印刷

印刷：昆明合骧琳彩印包装有限责任公司

书号：ISBN 978-7-222-10315-3

定价：49.90元

目录

序章 · “重九”出世

CHONGJIU CHUSHI

庾恩锡脱口说出“重九”两个字后，唐继尧身不由己地从宽大的办公桌后站起身来：“好，这个名字好啊，晋侯。”

晋侯是庾恩锡的字，此刻，他正站在云南省省长唐继尧的面前，地点在昆明五华山光复楼唐继尧的省长办公室。

其时，唐继尧重返五华山还不到半年的时间。

1921 年 2 月 8 日，唐继尧被部将顾品珍所逼下台。唐走顾来之时，时逢春节，昆明出了一副春联：两个洋芋辞旧岁，一棵白菜迎新年。其寓意为，唐氏兄弟（唐继尧、唐继虞）为云南会泽人，洋芋是会泽著名的土特产；而昆明呈贡盛产大白菜，暗合顾系昆明呈贡人之意。但没过多久，因顾用人不公，昆明街头又传出，山上不合种白菜（五华山），还是只能种洋芋。果然，仅仅一年之后，1922 年 3 月 24 日，唐继尧即率部从两广打回云南，重新执掌云南军政大权。

接下来，庾恩锡又说：“唐公，中秋马上就到了。中秋节我打算在庾园办一个 party（聚会），邀请在昆社会名流，到庾园品吸亚细亚烟草公司生产的第一个产品——‘重九’香烟。”

唐点头表示赞许：“好啊，到时候我一定参加——这样吧，晋侯，这个晚会由你张罗，以省府和我个人的名义举办，客人也由我来出面邀请。你别搞那太洋派的东西，还是听滇戏吧。”

曾因推翻袁世凯而名震四海的护国军总司令和堂堂的靖国九省联军总司令，为何对一个刚刚起步的地方烟草公司，以及所出产的第一个香烟品牌如此关心？说来话就长了。

当年，庾恩锡的二哥庾恩旸与唐继尧一起东渡日本，在日本留学长达五年之久。

唐来自今天的国家级穷困县会泽，当时，会泽以一个乡的年收入供其赴日留学。唐本人家境贫寒，虽 15 岁就高中秀才，但其父唐三省一生以教书为业，收入微薄，唐赴昆参加留学考试的盘缠，还是左邻右舍临时帮衬的。庾家就不同了，庾家所在的他郎县（今墨江），虽然也属于今天的国家级穷困县，但庾家此时已是他郎有名的富绅之家。经父亲庾国清和长兄庾恩荣两代人的经营，庾家的荣庆商号，国内的生意一直做到了沪、粤、汉、港，乃至京津塘，国外到了东南亚，用今天的话说，庾恩旸当属名符其实的“富二代”——不差钱。

庾恩旸一向为人豪爽，侠肝义胆，慷慨大方，大有千金散尽还复来之气度，一路在经济上给了唐继尧不少帮助。留日学生出发前，云贵总督府虽然发给了部分盘缠，但从云南徒步出发，经水路到上海，一路最快也要一个多月的时间。试想，唐继尧到昆明参加留学考试的路费，都是老父东拼西凑跟人借的，如果没有庾恩旸一路上的“古道热肠”，我们很难想象，捉襟见肘的唐继尧，当年是如何漂洋过海的。

唐继尧和庾恩旸东渡日本的时间是 1904 年，120 多名云南学子沿长江而下，会集上海，再从上海乘船转赴日本。

唐继尧与庾恩旸同年，两人均生于 1883 年，这一年，两人都刚满 21 岁。但与唐继尧不同的是，庾恩旸所受的基本上是新式教育，先入普洱（今宁洱）省立第六中学译算班，后又考入省立高等学堂。所谓译算，就是翻译和算术。庾恩旸所受的新式教育，虽与中国沿袭了一千多年的科举无缘，却为留学日本打下了坚实的基础。我们知道，日本自明治维新后，广开国门，引进西方先进的科学技术和教育体制，短短二三十年间，便一跃成为亚洲头号强国。这就使得原本是中国的“学生”和“弟子”的日本（时至今日，东京一个书店每月售出的《论语》仍高达 1 万多册，远远超过眼下全中国一年的销售量），反倒变成了中国的“先生”。当时，日本许多学校使用的大都是英文教材，所聘教师中，不少为英德法美籍人。庾恩旸所学的译算，很快就派上了用场。

那一年，云南东渡日本求学的 120 多名学子中，最后有 26 人选学了军事，其中就有唐继尧、庾恩旸、李根源、顾品珍、罗佩金等人。之前，曾经在日本学习军事的还有蒋百里、蒋中正、蔡锷、阎锡山、何应钦等一大批后来在中国近现代史上叱咤风云的人物。尤其是毕业于日本陆军士官学校第三期的蒋百里（著名物理学家钱学森的岳父，中国近现代著名军事家，曾出任保定军官学校和陆军大学校长），以日本士官学校第三期第一名的成绩，获得日本天皇亲手赐予的军刀，大大刺激了日本军界。此后不得不作出规定，凡外籍学员，自第四期开始，不得再享此殊荣，同时大大提高了中国留学生进入日本陆军士官学校的门槛。唐继尧、庾恩旸等人只好先入私立性质而专为中国留日学生开办的日本振武学堂。

在振武学堂，庾恩旸不但与唐继尧同班，而且住同一宿舍，学的也是同一个科目——炮兵。

日本当时的军校基本上是照搬德国模式，分为步、骑、工、炮、辎五个专业。这其中，炮科对数理化知识要求最高，如果不是得益于“译算班”出身的庾恩旸鼎力相助，在国内只读过“四书五经”的唐继尧，恐怕很难熬过日方设置的重重关卡。

第二年，两人从振武学堂毕业，进入北海道第六炮兵联队实习。1906年，双双考入日本陆军士官学校第六期。

两人出身不同，所受教育不同，性格脾气亦大相径庭，但这一切，却并不妨碍两人最终结为情同手足的金兰兄弟，并在留日期间，一同秘密加入了旨在推翻满清王朝的中华同盟会。回国后，又一起发动了辛亥革命重要组成部分的云南“重九起义”，及后来的“护国战争”，只可惜，身为滇军和靖国联军总参谋长的庾恩旸英年早逝，1918 年 2 月，在贵州毕节遇刺身亡，年仅 35 岁。

庾恩锡是在日本结识唐继尧的。生于 1886 年的庾恩锡，追随其兄，19 岁东渡日本，考入日本早稻田大学，于留日期间，认识了二哥的结拜兄弟唐继尧。虽因身在日本，没能赶上“重九起义”，但护国战争初期，庾恩锡奉兄之命，与唐继尧派往日本购买军火的缪嘉寿一道，押运一批军火，经滇越铁路返回云南。旋即，以滇军上校军需官的身份，参加了护国战争。1916 年 8 月，由云南发起的护国战争，以袁世凯的暴毙宣告结束，庾恩锡被时任云南军政府都督的唐继尧任命为云南省水利厅厅长。

靖国战争结束后，中国开始了近现代史上的第一轮军阀混战。因护国和靖国战争威名远播的滇军也未能独善其身。援川滇军和驻粤滇军为争夺地盘，不断与当地军阀发生混战。中国有句老话叫靠山吃山，靠水吃水，数量庞大的军队靠谁养活？靠的就是地盘，有了地盘才有税收，有了税收才有军饷和购买军火的银两。当时，滇军的实力已接近 20 万人，四川两个军，广东两个军，长达三四年的护国、护法和靖国战争，云南早已不堪重负，数量庞大的滇军只能就地获取粮饷。作为客军，自然会引起主家的不满，火拼也就在所难免了。护国战争打响前夕，蔡锷从日本秘密潜回云南，出于对老长官的尊重，唐继尧提出走马换将，由蔡锷出任云南都督兼护国军总司令，自己率部出征。但不愧为梁启超高徒的蔡锷却坚决反对，理由之一，就是唐继尧为北京政府任命的封疆大吏，一省之督，若擅自带兵进入他省，必然有“侵略”之嫌。所谓名不正而言不顺，蔡锷当时在北京政府没有担任实职，他省就不便提出异议了。

此时，受唐继尧委派，庾恩锡和李宗黄等人正在欧洲考察市政建设。庾恩锡虽然做过护国军的上校军需官，但骨子里还是一介文人，对战争不感兴趣，尤其是二哥庾恩旸的死，使他对战争更加深恶痛绝，刚刚结束的第一次世界大战，一场战争就死了几千万人，他可不想凑这种热闹。再说，他在日本学的是园林和建筑，战争与他的专业背道而驰——一个是破坏，一个是建设。欧战造成的满目疮痍，让人触目惊心。因此，他连水利厅厅长都不想干了（因为是军政府，他这个水利厅厅长仍然还领着上校军衔）。从欧洲回来后，辞去厅长一职，留在上海开办了“南方烟草公司”。1922 年 3 月，唐继尧重返五华山执掌云南军政大权，电邀庾恩锡返回云南创办机制卷烟公司，并许诺免除一切税费，所需资金，由富滇银行提供无息贷款。

庾恩锡当即将上海南方烟草公司的设备装船海运南下，又在香港增购美制和日制卷烟机各一台，以及切丝机、压梗机、筒式炒丝机、蒸汽机等设备若干，经滇越铁路回到昆明。重打锣鼓另开张，成立了亚细亚烟草公司，连厂房都来不及建，就在庾园开始了生产。

“重九”香烟，就是亚细亚烟草公司生产的第一个香烟品牌。

唐继尧当然清楚庾恩锡将自己生产的第一个香烟品牌取名“重九”所蕴含的深意，一为纪念云南重九起义；二为纪念参与策划起义的二哥庾恩旸。但他不知道的是，这里面还有一层意思，庾恩锡的父亲庾国清的忌日也是九月九日——庾国清病逝于光绪甲午年的九月初九（1894 年），时年 41 岁，又是一个重九日。同时，那一年爆发的中日甲午战争，最终使中国失去了台湾及所属澎湖列岛，直到 50 年后的 1945 年，才重新回归祖国的怀抱。

庾恩锡 8 岁即随长兄庾恩荣涉足商海，闯荡江湖，十里洋场，香江河畔，到处都留有他的足迹。三年前，又受唐继尧之托，远涉重洋，前往巴黎、伦敦等地考察市政建设，所以才有了 party（聚会）之说。

自幼接受中国传统教育的唐继尧，虽然也曾留洋日本，喝过五年的洋墨水，但最终还是把庾恩锡浪漫的 party（聚会），改成了以听滇戏为主的中秋晚会。

庾园位于昆明市登士路（今庆云街），一个充满异域色彩的街名，难怪庾恩锡要把晚会称作“啪提”了。庾园为一座占地两亩多的大宅院，系庾恩锡大哥庾恩荣所建，不过，建成后的使用者却是二哥庾恩旸。庾恩旸遇刺后，二嫂钱秀琳触物思情，不愿在此居住，搬到了翠湖边上的新宅，房子一直闲置到庾恩锡来此建厂。庾园十分宽大，后院筑有戏台，可同时容纳上百人在此观赏。那个年代，大户人家每逢重要节气或红白喜事，都要请戏班子到家中搭台唱戏，名曰“堂会”。

说话中秋节就到了，既然是以省府和唐继尧的名义邀请，到场的就不仅仅是一般的“社会名流”了，在昆的达官贵人，军政显要，社会贤达，英法驻昆领事，差不多都到齐。因为请了滇戏班子一帮名角——文武小生缪宝云、名丑王树萱、须生栗成之等，最好滇戏的唐家老太爷唐学曾（三省）和老太太也早早地坐“滑竿”来到院子里。

既然是以听戏为主的中秋赏月，晚会当然就设在了后院的戏园子里。月影婆娑，暗香浮动，那是院子里的金桂正在悄悄开放。庾恩锡从亚细亚一百多名工人中，挑出十几个形容清秀动作麻利的青年男女，充做晚会的临时招待。工人们将做工精美的各色月饼和水果，一一摆放在藤几上后，又在每张藤几上放了一盘没有任何标记的香烟。

一阵热烈的滇戏锣鼓开场，缪宝云、王树萱、栗成之各拿出自己看家本领，让唐家老太爷、老太太直叫了一通好。庾恩锡知道，老太太好的是小生，老爷子喜欢的是名丑，他们边抽大烟边晃脑袋，和着滇戏唱腔节拍，晃着晃着就会入睡。而省长唐继尧也是著名票友，他百看不厌的是须生栗成之的拿手好戏《七星灯》。栗成之能在戏中将诸葛亮鞠躬尽瘁死而后已的神韵演绎得淋漓尽致，或许正是唐继尧爱看此戏的原因。然而今天的聚会却并不主要是为听戏。搭台唱戏只是一个引子，引出的主角，正是藤几上那一盘盘香烟。

滇戏热闹之后，转而飘来淡淡的丝竹之音，谙合了此刻的当空皓月，徐徐秋风，不禁让人想起了苏轼那首著名的《水调歌头·明月几时有》。这首脍炙人口的传世之作，写于宋神宗熙宁九年的中秋节，苏轼时任密州知府。《明月几时有》表面说的是中秋之月，实际却是一首咏月怀人词——人有悲欢离合，月有阴晴圆缺，此事古难全。在对明月的拷问和故人的怀念中，淋漓尽致地抒发了诗人的感伤和对明天的向往——但愿人长久，千里共婵娟。

庾恩锡的二嫂钱秀琳今天也来了，钱秀琳出身书香门第，其父钱用中曾任普洱省立第六中学都统（校长）。当年，庾恩旸是以总分第一的成绩考入第六中学的，钱用中不大相信地亲自调阅了庾恩旸的考卷，一个碧溪小镇私塾出身的学生，作文居然得了满分，换了谁都不敢相信。但一口气看完庾恩旸的考卷后，钱用中又不得不拍案叫绝，连呼此乃神童也。当即决定将待字闺中，年方二八的小女钱秀琳许配给自己的这位得意门生。长兄为父，为此，庾恩锡的大哥庾恩荣还专门去了一趟普洱，两人商定，待庾恩旸中学毕业，就为这对金童玉女完婚。钱秀琳就像她的名字一样，不但人长得端庄秀丽，沉鱼落雁，而且诗书琴棋无不精通。庾恩旸身材高大，仪表堂堂，两人一见倾心，只等完成学业，即可洞房花烛，喜结良缘了。谁知人算不如天算，也就是这一年，清政府突然颁布皇上谕旨，自 1904 年开始废除科举，中央和各省设立高等大学堂，取代沿袭了一千多年的科举取士。庾恩旸刚考入省高等学堂，又接到参加留日考试的通知，直到学成归国，钱秀琳 24 岁那年，两人才最终结为秦晋之好。

无独有偶，秘密策划护国战争期间，为消除袁世凯的疑心，在北京的蔡锷装疯卖傻，与一位名叫小凤仙的妓女打得火热。此间，袁为进一步控制云南，将唐继尧的左臂右膀庾恩旸调到了北京，为了召回庾恩旸，同时也为掩护战争准备，唐继尧和庾恩旸私下商定，与钱秀琳演出了一场轰轰烈烈的“婚外情”。完全被蒙在鼓里的唐妻袁氏为此醋性大发，跑到五华山大吵大闹，为掩人耳目，假戏真做，唐当众一顿老拳，打得袁氏皮开肉绽。消息很快传到北京，袁世凯果然中计，遂放庾恩旸返回云南。以为二虎必有一争，袁氏可以坐收渔利了。当然，结果刚好相反，此是后话。

一晃，六七年过去了，恩旸遇刺身亡眼看也四年多了，钱秀琳看上去还是那么端庄美丽，光彩照人，只是脸上忧戚，写出她内心的郁郁寡欢。

丝竹之音在耳，丹桂飘香在鼻，香烟一支支传递到客人手中，更方便交谈。话题很快就自然转入到藤几上盘里的烟。

坐在唐继尧左手边上的英国领事吸了一支盘子里的香烟后，警觉地抽了抽鼻子，显然这是一种他从未吸过的香烟。英美烟草公司早在 1904 年就在昆明设立了办事处，领事熟悉那里所有牌子的香烟。于是他从盘子里又拿起一支，凑到眼前：“这是什么牌子的香烟？怎么连牌号都没有？”

唐继尧微微一笑，答非所问：“味道怎么样？”

英国领事：“不错。可是为什么没有牌子？”

唐继尧：“没有牌子，是为了避免有人先入为主，是我有意让他们不标明牌号的。”

唐这么一说，越发吊起了领事大人的胃口。他深吸一口后，沉吟良久，习惯性地耸耸肩，才说：“这烟不错，味道清香，醇厚绵长，还有一丝淡淡的回甜味。到底是什么牌子？哪家烟草公司生产的？”

唐继尧用下巴点了点前面的院子：“亚细亚烟草公司。牌子嘛，两个字——重九。”

英国领事当然知道十一年前发生在昆明的“重九起义”，不觉声调也高了起来：“好，这个牌子好，既响亮，又有纪念意义——等等，这个名字，是您亲自所赐吧，省长阁下？”

唐继尧哈哈一笑：“我哪有这么大的本事？是亚细亚烟草公司老板庾晋侯取的。”

英国领事恍然大悟：“如果我没猜错的话，今天这个晚会，也是为‘重九’这个香烟举办的吧？省长大人亲自为‘重九’做广告，我倒想见识见识这位庾老板，哪来那么大的能耐。”

唐继尧：“其实你们认识，他哥哥就是庾恩旸将军。”

说完，将目光转向不远处位于光华街上的云贵总督府（今胜利堂）。十一年前的九月初九，负责攻打总督府的唐继尧和庾恩旸共同操炮，亲手用一门德国克虏伯山炮，近距离平射，轰开了云贵总督府的大门——

那一天，为了推翻清王朝在云南的统治，400 多名新军 19 镇官兵，前仆后继，血洒疆场。

时光荏苒，转眼就是十一年了。

从不吸烟的唐继尧从藤几上拿起了一支没有任何标记的香烟，于袅袅升腾的烟雾中，仿佛又回到了十一年前——

第一章 · 重九起义

CHONGJIU QIYI

密　会

驱逐鞑虏，光复中华，创立民国，平均地权——这既是中国同盟会的盟誓，同时也是推翻丧权辱国，腐败无能的清政权的终极目标。

唐继尧、庾恩旸等人回国后，时值清政府迫于内外压力，改革军制，编练新军。唐被分配到刚刚由混成协改编的新军第 19 镇，担任正参谋官兼云南陆军讲武学堂教官，随即又被任命为 19 镇 37 协 74 标第 1 营管带（营长）。清新军之镇，相当于现代陆军的师，以此类推，协为旅，标为团，标下设三管。庾恩旸亦被分配到 19 镇炮兵第 19 标担任管带。

1911 年夏，由四川、湖北、广东等省引发的保路运动，最终成了压垮清政府这匹骆驼的最后一根稻草。

今天看来，国民党的前身中国同盟会，虽然也可以算做一个政党，但当时却并非是一个全国性的统一组织。而且，她的“盟主”孙中山先生大部分时间都在海外，否则，武昌新军起义后，也不会拉郎配般地将藏在床底下的黎元洪硬拉出来，拿枪逼着去做起义新军的首领了。自 1907 年 5 月至 1908 年 4 月，不到一年的时间，同盟会先后在两广和云南等地发动了六次武装起义，但终因组织不当，缺乏训练有素的武装力量的参与，均以失败而告终。正应了中国那句老话——秀才造反，三年不成。但谁也没料到，清政府编练新军，本来是为了巩固其统治，而且，为顺应历史潮流，与国际接轨，还三令五申，严格限定，新军中下级军官一律由军校毕业生担任，连、排主官基本由各地陆军小学、讲武学堂学生充任，营团一级要求更高，大都为毕业于保定军校或日本陆军士官学校的留日学生。然而，令人大跌眼镜哭笑不得的是，正是清政府寄予厚望的政权保卫者——新军，以及其精心挑选的一大批朝气蓬勃，有知识有文化的青年军官，最终成了清王朝的掘墓人。

当时的云贵总督李经羲，是 1909 年末从广西巡抚任上调到云南的。此人不愧是晚清重臣李鸿章的侄子，还算有些头脑，察觉留日归来的唐继尧、李根源、罗佩金、庾恩旸、刘存厚等人无故经常聚在一起，当机立断，将其一一调离，削去兵权，全部调入云南陆军讲武堂充任教官（其时，讲武堂47名教官中，同盟会会员就占了17个）。

不久，蔡锷从广西调到云南，担任新军19镇37协协统，发现管带一级的中层军官大都空缺，无人充任。蔡锷马上找到李经羲，提出，按照西方军队编制，营这一级起着承上启下的作用，从某种意义上说，管带比标统（团长）还要重要，没有他们，军队连日常训练和调动都困难，更不用说出征打仗了。李经羲告诉蔡锷，他已经给皇上上过奏折了，要求速派一批中下层军官到云南。皇上有皇上的难处，朝廷原计划编练36个镇的新军，但七八年过去了，勉勉强强才凑齐了20个镇，关键的问题是没人。不提皇上还好，一提，蔡锷半天都没能说出一句话来，前年（1908年），光绪皇帝和慈禧太后前后一天驾崩，新登基的溥仪皇上年仅两岁，一个年仅两岁的黄口小儿，你跟他上什么折奏？

李经羲是蔡锷的老长官了，在其手下，蔡锷从参谋官干起，一直做到了广西新军的标统。李经羲调任云贵总督不久，蔡的老师梁启超梁任公也离开了广西，加上蔡锷与后来的两广总督不和，这才通过李经羲调到云南，而且官升一级，做了19镇37协的协统。因为有这层关系，两人说话比较随便，于是，蔡锷就对老长官直截了当地说："据我所知，日本士官学校第六期毕业的云南籍学生就有20多人，四川、贵州没有编练镇级新军的任务，两省的留日学生大都分到了云南。怎么会没人呢？"

李经羲言不由衷地说："这批留日学生都分到云南讲武学堂做了教官，我这里实在是抓打不开啊。松坡（蔡锷字）。"

曾经做过广西陆军小学总办的蔡锷又说："讲武堂固然重要，但也不能抓了芝麻，丢了西瓜呀。军队是用来打仗的，没有军官，您让我如何打仗？"

李这才不得不实言相告："士官学校第六期回来的这批人，我看不太可靠，很有可能是孙逸仙（孙中山字）派回来的乱党。"

蔡锷哭笑不得："为什么？就因为他们是日本士官学校毕业的？您别忘了，李大人，我也是日本士官学校毕业的！莫非，我也是乱党不成？"

李经羲一时语塞，想了半天才说："你蔡松坡当然不是，谁不知道你是梁任公的高徒？梁任公虽然醉心于变法维新，但他对朝廷一向忠心耿耿，你怎么可能是乱党呢？我是相信你的，松坡。"

经过一番讨价还价，李经羲最终同意让唐继尧等人继续担任讲武堂教官的同时，代理各标的管带。其中，李经羲十分欣赏的罗佩金，甚至被提升为37协74标标统。这些人中，除了云南籍的留日生，还有几个外省籍的，如贵州籍的戴戡和四川籍的刘存厚。此二人均为同盟会会员。

1911年10月10日，武昌新军打响了推翻清政府的第一枪。

消息传来，唐继尧等新军中的同盟会员立刻召集秘密会议，商议如何响应起义。为了遮人耳目，秘密会议时而在洪化桥唐继尧家召开，时而在刘存厚处，时而又转到登士街庾园举行。唐继尧最担心的是，他们这批留日学生，除了李根源和罗佩金两人，官阶最高的只是管带，一旦举事，恐怕难以服众。李根源虽然是讲武堂的总办（相当于校长），但讲武堂只有几百个学兵，可是，光是市内必须攻占的目标就有好几个，总督府、军械局，设在五华山师范学堂的19镇司令部，都必须在第一时间占领，光靠讲武堂的学兵，显然是远远不够的。罗佩金虽然是74标的标统，但74标的连级官佐大都是北洋系出身的军官，罗又初来乍到，不一定能调动部队。

于是，唐继尧出人意料地提出："我看蔡松坡这个人不错，如果能说服他参与起事，37协就基本控制在我们手里了。"

但众人纷纷表示反对，蔡松坡是李经羲专门从广西调来的，目的就是掌控驻省城的37协。他是李经羲的人，说服他，还不如直接去说服李经羲。再说了，蔡连同盟会会员都不是，万一他向朝廷告密，把大家卖了怎么办？反对者中，李根源和罗佩金最为积极，因两人的官阶最高，若将蔡锷排除在外，两人就是当然的起义首领了。理由除了蔡不是同盟会会员，进而又提出，蔡锷不是云南人，由他来领导云南起义，难以服众。

刘存厚等外省籍参会者也说，蔡松坡是外省人，19镇绝大多数士兵都是云南籍的，到时候士兵不听招呼怎么办？

唐一笑说："你也不是云南人，因为你是外省人，士兵就不服从你啦？再说，别忘了，是蔡锷到了云南，各位才官复原职的。我觉得，至少，蔡锷和李经羲不是一路人。"

众人一时哑口无言，谁也不能说服谁。最后同意，让唐继尧先去试探一番再作道理。

其实，蔡锷对唐继尧这个学弟并不陌生，虽然唐考入士官学校时，蔡已毕业回国。但蔡调云南之前，军机大臣冯国璋曾专门嘱咐过他，19镇有个叫唐继尧的，是个可塑之材。如果不是日本军部规定自第四期开始，外籍学员毕业考试不得再获第一名，只怕这唐又是一个蒋百里了。而且，就像爱才如命的钱用中不惜把爱女许配给庾恩旸一样，唐继尧回国报到时，军机大臣冯国璋亦萌生了将女儿嫁给成绩优异且一表人才的唐继尧的打算，借此将唐继尧留在北京，留在自己身边。最终却被唐以家有贤妻，实难从命，婉拒了。

唐继尧以宴请学兄的名义，把蔡锷请到了西山。

为什么舍近求远不在城里，而要跑到十多里外的西山？这也是把兄弟庾恩旸的主意，西山远离市区，蔡锷如果死抱清廷不放，那就一不做二不休，干脆做了他。为此，庾恩旸还专门预备了一支左轮手枪，左轮手枪不会卡壳，遇到瞎火，继续扣动扳机，随着圆形弹仓的转动，又一发子弹跟着就出膛了。所以，那个年代的杀手，行刺时最爱使用的就是左轮手枪。

从现存的史料看，武昌起义爆发后，唐继尧等人一共召开了五次秘密会议，时间分别为1911年10月16日、月19日、22日、25日、28日，差不多每隔三天就召开一次。第一次秘密会议蔡锷没有参加，原因就是蔡锷还没有来得及赴西山那顿“鸿门宴”。

唐继尧深知盟弟庾恩旸的脾气，反复交代，没有他的命令，断不可伤害蔡锷。所以，那顿饭大家都吃得比较轻松，谈话也十分融洽，蔡锷爽快地答应，愿意出头，带领兄弟们起事。如果蔡锷知道怀揣左轮、频频向他敬酒的庾恩旸，竟然是士官学校第六期的学弟们暗中布下的“刀斧手”，恐怕那顿饭就不会吃得那么轻松和愉快了。

蔡锷与蒋百里都是日本士官学校第三期的，蒋百里的毕业成绩是第一名，蔡锷是第二名。当然，成绩不能代表一个人的政治态度，唐继尧之所以对蔡锷信心满满，还要从蔡的恩师梁启超说起——

梁启超生于1873年，广东新会人，26岁中举，28岁师从中国近代史上的又一名人康有为，受其影响，从此走上改革维新之路，世称“康梁”。1895年，全国各地举人在京会试期间，康梁等人发起了震惊朝野的“公车上书”。1897年受湖南巡抚陈宝箴（陈寅恪的爷爷）之邀，梁出任长沙时务学堂总教习。生于1882年，比梁氏小9岁的蔡锷，就是在长沙时务公学求学期间认识了梁启超，并追随其一生的。梁启超被公认为中国历史上一位百科全书式的人物，而且是一位退出政治舞台后，仍能在学术上取得巨大成就的大师级人物。辛亥革命前，梁在与革命派的论战中发明了一种新文体，介乎古文和白话文之间，无论士大夫，还是平民百姓都乐于接受。同时，梁启超还是第一个在文章中使用“中华民族”这一词汇的中国人。1898年7月，“戊戌变法”失败后，梁逃往日本。流亡日本期间，从日文汉字中吸收了大量新词，如我们今天仍在经常使用的“政治，经济，科技，组织，干部”等词汇，都是梁启超从日文中借鉴过来的。

青年时代的唐继尧对梁启超十分崇拜，梁启超字卓如，号任公，又号饮冰室主人、饮冰子、哀时客、中国之新民、自由斋主人，唐继尧效仿梁启超，为自己取号“东大陆主人”。蔡锷到云南后，与唐继尧的交往中，两人的话题大都围绕着蔡的这位恩师梁任公。蔡锷私下里告诉唐继尧，从公车上书，到戊戌变法，梁任公一生致力于变法维新，振兴中华，但现在看来是大失所望了。1911 年 5 月，朝廷废除原总揽中央大权的军机处，成立内阁，谁知，13 名内阁成员中，9 名为满人，汉族仅为 4 人。9 名满人中，皇族又占了 7 人，超过了全部 13 名内阁成员的一半，换汤不换药，成了名副其实的“皇族内阁”。梁任公大失所望，来信中称，看来，只有革命了。改革不成，我也赞成革命。蔡锷对梁启超一向言听计从，此话如果当真，蔡锷是不会反对以暴力行动，推翻清政府的。

庾恩旸的左轮最终没能派上用场。

之后，蔡锷出席了从第二到第五次的四次秘密会议（值得一提的是，自第二次之后，罗佩金再也没有参加秘密会议，李根源则连第一次都没有参加，显然与唐坚持推举蔡锷为起义首领有关）。

五次秘密会议中，最关键的是最后一次。同时，这次会议时间最长，参会人员最多，1911 年 10 月 28 日晚 7 时至次日凌晨 3 时，蔡锷、唐继尧、庾恩旸、刘存厚、沈汪度、张子贞、李鸿祥、黄毓成、黄毓英、黄永社在洪化桥唐继尧家，召开第五次也是最后一次秘密会议。会议最终决定了四项议程：

一、起义时间：

起义时间定于 1911 年 10 月 31 日凌晨 3 时（宣统三年农历九月初十午前三时）。

此前的 10 月 27 日，滇西腾越（今腾冲）已爆发了以张文光、刀安仁、刘辅国为首的腾越起义，时间已刻不容缓。

二、兵力部署：

参加起义的兵力主要有：37 协所辖之 73、74 标，炮兵第 19 标，工兵营及讲武堂全体学兵。

19 镇下辖 37、38 两协（旅），37 协辖 73、74 两标（团）；38 协辖 75、76 两标。标下设三个营，营下设前、后、左、右四个队（连），队之下为哨（排）、棚（班）。每队定员 126 人。此外，还有直属部队炮兵、骑兵各一标，机枪、工兵、辎重各一个营（其特种兵，尤其是炮兵配置，甚至超过了抗战时期的国军和抗美援朝时的志愿军），总兵力达 12512 人。19 镇成军后，在全国统一考核中，成绩名列前茅，丝毫不亚于之前组建的北洋六镇。所幸云南地处边疆，与三国接壤，部队驻防比较分散，38 协及所属 75 标驻防滇南；76 标驻滇西；只有蔡锷担任协统的 37 协驻防省府昆明，其中，74 标驻巫家坝；73 标驻北教场。19 镇直属炮标和机枪营也同驻昆明。而且，37 协及直属队已基本被同盟会会员所掌控，尤其是驻巫家坝的 74 标，标统罗佩金本来就是同盟会会员，唐继尧、刘存厚，及蔡锷自广西带来的雷飙又分别担任第一、二、三营管带；庾恩旸任炮兵第 19 标第一营管带，谢汝翼任第二营管带，韩凤楼任工兵营管带，李鸿祥任 73 标管带。换句话说，驻昆明的新军中，有七个营已控制在同盟会会员手中。其作战计划，也是依据这七个营的防地部署的。

三、作战任务区分：

昆明大东门至小西门以北地区，归北教场的 73 标负责占领，主要目标为军械局和五华山；大东门至小西门以南地区，由驻巫家坝的 74 标负责占领，主要目标为南城外巡防第二、第三营，及云贵总督府；北门、小东门、小西门、南门之开启，由城内的讲武堂负责；炮兵 19 标三个营分别配属 74 标之一、二、三营，沿大、小东门及小西门至南门城墙一带占领阵地，准备向总督府、军械局、五华山射击。

四、起义标识及口令：

起义部队在帽檐上附醒目之白色布条；口令：军（军械局），答：总（总督府）。

与此同时，云南总督李经羲和 19 镇统制（师长）钟麟同，似乎也觉察到了某种不祥之兆，并迅速作出了一系列人事调整，命令 74 标标统罗佩金赴安南（越南）接运军火，派李根源到滇西平定腾越之乱，撤销谢汝翼炮 19 标二营管带职务，73 标三营管带李鸿祥调昭通巡防营，火速逮捕 73 标三营右队哨长（排长）黄毓英。

这里有必要补充一下的是，钟麟同下令着即逮捕的黄毓英当年可是一位大名鼎鼎的人物。因为，正是这位官阶最低的小排长，打响了“重九起义”的第一枪。

黄毓英是唐继尧的同乡——东川府会泽县人。1904 年，黄毓英与唐继尧和庾恩旸一道参加公费留日考试，结果却榜上无名。但和唐继尧不同的是，黄家是会泽的大户人家，不差钱，于是自费赴日留学，考入日本士官学校。前面提到过，1907 年至 1908 年短短一年间，同盟会先后在广东潮州黄岗、惠州女湖、钦州防城和广西镇南关、上思组织了五次武装起义，其中，孙中山亲自参加了中越边境的镇南关起义，但因种种原因，起义相继失败了。1908 年 4 月 30 日，又在云南河口组织了第六次起义，起义军占领河口，切断了滇越铁路，参与者迅速发展到 3000 多人，同盟会派出地位仅次于孙中山的黄兴星夜从日本赶赴云南，领导起义。在日本的云南籍留学生在东京神田召开“云南独立大会”，与会者达 1 万多人，声援河口起义。同时决定派出 100 多名滇籍同盟会会员返回云南参加起义，这其中，就有士官学校的黄毓英。当时离毕业只有半年的时间了，唐继尧和庾恩旸均劝其不要冲动，不要意气用事，等拿到毕业证再回云南不迟。但黄毓英却义无反顾地告诉唐、庾，宁要中华，不要文凭。

河口起义虽然也是由同盟会发起的，但使用的却是“闹饷”的名义，驻临安（今建水）的 19 镇 38 协乘火车赶到河口后，起义军一哄而散，刚刚赶到的黄兴只得带领 600 余人退入越南，被法国军警缴械后，押至新加坡遣散。此时，黄毓英等人才刚刚抵达香港。无奈之下，只好转赴缅甸仰光，与后来的民国元老居正一起，创办《光华日报》。不久，又秘密潜回滇西，策动滇西驻军起义。事情败露后，为躲避清廷追捕，到昆投奔唐继尧，改名换姓被唐安排到 74 标一营任（哨长）排长。不巧的是，19 镇参谋杨集祥也是日本士官学校第四期的，此人是钟麟同到云南时带来的北洋系军官，一次到南教场巫家坝视察，认出了黄毓英，马上报告了钟麟同。唐继尧知道黄的身份暴露后，通过蔡锷迅速将其调到了驻北教场的 73 标三营任代理排长。

北校场枪声

与紧随其后的“重九起义”差不多，“武昌起义”也是由一连串偶然的因素促成的，与“重九起义”有着异曲同工之妙。1911 年 9 月 7 日，四川总督赵尔丰下令镇压“保路同志会”，酿成血案，曾任直隶总督的端方被清廷任命为粤汉铁路督办，率湖北新军第 8 镇一个协，沿长江浩浩荡荡开往四川。和驻云南的 19 镇一样，清新军第 8 镇也是下辖两个协。端方带走一协人马后，第 8 镇中的同盟会会员认为，千载难逢的机会终于来了，四川“保路同志会”与清军已血战月余，端方是去救火的，如果趁这个机会起事，清廷顾头不顾腚，首尾难顾。毫无疑问，这是一个可遇不可求的绝妙机会。

武汉三镇位于长江和汉水交汇处，素有“九省通衢”之称，系当时仅次于上海的国内第二大城市。武汉的革命党，除了孙中山的同盟会，还有“共进会”和“文学社”两个反清组织。这两个组织与同盟会虽然互不相隶，但却有着千丝万缕的联系。再一个就是，由于地处经济发达地区，第 8 镇官兵文化素质较高，1905 年，在湖北黄陂征收的 96 名新兵中，就有 12 个廪生，24 个秀才。因为文化素质高，易于接受新思想，为革命党在新军开展工作创造了条件。武昌起义前，参加革命组织的官兵已达 5 千之众，几乎占第 8 镇总兵力的一半左右。端方率一协人离开武汉后，“共进会”和“文学社”认为机会终于来了，于 1911 年 9 月 24 日成立了统一指挥机构，推举“文学社”社长蒋翊武担任总指挥，“共进会”领导人孙武为参谋长。决定中秋节这天（10 月 6 日）举行起义，并分头开始了紧张的准备工作，拟定文告、绘制旗帜、制造炸弹。

然而万事开头难，短短十几天的准备时间，显然是不够的，只好一再延期。就在起义时间尚未定下之时，10 月 9 日，参谋长孙武在汉口俄国租界制造炸弹时，失手弄响了炸弹。孙武虽然带伤逃走了，但存放在孙武处的文告、旗帜、起义领导人名单却被悉数查获。总指挥蒋翊武闻讯，立即召集会议，会议决定“死里求生”，于当晚（10月9日）零点发动起义！但湖广总督端澂动作比他们还快，当天就按孙武处缴获的名单开始抓人，起义领导人之一的彭楚藩、刘复基、杨洪胜纷纷被捕，当天就被杀害了。蒋翊武虽然得于侥幸逃脱，但起义已处于群龙无首之状，原定当晚发动的起义显然是不可能了。幸而革命党在新军中基础牢固，自行联络，不管三七二十一率先发动了起义。这就是推翻帝制的武昌首义。

最先发难的是第8镇工兵营的官兵，10月10晚，工兵营打响了武昌起义第一枪。起义官兵击毙阻挠起义的反动军官后，直奔楚望台军械库，军械库守军立刻反正，加入起义行列，打开库门，迎接起义军。驻武昌的其他新军闻讯纷纷树起义旗，一夜之间占领了整个武昌。江对岸的革命党和新军官兵亦闻风而动，分别于10月11日晚和12晨，光复汉阳、汉口，完全控制了武汉三镇。

云南“重九起义”也是仓促之间，提前打响的。

其实，在庚园召开的第二次秘密会议——也就是蔡锷首次参加的那次会议上，庾恩旸就提出，趁李经羲和钟麟同毫无防备，应尽快发动起义。第二次秘密会议是1911年10月19日召集的，庾恩旸提议三天之后的10月22日发动起义。但是有人提出，云南地处边疆，轻易起事，恐驻缅甸、安南的英法军队以保护侨商为名，出兵干涉，不如等响应武昌起义的省份再多一些，更为稳妥。唐继尧当即反驳：清廷末运将至，吾辈宜毅然决然，誓师响应，光复中华。成败利钝，非所宜计。若徘徊瞻顾，趋利避危，非志士应为。且滇距虏廷路途遥远，北方兵力一时难达。滇师速起，反可促成西南诸省独立，联合北伐，饮马芦沟，雪洗数百年之耻辱。

蔡锷是第一次参加秘密会议，不便表态，唐、庾两人孤掌难鸣，只好作罢。这样，一直拖到第五次秘密会议，最终才将起义时间定为1911年10月31日（农历九月初十）。

1911年10月30日，即农历九月初九这天一大早，19镇统制钟麟同和参总议靳云鹏（此人后来做过北洋政府总理），突然来到巫家坝74标驻地，碰巧蔡锷和唐继尧不在，钟、靳两人集合74标官兵训话称，不可听信武昌方面的谣言，倘有造谣惑众者，一律以乱党论处。凡举报有功者，则加官晋爵，重赏百金。

74标二营管带刘存厚和三营管带雷飙误认为事已败露，钟、靳有所觉察，蔡锷回营后，立刻向其报告，并建议推迟起义。当日上午10时，蔡锷以准备不足为由，下令延期起义，具体时间另行通知。并派邓泰中火速到城内讲武堂通知唐继尧。邓泰中是唐继尧的表弟，云南讲武堂第一期毕业生，时任74标一营事务长。稍后，74标二营管带刘存厚，炮兵第19标二营管带谢汝翼也赶到了讲武堂。唐继尧听了上述三人的报告后，摇头道："钟麟同不可能侦知起义计划。你们想想，如果他真的掌握了起义计划，早就下令捕人了，还能由着你们满城乱窜？再说了，如果计划暴露也断无推迟起义的道理！古今中外，凡起事暴露者，只有提前，而无推迟的先例——推迟等于伸长脖子，等着人家来砍各位的脑袋。请你们立即回去转告蔡公，我不同意推迟起义！"

邓、刘、谢三人刚刚离开讲武堂，庾恩旸就满头大汗地赶到了："怎么回事？我听说要推迟起义？蓂赓（唐继尧字）。"

唐继尧："钟麟同和靳云鹏趁松坡不在，今天一大早去了巫家坝。松坡担心事情败露了——"

庾恩旸："他是不是害怕后悔了？"

唐继尧："那倒不至于。推迟起义，无非是想更保险一些罢了。"

庾恩旸："革命本来就是掉脑袋的事情，要想保险，藏在老婆的被窝里最保险。我已经私下交代过邓泰中和杨蓁了，到时候他想做缩头乌龟，就拿枪逼着他参加起义！"

邓泰中和杨蓁都是庾恩旸讲武堂的学生，对庾一向言听计从。唐继尧于是笑着道："你可千万别乱来啊，泽普（庾恩旸字）。"

话是这么说，但起义打响后，邓泰中和杨蓁一人手端两把德国盒子，紧跟在蔡锷左右，不知道的还以为是蔡的贴身警卫。但深知内情的唐继尧一看就明白了，知道是庾恩旸暗中捣的鬼，蔡锷如果中途反水，没准真会死于邓、杨两人的乱枪之下。

当日下午三点左右，唐继尧飞骑赶到巫家坝，向蔡锷详细说明了不能推迟起义的理由。此时，蔡锷也得到消息，为防不测，钟麟同已下令驻临安（建水）的38协75标火速赶往昆明，75标一旦乘火车赶到昆明，形势就更加严峻了。于是，同意唐继尧的意见，起义时间不变，1911年10月31日（农历九月初十）凌晨3点准时发动起义。

但谁也没想到的是，驻北教场的37协73标第三营出事了。

事情起因还是那个黄毓英。原来，改名换姓藏身于74标一营的黄毓英被士官学校同期校友杨集祥识破身份后，唐继尧又通过李鸿祥将其安排在李担任管带的73标三营右队任代理哨长（排长）。此时，李鸿祥已奉命调昭通巡防营，但唐继尧和庾恩旸却建议李鸿祥静观其变，反正就要发动起义了，先以种种理由拖他几天再说。于是，起义的头一天，也就是农历九月初九这天下午，李鸿祥调虎离山，以辞行为名，摆了一桌酒席，宴请三营前、后、左、右四位北洋系出身的队官。同时，暗中布置黄毓英到枪械库搬运枪支弹药，为明天的起义作准备。席间，一名叫唐元良的队官外出小便，碰上了正率领士兵搬运枪弹的黄毓英。武昌起义的前后经过这时已传到云南，驻武昌的新军第8镇工兵营起义官兵也是在搬运弹药时，被北洋军官发现的。当时，一位姓金的士兵边走边往步枪里压子弹，被值星军官陶某发现后，令其站住，追问其武器的来源，是不是想造反？碰巧这位金姓士兵是个有名的二杆子，顺势推弹上膛说，老子今天就是要反了，你想怎么样？话音刚落，手里的步枪就响了，陶某的天灵盖应声掀掉了一半。唐元良看清黄毓英等人手中锃亮的步枪后，酒被吓醒了一半，厉声追问，夜半三更，你们不好好睡觉，舞枪弄棒想干什么？

其实，这时才是夜里的8点多钟，唐元良大概是喝高了，误把傍晚当成了深夜，从而招来了杀身之祸。你想，黄毓英是什么人？他到日本混了四五年，为了参加河口起义，连文凭都不要就跑了，装腔作势的几句话就能吓住他？黄毓英二话不说，抽出匣子，当头就是一枪。

枪声一响，正在推杯换盏的三营其他几位队官，扔掉酒杯冲出来刚想看个究竟，正好撞在黄毓英的枪口上，当当又是几枪，应声躺到了地上。把随后出门的李鸿祥吓了一跳：“你疯了吗？起义时间是明天凌晨三时，不是今天——”

说这话时，李鸿祥甚至怀疑黄毓英是有意这么干的，先造成既成事实，然后逼迫某些犹豫不决者就范。此前，黄毓英就冒冒失失地试探过蔡锷，劝说蔡顺应历史潮流，与军中少壮派军官一道，用武力推翻清政权。蔡看着这位“头角峥嵘，目光四射的青年”（蔡锷语），深为感动，诚恳地说，目前时机尚未成熟，一旦时机成熟，绝对给予同情和支持。

黄毓英不管不顾地杀死北洋军官，是不是要给蔡锷一个“成熟的时机”呢？

黄这时解释说：“现在顾不了那么多了，我也不是故意的，唐元良见我们搬运弹药起了疑心，我不杀他，他就要动手杀我了。干吧，一不作，二不休，按原定计划，我们先破北门，然先再攻占军械局!”

李鸿祥这才放下心来，擦了一把头上的冷汗：“巫家坝的74标怎么办?谁去通知松坡和蓂赓他们?”

正杀得起劲的黄毓英说：“枪声就是命令，听到枪声他们自然会采取行动的!”

看来也只能如此了，平白无故一气杀死四名队官，钟麟同一旦知道，大家都得完蛋。于是，马上下令集合队伍，不管三七二十一，向着北门跑步前进。

北门离北教场很近，听到枪声，哨兵连忙关上了城门，黄毓英懒得破门，率领十几名精干士兵，翻越城墙，一阵乱枪驱散哨兵后，打开了城门。73标三营500多名起义官兵，发一声喊，蜂拥而入——

此时，重九起义中的另外一位重要人物登场了。此人叫黄毓成（5年后爆发的护国战争中，与蔡锷、李烈钧、唐继尧比肩齐名，分任护国第一、二、三、及挺进军总司令）。如果单从姓氏上看，黄毓成与黄毓英很像是一对亲兄弟，实则不然，黄毓英是东川会泽人，黄毓成却是思茅（今普洱）镇源人。1904年，黄毓成与唐继尧、庾恩旸一道考取公费留日，赴日本留学。跟唐继尧一样，黄也是一位前清秀才，但他比唐继尧和庾恩旸小一岁。留日时，刚满20岁。黄毓成在日本士官学校学的是骑兵科，回国后被分到云南讲武堂教授骑兵。北教场打响后，黄毓成和同为骑兵教官的顾品珍一起，从马厩里拉出战马率领一百多名骑科学员，跃马扬鞭，直奔北门。按计划，讲武堂的任务是负责打开城门，接应北教场的73标和南教场（即巫家坝）的74标。但还没赶到北门，迎头碰上了黄毓英和李鸿祥的第三营，黄毓英一看来了一标骑兵，十分高兴，连说：“来得正好，兄弟，跟我们一块去攻打军械局吧。”

军械局位于五华山与北门之间，打下军械局，一方面可以扫清攻打五华山的障碍；另一方面，可及时为起义部队提供弹药补给。因此被列为起义后必须第一时间攻占的三个重要目标之一。但李鸿祥比黄毓英要稍微清醒些，提醒黄毓成，你们讲武堂的任务是负责打开城门，北门被我们73标破了，大东门和南门呢？跃跃欲试、摩拳擦掌的黄毓成说，我们骑科只负责北门，大东门和南门由李根源李总办负责。毓英说的对，眼下的关键是军械局，打下军械局，就断了清军的弹药供给，干吧，先打下军械局再说。

但军械局却不是好打的，它的正前方有一个可容纳一排人的大型碉堡，背后紧靠五华山，钟麟同知道军械库的重要，北教场枪声一起，就派了一个连紧急增援军械局。起义部队刚到硐堡附近，兜头就被一阵乱枪打了回来，哨长（排长）文鸿揆身中数十弹，当场壮烈牺牲。

较步兵而言，骑兵目标更大，黄毓成下令学兵们立刻下马，徒步投入战斗，他自己则顺手夺过一挺机枪，身先士卒，带头向大硐堡冲去。但终因对方火力太猛，起义部队没有重型武器，再次被打了回来，冲在前头的黄毓成身中六弹，幸运的是，六发子弹只在军服上留下了六个弹孔，黄毓成居然毫发未损。

光　复

磊落襟怀唱大同，
昆池水浅且潜龙。
愿销天下苍生苦，
都入尧云舜雨中。
雄才几辈傲仑华，
千古功名未足夸。
蔓草他年收拾净，
江山遍栽自由花。

这首《庚戌正月昆明道中偶成》写于1910年春，系唐继尧学成归国后，回家省亲，于会泽返回昆明途中所作。全诗最后落脚于“蔓草他年收拾净，江山遍栽自由花”。不难看出唐氏之雄才与霸气。

但可能连他自己都没想到，仅仅过了一年多一点的时间，“蔓草他年收拾净”的日子，就提前来到了。

北教场，尤其是紧接着军械局方向传来的激烈枪声，打破了深夜的寂静，唐继尧冲出门外一看，城内火光冲天，枪声大作。连忙一面下令部队集合待命，一面匆匆赶往蔡锷住处。蔡锷也两眼茫然，一见面就问：“城里怎么回事？是不是李经羲抢先动手了？”

说话间，罗佩金、庾恩旸也赶到了。唐继尧语气镇静地说：“我看不会是李经羲，李经羲如果动手，肯定会先拿我们几个人开刀。恐怕是73标，也许是黄毓英等人暴露了，不得不提前行动。”

庾恩旸则十分干脆地道：“行动既然暴露了，那还等什么？今天是九月初九，九九归一，是个大吉大利的日子，马上集合队伍，干吧！”

不等蔡锷开口，唐继尧就下令号兵吹响紧急集合号，几分钟后，74标三个营和炮19标就在大操场上集合完毕了。因为部队中有不少北洋系军官，蔡锷训话时，并没有提到起义，只说，城内发生了乱党暴动，李大人和钟麟同统制下令部队立刻开进市内，平息暴动。说完，部队就向着南门开拔了。

再说军械局久攻不下，焦急万分的李鸿祥问黄毓成："李总办的手下打开南门了吗?"

黄毓成摇头："不知道。"

黄毓英这时也跑过来说："看来要对付眼前这座暗堡，只有靠庾恩旸的炮兵了。斐章（黄毓成字），你带的是骑兵，劳你再跑一趟，一定要按原计划打开南城门!"

李鸿祥、黄毓英、黄毓成都是日本士官学校毕业的（黄毓英是肄业），系统地接受过现代战争教育，他们心里很清楚，如果74标，尤其是庾恩旸的炮兵不能及时进城，起义很可能会流产。

于是，黄毓成马上率骑兵科学员策马赶往南门。快到塘子巷时，遇到一队守城的清兵，一看是讲武堂的学兵，清兵大喊："总督有令，谁敢造反格杀勿论!"

黄毓成示意骑兵学员暗中抽出马刀，待清兵靠近时，黄毓成一马当先，手起刀落，一连砍翻数人。混战中，黄毓成小腿上也中了一刀。而且更要命的是，胯下的大青马也受伤了，马屁股被清兵砍开了一道一尺多长的口子，战马受惊后，一头撞开拦路的清兵，穿过金碧路，不顾一切地狂奔而去。黄毓成不敢怠慢，慌忙低下身子紧贴在马背上，黑夜中，大青马一口气冲到南门，直到马头撞在大门上才停了下来。

守城的一名哨官曾经做过黄毓成的学生，冲上来勒住马头，问："黄教官，北门出什么事了?"

惊魂未定的黄毓成指着城门："快，快打开城，让援兵进城!"

刚刚打开南门，唐继尧的第一营就赶到了。

由于起义时间整整提前了七个小时，而且是由下至上发动的，计划被完全打乱了。原定计划中，庾恩旸率六门山炮配合唐继尧行动，但由于计划被打乱，山炮一时无法跟上（当时的山炮系拆开后，炮架、炮管分由骡马驮运），唐继尧只好带着步兵经长春坊、文庙向总督府攻击前进。途中经过庾园，唐继尧心中暗想，泽普，你一定要快啊，督府院墙高大，没有炮兵，不知道要死多少人!

果然，刚过文庙，机枪子弹便如倾盆大雨般兜头扫了过来，十几名起义官兵应声倒地。

李经羲在总督府（今胜利堂）大门口，一字长蛇排开布置了八挺马克沁重机枪，马克沁重机枪弹箱一次可以装填250发子弹，由帆布弹带与枪身相连，八挺机枪一起开火，就算来一团人，那也受不了啊。何况除总督府卫队，19镇直属辎重营也在里面，兵力达到600多人，人数超过了唐继尧带来的一个营。几次冲锋，都被泼水般的弹雨打回来了，前后又伤亡了30多人。一小时后，刘存厚的第二营赶到了，两营人马会合后，唐继尧决定避开机枪火力，分东西两路，穿墙打洞，攻占总督府。但守军十分狡猾，抢先一步在围墙上凿开枪眼，监视着大街上的一举一动，起义部队根本就无法接近。

又僵持了约半小时，庾恩旸的炮一营赶到了，比唐继尧预计的时间快了将近一小时，原因是庾恩旸没按操典拆开山炮，而是用骡马拉着山炮直接赶过来了。唐继尧喜出望外，他和庾恩旸在日本学的都是炮兵，这下可以派上用场了。

总督府大门口还在拼命射击的八挺重机枪为炮兵指明了目标，庾恩旸带来的是口径57毫米的德制克虏伯山炮。山炮本来属于曲射火炮，但此时距目标只有七八百米了，唐继尧和庾恩旸当即决定，用直接射击的方式，干掉大门口的机枪。

这时，不知死活的八挺机枪还在拼命射击，唐继尧和庾恩旸快速转动方向机，通过炮膛和炮管，直接瞄准大门口的机枪阵地，连发数炮，冲天的火光中，马克沁重机枪被掀上了半空。之后赶来的几门山炮如法炮制，弹如雨下，仅仅几分钟后，大门口的数根旗杆，督府大堂、二堂纷纷中弹，燃起冲天大火。守军伤亡惨重，军心动摇，云贵总督李经羲知道大势已去，在卫兵簇拥下，偷偷从后门溜走了。李经羲一跑，失去指挥的清军扔掉武器，逃命要紧，刹那间作鸟兽散了。

再说黄毓成从南门返回途中，遇到了炮19标三营管带刘云峰（此人虽属北洋系军官，但却同情革命，在五年后的护国战争宜宾攻防战中屡建奇功），连忙一把拉住说："快，快带你的炮兵跟我去打军械局！"

军械局与五华山相连，是昆明城内的制高点，刘云峰马上下令，将山炮从马背上卸下来，沿盘江桥（今得胜桥）构筑阵地，向五华山和军械局开炮。劈头盖脸吃了一顿炮弹后，军械局和五华山守军顿时乱了阵脚，73标在李鸿祥和黄毓英指挥下，破墙而入，攻占了军械局，跟着又顺势占领了五华山。

中午，市民纷纷涌上街头，欢呼：大清王朝归西罗，从此没有皇上了！建立民国，平均地权！

这中间还出现了一个小插曲，最终酿成了一段佳话。黄毓成率部重新打回军械局的途中，在五华山附近的一条小巷子里，一道院门突然打开了，一位中年妇女从门缝里探出头来问："这位军爷，是不是要打清军，杀家鞑子啦？"

杀家鞑子，出自一个在云南广为流传的典故。说的是清军开进云南不久，因一时找不到那么多营房，大都借住在老百姓家，俗称"家鞑子"。云南清军是由明朝叛将吴三桂统率入滇的，老百姓出于对"汉奸卖国贼"的痛恨，相约利用过年，清军疏于防范的机会，先用年夜饭将其一一灌醉，然后各自杀死借住在家里的清兵——即杀家鞑子。时至今日，云南许多地方过年，都要在堂屋和院子里铺一层厚厚的新鲜松毛（松针），据说，就是当年为了掩盖被杀清兵的血迹。

黄毓成率部重返军械局时，天已破晓，但"嗖嗖"的子弹如在狂飞乱舞。那位中年妇女从黄毓成口中得知，他们眼下杀的正是"家鞑子"，并嘱咐其赶快关上院门，不要乱跑，以免被流弹误伤。谁知，这位妇女却一把拉住黄毓成说："大兄弟，你们还没吃早饭吧？"

接着，扭头呼叫藏在身后的大女儿，快去把灶上的热包子拿来，犒劳犒劳兄弟们。大女儿遵命拿来热气腾腾的包子，塞进黄毓成的军服口袋。黄毓成记住了这位扑闪着大眼睛，当时年仅14岁的女孩子，四年后，这位名叫朱玉芝的女孩，最终成了黄毓成的夫人。

当一轮红日冉冉升起在东方天际时，昆明城内的所有重要目标，悉数落入起义军手中。当日（1911年10月31日），省府昆明全城光复。

清政府在云南的三位重要人物，云贵总督李经羲不知所终（后被蔡锷赠予五千两银子后，"礼送出境"）；总参议靳云鹏化装逃走；19镇统制钟麟同倒无愧于军人的称号，五华山失守后，杀身成仁，饮弹自尽，可惜准头太差，重伤后被起义军俘获，在送往医院的途中，遇到伤亡惨重的73标刘存厚部，杀红了眼的刘部官兵二话不说砍下钟的人头，悬于南城门外示众。

当时虽然还没有《日内瓦公约》，但受过西式教育的庾恩旸还是认为刘部太过火，不该滥杀俘虏。攻打云贵总督府是"重九起义"中伤亡最惨烈的一仗，整个"重九起义"牺牲的150名官兵中，有近百名战死在总督府，连指挥战斗的唐继尧都被子弹擦伤肘部。

整个重九起义中，共有150多位新军官兵英勇牺牲，300多人负伤。

这就是革命，唐继尧告诉盟弟庾恩旸。

而革命的根本问题又是政权问题——

1911年10月10日，武昌起义爆发，藏在老百姓家的新军协统黎元洪，在枪口威逼下，霸王硬上弓般被推举为武昌军政府都督；

10月22日，湖南革命党人焦达峰、陈作新发动长沙起义，成立湖南军政府，焦、陈二人分任正副都督；

同日，陕西革命党人策动新军、会党发动西安起义，新军队官张凤翙，哥老会首领张炳南分任正副都督；

10月27日，云南腾越巡防营起义，张文光被推举为滇西义军都统；

10月29日，山西新军发动起义，新军标统阎锡山出任军政府都督；

10月30日，昆明爆发重九起义，蔡锷被推举为云南军政府都督；

10月31日，继23日九江新军起义后，南昌新军发动起义，同盟会会员李烈钧出任江西军政府都督；

11月3日，上海同盟会发动起义；4日，浙江宣布独立；同日，贵州通电独立；5日，江苏、安徽宣布独立；6日，广西独立；9日，福建、广东独立。自1911年10月10日武昌起义，到11月9日短短一个月内，全国19个行省，就有13个脱离清政府，宣布独立。

1911年12月29日，从海外匆匆归来的孙中山，当选中华民国临时大总统。1912年1月1日，孙中山在南京宣誓就职，宣告中华民国临时政府成立，以1912年为民国元年。

“重九起义”胜利后，唐继尧参与了云南军政府的筹备工作，并被推举为副都督（蔡锷为军政府都督），但唐以自己年少资浅为由婉拒了（其时，唐年方28岁，蔡锷29岁，李根源31岁）。仅同意出任军政部和参谋部两部次长，同时兼任云南讲武堂总办和由云南陆军小学堂改编的干部学校校长。

1911年11月1日，驻滇南临安（建水）的19镇38协75标在赵又新等人领导下，宣布起义，起义部队先后占领蒙自、个旧、阿迷（今开远）等地。

自10月27日滇西腾越张文光起义，到10月30日昆明“重九起义”，再到11月1日临安起义，短短几天内滇西、滇中、滇南连成一片，基本结束了清王朝在云南长达270多年的封建专治统治。当然，其代价也是昂贵的，《辛亥革命史》有过如此评价：云南重九起义，是除武昌首义之外，独立各省革命党人组织的省城起义中，战斗最激烈，代价也是最大的一次。四百多位起义官兵血洒疆场，以生命和鲜血换来了“重九起义”的胜利。

临安、蒙自、阿迷等地光复后，因为一时来不及组织地方政权以维护治安和社会秩序，土匪、溃兵趁机抢劫商号，鱼肉人民，甚至导致滇越铁路一度中断。驻越南的法国殖民军纠集2000多人，以保护滇越铁路为名，企图进驻铁路沿线。项庄舞剑，意在沛公，唐继尧一眼识破了法国殖民者的伎俩，亲率讲武堂、陆军干部学校学员和庾恩旸炮营，乘火车星夜南下，从而挫败了法国殖民者趁机侵犯滇南的企图。

同时，与云南接壤的贵州、四川也不太平，四川直到11月下旬才宣布独立；贵州虽然11月4日就通电独立脱离清政府，但贵州革命党成分复杂，起义后尔虞我诈，党同伐异，全省局势甚至还不如起义之前。蔡锷在总结“重九起义”胜利的原因时特别强调：“滇省此次反正，纯由陆军主动，故势力雄厚，不旬日而全滇底定。其主要人员，多有政治知识与经验，故一切善后布置，俱能井井有条，秩序上之整严，实为南北各省之冠。”

其实，早在“重九起义”之前的数次秘密会议中，就多次讨论过云南起义成功之后的援黔、援川问题。云南的东部、北部、西北部与贵州和四川接壤，唇齿相依，唇亡齿寒。这是一个方面。另一方面，贵州和四川是云南进入内地诸省的必经之地，两省不平，则云南通往内陆的交通基本中断。唐继尧、蔡锷等希望云南一旦得手，立刻援川、援黔，从而使西南连成一片。而且，“重九起义”的骨干人物刘存厚、戴戡一为川人，一为黔籍，他们也迫切希望借助滇军的力量，使故乡及早摆脱清政权的统治。

滇军的北伐就是在这样的前提下，酝酿决定的。

代平黔乱

1912年1月27日，细雨蒙蒙中，由新军第19镇改编的滇军，抽调精锐组建了一支3000多人的北伐部队，于当日在云南陆军讲武堂誓师北伐。唐继尧担任北伐军总司令，庾恩旸出任北伐军参谋长兼北伐第一支队司令。

武昌起义爆发后，1911年10月27日，清政府任命袁世凯为钦差大臣，节制水陆各军，企图以武力镇压武昌起义。同时下命解散“皇族内阁”，任命袁世凯为内阁总理大臣，袁世凯实际控制了清政府的军政大权，足疾不治而愈（之前，袁氏被清廷打发回老家养病，后被任命为湖广总督，袁不愿趟粤汉铁路这摊浑水，以足疾尚未痊愈为由，拒绝到任），踌躇满志地南下视师，下令冯国璋猛攻汉口，汉口于11月2日失守，随即又攻破汉阳，武昌岌岌可危。11月27日、28日，武昌军政府连续两天向昆明告急，请求滇军“星夜北上援鄂”。

援鄂必须经过四川或贵州。

1月28日，北伐军参谋长兼第一支队司令庾恩旸率先遣支队从昆明出发。凛冽的寒风中，昆明各界冒雨夹道欢送，学界将一面绣着“不平胡虏，请勿生还”的旗帜，赠予先遣支队司令庾恩旸。

当日，蔡锷致电贵州代都督赵德全：敝处北伐队已派参谋次长唐司令官，原拟取道蜀中，督率援军共出关陕，嗣接湘都督电，颇为湘军牵连，故滇军拟出湘黔……决不逗留。

时值严冬，庾恩旸率先遣支队冒着大雪刚刚经曲靖平彝（今富源县），进入黔境，蔡锷突然又电令先遣支队中止入黔，改道入川。唐继尧火速派人知会庾恩旸，回师云南，从宣威改道入川。

蔡锷电令唐部改道入川的主要原因是，之前入川准备翻越秦岭援陕之谢汝翼、李鸿祥部，被数万川军阻于自贡一带，因此命令唐部立即改道入川。两天后，又下令停止改道入川，按原计划经安顺向贵阳进军。出现这一反复皆因在云南军政府任职的贵州籍人戴戡、周沆等向蔡锷、唐继尧哭述苦谏的结果。

其原因还要从贵州宣布独立说起。

贵州的独立是通过和平手段，兵不血刃实现的。其独立，既是张百麟、黄泽霖、周培艺等自治学社革命党人长期活动的结果，同时也与手握兵权的新军教官杨荩诚、队官赵德全积极参与密不可分。大汉贵州军政府成立后，以张百麟为首的自治学社顾全大局，推举杨荩诚、赵德全分任正副都督，立宪派首领任可澄任枢密院副院长，甚至由兴义赶来镇压革命的土豪刘显世也被安排为革命军标统（团长）。

如此一来，麻烦就大了。由于军政府中山头林立，政出多头，党争不断，导致地方糜烂，"整个贵州几成匪域，人民苦不堪言"（《中华民国报》语）。土匪是聚啸山林，贵州是兵匪一家，公然招摇过市，当真以为大清国完蛋了，从此可以无法无天，想干什么就可以干什么了。都督杨荩诚头都大了，干脆把一堆烂摊子扔给副都督赵德全，带着黔军"入湘援鄂"去了。

任可澄、周沆等立宪派人物，和蔡锷一样，同为梁启超的弟子，与蔡锷关系密切。恰逢"重九起义"骨干戴戡回黔省奔丧，对家乡的混乱局面先是大吃一惊，继而大为不满，遂与任可澄等立宪派人物商议，利用与蔡锷师出同门的关系，借北伐滇军之手，平定黔乱。加之历史上滇黔向以云南为主，一督两抚，决定了滇黔一家唇齿相依的关系。因此，蔡锷才决定派唐继尧、庾恩旸率部经贵州援鄂，顺便给任可澄等立宪派打气。

但庾恩旸刚进入贵州，一心梦想取杨荩诚而代之的贵州代都督赵德全就致电蔡锷，不希望滇军借道入湘，以免火上浇油，致黔大乱。所以才有了蔡令唐部退回云南，改道入川的电令。

庾恩旸率部刚刚折返云南，贵阳又出事了，立宪派联合耆老会与自治社发生火拼（一说是代都督赵德全暗中挑拨的结果），黄泽霖被害，张百麟逃走。赵德全趁机独揽贵州军政大权，放任手下烧杀抢掠，鱼肉人民。随北伐军行动的戴戡、周沆一面再电蔡锷，救贵州民众于水火之中；一面在唐继尧和庾恩旸面前长跪不起，希望看在一同发动"重九起义"的分上，无论如何拉贵州的兄弟一把。

跟唐继尧不同，庾恩旸性格耿直，喜欢路见不平，拔刀相助。何况人家刚刚提着脑袋参加了云南"重九起义"，咱们说什么也不能忘恩负义，过河拆桥吧。见庾恩旸也站在戴戡、周沆一边，唐继尧终于下定了决心，电告蔡锷：先遣各队入黔已深，抵威、毕（改道入川必经之威宁、毕节）一路粮草既未预筹，改道种种困难，谅在洞鉴。紧接着又追加一电：北伐前军，已深入黔，碍难改道。蔡锷一时也没了主意，先是复电：希由执事（唐继尧）酌量分拨数队，代平黔事，余军仍须入蜀。唐回电：拟先平黔乱，再由遵义出重庆。北急则联合诸省以北伐，北定则并全力以援川，北、川俱定，则经营西藏，做民国抔土事业，尽云南军队任务。蔡复电表示赞同：黔事糜烂，迭经绅耆请援，实难坐视，希即督率所部，戡定黔乱为要，毋庸改道入也。

其实，唐、庾所率之滇军已于 1912 年 2 月 27 日经黄果树、安顺、清镇进抵贵州省府贵阳。受到立宪派、耆老会和市民的夹道欢迎。当日下午，唐继尧率主力进驻南门外陆军小学，庾恩旸则亲率炮兵占领大南门外观风台。这时，不知死活的赵德全还派人来见唐继尧和庾恩旸，提出，赵代都督希望贵军继续北上，不要在贵阳停留。说话从不拐弯抹角的庾恩旸告诉来人，滇军停不停留不是你们说了算，而是由贵州人民来决定。

2 月 28 日一大早，唐继尧和庾恩旸不顾鞍马劳顿，化装到大东门一带察看地形。随后又经大东门入城，微服察访，发现果如戴戡所言，不论官民几乎所有人脑后都拖着长长的辫子，大街上的军人至今仍身着清军服和标志，头戴草帽，草帽上拴英雄结，招摇过市，与响马土匪无异。更有甚者，军人可随意打骂警察，公然在大街上强买强卖，勒索百姓。唐继尧小声说：“我丝毫也看不出，这就是民国了?”

庾恩旸脸色铁青地说：“他们连警察都敢打，老百姓的日子就可想而知了。原来我还以为戴戡言过其实，现在看来，这一仗是非打不可了。”

唐继尧道：“好吧，那我们就权当是替天行道吧。”

两人决心已定，经南城门出城后，又赶到螺蛳山、九华宫、东山等制高点察看地形，当晚即将部队移住上述制高点，完成了攻占贵阳的兵力部署。

四川拒绝滇军借道北伐，如果贵州再生变故，云南不仅会陷入孤掌难鸣之地步，而且，恐怕连将来滇军返回云南的路都断了。当年楚将庄蹻南征进入云南，就是因为秦国抢先占据了贵州，致使庄蹻大军上天无门，下地无路，最后滞留滇境，被当地土著同化了。由是演绎出滇王传奇，史称所谓古滇文化，此不论。

庄蹻古训，却引起唐、庾二人警醒。因此，他们认为，无论为贵州，还是滇军后院着想，这一仗都非打不可了。

不过，唐继尧还是比较谨慎的，与戴戡、周沆和贵州立宪派、耆老会反复商议后，决定先以贵州全省乡民的名义，致信赵德全，令其限时退出贵阳，则既往不咎。接着，唐继尧又亲笔致函赵某，只要赵某率部退出贵阳，唐保证其生命财产之安全，否则，将率部强行驱逐。限其三日内作出答复。

三天限期过后，赵德全不作任何答复，置若罔闻，似乎根本就没把滇军放在眼里。唐继尧和参谋长庾恩旸决定还以颜色，遂于3月3日晨5时发起攻击。

为避免“侵略”之嫌，由刘显世的贵州新军第4标攻占城内之贵州军政府，滇军分别攻击南厂、头桥、黔灵山、执法部等要点。庾恩旸率炮兵在观风山构筑炮阵地，步炮协同，支援步兵战斗。攻城指挥部设于螺蛳山阳明寺，干部大队、机枪和骑兵大队作为预备随唐继尧留在螺蛳山。

赵德全的黔军本来就是一帮乌合之众，根本不是滇军的对手，战斗两小时后就宣告结束了。赵及部下1000多人，基本上是一哄而散，滇军仅以负伤6人的代价，就轻松占领了贵阳。

当晚，任可澄、刘显世、周沆等贵州籍人，来到螺蛳山唐继尧的指挥所，强烈要求滇军留住贵州，并力荐唐继尧出任贵州军政府临时都督。同时电告蔡锷，滇军一旦离黔，逃出贵阳的赵德全必然反攻倒算，如此一来，贵州将再陷暗无天日之境。

3月7日，蔡锷复电，同意滇军暂留贵州和唐继尧出任贵州军政府临时都督。

贵州方面本来还要求北伐军参谋长庾恩旸担任军政府军务部长，但庾恩旸坚辞不受，只同意出任军务部副部长。唐继尧深知庾的良苦用心，滇军毕竟属于客军，军政府方面的要职最好还是由贵州籍人士担任，以免授人以柄。最后，由刘显世出任军务部长，周沆任政务部长，戴戡和任可澄分任左右参赞。

庾恩旸的担心不无道理，滇军留驻贵州和唐继尧出任贵州军政府临时都督后，一时间谣言四起，其中最骇人听闻的是滇军滥杀无辜，仅在螺蛳山即杀害赵部官兵万余人。这显然是胡说八道了，赵部总共也只有1千多人。况且，唐继尧、庾恩旸率领的北伐军本身也只有3千多人，3千人杀1万人，杀得过来吗？乱世用重典，占领贵阳后，滇军确实捕杀了不少无法无天的土匪地痞、哥老会员、无恶不作目无法纪的赵部散兵游勇，贵阳民众无不拍手称快。如，看守军械局的赵部四十余名官兵，就被杀戮。其中却有原委。据《中华民国报》描述，因日嫖夜赌，这四十余人头面皆花柳结毒，臭不可闻，已经形同活尸。以当时条件，既不可救，又不可赦。于是唐下令全部斩首。

庾恩旸也笑言，杀他们等于救了他们，让他们死个痛快，免得活着遭罪。

倒是滇军为替贵州人民剿灭匪患，作出了重大牺牲。1912 年 5 月 7 日，已升任滇军团长的黄毓英率部从重庆进入黔北，平定匪患，于黔北铜仁地区被土匪杀害。这位不要文凭要中华，曾参与策动腾越起义，打响“重九起义”第一枪的爱国志士，牺牲时年仅 28 岁。黄毓英既是唐继尧的会泽同乡，又是一起东渡日本的留日同学，他的死，令唐继尧痛不欲生，竟夜未眠，于是夜作《吊黄大队长铜仁遇害问天歌》一首：

问天歌，问天歌，歌短且奈将军何。将军长剑倚天磨，誓除荆棘出铜驼。东渡曾击祖生楫，南来便枕刘琨戈。问天歌，问天歌，歌长又奈将军何。汉家光复功最多，援川奏凯到牂牁。狭路偏逢许贡客，大星耿耿堕天河。问天歌，问天歌，问天果奈将军何。营门大树尚婆娑，不见将军权十过。自古英雄谁不死，话到来歙泪滂沱。问天歌，问天歌，问天不言可奈何。忌才造物忽生魔，鼷食郊牛蚁食鹅。汉儿滴尽铜人泪，铸得将军像巍峨。

唐氏一生留下诗词数百首，这首《问天歌》，应算上乘之品，显然是动了真情。

在庾恩旸的辅佐下，唐继尧快刀斩乱麻，该杀杀，该抓抓，迅速平定黔乱，使贵州人民得以安身立命，休养生息。与此同时，1912 年 2 月初，南北议和最终达成协议，为避免一场中国式的“南北战争”，同时让“中华民国”正式挂牌，得到世界的承认，孙中山同意让出临时大总统一职，以换取国家统一和溥仪退位。2 月 12 日，溥仪正式退位；13 日，孙中山向临时参议院辞职；15 日，袁世凯就任中华民国临时大总统。南北统一，国民政府迁都北京。

1912 年 4 月 26 日，北京政府正式任命唐继尧为贵州都督兼民政长，晋升中将加上将衔，庾恩旸获陆军少将加中将衔。民国时期的所谓“中将加上将、少将加中将”类似于美军战时军衔，即，实授中将、少将，但平时可佩戴上将或中将军衔。

唐继尧被北京政府任命为贵州都督后，云南陆军讲武学校（重九起义后，云南陆军讲武学堂更名为云南陆军讲武学校）校长一职空缺，蔡锷下令调回庾恩旸担任校长。另调“重九起义”中的另一员骁将黄毓成顶替庾恩旸，出任贵州督军府少将参谋长。

庾恩旸旋即返回云南。

第二章 · 护国战争

HUGUO ZHANZHENG

云南陆军讲武堂

滇军精锐，冠于全国。这是从国父孙中山，到民国政府军事委员长蒋介石对云南军队的总体评价。全世界都知道20世纪初叶，中国有一所因地域而得名的黄埔军官学校，但很少有人知道的是，黄埔军校的教学骨干竟源自于西南边陲一所地方性的军官学校。

这所军校的名字叫云南陆军讲武学校。

云南陆军讲武学校最早叫云南陆军讲武学堂，创建于1908年末。成立云南陆军讲武学堂的直接原因，则是因为清政府编练新军，全国19个行省总计编练36镇（师），云南就奉命编练两个镇。从鸦片战争，到甲午中日之战，再到八国联军入侵中国，屡战屡败，丧师辱国，无论保皇派还是立宪派都痛彻地认识到，随着冷兵器时代的结束，百万军中轻取上将首级的匹夫之勇式的战争形态，一去不复返了。当年打遍天下无敌手的八旗（满人组成的军队)、绿营（主要由汉族编成的军队）叱咤风云的时代，同样伴随着150万平方公里大清国土的沦丧，灰飞烟灭，辉煌不再了。

决定战争胜负的因素，不再是个人的勇敢与大无畏，先进的武器、高超的战术技术成为现代战争的决定性因素。应该说中国人还是聪明的，尤其是被痛打之后，大清国的改良最早就是从军队开始的。

1901年，清政府宣布取消武举（与科举同为中国延续了一千多年的取士制度，不同的一个是文官，一个是武将），第二年成立练兵处，任命直隶总督袁世凯兼任练兵大臣，在河北保定编练“北洋常备军”，以后的北洋军、军阀概源于此。

编练新军，首先要解决的是军官的来源。一开始编练的新军完全模仿日本和德国的模式，尤其是德国（装备、编制、训练），早在普法战争之初，德国军官团就引起了全世界的瞩目，原因是其军官团的军事教育，是从孩提时代就开始的。清政府效仿德国，于光绪三十二年（1906年）开始在全国

19 个行省设立陆军小学堂，招收 15～18 岁有志于国防事业的青少年。同时将全国划分为四大区域，成立四所陆军中学堂，清河、西安、武昌、南京各一所；直隶保定设立陆军军官学堂（即以后与黄埔齐名的保定陆军军官学校）。陆军小学堂学制三年，毕业后升入陆军中学，两年毕业后，到部队见习半年，再升入陆军军官学堂，又一年半毕业，见习三个月后，分配到各个部队担任初级指挥官。

云南地处边疆，与三国接壤，之前云南就建有一所武备学堂。1906 年云南陆军小学堂成立后，武备学堂年龄体格相当，文化程度较高者，转入陆军小学堂，余下 200 多人编为速成大队，后又改为云南陆军速成学堂。1907 年，云南奉命编练两个镇的新式陆军，初级军官需求剧增，虽然从最早编成的北洋六镇中调来了一部分，日本士官学校毕业回来一部分，但面对两个师的军官配置需求，仍然是杯水车薪。时任云贵总督锡良上奏朝廷，要求在云南陆军速成学堂的基础上，成立云南陆军讲武学堂，以满足编练两镇新军之需。照准后，1908 年，云南陆军速成学堂正式更名为陆军讲武学堂，校址位于昆明翠湖西南岸之承华圃。

讲武堂首任校长（总办）为韩建铎，韩调任炮 19 标标统后，由毕业于日本士官学校第三期的胡文澜出任，半年后由同样为日本士官学校第三期毕业的高尔登接任。1909 年 11 月，李经羲调任云贵总督后，任命与唐继尧、庾恩旸同为日本士官学校第六期的云南腾冲人李根源为云南讲武学堂总办。“重九起义”后，又由唐继尧接任，不过此时已更名为云南陆军讲武学校了。

唐继尧被北京政府任命为贵州都督后，自知短时间不可能回滇了，于是将盟弟庾恩旸派回云南任陆军讲武学校校长一职。但仅仅几个月，庾恩旸又被调往北京，出任北京政府少将咨议员。之后又由同为日本士官学校第六期毕业的顾品珍接任。最后一任校长则为云南陆军讲武堂第四期毕业生龙云。

云南陆军讲武学堂自 1908 年创建，至 1935 年国民政府下令解散地方军校为止（后改为中央军官学校第五分校）历时 27 年，共开办 22 期，培养学员 9000 多名，据不完全统计，其中三人成为元帅（朱德、叶剑英，朝鲜次帅崔庸健），大将、上将 18 名，中将、少将 200 多名。可以说桃李满天，将星如云。被后来的中国人民解放军总司令朱德元帅誉为“革命的熔炉”。即便抛开旧民主主义革命时期不算，仅仅以意识形态来划分，朱德这句溢美之词也是恰如其分的，亚洲最早的三个社会主义国家中国、朝鲜、越南的军队总司令——朱德元帅、崔庸健次帅、武元甲大将，均出身于云南陆军讲武学堂。

1924年，孙中山于黑暗中摸索了二十多年后，痛定思痛，终于悟出只有枪杆子里面才能出政权这一颠扑不破的真理后，在广州一个名为黄埔的小岛上，创建了黄埔军官学校。这所军官学校虽然是在第一次国共合作的背景上创建，并得到了苏联的大力支持，但中山先生毕竟两手空空，且又对“冠于全国”之滇军情有独钟，只好向滇军之摇篮的云南陆军讲武学校伸出了求援之手。云南人是慷慨的，当即派出讲武堂步兵科主任刘跃扬、骑兵科主任林振雄、工兵科主任帅崇兴、炮兵科主任王柏龄支援黄埔军校的筹建。步、骑、工、炮、辎，除云南讲武堂通过实战发现辎重专业最好根据不同兵种的需求，分散纳入步骑工炮各科更符合实战，取消辎重专业，纳入其他兵种专业外，将所有学科的主任统统调给了黄埔。其中，王柏龄出任黄埔军校教授部主任，帅崇兴任工兵科主任教官，讲武堂12期学员叶剑英任教授部副主任。可以毫不夸张地说，正是云南和唐继尧的慷慨大方，成就了以后名震中外的黄埔军官学校。

从另一个角度说，李鸿章的那位侄子云贵总督李经羲，对云南陆军讲武学堂的建设和发展，确实作出了不可磨灭的“贡献”。正是有了讲武堂，才有了后来闻名天下的滇军；也正是这支滇军，让其后若干年，凡与之交手的袁世凯的北洋军、陆廷荣的桂军、陈炯明的粤军、不可一世的大日本皇军、林彪的东北民主联军、二战中打遍欧亚无敌手的美国军队，都吃足了苦头。

却说当时，虽然李经羲调任云贵总督之前，讲武堂就挂牌成立了。但脱胎于云南武备学堂的讲武堂，除校长（总办）胡文澜是正经日本士官学校毕业的，其余教官，要么是斗大的字识不了几筐的武举人，要么就是只知《四书五经》，根本不懂现代军事教育为何物的落魄文人。李经羲到任后，大刀阔斧，从校长到教官统统来了个大换血，尤其是以唐继尧为首的26名日本士官学校第六期毕业回国的“海龟”的集体加入，终于使云南讲武堂脱胎换骨，成为继保定军校之后，一南一北雄踞于中国大地上的两所著名军官学校。虽然李经羲主观上是为了大清的江山，避免孙逸仙“乱党”对新军的渗透（不久后发生的重九起义也证实了他的预感完全正确，从总办李根源到炮兵教官唐继尧、庾恩旸，再到骑兵教官黄毓成、步兵教官罗佩金，几乎所有的“海归”，都参与了重九起义的策划和实施），借机削去唐继尧等人的兵权，但客观上却成就了这所名不见经传的军校，在中国近现代史上所留下了浓墨重彩的一页。

讲武堂创办之初，完全依照的是日本士官学校的模式，这也难怪，讲武堂从校长到绝大部分教官均毕业于日本士官学校，且在刚刚结束的日俄战争中，屁大的弹丸小国又打败了领土面积差不多是自己一百倍的俄国，对日本军队和日本的军事教育，你想不崇拜都不行。兵、骑、工、炮、辎等学科的设置自不待言，就连教材和学制也照搬日本士官学校（后来甚至还重金聘请了粘米第士楼、铃木兵一郎、山县初男等日籍教官）。前五期学制很严，一、二期为在职军人班，学制一年；第三期是从地方招考的学生，学制两年；第四期是复训军人，学制一年半；第五期为学生兵，又是两年；从第六期到九期，由于“重九起义”的胜利，加之后来的援川、援黔之战，滇军急剧扩张，急需大批中下级军官，完全依据战事的需求，采取了短训、集训等较为灵活的学制，尤其是护国战争期间的第十、十一期，入学半年后，就直接分配到前线各部队带兵打仗了（护国战争期间，讲武堂前后一共向前线输入了902 名初级军官，创造了讲武堂开办以来的纪录）。

唐继尧十分重视讲武堂的建设，尤以火炮、机枪等现代兵器为重。飞机在第一次世界中投入战场后，唐继尧敏锐地认识到其在现代战争中的革命性作用，于 1921 年成立航空大队，重金从国外购置飞机，培训飞行学员，首开一省创办空军之先河。1910 年滇越铁路全线开通，这条由法国人修筑的铁路，从某种意义上讲，打开了云南通往外部世界的一个重要窗口，当时世界上最先进的武器装备源源不断地进入云南，“重九起义”前，清新军 19 镇的武器装备是全国最先进的，其中又以火炮装备为甚。如前所述，仅就炮兵的数量而言，甚至超过了抗战时的中央军和抗美援朝初期的中国人民志愿军。唐继尧北伐途经贵州时，贵州代都督赵德全甚至还不知道机枪为何物，曾邀约土匪，千方百计想从滇军手中抢一挺来一饱眼福。机枪没抢到，却被庾恩旸所率重炮一炮轰醒，吓得不及交手就屁滚尿流让出了贵州地盘。

“重九起义”后，唐继尧兼任云南讲武学校校长，一改讲武堂只招收云南籍学生的惯例（出生自四川仪陇的朱德就因为非云南籍，被第一期拒之门外，后往滇南，以蒙自考生身份才得以进入校门），广纳人才，不但外省籍，境外侨胞，甚至对朝鲜人、越南人都敞开了大门，第 12 期的叶剑英就是侨居印尼的华侨。自 16 期以后，共招收朝鲜籍、越南籍学员 100 多人。当时的朝鲜和越南分别为日本和法国的殖民地，唐继尧从日本学成归国时，曾绕道朝鲜和越南，亲眼目睹了殖民统治下两国人民的非人生活，有意识地暗中替两国培养军事人才，为将来两国人民推翻殖民统治打下基础。当然，也有人说，唐自号东大陆主人，其野心不仅仅是中国，而是整个亚洲。但不容否定的是，崔庸健、武元甲两位人民军总司令的出现，云南陆军讲武堂功不可没。而中国工农红军总司令、国民革命军第八路军总指挥、中国人民解放军总司令朱德元帅，就更是妇孺皆知的了。

长期以来，史界一直认为，“敌进我退，敌疲我打，敌驻我扰，敌退我追”十八字诀，源于井冈山时期朱毛红军的发明创造。其实，早在延安时期，朱德就对来访的美国女记者史沫莱特说过，红军、八路军这一屡试不爽的游击战法，得益于他在云南讲武堂时期的潜心学习和在蒙自任滇军营长时的剿匪经历。云南多山，森林茂密，地形复杂，聚啸山林的绿林响马如鱼得水，让大清和后来的民国政府头痛不已，朱德利用讲武堂学得的战技术，以其人之道还治其人之身，一改过去大兵压境似的战法，以分散对分散，以游击对游击，一如《林海雪原》中曲波和杨子荣率领的小分队，很快就剿灭了匪患，从而崭露头角，不久荣升滇军团长。民国时期与蒋百里齐名的著名军事家，曾任驻苏大使和陆军大学教育长的云南大理人杨杰将军曾这样评价滇军，“滇军骁勇善战，战技术诡谲多变，原因是绝大多数军官在讲武堂系统接受过现代军事教育，胆识过人，战术意识极强，临危关头，其潜在的军事素养和平日严格的训练，往往会产生过人的勇气和超常的智慧。”据统计，护国、靖国战争期间，滇军军官百分之八十毕业于云南陆军讲武堂（含重九起义后并入讲武堂由云南陆军小学改编的干部学校），到后来的抗战，这一比率更是高达百分之九十！

1928 年北伐战争结束后，蒋介石为统一政令军令，下令解散地方军校，云南陆军讲武堂改称军官教导团。但仅仅办了三期，即被民国政府下令取消，代之以中央军官学校第五分校（蒋介石亲自兼任校长——到逃离大陆之前，除一所兽医学校实在勉为其难外，蒋一共兼任了全国 30 多所军校的校长）。至此，曾经辉煌一时，将星云集的云南陆军讲武学堂终于落下了帷幕——

再造共和

观其字而辨其意，护国战争所护之“国”有两层意思，一是避免中国沦为日本人的殖民地；二是反对帝制，捍卫共和。因此，护国战争又有“再造共和”之说。史称孙中山为创建共和之父，云南和唐继尧则被誉为再造共和之南天一柱。1916 年 11 月，护国战争胜利结束后，43 位国会议员联名提出，增加 1915 年 12 月 25 日——云南护国首义日为国家纪念日，国会以热烈的掌声一致通过。《义声报》对此评论说：“非有云南之首义，则南京政府成立日与南北统一之两纪念日，早经国贼取消；假令帝制若成，则武昌起义之第一纪念日，亦且行将消灭。可知前此之三纪念，皆得云南首义而保存。是云南首义纪念日，宜与武昌起义并重。”自 1917 年至 1941 年，民国政府一直以辛亥革命武昌起义日和云南首义日为国家纪念日，后改为与中华革命党策动肇和舰起义之日一并纪念（肇和舰于 1915 年 12 月 5 日起义，早于云南护国首义 20 天），遂引起云南士绅和国内有识之士强烈反对，1944 年，云南省参议会上书中央，民国政府重又恢复以云南首义日为国家纪念日。

庾恩旸在其遗著《再造共和唐会泽（唐继尧）大记事》一书中写道：“方重庆之宣布独立，袁令会泽（唐继尧）为滇黔联军总司令，使派兵赴川以截击熊军。会泽（唐继尧）睹袁氏种种不法，将有所不利于民国，岂遂贸然听袁命令，其所遣叶君相实（叶荃）、黄君斐章（黄毓成）率师赴川，而滇亦遣谢君幼成（谢汝翼）、刘君晓云（刘云峰）兵次泸州者，当时之会泽（唐继尧）固大有计划在也。时予充中央军事代表，滞在京师，接唐、蔡两公密电，言滇黔计划事大意，谓滇黔军出川拟结合川军顺长江东下，以为独立各省声援，速予南下，率师出川。后为袁探检查，使人索密电本，译得其意，予亦遂为袁政府监视，颇受其难……”庾氏半文半白，这里的“予”，是指庾恩旸自己，蔡锷和唐继尧电令在京的庾恩旸，南下率师出征，联合川军顺长江东下，支持独立各省，可惜此电被袁氏破译，庾恩旸亦遭其软禁。

庾文接下来明确指出："……吾知滇黔联军一出，实具左右南北之势力，则倒袁之目的或不俟护国起义而始达也……且袁帝制自为之迹，尚未大暴于当时，此时而欲倒袁，难免不为多数人民所反对。于是倒袁各军遂渐次不支，陆续星散……而会泽出川之计划卒不克如愿相偿……"

庾恩旸文中所提到的"独立各省"，指的是"二次革命"中宣布独立的东南诸省。

"二次革命"是国民党代理理事长宋教仁被袁氏暗杀后，继辛亥革命后，革命党人发动的第二次革命。1913 年 3 月，孙中山麾下由同盟会改组而成的国民党在议会中取得多数席位，眼看就要组阁，由宋教仁出任内阁总理。但较之老谋深算的袁世凯，国民党人还是显得太天真了，睡榻之前岂容他人酣睡？袁世凯以钩钳之术，合纵连横，绞尽脑汁，好容易才坐上大总统的宝座，屁股都还没坐热，你国民党就想来分一杯羹？门都没有。袁世凯懒得跟国民党人多费口舌，毫不客气地直接派人将宋教仁干掉了事，接着又下令将江西都督李烈钧、安徽都督柏文蔚、广东都督胡汉民一一撤职，此三人均为国民党人。但国民党也不是好惹的，兔子急了还会咬人呢，当年 7 月 12 日，李烈钧在江西湖口宣布独立，揭开了"二次革命"的帷幕。紧接着，江苏、上海、安徽、湖南、重庆相继宣布独立，但早有准备的袁世凯很快就派兵攻陷了南京，大肆捕杀革命党人，声势浩大的"二次革命"，不到两个月就胎死腹中了。

袁世凯还不放心，以种种借口将非北洋系出身而又手握重兵的各省都督悉数调入京城，解除兵权。正在这时，蔡锷写信给他的恩师梁启超（梁时任北京政府司法总长），有离滇回湘之意，袁闻讯喜出望外，下令：云南都督蔡锷因病请假，着给假三月，来京调养。蔡离滇之前，推荐唐继尧接任云南省都督。蔡锷没想到，袁氏居然照准了。1913 年 11 月，唐继尧回滇接任云南都督一职。

唐继尧回滇大大出乎人们的意料，尤其是自诩为"重九起义"功臣的李鸿祥和谢汝翼，两人手握重兵（均为滇军师长），在他们看来，蔡锷此番一走，云南都督一职，非他们二人莫属，谁知半路杀出个程咬金，两人的希望破灭了。不久，谢汝翼被人暗杀于赴京途中，李鸿祥为防不测，远走他乡。而滇军中的中下级军官也不欢迎唐回滇主政，包括唐的表弟邓泰中在内，在他们看来，唐是袁世凯当上民国大总统后亲自任命的贵州都督，在其任内又出兵攻陷"二次革命"中宣布独立的重庆。加之，攻渝主将黄毓成先是被北京政府任命为重庆镇守使，晋升中将，很快又因私下放走留日同学熊克武被革职，不少人怀疑是唐暗中捣鬼，出卖部属。唐回滇主政又是袁世凯任命的，肯定与袁穿的是一条裤子。

“重九起义”后唐继尧就离开了云南，到重返云南时间虽然才仅仅相隔一年零八个月，但人心叵测，前面提到的李、谢两人，既是唐的留日同窗，又是“重九起义”的亲密战友，但两人都公开表态不欢迎唐回滇主政，他还能相信谁呢？盟弟庾恩旸远在北京，返滇前他曾要求将庾恩旸调回云南，但北京的回答是庾恩旸作为中央军事代表，目前正在东三省勘定中俄边界，短时间内无法返滇。唐又提出，中缅边界亦需重新勘定，能否让庾与原定赴滇勘界的何国华调换一下？再次遭到北京的拒绝。唐原计划让庾恩旸回滇接任李鸿祥的第1师师长，滇军当时编有两个师，庾恩旸回不来，谢、李一死一走，唐只好任命张子贞为第1师师长，沈汪度为第2师师长。

唐继尧是1913年11月回到云南的，同月，袁世凯下令解散成立于1912年8月的国民党，宣布该党违法，这样一来，国会因不足法定人数，连会都开不成了。1914年1月，袁一不做二不休，干脆下令解散了国会。同年5月，又宣布废除原南京政府制定的《中华民国临时约法》，公布所谓的《中华民国约法》，取消国务院和内阁制，总统府下设政事堂，政事堂设国务卿一人（与美国专管外交的国务卿不同，袁氏国务卿只限起到襄赞总统的作用），集党政军大权于总统一身，总统任期长达十年，可以连选连任，且现任总统可以推举继任人——哪怕是自己的子孙后代，简言之，民国总统成了终身总统，世袭总统，只差皇袍加身了。同时，政事堂下设左右丞，各省都督改称将军，民政长改为巡按使；中央大员分卿、大夫、士三级，再分上、中、下九等，辛亥革命后刚刚废弃的封建王朝那一套，几乎原封不动地又重新恢复了。

袁世凯为复辟称帝所做出的上述种种举动，引起滇军少壮派军官的强烈不满。以邓泰中、杨蓁、刘云峰（邓、杨为滇军团长，刘是旅长）为首的青年军官经常秘密集会，商讨对应之策。最后商定：一、于适当时期要求唐继尧公开表态；二、唐若反对帝制，则仍拥其为领袖；三、唐若尚能保持中立，则礼送安南（越南）；四、唐如公开赞成帝制，站在袁氏一边，则将其秘密处死。

唐回到云南不久，又发生了一件事，原同盟会云南支部长，曾任南京政府司法部次长的吕志伊，悄悄潜回了云南。吕志伊是云南思茅人，当年在日本，就是他介绍唐继尧和庾恩旸加入同盟会的，“二次革命”后，吕被袁世凯通缉，亡命海外。回滇之前，吕从缅甸托人带信给唐，试探唐的态度，唐回信表示欢迎。谁知吕刚回到昆明，就被唐继尧的堂弟，时任滇军混成团团长兼昆明警察厅厅长的唐继禹给抓起来了。吕在狱中买通看守，写信向邓泰中和杨蓁求救。邓当即找到唐继尧，要求释放吕志伊。唐未直接表态，而是让邓把吕志伊接到五华山，两人单独交谈后，又令邓将吕安排到黄玉田家暂住。黄玉田是黄毓英的父亲，两人虽为父子，但政见不同，黄玉田属于立宪派，与北京政府关系密切，将吕安排在黄家，不是刚出虎口，又入狼窝吗？此举，更是让邓泰中等人疑惑重重。

1915年2月，袁世凯派心腹大将陈宧率北洋军三个旅进驻四川。陈宧督川、汤芗铭督湘、龙济光督粤（汤、龙均为袁氏亲信），加上绿林出身，向来只问厉害不问主义的广西都督陆荣廷，一时间，云南、贵州两省大军压境，四面楚歌，大有黑云压城城欲摧之势。偏偏这个时候，昆明传出唐继尧与庾恩旸之妻钱秀琳的绯闻。唐东渡日本之前，即与妻子袁氏完婚，两人的婚姻属典型的父母之命，媒妁之言。钱秀琳则是大家闺秀，能诗善文，且画得一手好画；而唐继尧虽武将出身且为一方大员，却也是诗、书、画、印俱佳，尤其工于墨竹兰花。共同的爱好，即便是庾恩旸在云南的时候，唐、钱两人之间也走得很近。当然，这种近很大程度上属于“以文会友”，与男女之事无关。但庾恩旸被袁世凯扣在北京后，两人的“近”，似乎就有些说不清道不明了，短时间内便闹得沸沸扬扬，成了街谈巷议的热门话题。俗话说，子贵父荣，唐继尧留洋归国后，其父唐学曾先是被推为咨询局议员，“重九起义”后又当选省参议会参议。跟黄毓英父子一样，唐学曾也属于铁杆立宪派，听说儿子在外“拈花惹草”，很不以为然，教训儿子说，朋友妻不可欺。你现在是一省之督，喜欢女人，娶个三房五房，也属正常，何必让人背后指脊梁骨呢？唐一笑了之，不作任何辩解。其妻袁氏到底是妇道人家，没有唐父那种涵养，二话不说，直接打上五华山兴师问罪，被唐继尧毫不客气一顿饱捧，打得袁氏口鼻流血。

有道是好事不出门，坏事传千里。袁氏大闹五华山，很快就传到北京，传到了袁世凯耳朵里，英雄难过美人关啊，看来，唐蓂赓也被女人蒙住了眼睛，这下可以放心了。时逢庾恩旸从东北返京述职，袁世凯听完东三省勘界汇报后，话锋一转，居然说起儿女情长与街谈巷议的话题，并主动提出让庾恩旸回乡省亲，处理家务。庾恩旸铁青着脸说：“家丑不可外扬，想不到贱内不守妇道，连大总统都知道了。”

袁世凯心中暗自窃喜，唐蓂赓要倒大霉了，杀父之仇，夺妻之恨，自古被视为绝不能原谅的人生两大结怨。庾恩旸返回云南后，这对盟兄盟弟间，必然有一场好戏，自己不费吹灰之力，就可以坐收渔利了。

想不到庾恩旸回到云南后，庾、唐之间并没有发生袁世凯希望中的恶斗。由于滇军两个师的师长另有人选，唐继尧旋即任命庾恩旸为普防巡阅使，巡防思普地区。当时的思普区下辖滇西南 18 县加一个宁江设治局（今临沧市），面积差不多占了全省的三分之一，人口近三百万，且与缅老两国接壤，有滇省后院之称。该地为少数民族聚居区，前清时期清廷即鞭长莫及，一直处于半自治状态，蔡锷督滇后，多次想派兵进驻，但苦于一时找不到合适的人选，只得作罢。庾恩旸是他郎（今墨江）人，他郎县既属于思普地区，又是进出思普区的门户，由他担任巡阅使，方方面面都没有话说。

1915 年春，庾恩旸回到了故乡他郎。谁也没想到，庾恩旸回乡后的第一件事，竟是替家乡更改县名。他郎显然是一个少数民族地名，无论字面还是读音，都有些莫名其妙，让人不知所云。当时他郎县的县知事叫熊朝梁，在熊朝梁专为庾恩旸举办的接风酒席上，庾恩旸提出，“他郎”这个县名听上去让人不得要领，到底是中国名还是外国名，谁也说不清，尤其是边境地区，字意含糊，容易混淆视听，授人以柄，中俄勘界时就有过这方面的教训。熊朝梁当即说，那就请庾将军替故乡改个名字吧。

他郎境内有条叫阿墨江的河流，自西向东横贯全境。

庾恩旸稍加思索后说：“改为墨江如何？”

熊朝梁击掌叫绝：“太好了，以江河湖海为名，古已有之，如河南河北、湖南湖北，叫着顺口，读来响亮，过目不忘。同时，墨江，墨水成江，又有望子成龙，寄希望于未来之意，就这么定了。庾将军。”

随即将墨江之名，上书省府，他郎亦从此易名为墨江。

其实，这位熊知事所言，只说对了一半，改他郎为墨江，确有以江河命名之意，至于“墨水成江”，庾恩旸倒没想过那么多。

前面就提到过，庾恩旸曾经做过邓泰中和杨蓁等人的教官，邓杨二人现已成为手握重兵的滇军团长。邓泰中虽说是唐继尧的嫡亲表弟，但在唐与钱氏的绯闻上，一直暗暗替庾恩旸打抱不平，尤其是庾恩旸回滇后，又被唐“打发”到远离省城的思普地区，这不是有意要拆散鸳鸯以行苟且之事么？于是暗中派人与庾联络，希望在庾教官的带领下“去小隙”、“清君侧”。信中称，昆明只有唐继禹兼任团长的一个混成团可供唐氏兄弟调动，而他们手中有三个团的人马，只要庾教官一声令下，两小时内即可攻陷五华山。庾恩旸知道，两人醉翁之意并不在自己这壶酒，无非是借机生事，惦记的还是城头那面大王旗。二人早前就经常念叨陈胜吴广揭竿起事之言，帝王将相，宁有种乎？早在“重九起义”前，庾恩旸试探邓杨的态度时，两人就坚决表示，唯庾教官马首是瞻，为驱逐鞑虏，光复中华，赴汤蹈火，在所不辞。当庾授意两人，蔡锷如果中途变卦，可以相机处置时，两人心领神会，表示决不手软。现如今所谓的“清君侧”，矛头所指，其实是唐继尧本人。两人在信中提到，观袁氏近日所为，司马昭之心，路人皆知，涉有违背约法（辛亥革命后，孙中山等革命党人制定的《中华民国临时约法》），变更国体，当与国人共除之。庾恩旸暗自忖度，看来，他们是把自己当做“重九起义”前的蔡锷了。希望借自己这块招牌，登高一呼，率滇军将士先掀翻唐继尧，然后再与国人一道将袁世凯共除之，既可称霸一方，又可名垂青史，岂不快哉！他们其实是既不明就里，更不知道会泽（唐继尧）此时的种种难处，会泽（唐继尧）此时就像当初称病京城的蔡松坡，表面出入青楼，玩物丧志，一切都只是为了做给袁世凯看。因为袁氏鹰犬遍布之时，稍有不慎，都可能招致满盘皆输。此时情形，与当初何其相似尔！别的不说，袁世凯只要一个调令，调会泽（唐继尧）入京，你能拒之不理吗？但这样的道理，现在还不宜公开对以邓杨为代表的滇军少壮派军官明说，时机尚未成熟。但这帮青年军官若不计后果，冒冒时时对唐下手怎么办？庾恩旸思前想后，一时也找不到更好的办法，只好派人星夜将这封信送给昆明的唐继尧，让其多加小心。

唐继尧还在贵州都督任上，就派人到德国订购了200万元的军火，这批军火大约可装备五个师。当时，唐是以对付发动“二次革命”的国民党为名订购的，钱也是北京政府给的，但这批军火刚从欧洲海运到越南，“二次革命”就失败了，军火也被袁世凯派人扣在了越南海防。返回云南后，唐以举办秋操（演习）为名，陆陆续续要回一部分，但还有一半被袁氏扣压。唐与庾恩旸商量后，决定派钱秀琳去河内，找法国梅总督设法要回这批军火。钱秀琳精通法语，梅氏夫妇几次到昆明，唐继尧都是请钱秀琳出面接待的。除钱秀琳以私人关系出面，唐还派堂弟唐继禹作为自己的代表，与梅总督交涉。就在两人行将动身的时候，唐收到了庾恩旸的来信。唐也觉得左右为难，对邓杨这两个冒失鬼采取行动吧，说不定会引起更大的混乱，听之任之，两人若趁唐继禹不在昆明，没准真的会对自己下手，“清君侧，去小隙”，必将坏了自己的大事。思来想去，唐派人将邓中泰找来，直截了当地发问：“袁氏称帝，汝赞成否?”

邓以为事漏，被唐察觉，顺口敷衍：“愿以兄之意志为意志。”

唐一笑说：“尽是屁话，官话。”

随即又找来杨蓁，提出相同的问题。杨蓁也是会泽人，当年与邓泰中一道考入云南陆军小学，后又转入讲武堂。杨蓁的回答倒比邓泰中干脆：“将军反对帝制，则某愿效死命；将军赞成帝制，则某宁愿回家种地。”

唐这才满意地说：“这还差不多。看来，还是你敢说真话。回去好生掌握部队，加紧训练，以为国用。”

第二天，唐就下令解除了滇军第1师第1团团长邓泰中的职务，由副团长董鸿勋接任。

1915年8月14日，杨度、孙毓筠、严复、刘师培、李燮和、胡瑛等“六君子”在北京成立筹安会，名曰：筹一国之安。宣称以学术讨论的方式，选择所谓适合中国当下之国体，实则是为袁氏复辟鸣锣开道。

筹安会成立后，即电示各省表态，到底选择帝制还是共和。各省目睹“二次革命”时，凡反袁者要么抓，要么杀，侥幸逃脱者，至今亡命海外。于是纷纷复电，赞成帝制。唐收到“六君子”的电报后，电召庾恩旸火速回昆，将电文掷于桌上愤然道：“前言殆不幸而言中，吾誓不与此叛国者共戴于天!”

这里的“前言”指的是“二次革命”爆发，唐还在贵州都督任上时，致电身在北京的庾恩旸：观袁氏近日行径，恐将不安于总统之位，设有不法举动，擅更国体，当与中原豪杰共除之。

庾恩旸仔细看罢“六君子”的来电后，说：“你打算怎么办？会泽。”

唐继尧余怒未休，答：“不理他，看他能把我怎么样!”

庾恩旸摇了摇头：“19省中，惟滇省迟迟不肯表态，恐怕不妥。我的意见，既然他是征求民意，不如交由巡按署办理。”

“二次革命”后，为削弱各省都督的权力，袁世凯下令改都督为将军(又称督军)，负责军事，另设巡按署，管理政务，实行军政分权。各省巡按使由原来的民政长充任。任可澄原为云南省民政长，顺理成章地做了云南巡按使。任可澄也是立宪派人物，当年他和戴戡、周沆等人苦苦哀求唐继尧和滇军代平黔乱，虽然是贵州人，但与云南方面关系不错。按庾恩旸出的主意，唐将“六君子”电交由巡署“酌处”后，老任犯了难，连忙找蒙自知事同为贵州人的周沆帮忙拿个主意。周沆是个有奶就是娘的小人，他的蒙自知事，也是袁氏钦定的，不假思索就说：“你还犹豫什么？任公，不是袁大总统，你能登上巡按使的宝座？依我看，唐蓂赓迟早要反，大总统一旦做了皇上，肯定不会放过他。他一死，总督一职虚位以待，非你莫属。你还等个甚？”

任可澄还是有些犹豫，不敢独断，决定召开省参议会，听听参议们的意见再作道理。参议会中立宪派占了多数，如多数人同意恢复“帝制”，那就是“民意”，我老任也算对得起云南，对得起你唐继尧了。果不其然，立宪派人士大都赞成帝制。没想到的是，就在大家鼓掌通过致电“六君子”，赞同恢复帝制时，墙上的五色国旗突然被风一吹，哗啦一声掉到了地上，与会者顿时大惊失色，面面相觑。任也不敢致电“六君子”了，只好硬着头皮以私人名义，拍了一封电报，央求袁氏万万不可匆忙“称帝”，文中甚至还引用了朱元璋的谋士朱升那句著名的语录“高筑墙，广积粮，缓称王”。如此一来，云南最终成了全国 19 个行省中，唯一一家没有通电拥护“帝制”的省份。

久不见云南发出的“劝进电”，云南参加筹安大会的代表也迟迟未到，身居北京的蔡锷急了，连发数电，催促唐继尧，以免遭袁氏所忌。

云南公然不把“筹安会”放在眼里，果然引起了袁世凯的怀疑，电令唐继尧进京述职。唐当然不会上这个当，以祖母病重为由，改派滇军第 1 师长张子贞进京，但张子贞也明确表示拒绝，使用的也是母亲病重的借口，好在袁世凯是个孝子，一听两人都是为了尽孝，不再勉强，着令选派一名带兵将领进京。庾恩旸说，干脆让刘云峰跑一趟算了，刘是北洋系出身的军官，更容易获取袁的信任。此时派刘云峰进京，还有一个重要原因，唐继尧迫切希望知道冯国璋和段祺瑞的态度，两人均为北洋系出身的高级将领，一向被袁世凯视为左膀右臂，而且与刘云峰之间有着师生关系（刘在保定军校时，冯和段作过他的教官）。唐继尧希望刘此行能从冯、段处打探到两人的口风，若冯、段反对帝制，则云南方面就有六成左右的把握了。

遇险碧色寨

刘云峰是“重九起义”的积极参与者之一，曾率部炮轰五华山。进京后，袁世凯还是不大放心，又派出自己的侍从武官何国华以授勋和勘界为名，到云南试探唐继尧的态度。何国华是蔡锷日本士官学校的同期同学（护国战争胜利后，经蔡说情，唐将其资送出境），“重九起义”前担任过新军19镇74标标统。何国华到云南不久，昆明就发生了一件大事，滇军第2师师长沈汪度在云南盐运使肖坤和阿迷（今开远）知事张一鲲为何国华举办的接风酒席上被人毒死了。肖坤和张一鲲都是袁世凯派到云南的心腹，沈汪度那天喝高了，借着酒劲对“六君子”和帝制出言不逊。喝完接风酒，肖坤又请一干人听戏，戏听到一半，沈汪度突然七窍出血，当场暴毙。

联想到唐继尧先是撤了邓泰中的团长，接着又把旅长刘云峰支到了北京，现在沈汪度师长又莫名其妙被人毒死了。滇军中的少壮派军官认为唐继尧抢先一步，要对他们下手了。而且，这些天五华山上又大兴土木，昼夜赶建开武将军亭，据说这个将军亭是专为唐继尧授勋而建的。不久，驻昆滇军营以上军官就接到通知，三天后到五华山参加授勋仪式。

偏偏这个时候昆明又出事了，杨蓁、董鸿勋资助的一家名为《滇声报》的报纸，在头条刊出评论员文章，称袁氏复辟称帝，目的就是为了与日本国签署丧权辱国的“二十一条”。

“二十一条”是1915年2月，日本国单方面提出的，日本许诺，只要袁氏同意签订“二十一条”，就全力支持其恢复帝制。

“二十一条”的主要内容共有五项：一、承认日本继承德国在山东的一切权利（一战爆发后，日本出兵攻陷了青岛等地）；二、承认日本人在南满和内蒙东部居住、往来、经营工商业及开矿等特权，旅顺、大连的租借期限并南满、安奉两铁路管理期限，均延至1999年；三、汉冶萍公司改为中日合办，附近矿山不准公司以外的人开采；四、所有中国沿海港湾、岛屿概不租借或让给他国；五、中国政府聘用日本人为政治、军事、财政顾问。中日合办警政和兵工厂。武昌至杭州、南昌至潮州之间铁路建筑权让与日本，日本在福建有开矿、建筑海港和船厂及筑路的优先权等等。

明眼人不难看出，“二十一条”一旦签署，日本入侵中国的时间，就不是1931年的“九一八”，而是整整提前了16年。简言之，“二十一条”一旦签署，中国就不是所谓的半封建半殖民地国家，而是一跃而成为名副其实的日本殖民地了。五项内容中，其蛮横无理的要求，甚至超过了清末清政府与列强签署的任何一个卖国条约。其意在吞并中国的企图，实在是太露骨，太明目张胆了，世界舆论一片哗然，纷纷给予抨击，连急于做皇帝的袁氏本人都不敢全盘答应。

日本政府大约也感到自己太过于卑鄙和无耻了，一面宣布其中第五项为希望性条款，属于劝告性质；一面提出新案，内容与原要求一至四项基本相同，仅将若干条文改用换文方式。5月7日，日方发出最后通牒，限48小时内答复。狡猾的日本人摸透了袁世凯急于做皇帝的心思，为了早日皇袍加身，袁世凯以中国无力抵御外侮为由，于5月9日递交复文，表示除第五项容日后协商外，全盘接受日本的要求。

“二十一条”的前提就是支持袁世凯复辟称帝。《滇声报》声称，袁氏一旦做了皇上，那就是一言九鼎，想干什么就干什么，想怎么干就怎么干了，签个条约那还不跟玩儿一样？看完这篇文章，巡按使任可澄吓出一头冷汗，这不是找死吗？袁世凯的钦差前脚刚到云南，《滇声报》后脚就发表这样的文章，你他妈的有几个脑袋？老任一怒之下派人查封了报馆，将主编徐虚舟关进了大牢。谁知董鸿勋根本就没把老任放在眼里，也未经向唐请示，于当天就派兵包围了巡按署，扬言只给老任一刻钟的时间，一刻钟后还不放人，那就只好率兵打进去抢人了。

何可澄一气之下告到了唐继尧那里，唐也气得七窍生烟，你一个小小的团长就敢派兵包围巡按署，过两天是不是还要带人攻打五华山了？还有没有王法了？盛怒之下将董鸿勋撤职查办，团长一职，由不久前刚被撤职的邓泰中重新接任。

先是董代邓的团长，现在邓又代董，大家都有些发懵，不知道唐是什么心思。其实，这个主意还是庾恩旸出的。庾恩旸已获知准确情报，滇军少壮派军官将于三天后——也就是何国华在五华山开武将军亭，为唐继尧授勋那天动手发难，干掉唐继尧、何国华和赞成帝制之滇军高级将领，宣布云南独立。

庾恩旸的情报又是从唐继尧的卫队长龙云那里得到的。龙云是庾恩旸任讲武学堂校长时，考入讲武堂第四期的。第四期招收的大部分是“重九起义”中的有功人员，学制很短，加之庾恩旸很快就调到了北京，那么多学兵，按说身为校长的庾恩旸不一定会认识。但偏偏这位长相平平、貌不惊人的彝族小伙子竟身怀绝技，有一身过人的功夫，三拳两脚就打败了一位到昆明叫板比武的法国大力士。由于之前黄毓英死于暗杀，庾恩旸一直劝说唐继尧在滇军中挑选部分可靠的卫士，观看了这场比武后，庾恩旸就记住了这个来自昭通的彝族后生。龙云毕业先回昭通，做过见习排长。其后唐的侍卫调走，庾恩旸就举荐龙云入昆，选派到唐继尧身边做了唐的贴身卫士。龙的同期同学，这时大都做到了营连长，成了所谓的少壮派军官，龙是唐继尧的卫队长，刺杀唐再也没有比他更合适的人选了。但问题是唐待龙一直不薄，甚至还做媒将日本士官学校的同窗顾品珍的妹妹嫁给了龙云，龙不忍对其下手，于是把少壮派军官的这一阴谋告诉了庾恩旸。

同时，庾恩旸还提醒唐继尧，是到了公开表态的时候了，继续藏着掖着，这帮少壮派军官防不胜防，天知道还会干出什么事来。

唐继尧这时已收到唐继禹从海防发来的密电，经斡旋，梅总督已同意将暂扣于海防的军火秘密交还云南方面。

说起来，这一次梅总督如此爽快，还要归功于庾夫人钱秀琳。钱在河内见到梅总统后，没绕弯子，直截了当地用法语问梅：“总督阁下听说过日本人的‘二十一条’吗？”

不提还好，一提“二十一条”，梅总督顿时怒火中烧，语无伦次：“‘二十一条’不好，‘二十一条’坏得很，‘二十一条’严重损坏了法国在华利益——”

日本之所以换汤不换药地修改“二十一条”，正是因为连欧美这些老牌殖民国家都看不下去了，纷纷出面干涉。钱秀琳的话题等于一下子戳到了梅的心窝子上，因此才暴跳如雷。钱一看火候到了，及时抛出了此行的目的：“总督阁下，唐将军和我的丈夫并不赞成‘二十一条’，也不赞成袁大总统恢复帝制——因此，他们急需那批军火。”

梅总督脑子一转，似乎马上就明白过来了：“你是说，唐将军和你丈夫要对袁大总统开战？”

钱秀琳笑而不答，一旁的唐继禹接过了话头：“请原谅，总督阁下，我们只能说这么多了。”

眼下的法国已经不是一百年前拿破仑时代的法国了，香槟美女严重侵蚀了法兰西军人浪漫的躯体，甚至连其国防军的主力，都改由雇佣兵组成的外籍军团担任了。如果因为帝制，因为“二十一条”，中国人与中国人之间发生内讧，甚至内战，法国坐收渔利，连聘请雇佣兵的钱都省下来了，何乐而不为呢？何况购买那批军火的钱，还是中国人自己的，没花法兰西一个大子儿。心领神会的梅总督当即下令海防港：给予放行。

滇军两个师原编有四旅8团（每师辖两旅，每旅下辖两个团）；另有一个混成旅下辖两个团；骑兵、炮兵各一个团；将军行署两个警卫团，共计十四个团。前不久，唐继尧后又将滇西、滇南的十个独立营改编为三个团，总兵力增至十七个团，近五万人马。运回的这批军火雪中送炭，滇军一下子拥有了齐装满员的四个步兵师，成了除北洋系以外，中国最大的一个军事集团。顿时气粗的唐继尧再也用不着蹑手蹑脚，掩耳盗铃了。

1915年9月11日，唐继尧下令召集团以上军官会议，庾恩旸在其《再造共和唐会泽大事记》中写到，会上唐开门见山：“袁氏不安总统之位早已见诸形迹，今杨度等公然设筹安会大倡君宪救国之论，顾吾辈以无量恒河沙数，黑铁赤血换来之民国，兹一旦为彼独夫夺而私之，是可忍孰不可忍？愿与天下英雄共图之，诸君其意乎？”

与会军官热血沸腾，立身众口一致：“将军以爵禄之尊，身家之重，置之不顾而为天下苍生计，吾曹岂敢不倾诚听命，执戈效死乎？”

众军官这番慷慨激昂的话是有来历的，唐继尧刚刚被袁世凯封为开武将军一等毅勇侯（月薪三万元），另有一封由何国华转送的亲笔信：“国家多事，西南半壁，唯吾弟是赖。世凯老矣，我此一席，唯吾弟是待。”袁氏如此高官、厚禄，以及更大的许愿，唐尚可放弃，吾辈岂有不追随之理？

为避开袁世凯的耳目，唐继尧经常在洪化桥家中召集高级将领会议。一次散会后，唐的父亲唐学曾拉住时任滇军旅长的黄毓成说：“黄旅长，请你替我这个为父的想想，我家几代人还没封过侯呢。”

黄笑答：“世伯，您老是希望儿子做窃国大盗袁世凯的侯爵呢，还是希望儿子封别人为侯爵？”

唐继尧在滇军中公开表明自己的态度后，唐父惶惶不可终日。此时，他最担心的倒不是他立宪派的政治主张，而是唐一家子的身家性命了。一再反复告诫儿子：“全国拥护袁大总统做皇帝，此乃大势所趋，你必须顺应时势，不能另做打算。一旦拿错了主意，轻举妄动，不但会招致灭门之灾，甚至还会贻害到三迤大地。”

唐继尧一笑说：“是不是梁任公又给你来信了？”

其实唐继尧知道，自日本人提出“二十一条”后，梁启超就对袁世凯完全丧失了信心，已脱离北京政府，到天津做了寓公。他这么说，无非是想告诉父亲，怎么样，我早就说过，袁世凯蹬鼻子上脸，他是不会安于你们那个君主立宪制的。

唐父一时语塞，半天才说：“好吧，我再问你，你祖母80多岁了，仗要是打败了怎么办？”

唐继尧答：“放心吧，我已托泽普（庾恩旸）在香港存下了一笔钱，到时候我会派人把你们送往香港。”

庾恩旸和黄毓成是知道唐家父子对“帝制”截然相反的态度的，因此才有了“爵禄之尊，身家之重”等语。

继9月11日召集滇军中高级军官会议后，10月7日和11月3日唐继尧又连续召开了两次秘密会议。尤其是第三次秘密会议，较为详尽地制定了护国战争的整个作战计划（需要说明的是，就像后来抗美援朝中的志愿军一样，护国战争与护国军之名，是直到战争打响前，才匆忙定下的。因此，这里的“护国战争”，只是为了叙述上的方便）。庾恩旸此时已内定为护国军总参谋长，根据其回忆，唐继尧决定将五万滇军编为三路大军，第一路负责攻占四川叙府（今宜宾）、泸州、重庆，三镇既克后，第一路军顺江而下，占领武汉；第二路会同黔军北出湘鄂；第三路经两广、福建直趋江浙，三路大军最终会师中原，饮马长江。

此间，唐、庾先后派出多路侦察分队前往滇东北和川南一带秘密勘察道路情况及川军的江防部署，为日后大部队的行动预做准备。同时还启用了一批“二次革命”后，陆续逃到云南被唐暗中保护起来的将领，充任滇军各级指挥官，如原贵州都督府参赞戴戡、赣军第3旅旅长赵又新（临安起义主要负责人）、江苏第4旅旅长戢翼翘等。

唐继尧与原同盟会云南支部长吕志伊在五华山密谈时，本打算派吕东渡日本，联络孙中山，希望孙“登高一呼，共成义举”，但此时的孙中山正忙于迎娶新娘宋庆龄，一时半会儿顾不过来了。孙与宋是1915年10月26日结婚的（时间正处于唐秘密召集的第一、第二次会议之间的节点上，唐在得不到任何指教的情况下，毅然召开了第三次也是最重要的一次制订作战计划的秘密会议)，宋家并不看好这桩婚姻，宋母甚至斥责女儿：“你是不是疯了？他有两倍于你的年龄，而且结过婚，我绝不会同意的。”

胡汉民等国民党元老也劝说孙中山，不要因为儿女情长，影响威信，坏了自己的名声。但孙中山爱江山也爱美人，决心已定，态度决绝：“我不是神，我也是人。我们共商国家大事可以，但你们无权干涉我的私生活。”

不过，孙中山在整个护国战争中的表现，的确让人费解，从现存的资料上看，整个护国战争期间，孙中山没给过护国军总司令唐继尧一函一电。倒是1915年12月28日，即云南通电起义后的第三天，孙给其在国内的代理人陈其美发来一份密电：“此间消息，唐、蔡已动，滇款毋庸给。既有首难，则袁之信用已破。此后吾党力图万全而后动，务期一动即握重要之势力。”致使整个护国战争期间，云南没得到过国民党方面一分钱的接济。1916年3月23日，在护国军节节胜利的凯歌声中，袁世凯被迫宣布撤销帝制案，孙又分别于当天和4月4日致电陈其美：“时机至此，可速发制人……故沪事当发于袁退位之前乃可”、“能动即动，若彼等政府成立，吾党外交更失去地位。”

是出于政治上的需要和考量，还是太不拿咱云南当人了？唐继尧就是从这时候起，对孙中山“另眼相看”的。护国战争胜利结束后，孙中山在广州成立军政府，自任大元帅，授予唐继尧和陆荣廷元帅职（这里的大元帅和元帅不是军衔，而是相当于一种职位)，唐继尧拒绝就职，孙派大元帅府秘书长章太炎到云南劝说唐继尧就职，同时动员唐加入国民党，唐的回答是：老子就是讨口要饭，也绝不会加入国民党。当然，这是后话了。

就在云南方面进入紧张的战前状态时，一直与唐保持着密切联系的蔡锷突然失踪了，而且时间长达一个多月。唐继尧最后得到的消息是，蔡于1915年10月28日向袁世凯请假五天，接下来又续假七天到天津治疗喉疾，之后便杳无音信了，唐派出多路人马找遍北京、天津、上海、香港，甚至日本、越南均不见其踪影，直到唐继尧决定不管孙中山答复与否，12月中旬云南必须树起义旗，才得知蔡曾在日本、香港停留过，很可能已转道越南准备秘密赴滇。此前，袁世凯已于12月12日公开表示接受帝制，时间已刻不容缓。唐和庾恩旸等将领研究后决定，先期出发的第一梯团邓泰中第一支队、杨蓁第二支队继续向滇川边境挺进（邓杨两团是以到昭通镇雄剿匪为名，秘密向滇川边境一线集结的)，同时火速派唐的堂弟、警卫1团团长兼昆明警察厅厅长唐继禹率两个警卫连沿滇越铁路南下，接应和保护准备经越南秘密入滇的蔡锷。

唐继禹刚到河口，就收到唐继尧的急电，李烈钧将军已经入滇，命令唐继禹设法找到李烈钧，并派可靠之人火速送往昆明。

李烈钧字协和，江西武宁人，“二次革命”前任江西都督，是唐继尧和庾恩旸在日本士官学校的同班同学。“重九起义”前，李曾在新军19镇与唐、庾共事，1910年5月奉调离开云南。李也是经日本、越南到云南投奔唐继尧的，唐继禹在河口找到李烈钧后，从李处得知，蔡锷定于12月15日入滇。唐继禹不敢怠慢，火速将这一消息电告唐继尧。

云南地理位置重要，且又未驻扎北洋系军队，袁世凯为控制云南，亲自委派了一大批亲信到云南供职，如前面提到过的盐运使肖坤、蒙自道尹周沆、阿迷（开远）知事张一鲲等等。蒙自和阿迷均位于滇越铁路沿线，系进出滇南之咽喉要道，且两地相隔不远，可遥相呼应，互为犄角。滇越铁路虽然不经过蒙自，但另有一条修建中的个碧石铁路经蒙自碧色寨与滇越铁路相交。唐继尧和庾恩旸事先就预见到，袁世凯若要对蔡锷下手，一定会选择位于两条铁路交会点的碧色寨。两天前，袁曾电示唐继尧：即将有乱党重要头目入滇……无论何人，但有谋乱行为，立置于法，事后报明，毋庸先行请示。杀气腾腾的电文，令唐对蔡锷的安全十分担忧，一面急电唐继禹，用脑袋担保蔡的安全；一面电请法国总督沿途派兵保护。12月17日，梅总督派出两个班的法国宪兵会同唐继禹一同将蔡锷安全送抵与河口县一江之隔的越南老街，并破例允许唐继禹从昆明带来的两个警卫连和一个宪兵分队，全副武装越境到老街迎接蔡锷（按国际惯例，和平时期对方军队是不允许携带武器进入己方境内的）。

唐继尧的担心不无道理，周沆和张一鲲果然在碧色寨车站摆下了鸿门宴。碧色寨是滇越铁路上最大的一个车站，距闻名世界的锡都个旧仅40公里。十多年前，云南士绅担心法国人醉翁之意不在酒，觊觎个旧锡矿，强烈反对法国人原先勘测设计的西线方案（经蒙自、个旧、建水、玉溪，到昆明），最后只好改走东线（经开远、弥勒、宜良到昆明）。但个旧锡矿主要供出口，即便是供应内地市场也要经滇越铁路到海防后，再通过海上转运内地，当地士绅只好集资另建一条经碧色寨、个旧，到石屏的寸轨铁路，将个旧锡矿运至碧色寨，再通过滇越铁路出境。也许有人会说，这不是脱裤子放屁吗？且慢，云南虽与三国接壤，而且其中的缅甸、越南还是英法两个老牌帝国主义国家的殖民地，但云南却是自第一次鸦片战争以来，列强唯一没占到丁点便宜的省份（既无租界，又没割让过一分土地）。1883年爆发的中法战争，更是中国自第一次鸦片战争以后，唯一取胜的一次战争，虽然不败而败，清廷最终与法国签订了不平等的《巴黎停战协定》，但却让入侵者尝到了云南人的厉害。英国人在滇西也没捞到任何便宜，十几年间，先后派出探路的几支“探险队”，不是被就地斩首，就是做了俘虏，无一支全身而退。云南不是大清，没那么好欺负，宁愿脱裤子放屁，也要防患于未然。但这样一来麻烦就大了，滇越铁路本来就是窄于准轨的米轨，个碧石铁路更窄，是寸轨（其目的就是利用轨距的不同，防止不怀好意者借铁路直接入侵），个旧的大锡到了碧色寨，需从寸轨列车倒腾到米轨列车上（个碧石铁路因战争和资金等原因，修了20多年后才全线贯通，此时仅个旧到碧色寨通车）。因此，作为滇越铁路最重要中转站的碧色寨，仅仅几年工夫就变得异常的繁华，被人冠以小香港之称。

这无疑是一个行刺的好地方，何况周沆和张一鲲手中还握有一支多达七百人的武装。蔡锷一行乘坐的专列在碧色寨停下后，等候多时的周沆就登上了列车，准备面请蔡老前辈下车用膳。周沆见到的却是一脸威严的唐继禹。原来，在周登车前，唐继禹早已经机智地将蔡锷转移到一节货车内，然后才告诉周沆，蔡将军偶感风寒，不便下车，你的心意蔡将军心领了。与此同时，伪装成各色人等的刺客找遍全车也没看到蔡的踪影，周沆只好启用第二套方案，命令张一鲲在阿迷（开远）下手。专列到阿迷后，张一鲲故技重施，登车请蔡老前辈下车用餐。唐继禹一面布好重重警戒，一面下车虚与委蛇，告诉张一鲲，因身体原因，蔡将军今天不走了，请张到招待所等候。张不知是计，转身刚离开车站，汽笛声声中，专列已拉着长笛吐着白烟，加速离开了阿迷，向昆明进发。

云南首义

1915年12月19日上午，3000名滇军将士在巫家坝举行誓师大会，唐继尧在大会上公开表明了云南的态度：滇军在“重九起义”中浴血奋战，付出重大牺牲，才与全国一道取得了辛亥革命的胜利，最终推翻了清封建王朝之统治。现袁氏逆历史潮流而动，不顾国人反对，一意孤行，妄图复辟帝制，让我人民重陷水深火热之中。我们滇军绝不答应，誓以血肉之躯捍卫共和！

“打倒窃国大盗袁世凯！”

“誓死捍卫共和！”

在阵阵激昂的口号声和昆明数万各界人士的目送下，滇军健儿昂首挺胸，奔赴前线。

蔡锷是1916年12月19日傍晚抵达昆明的，滇军护国军先头部队19日晨即誓师出发，后人想当然地认为，唐继尧此举在于抢占头功，实则不然。唐继尧决定于1915年12月19日出兵，主要基于两方面的原因，一、邓泰中和杨蓁率领的先遣部队一、二支队已抵达滇川边境，位于滇川边境的昭通距昆一千多里，时值隆冬，冰雪交加，部队从昆明出发，最快也需半个月才能与邓杨会合；二、周沆和张一鲲肯定已经将蔡锷入滇的消息电告袁氏，若袁氏令陈宧派兵加强金沙江沿岸江防，或干脆直接派三个旅的北洋军南渡围歼邓杨，极有可能导致护国战争出师不利甚至胎死腹中。稍有一点军事常识的人都知道，半个月的时间，足够打一场师级规模的战役了。唐先期出兵，完全是无奈之举，加上之前云南与蔡锷失去联系长达一个多月，换句话说，蔡锷即使不来，云南也会如期发起护国之战。英国出版的《剑桥中华民国史》载：“……毫无疑义，梁、蔡二人当时曾起过重要作用，但似乎不能将1915年秋梁启超的天津寓所说成是云南起义的唯一策源地。事实上，从9月以来，当地的云南籍军官一直在密谋反对帝制。正因为该省的大批军事领导人都具有革命倾向，蔡锷12月返滇才会令人心大振。他之出任统帅坚定了动摇者，从而加速了滇军起兵反袁。即使蔡锷没有到来，云南也可能爆发类似的起义。”由于众所周知的原因，一般来说，国外对重大历史事件的记载，较之国内更为公允和客观。正如引文中所述，蔡锷即使不来云南，云南照样会高举起护国义旗。而且时间上可能还会更早——前面就说过，正因为得知蔡已在赴滇途中，唐继尧才有意推迟了云南的起义时间。

不过，文中所称蔡锷“出任统帅坚定了动摇者”却是有误的。毕业于保定军官学校，曾参与“重九起义”并曾出任云南都督府参谋长、后成为蒋介石亲信并做过国民党云南省党部书记的李宗黄，在其《云南护国纪实》一书中写道：“唐氏对蔡不唯远道相迎，而保护亦极周至。见面之日，蔡对唐以下相迎之各将领冲口而出‘真使我喜出望外，你们一切都准备好了，且对我如此优礼。’起义之日，唐即再三以至诚坦白之态度，将军都督一职相让，而自愿出征川北，使蔡感动，至于涕下，谓‘吾此次来滇协同举义，完全为讨袁，为救国，并非争权，亦非夺利，若果喧宾夺主不论理论事实如何，总不足以示天下，更何以对滇中父老。深望蓂赓鉴此苦衷，无再固辞，并盼总揽全局，统一军政，勿存客气，不辞劳怨，独为其难。’”

除了不愿贪天功为己有，蔡一再推辞还有一个重要原因，那就是从政治层面考虑，蔡认为：滇军孤军犯险，唯当引起全国同情以求多助，唐身为地方大吏，如果率师出征，易启侵略之嫌。

可谓英雄惜英雄。

我们再从《云南护国军都督府及护国军编制将佐表》来看：

军都督　唐继尧

第一军总司令　蔡　锷
总参谋长　罗佩金（蔡入滇后，由总司令改任总参谋长）
第1梯团长　刘云峰
第2梯团长　赵又新
第3梯团长　顾品珍
第4梯团长　戴　戡

第二军总司令　李烈钧
总参谋长　何国钧

第 1 梯团长　张开儒
第 2 梯团长　方声涛
第 3 梯团长　何国钧（总参谋长兼）
第 4 梯团长　马文仲

第三军总司令　唐继尧（军都督兼）
总参谋长　庾恩旸（军务厅厅长兼）
第 1 梯团长　赵钟奇
第 2 梯团长　韩凤楼
第 3 梯团长　黄毓成（后升任挺进军总司令）
第 4 梯团长　刘祖武
第 5 梯团长　庾恩旸（兼）

挺进军总司令　黄毓成
参谋长　叶成林
第一纵队司令　杨　杰
第二纵队司令　叶成林（兼）

为了最大限度地迷惑袁世凯，护国军一改现代军队之惯常编制，采用梯团、纵队、支队为番号，这里的梯团、纵队相当于师，支队为团，如原滇军第 1 师师长刘祖武改称第 3 军第 4 梯团长，再如原滇军团长邓泰中、杨蓁改称第 1 军第 1 梯团第 1、2 支队支队长。

蔡锷抵昆后，12 月 21 日、22 日，唐继尧、蔡锷、李烈钧、任可澄、庾恩旸等高级军政首领连续召集第四、第五次会议。12 月 23 日，由唐继尧以开武将军督理云南军务使和任可澄云南巡按使名义，发出震惊中外之“漾电”——《唐继尧、任可澄致袁世凯劝告撤销帝制并限时答复密电》，要求袁世凯将鼓吹帝制的杨度等 13 人明典正刑，以谢天下。限 24 小时内答复。

袁世凯拒不答复，12 月 25 日，由唐继尧领衔，任可澄、刘显世、蔡锷、戴戡依次顺序署名，发出“有电”——《通告全国宣布独立请同申义举电》，宣布脱离北京政府并争取全国之支持。护国战争胜利后，1916 年 12 月 25 日——“有电”发出日，被定为云南首义日。

云南分别由 1915 年 12 月 23 日发出“漾电”和 12 月 25 日发出“有电”，

让原定于1916年1月1日登基加冕洪宪皇帝的袁世凯乱了手脚，只好将隆重的登基大典，改为小范围内在新华宫举行的非正式即位典礼。

1916年1月14日，蔡锷率第一军主力出发。两天后的16日，先期抵达滇、川交界之绥江县横江（今属水富县）的邓泰中、杨蓁两支队打响了护国战争第一枪。21日，护国军攻占四川叙府（今宜宾市），中外为之一震。而此时，蔡锷还远在五百公里外的东川府。

战争打响后，袁世凯一面声称，滇省兵仅万余，饷难月给，不难一鼓荡平；一面在中南海丰泽园成立征滇临时军务处。亲自调遣三路大军，第一路经湘黔直逼云南；第二路由川南进军云南；第三路海运越南后，沿滇越铁路兜击滇南，妄图抄护国军的后路。其第三路却被法国人拒绝，之后又想借道广西，同样遭陆荣廷拒绝。

三路大军计有五个师，又十个混成旅，共计十万人马，兵分三路，杀气腾腾赴向云南。

由于时值冬季，大雪纷飞，加之滇东北地区山高坡陡，道路崎岖，部队行进十分缓慢，第1军先头部队之第2梯团董鸿勋第3支队，1月26日才抵达贵州毕节。2月2日，唐、庾留日同学、曾参与“重九起义”的川军师长刘存厚宣布起义，加入护国。于2月6日与董鸿勋支队会师，攻占长江南岸之重要据点兰田坝，兵锋直逼北岸的泸州市。之后，主力从下游横渡长江，准备趁胜占领川南重镇泸州。可惜，有北洋虎之称的吴佩孚率三个混成旅早于护国军一步进驻泸州，吴佩孚以攻为守，利用夜暗为掩护，偷渡长江夜袭兰田坝。担任兰田坝防御的川军陈门礼团，武器陈旧，加之又是在毫无防备的情况遭北洋军偷袭，阵地很快易手，团长陈门礼战死，董鸿勋留给陈团的四门山炮亦落入北洋军之手。已经渡江的董鸿勋支队担心退路被敌切断，被迫回渡，退守纳溪。

自2月14日至3月6日，护国滇军与北洋军在纳溪一线展开了长达22天的激烈战斗。蔡锷的护国第1军虽然有四个梯团，7000余人，但因为兵分两路，刘云峰第1梯团正在叙府一带与北洋军冯玉祥旅激战，面对吴佩孚的三个混成旅，护国军在兵力上并不占优势。好在滇军训练有素，师出有名，加上装备优良——每个支队装备德制山炮4门，轻重机枪60挺，德造毛瑟步枪1000多支，武器居然与正在地球另一端鏖战的英法德军不相上下（此时，第一次世界大战鏖战正酣），阵地常常失而复得，一天之内数易其手，尤其是距纳溪5公里的棉花坡，北洋军仅在棉花坡就陈尸一千多具，护国军亦伤亡近千人。

叙府方向，由于蔡锷将第1梯团主力大部调往纳溪，面对冯玉祥旅咄咄逼人的攻势，坚守13个昼夜后，刘云峰不得不率部退出叙府。

庾恩旸在《云南首义拥护共和始末记》一书中回忆，惨烈的战斗，巨大的牺牲，蔡锷痛心疾首，几度落泪称：此三星期之剧战，实为吾国有枪炮后之第一战也。川南战场与同一时间（1916年2月）一战中的凡尔登大战一样，作战双方几乎流尽了最后一滴血，战争转入相持阶段。

滇南形势也不容乐观。

法国当局和广西陆荣廷拒绝袁世凯第三路军借道攻击滇南后，广东振武上将军龙济光利用与陆荣廷儿女亲家的关系，组成第三路征滇军，设指挥部于广西百色，以其兄龙觐光（粤军第1师师长）为总指挥兼云南查办使，企图抄袭滇军的后院，占领滇南后，沿滇越铁路攻占昆明。

龙济光出生于红河一个哈尼族土司之家，清末曾任广西、广东提督，民国后被袁世凯任命为广东振武上将军（都督）。前面就提到过，绿林出身的广西都督陆荣廷历来是只问利害，不问主义的一位草蛮英雄，一面拒绝袁世凯借道，一面又对龙济光网开一面。尤其是川南战场呈胶着状后，陆荣廷将赌注又投向了袁世凯的北洋军，睁只眼闭只眼，同意龙觐光将征滇第三路军的大本营设于广西百色，指挥三路大军进逼滇南。2月27日，龙部李文富第一路军攻占与广西相邻的广南县；3月2日又占领了广西通往滇南的门户剥隘关；3月10，龙济光之子龙体乾率土司武装袭占个旧，直接威胁到滇越铁路的安全。

由于护国滇军主力主要用在了川南战场，而此时，全国除了唐继尧事前联系好的贵州于1月27日宣布独立，加入护国外，并没有如孙中山和梁启超许诺的那样“义旗一树，天下无不响应”。唐只好改变计划，将原定用于湘黔方向的李烈钧第2军，调往滇南。第2军沿滇越铁路迅速南下，收复广南后，经一星期激战，击溃李文富部。之后，唐又令挺进军黄毓成部、第3军赵钟奇梯团自贵州改道广西，分两路包围百色，3月17日，龙觐光第三路征滇军缴械投降。与此同时，唐派出身边仅剩下的警卫2团，乘火车星夜赶至蒙自，会同刘祖武的滇南卫戍部队，于3月22日收复个旧。

就在这时，更为惊险的一幕发生了。袁世凯趁护国滇军北上南下，昆明已成空城之际，急调川军杨启元和西康陈遐龄部，渡过金沙江，企图一举夺占昆明。战争已经打了两个多月了，唐继尧心力交瘁，积劳成疾，晕倒在五华山后，被紧急送到了陆军医院。此时，陆军医院已人满为患，伤员们听说袁世凯企图偷袭昆明城，抄护国滇军的后路，纷纷向唐请战，要求重返前线。唐继尧问陪同自己到医院的堂弟唐继禹："在昆养伤的伤号有多少人?"

闻讯赶来的兵站总监缪嘉寿说："不下五千。"

唐看着唐继禹说："好吧，你马上挑选两千人，我再把督府警卫营也都交给你——不把杨、陈两部赶过金沙江，提头来见。"

唐继禹亲率由伤员临时组建的荣誉第 1 旅（民国时期，习惯上将战场负伤的官兵称为荣誉军人，由伤愈官兵组成的部队则授予荣誉某某师、旅、团番号。伤愈官兵大多久经沙场，具有极强的战斗力），星夜驰往滇北地区，激战竟夜，毙伤数百人，将杨陈两部赶过金沙江，终于使昆明城化险为夷。

滇南、滇北鏖战正酣时，川南前线的叙府、泸州上演了戏剧性的一幕。刘云峰梯团撤出叙府后，仅田钟达营保持比较完整，该营刚刚占领叙府东南的支锅山，冯玉祥旅就赶到了，激战两昼夜后，田营所剩已不足百人。幸好唐继尧派来的一个工兵连及时赶到（云南已无步兵可派了），但仅仅经历了一天的战斗，这个 80 多人的工兵连就全部战死。刘云峰命令田营剩下的官兵，收集弹药，准备与敌作最后的血战时，冯玉祥的副官打着白旗爬上了支锅山。冯玉祥是刘云峰保定军校的同班同学，两人关系一向不错，只不过自辛亥革命后，两人各为其主，分道扬镳。刘云峰不知道冯玉祥葫芦里卖的什么药，下令将冯的副官拿下。这位姓马的副官倒也镇静，被人五花大绑后仍坚持要见刘云峰一面。

刘刚刚战死了一个连，眼睛都冒血了，手一挥说："不见，推出去给我斩了。"田钟达连忙制止说："两国交兵，不杀使者。还是见他一面吧。"

马姓副官被带上来后，开门见山地说："刘将军，我们冯旅长让我带话给您，

他也不赞同帝制，我们没必要为袁世凯拼个你死我活——"

事后才知道，一方面，北洋军也不是铁板一块，如冯玉祥等确实不赞同恢复帝制；另一方面，滇军的战斗力大大出乎北洋系将领的意料，冯旅与不足千人的刘云峰梯团鏖战三星期后，伤亡过半，再也无力发起新一轮进攻了。刘、冯于是达成城下之盟，自即日起，双方停火，静观时局的发展。

几乎是同时，泸州方向，吴佩孚也派人到前沿与蔡锷接洽，希望双方停火。吴佩孚的停火与冯玉祥不同，原来，1 月 17 日贵州宣布独立，加入护国后，护国滇黔联军兵锋直逼重庆，前锋已达重庆的门户綦江。3 月 15 日，绿

林好汉陆荣廷终于看出滇军锐不可当，发兵不到两星期，就兵临百色城下，于是重新将赌注押到护国军一边，宣布广西独立，随即派出六个团进入湖南。吴佩孚一看，护国军一旦攻占重庆和湖南，退路就断了。于是，不顾袁氏一日数道电令，与蔡锷秘密达成了停战协议。

袁世凯眼看众叛亲离，大势已去，不得不于1916年3月22日宣布撤销承认帝制案。

从1915年12月12日袁世凯“承认”帝制，到1916年3月22日宣布撤销帝制案，刚好一百天，被后人戏之为“百日春梦”。

孙中山是这样评价由云南发起的护国战争在中国近代史的地位和意义的：讵料霹雳一声，云南起义，其目标之正确，信念之坚强，士气之昂扬，作战之英勇及民心之振奋，响应之迅速，与黄花岗之役、辛亥武昌之役，可谓先后辉映，毫无轩轾，充分表露了中华民族之正魂。

并提议将云南首义日——1915年12月25日，“有电”即唐继尧领衔发出之《通告全国宣布独立请同申义举电》那一天，与1911年10月10日辛亥革命一道定为国家纪念日。

名将之死

袁氏宣布撤销帝制后，唐继尧以护国军总司令的名义通电停战条件：一、袁氏于一定期限内去职后，可贷其一死，但须驱逐出国；二、诛杀附逆之杨度、段祺瑞等 13 人以谢天下；三、关于称帝所开支的筹备费和此次战争经费约 6 千万元，应抄没袁氏及附逆 13 人家产赔偿——

袁世凯没有杀杨度，十几年后，这位封建帝制的积极拥护者，出人意料地加入了中国共产党。段祺瑞则被袁氏任命为内阁总理，成为继袁氏之后，当时中国的实际掌权者。

关于战争赔偿，因袁氏于两个多月后的 1916 年 6 月 6 日暴毙，最终不了了之。云南举一省之力发起护国战争，其付出与牺牲是最大的，当时云南一年的财政收入不过 700 万元，而据不完全统计，三个月的战争，云南共耗费军费 900 多万元。其中，省外及华侨募捐仅 12 万元，其余全部为云南自筹。为了筹措战争经费，不得不停办中学，停发公职人员薪金，最为困难的时候，唐继尧甚至拍发电报威胁躲到上海的云南驻香港银行负责人解幼山、张荣廷："若再借故支搪，则两君身家在滇，即当以两君身家是问也。"

原全国政协副主席缪云台 1985 年接受采访时说："……云南各族人民对护国运动作出了很大的贡献，人、钱都是云南的，甚至连教育经费都挪用了。现在国内一提护国战争就只提蔡锷，这是一种偏见。将护国运动的功绩仅仅归功于蔡锷，是不公允的。护国运动主要是云南中下层军官的积极要求，加之唐继尧的支持，才能组织发动的。其实当时的情况是各种组织发动工作已经基本就绪之后，蔡锷才进入云南的。有无蔡锷，云南都将爆发护国运动。蔡锷入滇之前，不是已有护国军先遣部队开拔了吗？还有一种说法，说唐继尧参加护国运动是被迫的，这不符合事实。没有唐继尧的支持，护国运动也许就很难，甚至根本就搞不起来。"

云南 1700 万人民毁家纾难，为国家民族立下了不朽功勋。护国滇军由最初的2万多人，猛增至7万余众，整个战争期间伤亡官兵1万多人。战争结束后，护国滇军共编为8个师，第1师驻防大理，师长张子贞；第2师驻防蒙自，师长刘祖武；第3师驻防广东，师长张开儒；第4师驻防广东，师长方声涛；第5师驻防昆明，师长庾恩旸；第6、第7、第8师驻防四川，师长分别为顾品珍、赵又新、叶荃。

此时，人心思归，广大官兵迫切希望返回云南与亲人团聚。唐继尧、庾恩旸也希望尽快裁减部队，休养生息，把有限的经费用于经济建设。还在战争期间，唐即将东川铜矿改为股份制，把拍卖股权的资金充作战争经费（远在川南前线的蔡锷也参股2万元，到当年11月8日蔡在日本病逝时，卖得5万多元。曾被滇人指责为发国难财）。唐继尧深知人才对于经济建设的重要性，战争刚一结束，就把时任护国滇军上校军需官的庾恩旸的弟弟庾恩锡从前线调回，任命为云南水利厅副厅长（同年11月升任厅长）。

庾恩锡毕业于日本早稻田大学，留学期间主攻园林和建筑，获硕士学位。因早年随长兄庾恩荣长期在上海、广州、香港等地经商，兴趣爱好与二哥庾恩旸不同。拿到硕士文凭后，庾恩锡原打算到法国继续攻读博士，突然收到二哥庾恩旸的电报，希望他协助滇军兵站总监缪嘉寿在日本购买军火，秘密运回云南。武器刚买到手，护国战争就打响了，支持袁世凯的日本政府对运往中国南方的军火一律实行禁运，缪嘉寿和同来的云南兵工厂杨姓厂长急得像热锅上的蚂蚁。杨厂长是来购买生产子弹的机器设备的，军火被扣事小，生产子弹的设备被扣，麻烦就大了，滇军从德国进口的子弹打一发就少一发，设备被扣，很可能会因此影响到战争的进程，甚至胜负。庾恩锡这时却不慌不忙地说："二位先不要着急，日本禁运的是军火，没说生产设备。我们完全可以钻一钻这个空子。"

第二天一早庾恩锡就与日本海关交涉，海关官员一听，对啊，上面不让出口的是军火，并没有提到生产军火的设备，于是同意放行（后来那批军火也由庾恩锡通过各种关系，运回了云南）。若不是庾恩锡机智地说动了日本海关官员，将生产子弹的设备及时运回云南，护国滇军7万大军，长达两个多月的战争，鹿死谁手，一时还真的难以确定。

因为上述这段经历，庾恩锡回到云南后，被唐继尧任命为上校军需官，主要负责军火的生产和采购。

唐继尧到底是留过洋的，与一般行伍出身的军人不同，留日期间又亲眼目睹了日本"师夷之技以制夷"，首先从教育、科技、现代工业入手，放下架子（当然不放也不行，19 世纪中叶的日本跟后来的中国差不多，在西方列强的打压下，已经沦为了半封建半殖民地国家），甘当小学生，最终一步步坐上了亚洲头号强国的交椅。唐继尧跟那个时代的许多热血青年一样，怀揣“实业救国”的梦想，当初在昆明参加留日考试时，报考的也是工科，到了日本后，在庾恩旸、李烈钧等人的影响下，才改学了军事。护国战争已胜利结束，袁世凯也死了，提出的战争赔款也没着落，那么，该是考虑地方经济建设的时候了。小日本那一套都是跟西方列强学的，既然要学西方，咱们就从祖师爷那里学起，何不绕过小日本这个二道贩子，直接派人到欧洲学习呢？现任都督府参谋长李宗黄，虽然没留过洋，但辛亥革命攻打南京时就是新军标统了（时任攻打南京敢死队的团长），之后一直在上海、南京等地供职（护国战争打响前才回到云南），长期混迹于十里洋场，唐继尧决定由李宗黄带队，组成一支庞大的考察团，赴欧洲发达国家考察，庾恩锡理所当然地成了这个考察团的一员。

云南江河湖泊众多，水利资源十分丰富，国内三大河流（长江、黄河、珠江）其中就有两条流经云南。作为水利厅长，庾恩锡考察的重点自然是水利建设和水利设施。虽然与他的专业——园林和建筑风马牛不相及，但在那个人才奇缺的年代，也只好勉为其难了。

庾恩锡一行刚刚在越南海防登上前往法国的“马赛”号邮轮，靖国战争就爆发了。

靖国战争最初是由“府院之争”（总统府，国务院）引发的，段祺瑞当上国务总理后，根本没把黎元洪这个空手掌柜放在眼里。作为北洋“二虎”之一的段祺瑞，自恃身后有强大的北洋军做后盾，颐指气使惯了，哪里肯把黎元洪放在眼里？不是当初人家把你从床底下硬拉出来，矮子里面充高人，你能当上副总统，继而坐上民国大总统这把交椅？

但段祺瑞没想到的是，今非昔比，今天的黎大总统已经不是昨天的黎大总统了，他的身后不但有国民党的支持，更有在护国战争中崛起的强大的西南实力派。几个回合下后，黎元洪懒得跟段这个“丘八”多费口舌，干脆于 1917 年 5 月 23 日下令解除了“段丘八”国务总理兼陆军总长的职务。这下捅了马蜂窝了，“段丘八”声称，解职未经其同意，由此引发的一切后果，本人概不负责。真是滑了天下之大稽，堂堂一国总统，解除总理的职务还要经过本人的同意？不过，“段丘八”倒是言而有信，说到做到，当天就赶到天津策动北洋督军团武力解散国会，驱逐黎元洪。未几，安徽、奉天、河南、浙江、山东、陕西、直隶、黑龙江八省宣布独立，要求解散国会，请段复任国务总理，史称北洋督军团叛乱。就在这时，长江巡阅使张勋电告黎元洪，愿意出面调停黎、段之争，黎病急乱投医，居然同意了。张勋也是北洋系出身，早年投靠袁世凯起家，虽然他也反感袁氏复辟，但他反对的只是袁世凯式的帝制。在他看来，复辟的关键在于血统是否正宗，要“复”就应该让退位的清帝溥仪出面来复（都民国六年了，张勋和他的手下还一直保留着头上的辫子，人称辫子军），你袁世凯“复”就是犯上作乱，因为你身上并无皇族的血统。因此，张勋率领他的5000辫子军进入北京后，绝口不提“调停”之事，而是不问青红皂白就赶走了大总统黎元洪，下令解散国会，跑进故宫纳头就拜，跪迎年仅12岁的溥仪重新出任大清皇帝（据说，12岁的溥仪吓得不轻，因此还大病一场），史称张勋复辟。但张勋的复辟，比袁世凯还要短命，袁氏好歹还做了83天的皇帝，张勋复辟纯属一场闹剧，仅仅12天后，就草草收场了。

这个功劳又应归功于云南和唐继尧。

“靖”在《说文解字》中，含有“平定”和“安定秩序”之意。张勋复辟的消息传到云南后，唐继尧当即致电黎元洪：“继尧不解党见派别为何，只知拥卫共和，效忠民国。如有甘心破坏，危及元首国家者，义不共天，唯有整率三军，厉秣敬待！”

坐拥数十万北洋军的袁世凯都不是护国滇军的对手，张勋的四五千辫子军，唐继尧自然更没放在眼里了。反对袁氏复辟叫护国，对付张勋这个跳梁小丑，在唐的眼里顶多就是“平乱”而已。1917年7月1日，张勋拥立清废帝溥仪复辟，7月3日，云南就连续发出《唐继尧驰檄讨逆通告全国电》和《唐继尧编滇军为靖国军誓卫共和通电》。

靖国滇军迅速编为六个军（后又增加到八个），唐继尧出任靖国军总司令，庾恩旸任总参谋长，下辖第1军，军长顾品珍；第2军，军长赵又新；第3军，军长庾恩旸（兼）；第4军，军长黄毓成；第5军，军长张开儒；第6军，军长方声涛。

其实，张勋的复辟闹剧12天就散伙了，本来唐继尧的“靖国”已经失去了目标，但偏偏这时“段丘八”又跳出来宣布了他的“三不要政策”——即，不要约法，不要国会，不要旧总统。张勋复辟的第二天，7月2日，黎元洪大约是被辫子军吓破了胆，大总统也不要了，慌忙任命北洋军的另一只虎——冯国璋出任民国副总统并代理总统之职，同时恢复了段祺瑞的国务总理之职。之后就躲进小楼成一统，管他春夏与秋冬了（当晚就躲进了日本领事馆）。

黎总统、“段丘八”、“张辫子”的翻云覆雨，搞得民国主要创始人孙中山头都大了，遂下定决心另立中央，号召国会议员南下广州，召开非常国会(不足法定人数情况下的国会)，建立新的中华民国。

但跟黎元洪差不多，孙中山也是一位空手掌柜，在军阀割据有枪就是草头王的年代，想要空手套白狼那是断断不行的，以唐继尧为代表的西南实力派，于是再次成为孙中山的首选。也是瞌睡遇到了枕头，孙中山 7 月 21 日到达广州，8 月 11 日，唐继尧继此前态度强硬的两份通电后，又发出了一份《护法通电》，其主要内容为：一、总统因故不能执行职务，当由副总统代行职权；二、国会非法解散，不能认为有效，应即召集开会；三、国务总理非经提交国会同意由总统任命，不能认为合法。

唐继尧的“靖国”与孙中山的“护法”，在这里找到了最佳结合点，于是，靖国军、靖国战争演变成了“靖国护法战争”。

原护国滇军八个师，本来就有三个师驻四川，两个师驻广东，各师得令后，纷纷开始了“靖国护法”。庾恩旸的滇军第 5 师改编为靖国军第 3 军后，原计划取道贵州，进入湖南。有点类似于当年“重九起义”后，唐继尧准备经黔、湘北伐武昌，饮马长江的意思。而且，进入贵州后，庾恩旸也确实遇到了几乎与唐继尧当年一模一样的问题——贵州再次陷入了天下大乱的境地，护国战争后期，护国黔军主力开进了四川。四川乃天府之国，日子远比“地无三分平，人无三分银，天无三日晴”的贵州好过得多，自恃护国有功的黔军（贵州是继云南后，第二个宣布起义的行省），就此赖下不走了。人说一山难容二虎，四川原来就有三个师的滇军，加上刘存厚的川军（5 师 2 旅），已经是人满为患捉襟见肘了（当兵吃粮，那么多的军队正一个个嗷嗷待哺呢）。于是，为争抢地盘，三方打成一团，战火烧掉了大半个成都。偏偏这时，黔军的后院又起火了。黔军主力离开贵州后，辛亥革命后期，被北京政府严禁回黔的原贵州都督杨荩诚趁机招募旧部，一路打回了贵州。你想，杨的旧部本来就是由土匪、哥老会成员组成的乌合之众，又在外过了六七年浪迹天涯，有家难回的日子，如今打回来那还有个好？老账新账一起算，比三十年后的“还乡团”，还要有过之而无不及。

庾恩旸的靖国军刚进入贵州，就被老百姓拦下了，人们还记得这位前贵州都府参谋长兼贵州讲武学堂校长，一时间妇嚎儿啼，呼天抢地，强烈要求庾青天帮忙赶走杨荩诚，再来一次“代平黔乱”。

民国都六七年了，庾不忍目睹贵州的老百姓至今还生活在水深火热之中，靖国军于是在贵州停了下来，从东到西横扫了一遍，花了好几个月的时间，先占独山，后克贵阳，再下毕节，又一次将杨部逐出了贵州。率部进入贵阳那天，庾青天受到贵阳数万各界人士的夹道欢迎。当晚，贵阳士绅又推举十数名德高望重的代表到庾的司令部，要求像当年的唐继尧留任贵州都督一样，请庾恩旸庾青天留下来，出任贵州都督。被庾恩旸婉拒，并对贵州人民的信任，深表谢意，称，滇黔一家，顺道援黔乃分内之事，权宜之计，北伐不能半途而废。至于督黔美意，非我军之目的也。

庾夫人钱秀琳这一次也随军出征了，客人散去后，钱秀琳笑问丈夫：“庾青天，你对都督的职位，难道真的一点也不动心?”

庾恩旸却一点也高兴不起来：“我现在最担心的是我们云南，长年用兵，兵骄将悍。蓂赓不听劝告，长此以往，肯定会出大事。”

原来，对于靖国战争，庾恩旸与唐继尧有着完全不同的看法，“张辫子”复辟本来就是一场闹剧，12 天就草草收场了。那边都鸣锣收场了，你还坚持要“靖国”，不是以闹剧对付闹剧，上演一场更大的闹剧吗？庾恩旸的想法是，护国既然胜利了，就应该尽快复员数量庞大的军队（滇军也好，川军也好，北洋军也罢），让国家人民休养生息，医治创伤。尤其是驻川滇军，成都之战，一把大火烧掉了半个成都（蔡锷病死日本后，由罗佩金暂代四川都督，戴戡出任省长。刘存厚落得竹篮打水一场空，三位“重九起义”中的亲密战友，遂兵戎相见，1917 年 4 月 18 日晚，刘率部攻打督府。滇军为防刘部偷袭，放火点燃附近民房“亮城”，引发大火，烧毁了大半个成都)，引起川人强烈不满。人说得道多助，失道寡助，长此以往，只怕滇军也要像北洋军一样，落得人人喊打的地步了。

钱秀琳一怔，敏感地说：“你是说，有人会对蓂赓下手?”

结果竟不幸被言中了，只不过被害的不是唐继尧，而是钱秀琳自己心爱的丈夫庾恩旸。

1918 年 2 月 18 日，一个大雪纷飞的寒冬之夜——除了留学日本那些年，自幼生长在滇南墨江的庾恩旸，平时极少见到如此壮观的雪景，一时性起，忙里偷闲，手挽夫人步入了后花园。

书香出身的钱秀琳口里还念着辛弃疾的《破阵子》：醉里挑灯看剑，梦回吹角连营，八百里分麾下炙，五十弦翻塞外声，沙场点秋兵——

两人此时身处贵州毕节靖国第 3 军司令部院内，因此才有了钱秀琳的“沙场点秋兵”。

饱读诗书的庾恩旸亦用辛弃疾的另一首《鹧鸪天》回敬夫人：扑面征尘去路遥，香篝渐觉水沉销，山无重数周遭碧，花不知名分外娇——

不等庾恩旸念出“人历历，马萧萧，旌旗又过小红桥……”当当，两声清脆的枪声，打破了寂静的夜空，庾恩旸身中两弹，缓缓倒卧于雪地之中。汹涌而出的鲜血，印红了洁白的雪地，一代名将就此陨落——

第三章 · 亚细亚

YA XI YA

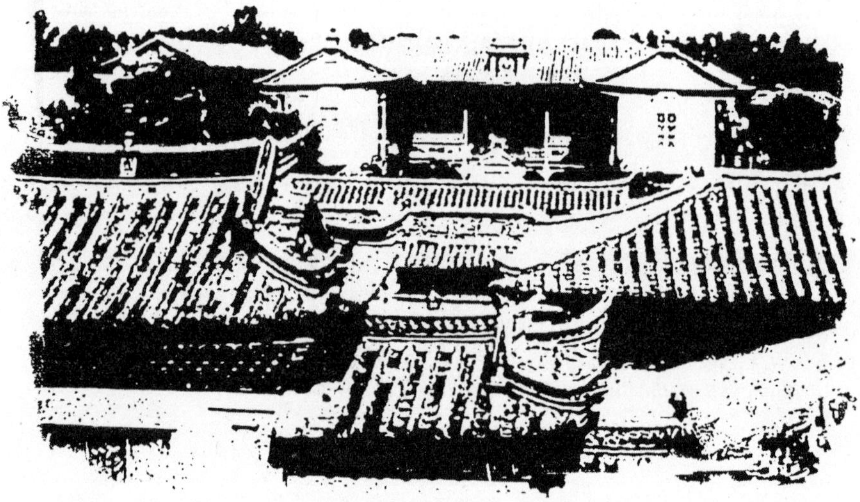

恨别鸟惊心

庾恩锡回到香港才得知二哥遇害的消息，此时，庾恩旸的灵柩已被运回云南安葬。孙中山的广州政府，为表彰其短暂一生的丰功伟绩，追赠庾恩旸为陆军上将。清末滇省最后一位状元袁嘉谷，在祭文中这样评价庾恩旸："恩旸长于军旅，虽师余甚谨，而朝夕讲贯文事甚多，且其于功名之际，知以保卫地方为重。不径行意已与时人较长短，逊志深识，亦足称者。"

庾家祖上并非云南籍（十之八九的云南人都不是云南土著），系明洪武年间，随明朝大将沐英征滇来到云南，最后落脚于他郎（墨江）县碧溪镇，到庾恩旸的爷爷庾明珠，已经是到云南后的第十四代了。细说起来，庾家也算得上是名门之后了，汉朝有满腹经纶的大学者庾乘，东晋有中书令庾亮，南朝有文学家庾肩吾，元代有戏剧家庾天锡。庾恩旸的爷爷庾明珠也是一位读书人，但时运不济，因这样那样的原因，一直没有取得功名。幸而庾恩旸的曾太祖父庾登第善于持家，攒下了一份不薄的家产（良田千亩），庾家后人才过上了衣食无忧的日子。

庾明珠寿年很短，只活了 28 岁就过世了。其夫人姓常，庾明珠去世当年，庾常氏悲伤过度，也紧随其夫撒手人寰了。

夫妻俩均猝于弱冠之年（庾常氏比丈夫还小一岁），仅余下庾国清一子，3 岁即成为孤儿的庾国清是由祖母饶太夫人一手抚养大的。也许是父母早年双双亡故的原因，庾国清这位书香之后，却不喜读书，跟他的爷爷庾登第一样，热衷于经商，小小年纪就随马帮往来于缅甸、泰国，倒也赚下了不少银两。碧溪位于县城以北 9 公里，刚好是一个马站所在地（在云南，马帮夜宿之地称之为马站），南来北往的马帮都要在此歇脚打尖，久而久之，竟演化为一繁华小镇，思普地区的茶叶（当时还没有西双版纳这个称谓），磨黑的盐巴，都必须经过碧溪才能运往内地。加之，东南亚诸国沦为英法殖民地后，英国人将铁路这一现代交通工具一直修到了离思普区不远的缅甸腊戍，各种洋货海运到仰光后，经铁路纷纷销往中国（时滇越铁路尚未开工），庾国清的马帮因此狠狠大赚了一笔。

可惜好景不长，就在庾国清的生意风生水起之时，突然患了一场大病。生病的起因是因赶回碧溪为祖母做寿，祖母饶太夫人这年已经80高寿了，自己是祖母一手带大的，庾家又两代都是独子，做寿的重任责无旁贷地落到了庾国清的身上。我们知道，思普，包括今天的西双版纳一带，属于典型的热带雨林气候，一年之中分为旱季和雨季，5、6月份雨季到来之前，赶马人一般就打道回府休息了，像东北人“猫冬”一样，一直要等到年末，旱季来临，才会赶着马帮南下。这里面一个重要的原因是雨季期间，瘴气泛滥（以现代科学的目光看，所谓的“瘴气”，应该是因为雨季传播各种疾病的蚊虫肆虐，人们很容易患上疟疾、伤寒、出血热等热带疾病），极易染病。银子固然重要，但人死了，钱没花光，也是人生一大悲剧。因此，当时的赶马人中都流传着这样一条古训：要下勐遮坝，先把老婆嫁。这里的“勐遮”是一个泛指，勐是傣话“坝子”的意思，指的就是热带雨林地区。

庾国清因为着急回去替祖母做寿，犯了赶马人的禁忌，雨季期间返回碧溪，不幸中了瘴气，身体大不如前。到了清光绪甲午年（1894年）九月初九那天，眼看着自己不行了，庾国清把三个儿子——老大庾恩荣，老二庾恩旸，老三庾恩锡叫到病榻前交代后事说：我大清之所以积弱至此，关键是国之不富，兵之不强也，非开矿经商不足以致富，非整军经武不足以强国。我死后，诸子切切勿忘乃父之意。

话毕，时年41岁的庾国清就撇下年迈的祖母和三个孩子去世了。那一年，大儿子庾恩荣才16岁，老二庾恩旸11岁，最小的庾恩锡年仅8岁。老大庾恩荣跟父亲庾国清一样，不爱读书，父亲也不勉强，13岁时，就被送到昆明一家叫荣庆斋的商号做了学徒。

再说庾国清死后三年（1897年），祖母饶太夫人以90岁的高龄，无疾而终。庾国清的夫人庾李氏，三年内连续痛失两位亲人，积哀成疾，年仅38岁就过世了。

庾家三兄弟从此成了孤儿。

好在大哥庾恩荣颇有经商的头脑，18岁开始自立门户，彼时已经在昆明拥有一家像模像样的商号了。庾国清在世时，为人豪爽，乐施善助。去世后，当年的马帮兄弟不忘旧情，对庾恩荣的商号照顾有加。时值洋货大量进入中国，洋油、洋火（火柴）、洋布、洋灰（水泥）海运到仰光上岸后，经铁路运至腊戍，再装上马帮到昆明，利润相当可观。但庾恩荣还不甘心，又将洋油、洋火、洋布用马帮驭至绥江，或经岷江运往成都，或顺长江直达泸州、重庆等地，价格至少可以再涨三成以上。短短几年间，庾恩荣的“荣庆和”商号，即便在昆明也小有名气了。二弟庾恩旸在其资助下，由中学再到大学堂，最后放洋日本；父亲过世后，庾恩荣将三弟庾恩锡接到昆明，送入新式小学念书，遇学校放假，又带着庾恩锡走南闯北，增长见识。庾恩锡天资智聪慧，游历上海、香港、广州等大城市后，渐渐对园林和建筑产生了浓厚的兴趣，19岁那年紧随二哥东渡日本，考入了日本早稻田大学。

说起来，庾家三兄弟最能读书的还要算老二庾恩旸。庾恩旸放洋虽然学的是军事，回国后，先是策划和参与了“重九起义”，后来又是护国战争和靖国战争，官至陆军中将，滇军总参谋长兼第3军军长。但戎马倥偬中，仍不忘著书立学，虽然年仅35岁就遇刺身亡，身后却留下了《中国对外三十六大军事家》、《中国十七大军事家列传》、《云南北伐军援黔记事》、《中华护国三杰传》、《护国军神蔡公传略》、《再造共和唐会泽大事记》、《义声日报评论拥护共和始末记之价值》、《云南拥护共和始末记》、《云南普防巡阅管见录》，《庾枫渔诗集》等大量著作，让人叹为观止。

庾恩旸死后，大哥庾恩荣痛悔不已，当初就不该由着他的性子选学军事，为这事，哥俩还大吵一架，差点撕破了脸皮。按庾恩荣的想法，“荣庆和”的生意越做越大，上海、广州、香港、京津塘都有“荣庆和”的分号，恩旸应该学习法商，将来学成回国，也好帮自己打点生意。谁知恩旸一句话就封住了他的嘴巴，架吵到一半，恩旸突然说：“大哥，你别忘了父亲临走之前是怎么说的!”

庾恩荣当然不会忘记父亲的临终嘱咐：我大清之所以积弱至此，关键是国之不富，兵之不强也，非开矿经商不足以致富，非整军经武不足以强国——

庾恩旸见大哥沉默不语，上前一把搂住他的肩膀说：“开矿经商，你已经做了，而且做得很好。整军经武就交给我吧，我想，我不会让父亲失望的。”

庾恩旸的确没让父亲失望，短短九年，就从管带干到了军长。父亲泉下有知，也该瞑目了。

庾恩锡虽然从小随大哥庾恩荣生活在昆明，但与二哥庾恩旸的情感十分深厚。这也难怪，有道是长兄为父，大哥过早地承担起了父亲的责任，对弟弟管教甚严，恩锡因此与比自己年长三岁的二哥更亲，也就在所难免了。

因此，当庾恩荣从唐继尧处得知二弟遇难的消息后，首先想到的是三弟庾恩锡，担心他无法承受如此沉重的打击。果不其然，庾恩锡在香港“荣庆和”分号获悉二哥遇害身亡的消息后，让人退掉了去海防的船票，孤身一人去了上海。这时，已是 1918 年的深秋，距庾恩旸被害，已经过去了半年有余。

庾恩荣知道弟弟是生怕触物思人，见景生情，不愿回到物是人非的故土，也不勉强，而是交代“荣庆和”上海分号和富滇银行驻沪办事处（庾恩荣此时已被唐继尧任命为富滇银行总办，同时也是富滇银行的大股东之一），如果弟弟庾恩锡到账房拿钱，万元以下，不用请示，直接给他就行了。

上海对于庾恩锡来说，既陌生，又熟悉，陌生是这里举目无亲；熟悉则是因为，13 岁那年他就随大哥来过上海，东渡日本前，上海也是他在国内的最后一个落脚点。好在上海有不少当年留学日本的同学，回国七八年后，这帮同学大都在不同的行当里熬出了头，见面后，纷纷劝说庾恩锡别回云南了，就留在上海吧。上海遍地黄金，阿拉上海人，一不小心摔一跤，都可能捡到一个半斤重的金元宝。上海是中国最早开埠的城市，经济发达，工厂林立，如果要走“实业救国”的道路，上海无疑是最好的地方。

可是，留在上海自己能干什么呢？从 1916 年春回国，先后做过上校军需官，省水利厅厅长，说起来好听，仔细一想，又好像什么也没干过。总不能在上海重操旧业，贩卖军火吧？

同学一听，连忙说：“你不说，我还忘了，眼下有一个行当赚钱最容易，一点不比卖军火差。”

庾恩锡一笑：“你说的是大烟吧？这个我可干不了。”

此前不久，唐继尧为解决军费，派人带了一批烟土到上海，结果阴差阳错地撞到了禁烟局手里。连一同到上海的袁嘉谷、唐继禹都吃了挂落，差点被抓进了工部局。

同学显然也听说了这件让云南人大跌脸面的事情，笑着道：“不是大烟，不过也沾一个烟字——是香烟。香烟如今在阿拉上海可时髦了，你大哥是富滇银行的总办，不差钱，你何不在上海办一家生产香烟的烟厂？”

一说香烟，庾恩锡马上想起来了，做军需官期间，他曾看到过一份原蒙自海关的统计数据。远的不说，从 19 世纪末到本世纪初叶，英美法等国大量向中国倾销烟草制品（有人戏称列强是卖完大烟，卖小烟），光绪三十年

(1904 年)，英美公司在昆明、蒙自等地设立办事处，先后委托昆明同泰祥、宝兴号、东兴隆（包括大哥庾恩荣的“荣庆和”）等著名商号为代理商，组建各地销售网络，垄断了云南的卷烟市场。尤其是宣统二年（1910 年）滇越铁路建成通车后，便利的交通加速了外国列强入侵云南卷烟市场的脚步。短短数年间，国外卷烟对中国经济的巧取豪夺，丝毫不亚于当年的鸦片战争。仅云南蒙自海关的统计，宣统三年（1911 年），英美烟草制品从云南赚取的白银就高达 43392 两，远远超过了鸦片战争时期从云南掠夺的银两。

庾恩锡还记得小时候从墨江到昆明，路过一个叫盘溪的小镇时看到的情景：那时在盘溪的大街上，英美法三国的烟商看准中国的“大”字、“老刀”和“黄雀”，容易被不识字的老百姓记住，就开动脑筋生产出一种“大”字牌、“老刀”牌和“黄雀”牌香烟，每包 10 支，装潢也很漂亮。老百姓对这种“漂洋过海”而来的“怪物”，不敢接纳。洋人们便在大街上摆开几箱“大”烟，一边奏乐，一边唱歌，一边让几个半裸的高鼻子女郎跳舞、吸烟，一边把“大”烟送人。老百姓不知洋人又在搞什么“鬼名堂”，吓得连连躲开，手里被塞进“大”烟的人，也不敢轻易吸食。后来，有一部分胆大包天的盘溪男人，偷偷吸了几支，觉得香味绵长，刺激性又小，比自己的“土烟”好吸多了。而且无论何时何地，只要用火柴一点燃就可吸食，方便极了。于是，吸食“大”烟的人多了起来。此时，洋人已不再向他们赠烟，他们只好掏钱购买。洋人见掏钱买烟的盘溪人越来越多，就投其所好，为喜欢“多子多福”的老年人生产出“多福”牌香烟；为喜欢女人的青年人生产出“美女”牌香烟；为喜欢风景的中年人生产出“蓝桥”牌香烟；为喜欢文化的知识分子生产出“孔子”牌香烟。此外，市场上好像什么牌子的香烟都有，从最初的“大”字牌、“老刀”牌、“黄雀”牌，到“三炮台”、“握手”牌、“大炮台”、“红公”、“玫瑰”、“火车”、“葵花”、“踢波”、“强盗”、“跑马”、“活边”、“白燕”、“表”牌、“灯”牌、“哈德门”、“红锡包”、“白兰地”，简直是层出不穷，应接不暇。洋人们还发现中国老百姓特别喜欢《封神榜》中的人物，于是就把“哪吒”、“姜子牙”、“申公豹”等人物印制成一张张精美的小画片，与香烟装在一起。再后来，洋人们又把《三国演义》里的“长坂坡”、“空城计”、“草船借箭”等等，装进了香烟壳里。最有趣的是，洋人还在街市上进行“促销”活动，鼓励烟民多消费，即购一包烟可得一张赠券，如累积 25 张赠券就可兑换孔子真像 1 幅，如能累积到 100 张赠券，那么就可兑换 1 幅美人画了。现在看来，在当时洋人和盘溪烟民的心目中，4 个“孔子”才抵 1 个“美人”。这样一来，在“孔子”和“美人”的招引下，吸烟的或不吸烟的、男的女的、老的少的都喜欢上了洋人的香烟。

云南一个边远省份的一个偏远小镇，对香烟的消费都如此惊人，上海这样的大都市（当时上海号称亚洲最大的城市），交通又四通八达，极为便利，如果做好了，还真是一个赚钱的大买卖。

不过，庾恩锡做事还是比较谨慎的，除了托同学帮忙打听厂房、设备、原料和办厂的相关手续外，他自己又花了半个多月的时间跑市场，详细了解原料、辅料以及卷烟成品的市场销售情况。直到心中完全有了底以后，才最终下定了决心，剩下的就是租赁厂房、购买设备和原料的资金了。

这时，已经是 1919 年的年初了，刚好大哥庾恩荣有事来到了上海，兄弟俩见面后，庾恩锡提出了资金的问题。大哥有些不解：“我不是告诉账房了吗？万元以下不用给我打招呼，你直接去提就是了。”

庾恩锡摇头说：“一万恐怕不够。大哥。”

一万还不够？一万元在那个年代已经是一笔天文数字了。即使在上海这种寸土寸金的地方，一万元已经可以买到一栋三层小洋楼了；在北京，一座前清王爷四进四出的四合院，也不过五千个大洋而已。

庾恩荣吃惊地问：“你要多少？”

庾恩锡：“十万。”

庾恩荣大吃一惊：“十万？你要那么多钱干什么？”

庾恩锡：“我想在上海开一家卷烟厂。大哥。”

庾恩荣闯荡商海快三十年了，他当然知道卷烟不但在中国拥有巨大的市场，而且利润十分丰厚。问题是，商海中风险和回报永远是一对孪生的兄弟，有多大的回报就有多大的风险，许多人昨天还是呼风唤雨的百万富翁，一夜之间很可能就沦为一文不名的穷光蛋了。尤其是生产性的行业，原料和销售两头在外，只要一头出了问题，都有可能让你倾家荡产。

庾恩锡像是看透了大哥的心思：“放心吧，大哥，我跑了一个多月了，眼下制作卷烟的主料烤烟，主要产地集中在山东和河南，通过京浦路直接就可以运到上海；辅料就更简单了，国内目前主要依赖进口，船到了上海，雇几辆马车就可以运到厂子里了。比较麻烦的是销路，好在我有好几个同学都在洋行做事，销路问题他们可以帮忙解决。”

兄弟俩的谈话自始至终都没有触及庾恩旸这个话题，那是两人心中永远的痛。自落脚墨江碧溪以来，庾家人丁一直不旺，尤其是从庾氏兄弟的爷爷庾明珠开始，到父亲庾国清，连续两代单传不说，而且寿延都很短，父亲41岁过世，爷爷庾明珠则更短，只活了28个年头。如果从曾经做过东晋中书令的庾亮算起，庾恩旸应该是一千多年来，庾家所出的最大一个官了，可惜的是，35岁，正是人一生中风华正茂的时候，却死于非命，被人暗害了。庾恩锡是不愿提及，大哥庾恩荣则是不敢提及，生怕一不小心触碰到弟弟心中那块还在滴血的伤疤，不知道还会惹出什么祸来。

而且，庾恩锡提出兴办实业，同样是一条救国救民之路，并且远没有革命那么血腥（话题已经离恩旸之死越来越近了）。庾恩荣涉足商海，正值清末“洋务运动”方兴未艾的时候，他当然知道张之洞、张謇、张东荪等人当年提出的“实业救国”，曾经让一大批热血青年为之振奋，且不遗余力，就连他自己也是其中的一员。

正是居于这样的考虑，在商海中闯荡了大半辈子的庾恩荣，居然未经深思熟虑就答应了三弟要求巨额投资，开办机制卷烟厂的要求。

南方烟草公司

有了大哥资金上的鼎力支持，庾恩锡的“南方烟草公司”很快就在上海挂牌成立了。

时值第一次世界大战刚刚结束，人类历史上第一次空前规模的战争，在给世界各国人民带来灾难性浩劫的同时，也给全球经济造成了毁灭性的打击。之前，因为工业革命以及蒸汽机、内燃机、电能的出现，为欧美等发达国家带来的高速发展的经济，从此一蹶不振（20 世纪 20 年代至 30 年代，长达十余年的第一次世界性经济危机，基本上就是以一战的结束为起点的）。上海是中国最早开埠的城市之一，它的远东第一城的美名，实际是由外国资本、洋行和企业为其主要支撑，就像今天的香港和迪拜，欧美等国只要打个喷嚏，这边就要感冒发热一样。世界性的经济危机，使得外国资本自顾不暇，许多外国企业纷纷倒闭，退出中国。与此相反的是，在此期间，中国的民族资本得到了长足的发展。以当时衡量一个国家工业化水平高低的棉纺织业为例（有点类似于今天的软件业），1912 年到 1927 年，15 年间，国内纱锭数由 73. 8 万枚，增加到 367. 5 万枚，增长了将近 5 倍；蒸汽织布机由 2316 台，增加到 19788 台，增长了 12. 8 倍。

外企的撤出，使上海闲置厂房大增，庾恩锡以极其低廉的价格在上海民国路租下一爿厂房，购进相关的切丝、烘烤、卷包等设备后，南方烟草公司就算是鸣锣开张了。

卷烟工业是伴随着清末卷烟大量传入中国后，开始在中国落地生根的。最初的卷烟制造业都是外国投资的，其中，英美烟草公司规模最大，几乎垄断了中国大部分卷烟市场。1915 年以后，民族资本才开始涉足卷烟制造业，但大都规模较小，资金也很少，生产技术落后，抗风险能力低下。1916 年，由华商简氏兄弟创办的南洋兄弟烟草公司（该公司最早是 1905 年创办于香港的广东南洋烟草公司，1909 年重组后更名为广东南洋兄弟烟草公司）在上海设立的分厂，算是个例外，南洋兄弟烟草公司上海分厂从 1916 年建厂开始，就拥有卷烟机 119 台，复烤厂 4 个，年生产能力达到了 6.6 万箱，成为当时中国最大的民族资本卷烟生产企业。

庾恩锡开办卷烟厂，其实就是想步南洋兄弟烟草公司的后尘，连公司的名称都只差了一个字——一个是南洋，一个是南方。庾恩锡在早稻田大学学的是园林建筑，他的南方烟草公司研制的卷烟牌号，几乎全都带有故乡（云南昆明）园林的性质和属性，“唐梅”、“金马”、“护国门”、“翠湖”等等。说到底，庾恩锡还是一介书生，任何一种商品，出了商品本身的质量，还需要一个能够打动人心的卖点（或者说，得给人一个掏钱的理由，让人大把大把地往外掏银子），尤其是在有着五千年文明史的中国。再说，中国的方块字本来就是一种象形文字，从字的外观上，人们就能领会到其中蕴含的深意。像人家南洋兄弟烟草公司取的名字多好——红双喜。红色本身就意味着大吉大利，喜就更不用说了，而且是双喜，即便平时不吸烟的老头老太太，过年过节为了讨个吉利，也得捂着胸口忍着痛地往外掏银子啊。那些办喜事的，买起最讨口彩的红双喜来，更是不计其数。一个红双喜，让南洋兄弟烟草公司痛痛快快地吃了快一百年了，而且，只要不把香烟与毒品相提并论——全世界皆曰可杀，肯定还要比过去更加痛快地继续吃下去。

关于吸烟与银子的关系，有一个经典故事很能说明问题。故事说的是有这么两口子，日子过得紧巴，妻子多次规劝丈夫戒除吸烟的恶习，但终因积习难改，丈夫下决心戒了好多次都没能成功。妻子一看口头规劝无效，就多了一个心眼，打算用事实来说明问题（主要是指银子，那时吸烟的危害还不像今天这般危言耸听），丈夫每买一盒香烟，她就暗中藏起半盒的烟钱。到了腊月，眼看就要过年了，家里却拿不出一分钱来置办年货。就在两人一筹莫展，不知道如何打发年关的时候，妻子突然想起这一年来暗中藏起来的半盒烟钱。于是，从床底下拉出一只瓦罐，倒到床头一数，真是不数不知道，一数吓一跳，瓦罐里攒下的钞票，足足够买一头肥猪了。说明缘由后，妻子开始一把鼻涕一把泪地数落丈夫，看看看看，你一年就抽掉了两头肥猪，这日子没法过了。丈夫也傻了眼，因为穷，平时连油荤都不敢近，就更别说是整头的肥猪了。现在一看，不知不觉中，自己一年竟然抽掉了“两头肥猪”，当时就痛下决心，从今往后，再不吸烟了。虽说饭后一支烟，快活似神仙，但这“快活”是拿银子堆起来的，眼下连饭都吃不饱，咱还是先把肚子填饱再说吧。一咬牙，终于把吸烟的恶习戒掉了，夫妻两人皆大欢喜。转眼间一年过去了，又到了年关，没想到两口子跟去年一模一样，又揭不开锅了。丈夫指指床下说，把你瓦罐里的私房钱拿出来，这回可以买两头肥猪了吧。妻子拍着手大呼冤枉，家里吃了上顿没下顿，我哪儿来的私房钱？丈夫这才想起，瓦罐里装的不是妻子的私房钱，而是自己每次买烟后，妻子暗中藏起来的半盒烟钱。这一年自己没买过烟，妻子当然也就没机会去藏那钱。可是，钱呢？依然不见踪影。一气之下，丈夫当了头上的棉帽，买了两盒烟，又大抽特抽起来——

长期以来，史界一直认为烟草是西班牙航海家哥布伦发现美洲新大陆以后，从美洲引入欧洲，再从欧洲传至亚洲的。但罗贯中的《三国演义》却提供了另外一种版本：土人吸食烟草，以避瘴疠（罗贯中是元末明初人，生于1330年，卒于1400年。哥布伦发现新大陆是1492年，也就是说，罗氏死了差不多一个世纪，哥氏才发现了新大陆）。而最早见诸文字的，当数明代医学家张介宾所著《景岳全书》，书中详细记载了明洪武十四年，明军入滇期间，将士吸食滇产烟草以避瘴疠的故事。我们先不说距今将近1800年的诸葛亮南征，罗贯中的《三国演义》毕竟是小说，不足为据，就拿明洪武十四年来说吧，明洪武十四年，换算成公元纪年就是1381年，比哥氏发现美洲新大陆早了整整111年。

当然，由烟草到卷烟这个过程，确实应该归功于洋人。就像中国人最早发明了火药，但真正意义上的现代枪炮，却是人家洋人发明，并“师夷之技以制夷”，毫不顾及“老师”的脸面，穿堂过屋，直接打到“恩师”家门口的。

与火药的发明再到现代枪炮的出现一样，从烟草到卷烟，同样经历了漫长的好几个世纪。据考证，最早的卷烟诞生于芬兰一家烟厂，名曰“小加农”。这个名为“小加农”的卷烟，应该算做卷烟家族最早的鼻祖了。

卷烟是用来给人抽的。人最多的地方，就是卷烟市场最大的地方。卷烟问世后，洋人即想方设法不遗余力地将其打入中国这个全世界最大的市场。1891年由英国惠尔斯公司生产的“老刀”牌（又称“强盗”牌），成为最早进入中国市场的外国卷烟。之后是英美烟草公司的“三炮台”，为拓展市场，洋人可以说是“一掷万金”（19世纪末到20世纪初，仅在上海一地，英美烟草公司的广告费用就高达2.64万两银子）。清末无锡人秦辉祖在其《烟草刍议》一文中，这样描述了其空前盛况：“……英美烟草公司广告，一连数十张，凡可张贴之处，几乎到处糊满，华商欲贴，几无空隙明显之墙壁，即偶然能贴一二，旋亦被其糊没——”包括在中国久负盛名的“大前门”香烟，烟盒上画的虽然是东方帝国古老建筑的箭楼城门，其实它也是英美公司为打入中国市场，于1916年推出的“洋烟”品牌，直到新中国成立后的1952年，才被收归国有。

滇川黔靖国联军总司令唐继尧听说庾恩锡在上海创办了南方烟草公司，也很高兴。那段时间，能让唐感到高兴的事情实在不多。1917年9月，孙中山的广州政府成立后，唐继尧和陆荣廷两人拒绝就任元帅，他俩不愿就职，总共六位总长就有五位不敢就职。闹了半天，孙中山等于还是一位空手掌柜。1918年5月4日，非常国会通过了《修正军政府组织法》，决定改元帅制为合议制，孙中山辞去大元帅职务，返回上海。在孙的辞职通电中，不点名地破口大骂唐继尧和陆荣廷“南北军阀一丘之貉”。

所谓祸不单行，福不双降，唐继尧被孙中山比作“南北军阀一丘之貉”后，仅仅过了一年多，先是驻粤滇军发生了分裂，李烈钧、朱培德率一万多人由广东退往湖南，余下5000多人改编为“海疆军”，由李根源带领移驻海南岛。紧接着，1920年5月10日，滇、川两军狼烟又起，靖国滇军第2军军长赵又新在泸州阵亡，成为继庾恩旸后滇军战死的第二位军长。

庾恩旸两年前的预言，变成了血淋淋的事实——滇军长年征战，兵骄将悍，谁都不放在眼里。当然，这只是表面现象，更主要的原因是，滇军高级将领间出现了严重分裂，先是李根源被政学系（由欧事研究会成员组成的一个政治派别）拉走。继而，顾品珍率驻川滇军强行回滇。顾时任滇军第1军军长，第2军军长赵又新战死后，两军人马统归其指挥，进而坐大，成为滇军拥兵最多的将领。加之顾长期担任云南讲武学堂校长（连任三届），滇军中下层军官大多是他的学生。滇军长期征战在外，将士归乡心切，因此，顾打出回家的口号后，一呼百应，得到了绝大多数官兵的热烈响应。

今君不幸离人世，国有疑难可问谁？这两句诗，本是毛泽东在若干年后为悼念罗荣桓元帅而作的感时伤怀诗。若将此诗意境前推40年，正好是当时唐继尧内心世界的真实写照。自督黔开始，庾恩旸长期担任唐继尧的参谋长，事必躬亲，为其排忧解难，甚至化险为夷。庾死后，唐才领会到了“国乱思良将，家贫念贤妻”的真正含义，可惜已经晚了。

再说庾恩锡的南方烟草公司生产的“唐梅”、“金马”、“护国门”、“翠湖”等牌号的卷烟，在上海等地面市后，并没有得到消费者的认同。这里面原因固然很多，比如，拿不出巨资像财大气粗的外国烟企那样制造铺天盖地的广告效应；比如，没有外烟那样“四个孔子像纸烟盒就可以换一个印有美女图案的烟标”的促销手段；再比如，经过二三十年的苦心经营，国外烟企已稳固占有了国内绝大部分卷烟市场，而国内同行如南洋兄弟烟草，比自己起步早，实力也大，庾恩锡的南方烟草要想插足，进而分一杯羹，无疑是虎口夺食，难上加难。没有自己的稳定原料供应也是原因之一，像山东河南那些美烟原料，都是英美公司自己引种后盘踞的原料地盘，庾恩锡的南方烟草要想得到这些美烟原料，基本就是有一顿没一顿，质量的稳定性当然就谈不上了。此外还有一个更重要的原因，烟这种东西（包括酒类和茶叶）有一个非常奇特的现象，它的“吸味”一旦跟人的味蕾接触，建立了亲密关系，就会变为一种很牢靠的“记忆”。人们一旦习惯了某种牌子，一般轻易不会更换，即便新牌号的口感更好，甚至价钱更低，也很难打动人心。

“唐梅”、“金马”、“翠湖”、“护国门”这些牌号，上海阿拉当然不知其意，更无从品评其中的文化深味。但是它们对云南人来说，却是耳熟能详，甚至可以说是无人不知无人不晓。唐梅有古意，它生长在昆明城北的黑龙潭公园；金马碧鸡则是昆明标志性牌坊，也可以说算是昆明的文化地标；翠湖又被称为“昆明的眼睛”（若干年后，本书著者之一冉氏以其名编书，在昆明大行其道）；护国门，为纪念云南革命军人护国讨袁事件而建——其意义更不用说了。这些凝结了庾恩锡多少心血多少厚望多少乡思的卷烟牌号啊！十里洋场无人识，何不返身问故人！于是庾恩锡萌生了将南方烟草公司的卷烟运回云南销售的想法。大哥庾恩荣也同意了，但就在庾恩锡动身前，突然收到大哥的电报：滇省恐生战乱，切切不可回滇。

庾恩荣所说的战乱，其实就是顾品珍一手策划的倒唐活动。顾利用滇军归乡心切，私下率两个军返回云南，这一行动同时得到了视唐继尧为眼中钉肉中刺的北洋军阀和政学系的鼎力支持，北洋政府秘密提供的20万大洋的倒唐军费，就是通过政学系的李根源交给顾品珍的。不过，顾品珍这棵白菜，也知道自己在云南的分量远不如唐洋芋那么“树大根深”。因此，迟迟不敢动作，直到1921年1月27日，滇军第8军军长叶荃以闹饷为名，在寻甸发动兵变失败，唐的主力南下追击，顾白菜才瞅准空子，趁机兵逼昆明。

眼看着顾品珍兵临城下大军压境，庾恩荣原以为顾之逼宫必引发唐继尧与之有一场大战，谁知，唐却于2月6日发出通电：“……战祸一开，虽胜负难决，但省垣附近必遭糜烂。自护国以来，滇以贫瘠之地，历年用兵，元气凋丧，公私交困，若省内再发生战事，人民受祸，宁堪设想。且与宣布废都自治，保境安民之宗旨大背，乃决定牺牲权位，洁身下野，以保全桑梓安宁。”

唐继尧以其胸襟和智慧，主动下野，让位于顾。并于1921年2月8日经滇越铁路转赴香港。一场眼看已经箭在弦上并使昆明必遭糜烂的兵祸，就此戛然而止。

顾品珍算是再度卷土重来。但五华山上看来确实不宜“顾白菜”生长。因为顾出尔反尔，这边口称“云南急需的是休养生息”，那边又要用兵讨伐唐的旧部。且当政后急于为其党羽“论功行赏”，半数以上县知事委其旧部担任，这些只知打杀的军人一旦坐上县太爷交椅，就穷搜猛刮，致吏治日坏，民不聊生。顾氏小朝廷很快就失去了民心、军心，仅仅一年后，唐继尧就重返五华山，顾则在陆良“天生关”死于非命。至此，靖国滇军最早的六位军长，死了一半（庾恩旸、赵又新、顾品珍），而且没有一个是死于真正的敌人——北洋军之手。

实 业 救 国

要说“实业救国”，首先还得从“洋务运动”说起。洋务运动兴起于19世纪60年代，是由清末部分具有改良思想的官员发起旨在学习西方先进思想和科学技术的运动。其主要内容，一是从图强御外平息内乱出发，努力创办近代军事工业；二是求富图强，大力开办民用工业。目的是师夷之长，以图自强。因而被称之为“洋务运动”或“洋务派”。其主要代表人物有奕䜣、曾国藩、李鸿章、左宗棠、张之洞、郑观应等。洋务运动最后虽然以甲午海战的失败而告终，但其两项内容之一的“求富图强，开办民用工业”，却得到了长足发展。到辛亥革命前，中国新兴资产阶级的人口总数达到了空前规模的200万人，数量大大超过了当时各级官员的总数50000人，军官的总数17000人，和上流社会士绅阶层的20万人。如此庞大且实力雄厚的社会阶层的存在，成为一支谁也不可忽视的力量（辛亥革命的导火索“保路运动”，就是由其一手策划的）。

由洋务运动直接催生的中国资产阶级阶层，似乎让人们看到了“希望的曙光”，主张以兴办实业拯救国家的政治思想应运而生。实业救国的主张虽然发端于洋务运动，但真正的盛行时期却是辛亥革命和五四运动前后。洋务运动初期，郑观应倡议“商战”，以“商战”而富国，富国才能强兵；张之洞则主张发展实业，以富国强兵，积极创办钢铁厂、兵工厂、筹建铁路等等。尤其是中日甲午战争后，国人痛彻中国之积弱积贫，新兴民族资本和有识之士纷纷设厂救国。张謇创办了纱厂、面粉加工厂，同时兴办学校，以实业所得资助教育，再用教育来改进实业，以此循环往复，实现发展实业而救国的目的。张謇认为，实业和教育是国家“富强之大本”。这一思想迅速得到了广大爱国人士的认同，报刊大量报道“实业救国”，提出振兴实业的几个要件：改良行政；整一度量和货币；疏通物流；扩大出口；关税保护，进而形成了比较完整的“实业救国论”。

五四运动前后，“实业救国”盛行不衰，爱国人士大力提倡国货，抵制外国资本掠夺，维护民族利益。五四运动的起因就是因为“巴黎和会”，中国作为第一次世界大战的战胜国，原以为在“巴黎和会”上可以一雪前耻，至少可以收回被战败国德国控制的山东吧？结果却大失所望，日本以拒绝签约相威胁，要求继承德国在山东的一切权力。消息传来，国内一片哗然，1919年5月4日，以北京大学傅斯年等人为首的3000多名青年学子，从老北大的沙滩红楼出发，很快会集于天安门广场，汹汹人潮，沸沸民怨，公开提出“外争国权，内惩国贼”的要求，继而又一把大火烧毁了时任北京政府交通总长曹汝霖的宅子（曹系签订“二十一”条的代表之一）。运动迅速漫延到全国22个省150个大中城市，最后以中国拒签《巴黎和约》而告终。

值得一提的是，唐继尧和吴佩孚是屈指可数的公开站出来支持五四运动的两位地方实力派人物。唐继尧和吴佩孚均为前清秀才，又是民国初年的地方实力派人物，因此被人合称为“南北两秀才”。当北京政府和各地军阀纷纷对游行学生大开杀戒时，“南秀才”唐继尧却发出《请北京惩办卖国诸贼以谢天下》的通电，称：“我国人痛念国家危亡，欲手刃于卖国诸贼之腹者，全国上下，人同此心。此北京学生因外交失败，有此激烈举动，特公愤之见端耳……北方政府久为骄悍武人、腐败官僚所盘踞，故欲乘此群情愤慨之时，团结光明之势力，以与彼黑暗势力之奋斗而廓清之。遂不惜正式之牺牲，谋最后之胜利。”

“北秀才”吴佩孚则通电云：“……大好河山，任人宰割，稍有人心，谁无义愤。彼莘莘学生，激于爱国热忱而奔走呼号，前赴后继，以草击钟，以卵击石，其心可悯，其志可嘉，其情更有可原。”

唐的通电是有来历的，时中国共产党虽尚未成立，但由昭通人龚自知在昆明创办的《尚志》杂志，已公开系统地介绍了苏俄十月革命和马克思、列宁主义的基本观点，并在《尚志》第3期全文登载了李大钊的《布尔什维克主义之胜利》。云南当时最有影响的《滇声报》、《义声报》甚至全文连载了列宁和李卜克内西的生平传记。这些声音，对云南当时官民均有较大影响。而唐对此持包容态度。

人说“商女不知亡国恨”，唐在云南营造的民主氛围和言论自由，最后连妓女都行动起来了，纷纷上街声援由北京学生发起的五四爱国运动。

当北京、天津、济南、上海、广州等地相继发生残害逮捕游行学生时，整个云南却没有逮捕一名游行示威学生。

唐继尧除了是一位典型的爱国主义者外，还十分注重发展地方经济和教育事业，唐执政云南14年，云南由清时期的授协省（财政支出由中央和外省拨入），一跃成为自给有余（否则他也无力发动护国战争），创建富滇银行，修筑个碧石铁路，创办云南第一所大学——云南大学的前身东陆大学（当时全国也仅有19所大学）等均为唐任上的实绩。

东陆大学创办于1922年，也就是顾品珍下台，唐继尧重返五华山的当年。唐个人出资10万元，因此取唐的别号东大陆主人之“东陆”为校名，直到1937年由省立改为国立，才更名为云南大学。其校训“自尊致知正义力行”为唐本人亲自制定，他主张“以自知力行悔诸生，以自由研究为教旨。”而云大精神则为“会泽百家，至公天下”八个大字，至今仍镌刻于云南大学校门95级台阶（暗喻九五之尊）尽头最显赫处。会泽二字，既取唐继尧乃云南会泽人氏之意，更被活用衍伸，其胸襟、气度、视野和言简意赅的文字，均成高格，堪称佳句。云大校刊颁行时，唐氏还作了《序》文。《序》中称“民国十二年，东陆大学成。继尧以兴学育才，慎厥始，图厥终，辅之翼之，启之迪之，乃述所学为校训。”可见，校训中有唐继尧自己的投影在。唐氏述其学历：“自幼蒙家书，服膺《传习录》，少长读，《文成全书》，及理学宗传，明儒学案诸名著，窃窃奉之以为宗。比来……盖信自治治人，王（阳明）学最为直捷……以致良知为师，以知行合一为归。”

唐继尧留日五年，深知日本19世纪中后期的高速发展，很大程度上得益于教育的发展（唐执政期间，在昆明强制实行小学义务教育，到1927年下台时，仅昆明就有大学两所、中等学校20所、小学40余所。全省共有各类学校5000多所，在校学生达20多万人），因此十分注重教育。但人人都知道，办教育需要大量的经费，当初唐继尧一人东渡日本，会泽就要拿出一个乡的财政收入供其留学。且这种投入是持续隐性，难以立竿见影、吹糠见米的。

于是唐继尧也有了开办卷烟企业，将收益用于教育事业的想法。他当然不会忘记“重九起义”的1911年，光是英美公司就从云南拿走了五万两白银，这笔银子足足可以再办一所东陆大学了（当时云南省政府每年给东陆大学的拨款也不过2万6千元）。

从1911年的“重九起义”开始，滇军连年征战，不仅耗去了大量的军费，而且严重影响了自身的经济建设。云南本来就是一个经济极不发达的边疆省份。唐继尧知道顾品珍之所以敢于以下犯上，很大程度上就是抓住了滇省积贫积弱的社会现实，且滇军因思乡心切而产生的厌战心理，以此要挟。

因此，唐继尧再度执掌云南军政大权后，将发展经济和民生问题，放在了第一位。北京政府的威逼利诱也好，孙中山的软磨硬泡也罢（许唐以种种头衔，借滇军之力以击败对手），审时度势内心淡定的唐继尧一概置之不理。

当唐继尧听说庾恩锡的南方烟草公司在上海举步维艰，甚至难以为继，且有将其产品远销云南的用意时，唐继尧向昔日爱将之弟庾恩锡伸出橄榄枝，主动提出了让庾恩锡干脆把公司和设备撤回云南的建议，“从长计议，何不返滇?”并开出了即便在今天看来也算得上是相当优厚的条件：一、五年内免除一切税费；二、由富滇银行提供无息贷款。

此时的南方烟草公司已经濒临破产的边沿，困厄中的庾恩锡闻讯为之一振，当即变卖家产，在原有设备的基础上，又新添置了美造和日造卷烟机各一台，从海路转道香港和越南，再经滇越铁路回到了昆明。之后，又以庾园地产和房产为抵押，购进15马力蒸汽机一台，30马力煤气机一台，切丝机、压梗机、炮筒炒丝机等设备各一台。

因一时来不及修建厂房，庾恩锡将庆云街的庾园稍加修葺，安装调试好设备后，招收了150余名工人，云南有史以来的第一家机制卷烟厂就此匆匆投产了（此前的1909年，云南人蔡荣九创办过“荣兴烟草公司”、1920年王世西开办过“苍洱仁志烟草公司”，但均为手工卷烟）。

公司的名字是时任云南省省长唐继尧亲自取的，按照唐的逻辑，既然自己别号东大陆主人，大学叫东陆大学，同年开办的公司那就干脆叫亚细亚吧——亚细亚是亚洲的全称，东大陆指的也是亚洲，没有比这个名字更气派更响亮，更“甚合孤意”的了。

据1923年《云南实业公报》第11期《云南省城各工厂调查一览表》记载：

亚细亚烟草公司

设立地址：工业部：南城外崇仁街庾园内　商业部：南城外三市街

公司种类：股份有限公司

成立年月：1922年9月

现状：日渐进步

经理人：庾晋侯

资本：15万元

职工种类：机械用男工包装用女工

人数：男工30人女工120人

工资：男工每日3角至3元女工每日2角至6角

每日工作时间：午前9时起至午后6时正

原料种类：烟叶

产地：玉溪、江川、陆良、蒙自、蒙化、弥勒、黎县等处

数量：每日1000斤

价值：每百斤由20元至40元

制品种类：重九、合群、公园、大观楼、射日、如意香烟

品质：精良软性

每日出产量：30万支

全年产出量：9500万支

价额：每万支由28元至90元不等

机械种类：切烟机2具、干燥机1具、卷烟机2具、蒸汽发动机1具、打水机1具、磨刀机1具、冷切机1具、制锡白机1具、锅炉1具、送风机1具

数量：共12具

价值：5万元

原动力：40匹马力蒸汽发动机

生产力：每日出烟30万支

日产30万支卷烟，这数字放在今天，不足挂齿。而在彼时，却是云南清一色手工卷烟从业者无法想象的天文数字。有云南机制卷烟开创之功的庾恩锡，在他离开上海时，不仅带回了机器，还高薪聘请了几位技术人员一起回滇。他们是：上海烟丝卷制技师张锡耕、孙香泉，宁波压制包装技师阮楚湘等。

有了上海南方烟草公司的失败经历，庾恩锡知道，光有先进的设备还远远不够，还得有既叫得响，又让人拍案叫绝的产品（用时下的话说，就是具有自主知识产权的产品）。因此，他下决心一定要研发出一种全新的适合中国人口味的卷烟，以此打开并一举占领省内乃至国内、国外卷烟消费市场。

也许有人会说，卷烟不就是把烟叶切成烟丝，卷巴卷巴就成了吗？这话就大错特错了。卷烟，尤其是上等卷烟的制作，其实是非常考究的，从选料开始（选取哪个产地哪个品种的烤烟，甚至烤烟的哪个部位，一直到哪个叶

片的哪个部位），到复烤、醇化、制丝、加香、卷包，环环相扣，哪一道环节出了问题，都有可能前功尽弃。这其中的加香更是一个非常讲究的技术活儿，小小的一支香烟里，要加入糖、酒、蜂蜜和香料，加多少，按照什么比例添加，都需要经过无数次的试验和反复的论证。而这一切，就取决于人——掌握关键技术并富有经验的技术人员。

尽管多年以来国人对上海人多有诟病，但你不得不承认，上海人是聪明并精于算计的。庾恩锡从上海高薪聘请的技术人员，在其亲自统领下，很短的时间里就研制出一种口感不亚于国内市场上畅销的“老刀”牌和“三炮台”等洋烟的卷烟。于是便有了本书开头序章中的中秋 party（聚会）。

没想到庾恩锡在早稻田大学学的园林建筑设计，在卷烟的包装设计上派上了用场。卷烟的外包装业内习惯上称之为“烟标”，庾恩锡既然替这款全新开发的产品取名“重九”，那么相应的烟标（包装）上，就必须赋予其所应具备的基本特征。这个基本特征又必须是让人耳熟能详，且过目不忘的，一个熟悉的名字在庾恩锡的大脑中一闪——云南陆军讲武堂。“重九起义”的骨干力量几乎全部出自云南讲武堂，要么是讲武堂的教官，要么是已经毕业或尚未毕业的学员。而且，唐继尧、二哥庾恩旸，滇军八个军中的三位军长都相继出任过云南陆军讲武学堂的校长（李根源、庾恩旸、顾品珍），云南陆军讲武堂主体建筑那一抹厚重的橘黄，随之浮现眼前，跃然纸上，而重叠于上的“九九”两个中文数字，让人一眼就能了然于心：曾经推翻了统治云南的清王朝的“重九起义”，继而是发动和参与“重九起义”的师生群体。当然，“重九”香烟的命名，在宏大叙事之外，也还藏着庾恩锡很私人的寄寓：其父庾国清忌日也在重九——他逝世之日，正是清光绪甲午年（1894年）九月初九。而民间更有重阳登高，敬老思亲的风俗，“待到重阳日，还来就菊花”。家国情怀，兄弟情义，爱国报国，尊老敬老，多重含义就此一统，看似普通的“重九”香烟名字，竟有无穷说道！

今天，我们已无法寻找到庾恩锡亲手设计的最早那个“重九”香烟烟标的实物了，但从当时的《金碧日刊》登载的“重九”香烟广告上，依稀还能分辨出它的基本轮廓，当时的香烟较为流行 10 支盒装和 50 支听装两种包装，两种包装的烟标图案，在其广告上都有呈现。有趣的是，“重九”香烟的广告语十分直白——上方为“最优等‘重九’香烟”；下方是“最优等的香烟就是亚细亚烟草公司制造的”，紧随其后的箭头直接指向装烟的圆形铁盒。

“重九”香烟一经面世，立刻博得了广大消费者的追捧，年产量很快就突破了3000箱。其因不但是滇军总司令（1923年2月，孙中山重返广州成立新的陆海军大元帅府，任命唐为滇军总司令）兼云南省省长唐继尧亲自出面为“重九”香烟做广告，而且，“重九”香烟确实如广告中所说的那样物有所值。当然还有一个更重要的原因，五四运动对民众的唤醒功不可没——人们开始普遍将国家和民族的命运与个人之命运紧密地联系在了一起。五四运动是因《巴黎和约》而起的，它的口号就是爱国。除了学生们的游行示威，国人一般采取最直接的行动就是抵制洋货，这其中，日货又首当其冲，矛头也同时指向了为保护其既得利益而支持日本继承德国对山东控制权的英美等国。在香烟方面，则主要针对英美烟草公司的各个牌子。加之云南又是一个具有光荣爱国传统的省份，可以这么说，“重九”香烟是在一个最佳的时间、最佳的地点诞生的一种最好的香烟。云南人爱“重九”，也就不言而喻了。

然而遗憾的是，今天名扬四海的“烟草王国”的云南，90年前却并不种植烤烟这种制作卷烟的最基本的原料。一开始，亚细亚用云南晾晒烟为原料，但晾晒烟味烈而呛，缺少自然的香味，其吸味就大打折扣了。庾恩锡只好设法从河南许昌、山东青州等地购进原料（当时那些地方已经引种美烟了），再加入少许直接进口的美国优质烟叶，搭配使用。大面积的烤烟种植地在中原地区的河南和山东，距云南的直线距离约在两千公里以上。河南、山东的烤烟要运到云南，先要经火车运到上海装船，海运到越南的海防，再经过滇越铁路，才能运到昆明。且不论在那个军阀混战、你方唱罢我登台的年代，烤烟的采购和运输是否顺畅，光是漫长的运距和长达数月的时间，也足以将豆腐盘成了猪肉的价钱，而且还可能发生霉变、丢失等意想不到的情况。如此一来，无疑极大地限制了亚细亚烟草公司的产能，更严重影响到“重九”香烟的质量。庾恩锡只能遥看关山，望洋兴叹。

为了从根本上解决原料问题，唐继尧和庾氏兄弟也商量过试种美种烤烟，美洲大陆毕竟才是现代烤烟的老家（原产地），因此其烤烟质量是当时最好的。唐继尧自幼熟读《三国演义》，他当然知道，烟草在云南，也算古已有之。早在公元223年诸葛亮南征云南时，当时被称做南蛮的云南土著，就已经将烟草作为医治瘴疠的灵丹妙药了。1913年底，唐从贵州返回云南执掌军政大权后，就曾下令试种美种烤烟，无奈其后发生的护国、靖国战争，完全打乱了他的计划。好在现在也不算太晚，一旦在云南试种成功，不但可以解决亚细亚烟草公司的原料问题，而且作为一种特殊的经济作物，势必会对云南的经济发展产生巨大的推动作用（现在看来，唐不但是一位杰出的军事将领，即便在经济领域也是一把好手，半个多世纪以后，“两烟”一跃成为云南财政收入的支柱性产业，就是一个最好的证明）。但，美国就是美国，这个老牌帝国是绝不会随随便便就把一桩赚钱的买卖拱手相让的，说得文雅一点是所谓的知识产权问题，说得不好听，就是一种垄断。对谁都防着一手，这大概就是人家近一个世纪以来无人能敌的奥妙之一（就算到了今天，美国也不肯将其最先进的F22隐身战机卖给他的铁杆兄弟英国和日本）。美国对以弗吉利亚产地为代表的美种烤烟籽种的严格封锁，使得唐继尧的试种计划最终化成了泡影。

于是，原料成了亚细亚烟草公司最大的瓶颈，即便是在西南地区呼风唤雨，顿足就可以让地皮抖三抖的唐继尧唐联帅也爱莫能助。唐原指望靠提取卷烟的税收来壮大地方经济，发展云南教育，结果却适得其反，由于原料短缺，吃了上顿没下顿，加之成本高昂（主要是原料采购和运输），庾恩锡的亚细亚不要说“冲出亚洲”，连在云南的生存都难以维持，幸而富滇银行给亚细亚的是无息贷款，否则，恐怕早就破产关门了。

重九与滇军

烟草又被称之为“仙草”。如果以烟草为背景来排演一幕“盗仙草”，那么，它的主角一定是战争和军人。因为烟草具有两种较为特殊的功效，一是镇静，二是解乏。较之其他职业，恐怕没有哪个职业能够像随时随地面临着死亡和流血的军人那样，更需要这两种功效了。因此，近百年来，在许多大国和强国的军队中，烟草像子弹和面包一样，一直作为一种必不可少的军需品，免费配发给官兵。远在第一次世界大战时，德国、俄国、美国等国家军队的野战食品清单中，就已经包含了香烟这种特殊而必须的“食物”。在许多反映二战，甚至一战的影片中，我们都可以看到海量的香烟身影，它们或出现在眉峰紧锁一语不发的将军指缝中，或出现于残酷厮杀短暂间歇的士兵唇齿间。可以毫不夸张地说，只要有战争和军人的地方，你都可以看到香烟或烟草制品。即便到了 21 世纪的阿富汗和伊拉克战场，口叼烟卷的美国大兵仍然比比皆是。

可以说，战争是现代烟草工业得以繁衍推广最强的催化剂。一战使烟草从美洲蔓延到欧陆，二战则更加加快了烟草从军队到民间的流行。有人曾经这样戏称说：罗斯福、斯大林和丘吉尔，三位爱抽烟的领袖领导的军队，打败了不抽烟的希特勒以及他领导的没有烟抽的德军。1943 年 11 月德黑兰会议期间，罗斯福叼着插一支“骆驼”香烟的长烟嘴，斯大林口里含一个枣木烟斗，而丘吉尔握在手上的是石楠木根瘤烟斗。浓重的烟雾散去，“欧洲第二战场”由此敲定。希特勒为首的“第三帝国”面临美、英、苏多国超过两千万军队的八方来袭。原本岌岌可危的世界格局因此改变。烟草当然不具备任何决定性因素，但它确实是那些决定历史命运的大人物们运筹帷幄时不可多得的调和剂。

香烟在中国、在云南，也发生过相同和相近的衍变规律。

让我们回到 20 世纪 20 年代的云南。到靖国战争结束，滇军实力已达 8

个军，近20万人，仅次于北洋军的50万人。“重九”香烟诞生于滇军鼎盛之时，它的创始人和庇护者又跟滇军直接联系在一起。而且，“重九”香烟的命名，本身就是为纪念滇军功绩而生。“重九起义”既是滇军的光荣，同时也诞生了滇军这支战无不胜的军队，因此，滇军将士就成为“重九”香烟的最大和最忠实的消费群体。“重九”香烟迅速得到滇军官兵的青睐，也就在所难免了。

当然，仅仅靠一个牌号是难以赢得一个长期、稳定的市场的。“重九”从问世之日起，能一枝独秀，更关键还在于“重九”香烟特殊的品质。亲自主持亚细亚烟草公司产品研发和经营管理的庾恩锡，在技术上既依托从上海请来的几位师傅，又自己琢磨香烟配方配料的诀窍。在研发“重九”香烟之初，就曾遇到过一个难题——亚细亚公司开张是在1922年9月，到批量生产“重九”香烟已是年底。在香烟加香配料中，为了增甜保润，有一道环节是添加蜂蜜。上海师傅按习惯是要加春蜂蜜。可是到昆明街头去找，人家告诉他，这个季节，能找到的都是冬蜂蜜——因为与四季分明的内地不同，昆明季节差异很小，这里四季如春，鲜花遍地，蜜蜂一年四季都可以产蜜。也因为如此，就没人要专门去储藏什么春蜜。街头那些披着蓑衣既卖冬蜜又卖蜂蛹的山里人，告诉上海师傅，要买春蜜，来年请早吧，那时候，一街春蜜，会让空气中都有一股甜味，就怕你收不完。万般无奈的情况下，上海师傅只好买到什么用什么，将就着在加香时用了冬蜂蜜。谁之竟歪打正着，冬蜂蜜更加酽稠醇厚的特殊品性，竟然使“重九”香烟有了别样的品质和风味，其结果连见多识广、吃惯见惯的英国领事都大吃一惊，连呼好烟了。

精明心细的庾恩锡悄悄记下了这个窍门。

“重九”香烟主要消费者是滇军将士。而当时的滇军，从重九，到护国、靖国，数度出征四川，四川的风俗习惯和“重口味”，在滇军中也很风靡。从麻辣烫的火锅，川菜，再到麻将，长牌，以及火辣辣的川妹子，都成了滇军将士的最爱。具体到抽烟习惯上，很多滇军中上级军官，则喜欢甚至迷恋上了川烟的特殊吸味。到底怎么特殊没人说得清，却有人神话川烟，说抽起来可以生津止渴，化痰止咳，清喉润嗓——简直把川烟说得像一味中药了。曾经是护国滇军上校军需官的庾恩锡，当然知道最好的川烟产自金堂。于是他找来金堂烟叶，让人先浸泡，再煮熬，最后把自己藏于密室，取其浓汁，神不知鬼不觉地按一定比例将其喷于叶片之中，然后才回到正常工序，加香加料，切丝卷制，包装成型。

早年的“重九”，据说还有一道工序：加入腾冲毛烟。这种毛烟通常是切丝后按百分之三左右的比例加入“重九”配方中，特点是香气十足，味道特殊，难点是如何掌握分寸，保证添加均匀——因为当时加香加料还完全依赖手工。这些还只是早年“重九”烟配方中说得出来的部分秘籍，更有完全靠经验掌握的内容，就只有庾恩锡一人掌握，谁也无从描述，只是口口相传，神乎其神。“重九”的神奇和神秘，就被演绎成了一部传奇，无人知晓了。但是有一点可以肯定的是，在庾恩锡手上的“重九”，确实是口感奇好，既保湿保润，又香气馥郁，它所营造出来的独特口味和军人怀旧情结，牢牢抓住了滇军将士的口和心，“重九”香烟一时间就成了滇军的魂。与滇军时为友邦时为对手的川军黔军，也以拥有“重九”烟为荣幸。“重九”烟成为当时若干军队必不可少的“军需品”，那点产量当然就供不应求，很长一段时间里，当别的烟厂要为撬开市场大门发愁时，庾恩锡却只需要把精力放在管好“重九”烟的配方上，因为独特的配方才是让军人牵肠挂肚的根源，而这诀窍就掌握在庾恩锡手上，连上海师傅也不明就里，只剩下对庾恩锡折服的份儿。

此时，与“重九”香烟的声名鹊起不同，唐继尧及其麾下的滇军，日子却越来越不好过了。滇军在痛失川、黔两块传统地盘后，滇桂之战也以失败而告终。为振奋军心，笼络人心，1925 年 12 月 25 日，借护国战争 10 周年纪念日之际，唐继尧成立了民治党，以图“内谋统一，外谋独立”，可惜为时已晚。

唐当年的卫士长、因护唐回滇有功而迅速升任滇军第 5 军军长的龙云，最先发难了。起因表面看来是因为唐下令裁减滇军，为节约日益不堪重负的军费，唐决定取消军一级番号，将胡若愚的第 2 军、龙云的第 5 军由 3 旅 6 团缩编为 2 旅 4 团；张汝骥的第 10 军缩编为 2 旅 3 团。同时吸取顾品珍拥兵自大的教训，任命胡若愚为滇南镇守使，张汝骥为滇东镇守使，李选廷为滇西镇守使，龙云为昆明镇守使，分驻各地，分散其势力。但其堂弟唐继禹的第 1 军，不但没有裁减，反而扩编为 4 个旅，改编为近卫军，此举立刻招至各军的强烈不满。龙云曾长期担任唐继尧的卫士长，在唐二次回滇中立下了汗马功劳，唐对龙十分信任，所以才委任其为昆明镇守使，坐镇滇中。唐万万没想到，正是这位被自己一手栽培，曾经忠心耿耿的贴身卫士，却率先树起了反旗。1925 年冬，龙云的副官长就公开唆使士兵冒充平民殴打唐继尧的省府秘书长白之瀚，继而闹市区又出现了“南宁收来二（第 2 军）五偶，不打北人打白狗；打狗不看主人面，主人何不下山走（五华山）。”的打油诗。原台湾著名传记作家江南，在其《龙云传》一书中写到：“……唐继尧……以为单靠家长式的统治，恩威并济的权术运用，就能太平无事，永保江山。将领们和他一样的头脑，属于那个时代独有的产物，不知有国家民族的观念，只认识武力和权势。事实上，除了借枪杆子做后盾，再无法上升到发挥个人理想大志的正当途径。唐继尧既然靠他们抬轿，他们何以不能取唐而自代之?”

在今天看来，江南的这番话更像是某位呆板的马列主义教授的演讲。事实上，唐继尧始终视“国家民族”为生命，否则，就很难解释他为何发动护国战争和热心支持五四运动了（包括很快就将取唐而代之的龙云将军亦如是）。但江南先生有一点讲对了，“唐继尧既然靠他们抬轿，他们何以不能取唐而自代之呢?”

唐继尧的裁军，无疑触犯了胡若愚、张汝骥、龙云、李选廷等人的切身利益，而将其中的三人“发配”边疆，似乎又印证了历史上“飞鸟尽，良弓藏”、“杯酒释兵权”的某种帝王规律。尤其是唐继尧对堂弟唐继禹的偏爱，更加引发了众怒，几乎与两年前顾品珍回滇倒唐一模一样的一幕，又再次上演了——同样是在春节前后，同样是以闹饷为名，1927 年 2 月 5 日农历大年初三，胡、张、龙、李联名发出《胡若愚等联名婉劝唐继尧促唐继禹引退并公开政治通电》。因通电 6 日见报，同日，龙云在昆明实行戒严，故又称之为“二・六”政变。当时，唐继禹任军长的近卫军拥有 8 个团的兵力，其中两个团驻昆明；四大镇守使共有 11 个团，但驻地分散，唐继尧若用武力解决，鹿死谁手，还很难断定。但跟两年前一样，唐继尧不忍刀兵相向，糜烂地方，派周钟岳、王九龄前往胡、龙驻地，希望求得和平解决。谈判期间，龙云的部队开到了安宁，胡部经滇越铁路到了宜良，张汝骥部到了杨林，李选廷部到了禄丰，从容完成了对昆明的包围。几经谈判，唐同意遣走唐继禹，改革省制，改组省政府，出任象征性的云南省政府总裁一职，从而结束了其在云南长达 14 年的统治。

时值国共第一次合作，北伐胜利在望，胡、张、龙、李四大镇守使致电北伐军总司令蒋介石，表示拥护北伐，进而实现全国统一。国民政府遂任命龙云为国民革命军第 38 军军长，胡若愚为第 39 军军长；张汝骥部只有三个团，被任命为独立第 8 师师长。

同时，共产党方面也十分重视具有光荣革命传统的云南，“二・六”政变后，派出由驻粤滇军改编的国民革命军第 16 军留守处政训主任王德三率十多名学员返回云南，于 1927 年 3 月 1 日成立了中共云南特别委员会，并由王德三担任特委书记。王德三是云南大理祥云人，1922 年在北大加入中国共产党，是中共陕北地区组织的主要创始人和领导人，曾培养了刘志丹、安子文、刘澜涛等一大批中共陕北地区党政军重要领导人。王德三还担任过黄埔军校政治教官，后被组织上派到范石生任军长的 16 军留守处任政训主任。唐继尧让出云南军政大权后，曾与王德三秘密会晤，表示愿意与共产党合作，率领旧部出滇北伐，但遭到了胡、龙等人的拒绝。

与他的把兄弟庾恩旸一样，唐氏家族男主人的寿延，似乎也很短暂（唐继尧活了 44 岁，堂弟唐继禹 48 岁病故于抗日前线）。“二・六”政变对唐继尧打击甚重，毕竟是由他一手提拔起来的前卫士长策划的政变，最终导致了唐的彻底下台。其彻骨铭心之痛，让他就此一蹶不振。政变发生仅三个半月后的 5 月 22 日，唐继尧即一病不起，撒手人寰。临终前，四大镇守使到榻前探望，唐只留龙云一人，交代说：我不行了，你好好维持吧。似乎已经预见到自己死后，云南必有一场大乱。人说功过自有历史和后人评说，唐继尧死后，南京政府两度颁布训令，给予高度褒奖，一次是 1935 年 12 月 24 日，于护国战争 20 周年之前一日，电称：“故陆军上将唐继尧，精娴韬略，夙志匡明，辛亥光复之役，率军响应，克定边陲。嗣值袁氏僭号，首义滇省，维护邦基，厥功尤伟，亟应特予褒扬，用示政府追念勋贤之意。此令。”另一次是 1937 年 12 月 25 日（护国战争发起 22 年纪念日），电示：“故陆军上将唐继尧，于洪宪叛变之际，首义滇疆，声讨帝制，保障民国，卒使奸宄夺魄，国基重固，革命大义，于以昭宣。志节劲于风霜，勋业炳于奕祀。当此起义纪念之日，弥深追怀前烈之思。唐继尧应特予国葬，以示崇报，而资矜式。此令。”

整整十年后，于昆明圆通山为去世的唐继尧补办了国葬，算是国民政府对唐所做的盖棺定论。

然而，不幸而被唐言中的是，1927 年 6 月 14 日，唐死后不到一个月，胡若愚、张汝骥联合倒龙，发生火并，龙负伤（左眼失明）被囚，幸得其表弟原滇军第 5 军第 7 旅旅长卢汉化装潜往滇西，率 13、14、16 三个团从云南驿一昼夜急驰 200 里，反攻昆明，胡、张两部不支，败走川黔。最终，张汝骥被杀，胡若愚远走他乡（胡于 22 年后的 1949 年 11 月，在粤桂边战役中被解放军击毙）。1928 年 1 月 17 日，蒋介石顺水推舟，发表龙云为国民革命军第十三路军总指挥兼云南省政府主席。

此时，云南境内的滇军共有6个师，3万多人，即97师（师长孟有文）；98师（师长卢汉）；99师（师长朱旭）；100师（师长张凤春）；101师（师长张冲）；新7师（师长唐继鳞）。龙云接手后，成立了军官候补生队（讲武学校已停办，军官候补生队1935年改为中央陆军军官学校第五分校），专门用于培养滇军军官。之前，原驻粤滇军和逃往粤桂两省的顾品珍旧部6个旅，一举打垮陈炯明之粤部叛军，进入广州后被孙中山编为建国滇军三个军，即杨希闵第1军，范石生第2军，朱培德第3军。1927年，范石生第2军又被改编为国民革命军第16军。

范石生，字筱泉，生于1887年，云南峨山县人。范出生于书香世家，16岁中秀才，清朝废除科举后，先入省立师范，继而考入云南陆军讲武堂，与朱德、邓泰中同被选入丙班（相当于短训班，因新军第19镇基层军官缺额严重，临时从讲武堂抽调100余名成绩优秀的学员组成丙班），1911年毕业后分到19镇37协74标任见习排长，"重九起义"时，与邓泰中、杨蓁一道担任蔡锷贴身卫士。护国战争初期任第1军第3梯团副支队长，后任顾品珍第6师参谋长，因与顾不和，不为良相，宁为良医，回老家峨山悬壶济世（其伯父为峨山著名中医，范石生从军之前曾随其坐堂学医）。1917年靖国战争爆发后，应唐继尧之邀，重返滇军。1921年参与倒唐，翌年，顾品珍在陆良阵亡后，范随滇军副总司令张开儒率部退入广西，出任北伐滇军第7旅旅长。孙中山组建建国滇军时，被任命为第2军军长。因屡建战功，深得孙中山信任，孙曾手书"功在国家"条幅相赠。

如果细说起来，较之国民党，范石生对中共，尤其是中共武装建设的卓越贡献，亦完全可用孙中山的"功在国家"四个字来形容。

1927年4月12日，蒋介石发动政变，大肆捕杀中共党员。中共以牙还牙，8月1日，发动南昌起义，打响了武装斗争的第一枪。参加"八一"南昌起义的部队计有国民革命军第20军（军长贺龙）、张发奎第4军之叶挺第24师，第4军朱德军官教导团共计3万多人。转战途中，起义部队遭受重大损失，潮汕受挫后，3万多人仅剩下2500人。1927年10月，部队折返到粤赣边境时，前有堵截，后有追兵，连续征战，最后减员到800余人。11月，在粤赣边境的大庚，朱德将部队整编为一个纵队（其实不足一团人），朱德任纵队司令，陈毅担任政治指导员。当时的情况十分危机，几乎到了弹尽粮绝的地步，时值初冬，但官兵身上穿的还是起义前发的短裤单衣，饥寒交迫，不少官兵冻饿而死，别说是打仗，光是严寒与饥饿也快把这支部队拖垮了。就在这时，朱德从缴获的报纸上得知，范石生的16军就住在不远处的粤北韶关。朱德虽然远在云南讲武堂时期，就与范石生结为金兰之好，但大革命失败后，兄弟父子反目为敌的大有人在，何况一个结义兄弟？朱德也拿不准范目前的政治面目，只好死马当做活马医，抱着试一试的态度，写了一封信，提出想与范见上一面，叙叙旧情。没想到范很快就派人回信朱德，约定在汝城16军47师师部见面。朱德不知道，范部滇军改编为国民革命军第16军后，范曾亲自跑到黄埔军校找到政治部主任周恩来，要求派一批共产党员到16军充任政工干部，周恩来当即派出军校政治教官王德三率30多名共产党员，到范石生的16军帮助其组建政治部，分别担任秘书、科长和各部党代表。就连范派来送信的韦伯萃，也是一位云南籍的共产党员。北伐途经汝城时，范石生派人打开监狱，救出了后来成为解放军上将的朱良才将军。其实，早在得知南昌起义的消息后，范就专门给朱德写过一封信，告诉朱德，他已作好在广东接应起义部队的准备，只是因为起义部队一直处于行军作战状态，朱德没有收到此信。换句话说，此时的范石生不但是朱德从前的结拜兄弟，更是一位同情共产党的国军高级将领了。

朱德元帅多年后回忆，如果不是范石生出手相助，南昌起义最后剩下的一点火种很可能就打光了，不要说后来的朱毛井冈山会师，就连自己的脑袋保不保得住，都还是一个问题。

朱德与范石生见面后，范主动提出，将南昌起义剩下的800人藏于16军休养生息，躲避蒋介石的追捕。两人商定，800人编为16军47师140团，朱德化名王楷，担任16军总参议兼47师副师长及140团团长。该团组织独立，政治自主，军事自由。装备上则一视同仁，先发一个月粮饷，每条步枪配发200发子弹，机枪1000发，及相应的冬装、被服、绑腿、行军锅、十字镐等。后又将秋收起义后退至湘粤边境的张子清、伍中豪部编为141团，何举成的湖南农军200余人编为16军特务营，并提供相应的武器装备，等于在国民党的一个军里，就隐藏了共产党最初起家的三支队伍。

朱德在其回忆录中说："范石生接济我们10万发子弹，我们的力量又增强了。他还一个月接济万把块钱，医生、西药、被单等等大量军需物资……"

"王楷"团驻防仁化东塘期间，前后打了30多家土豪，并枪毙了其中罪大恶极的27个土豪劣绅。范睁只眼闭只眼，权当没有看见。后有人跑到广州李济深处一把鼻涕一把眼泪地控告“王楷”团的“滔天罪行”，李电示范：“你部有共党分子，望彻查具报。”范不加理会，继续装聋作哑，直到1928年初，“王楷”团因动静闹得太大，广州行营因此要派员来彻查，化名王楷的朱德才不得不率部离开范石生的16军。临行前，范将原准备装备一个师的武器弹药和五万大洋送给朱德的起义部队。朱德在30多年后的1963年回忆道：“我们临走前，范石生还给我写了一封信，表示他的诚意。我记得大意是：一、孰能一之？不嗜杀者能一之；二、为了避免部队遭受损失，你们还是要走大路，不要走小路；三、最后胜利是你们的，现在我是爱莫能助。”

由于得到了范石生的鼎力相助，朱德先是率部于1928年1月5日攻占了仁化县城，稍后又于1月12日发动了著名的湘南起义，打垮许克祥五个团，部队迅速发展到一万多人，编为三个工农红军师。起义风暴遍及湘南二十几个县，先后一百多万人参加了起义。最终，湘南起义成为继南昌起义、秋收起义、广州起义后，共产党领导的最大、同时也是最成功的一次武装起义。是年4月，朱德率领以南昌起义为骨干的湘南起义军一万多人，到达井冈山下的宁冈，与毛泽东领导的秋收起义部队胜利会师。

正是因为有了范石生无私而慷慨的帮助，朱德所部才取得了湘南起义的胜利，进而才有了中国革命史上著名的朱毛井冈山胜利会师。

范因此而失信于蒋介石，16军被缩编为一个师。1933年范辞去军职，到庐山脚下以种地为生。“七七事变”后返回云南，在昆明护国路重操旧业，悬壶济世，1939年3月17日被不明身份者暗杀于昆明街头。

再说龙云。龙与胡若愚、张汝骥的混战持续了整整两年。1928年被蒋介石的南京政府任命为云南省政府主席后，龙云一方面着手整顿滇军（云南实在养不起如此庞大的一支军队了）；另一方面，在原来的基础上，大力发展地方经济和教育事业。由于原料的原因，亚细亚烟草公司此时已处于半停产状态，连续两年的战争，尤其是1929年7月11日发生的昆明大爆炸，炸死炸伤一万多人，四分之一个昆明城化为瓦砾，全省经济已面临崩溃的边缘，龙下令富滇银行停止一切贷款。没有银行贷款，亚细亚公司赖以生存的最后一线希望也破灭了。这还不算，龙又下令对烟、酒、盐巴征收“特种税”，所征税款用于全省教育。如此一来，唐继尧当年许诺给庾恩锡的两个优惠条件，等于全部被龙云取消了。

与戎马一生的二哥庾恩旸相比，庾恩锡性格内向，温文尔雅，更像是一位学者。但性情再好的人，也有忍无可忍怒发冲冠的时候。其实，庾恩锡很早就认识曾长期担任唐继尧卫士长的龙云，庾恩锡出任护国滇军上校军需官的时候，龙云的军衔才是个少校，庾因公到五华山见唐，龙在十步开外，就得毕恭毕敬向其敬礼。忍无可忍的庾恩锡，不顾家人劝告，亲自登上五华山，向龙云讨要一个说法。龙云接报后，虽然没有像从前那样十步开外就向他敬礼，但还是亲自跑下光复楼在大厅里迎候庾恩锡的造访。而且一见面就热情地上来拉住庾恩锡的手说："我估摸着您也该来了，晋侯公。您要再不上五华山，我就该亲自登门拜访了。"

原来龙云早有打算，想请庾恩锡卸下烟厂包袱，辅助自己，出山担任昆明市市长一职。龙云拉着庾恩锡的手一直不放，语气也充满热情："云南的天下是唐公和泽普（庾恩旸）公一手打下的，如何坐好天下，就是我辈的事情了。"（龙生于1884年，比庾恩锡年长两岁，称庾为"晋侯公"，实是出于对庾恩荣、庾恩旸、庾恩锡兄弟的敬重。）

庾恩锡这才恍然大悟，停止贷款，恢复征税，龙云原来是在逼他出山啊。龙云接下来又说，"云南地处边疆，人才极端匮乏，像晋侯公这样长期留学东洋，又游历过西洋的人才，更是凤毛麒角。无论如何请看在唐公和泽普公的分上，帮兄弟一把。至于亚细亚公司嘛，我已经替你想好了，您把所有的机器设备连同工人一起，交给省教育厅，让他们自己去搞。您不是还欠富滇银行一笔款子吗？我跟他们打个招呼，所有欠款一笔勾销。"

龙云态度恳切，而且给出的条件十分优厚，亚细亚欠款十数万元，早就资不抵债了。如果再扣除折旧，亚细亚那点设备根本无法还清欠债。百十号工人眼看也没了着落。至于出任昆明市市长，庾恩锡稍加思索后，点头答应了，但提出了一条件：先干一段试试。且试干期间，暂缓领取薪水。

庾恩锡提出的条件让龙云着实吃了一惊。在军政两界厮混已久的龙云，见过巧取豪夺的，见过狮子大开口的，也见过少数廉洁克制的，却没见过像庾恩锡这样主动提出不取分文的"义工"市长。龙云在心底更加认定，在兵荒马乱、百废待兴的当下，求得一个高风亮节的君子，登高一呼，挽救沉沦的世道人心，是何其重要。劝庾恩锡出任昆明市市长，这步棋是走对了。

于是，昆明历史上第一个、也是仅有的一个不领薪水的市长就此产生。

庾恩锡上任后面临的最大一件事，就是处理"七一一"爆炸案的善后。这次大爆炸共造成1000多人死亡，近万人受伤，爆炸地点位于昆明城西北的滇军弹药库，因此不少人怀疑其导火索是龙、胡之战，是有人故意为之。但也有专家提出，时值盛夏，很可能是天气炎热，弹药保管不善，自燃引发了爆炸。到现场勘查过的庾恩锡所持的就是后一种观点。他是早稻田大学的硕士，所持观点有理有据，容易让人信服，爆炸原因定性后，善后工作就比较好办了。

处理完“七一一”爆炸善后，作为一市之长的庾恩锡在处理繁杂的政务之余，将其用心放在了市政建设上。一个乱糟糟的城市，如何对得起这里的四围香稻，万顷晴沙，九夏芙蓉，三春杨柳呢！庾恩锡当年在早稻田大学学习的园林建筑，终于在其昆明市长任上派起了用场。昆明又有春城之称，但长期以来因为战乱等各种原因，基础建设十分薄弱，城内虽有几处公园，但一是规模太小，二是疏于管理，早就破败不堪了。庾恩锡先是对市内的翠湖、古幢、金碧等公园进行了修缮改造，为市民提供就近休闲娱乐的场所，继而又对著名的大观楼进行了大规模的扩建改造。大观楼内因藏有清代孙髯翁的《大观楼长联》而闻名遐迩，长联长达 180 字，于山与水、草与花、人与事、诗与史中，融入了千年往事，万古云烟，痛畅淋漓地抒发了诗人博大的情怀，因此而成为千古绝唱。大观楼始建于清康熙二十九年（1690 年），为云南巡抚王继文所建之一座三层方楼，位于滇池草海，登楼远眺，海阔天空，烟波浩渺，湖光山色，洋洋大观，故而得名大观楼。庾恩锡邀请著名书画家赵鹤清协助，重新设计扩建大观楼及附属设施，增建“彩云南”假山以及三潭印月等景点，使之成为昆明市内最大的一座滨湖公园。

城市公园的意义，不仅在于美化城市，更在于教化人心。深谙其道的庾恩锡以集腋成裘的行动，一处处打理昆明公园景观，效果也一天天显现出来。

素存高远之志的龙云当然不会成天对花花草草感兴趣。他是蒋介石一手扶上云南省政府主席高位的。刚刚经历过“4·12”事件，龙对蒋的反共政策自然是言听计从。1928 年 1 月 17 日出任省府主席，当天龙云就宣布成立了云南“清共委员会”。与唐继尧、庾恩旸、庾恩锡等人不同，龙云没有留过洋，也没有长期在国内政治经济文化发达的沿海地区待过，对共产党的了解远不如他的师兄范石生。在他看来，共产党既然反对民国政府，那就是乱党，对于乱党没什么好说的，该抓抓，该杀杀，谁让你放着好人不做，要做乱党呢？他对共产党的认识，最初还是从被捕的多位中共云南省委领导人那里获取的。

1927 年 2 月，王德三等人受组织派遣，返回云南成立了中共云南省临时特委；1928 年 10 月 13 日，中共云南第一次党代会在蒙自查皮尼召开，省特委改称省临会；1928 年 6 月 18 日到 7 月 11 日，王德三远赴苏联，在莫斯科郊外一个叫兹维尼果罗德的小镇上，参加了中国共产党第六次代表大会；1930年1月王德三被选为中共云南省委第一书记。当年11月19日，在昆明西郊被捕。

1927年，邓小平妻子卓琳的三哥浦承绪在日本与艾思奇、伍修权一起加入了中国共产党。1928年冬，受党派遣回云南工作，任团省委宣传部长。其父浦在廷曾任全国商会副会长、广东商会会长、驻粤滇军少将军需处长。投身大革命之前，浦在廷系云南有名的实业家，其制作的宣威火腿罐头，曾荣获巴拿马国际博览会金奖（孙中山专门为其题词“饮和食德”）。浦在廷身上同样具有云南人特有的敢为人先，毁家纾难的精神，大革命失败后，浦在廷倾家荡产，万贯家产只剩下两个罐头加工厂和一座煤窑。从广州回到昆明后，浦将家产一分为三，把位于昆明的罐头厂分给了小儿子浦承绪，宣威的加工厂分给大儿子浦承统，煤窑则给了黄埔毕业的二儿子浦承纲。从此遁入佛门，不问世事。

当时王德三等人正愁没有合法身份作掩护，浦承绪接手的昆明罐头加工厂，这下派上了用场，王德三和妻子马冰清搬到了加工厂的办公楼，省委机关报《民众日报》也搬到了加工厂，罐头厂成了中共云南省委的大本营。1930年末，中共云南省委遭受毁灭性破坏，浦承绪带着几位幸免于难的同志和重要文件，连夜逃回宣威，浦在廷通过干儿子何绍周（何应钦的侄子）的关系，经贵州将那几位同志安全护送出境。

关于中共云南省委被破坏的过程，龙云多年后回忆说，破坏共产党机关比较困难，当时，主要办法是从共产党内部收买叛徒。这些事由李鸿模（龙的警务处长）主办。一天，李向我报告说，已找到一个名叫王绍猷的人，但此人要价太高，不但开价1万元滇币，而且还要官位。最后就是通过这个王绍猷，才抓到王德三的。我也兑现了承诺，让王绍猷做了养济院院长，但这个人品质恶劣，难怪会做叛徒。当上院长不久，就公然贪污犯人口粮，最后被我下令枪毙了。

与王德三同时被捕的，还有时任云南省委宣传部部长的张经辰，团省委书记李国柱，原中共云南特支书记女共产党员吴澄等人。

庾恩锡得知王德三等人被捕后，找到龙云，提出以昆明市市长的身份保释这几位年轻的共产党员，他的理由很简单，这几个人都是大学、甚至是名牌大学毕业的学生，王德三、张经辰毕业于北京大学，李国柱毕业于莫斯科中山大学，吴澄虽然是个女孩子，也毕业于省立师范。还有去年你们在蒙自杀害的李鑫，南京东南大学毕业的。庾恩锡激动地说："都是云南急需的各种人才啊，志舟（龙云字）兄，你们不能再杀人了！"

龙云拿出几份电报递给庾恩锡，说："我何尝不知道他们是人才？问题是老蒋一连数道'圣旨'，我敢不执行吗？再说了，人在中统手里，就算我这个主席下令放人，人家也不会买我的账。"

庾恩锡看到老蒋在电报给龙云的最后期限是12月，只剩下几天的时间了，就说："真的一点办法也没有了？"

龙云略一沉吟，说："我只能拖到31号最后一天。"

庾恩锡咬了咬牙，说："好吧，既然如此，我今天就向你辞职，我可不想背上刽子手的骂名。"

其实庾恩锡有所不知，龙云说的是真话，为了保住王德三等人的脑袋，他多次与王等人谈话，希望他们改变信仰，为云南服务，但都被严词拒绝了。龙云后来回忆说，共产党确实人才济济，云南共产党就有不少大学生，仁人志士，巾帼英雄。但因其宁死不肯改变信仰，老蒋又三令五申，必须在年内处决，我一直拖到1930年12月31日最后一天，才下令把王德三、张经辰、李国柱、吴澄等人枪毙了。

庾恩锡说到做到，果真辞掉了昆明市市长一职，前后一共只干了13个月。13个月应领薪饷6245.1元，庾恩锡分文不取，全部捐给警察局充作奖金，但事先说明，这笔钱不给警官，按警长、警士每人10元发放。地位卑微而辛苦不堪的昆明基层警员，因此得到一次普遍的救济。

庾恩锡要撂摊子，龙云也毫无办法。只是，亚细亚烟草公司交给教育厅后，早已更名为南华烟草公司，在原有设备的基础上，又投资5万元，成立了云南第一家公营烟厂，并于1930年5月开始正式产生。庾恩锡的亚细亚已经变成别人的了，想回都回不去了，龙云拿这个书呆子没有办法，只好将其聘为省府建设委员，相当于给了他一个饭碗。

史料记载：亚细亚改南华烟草公司后，接受云南省教育厅全权管理，厂址迁移至昆明太和街（今环城东路），以丁绩（字绍武，云南省立师范优级选科第一期毕业生）为经理，杨文波为协理，职工约40人。产品有"百寿"、"明珠"、"仙鹤"、"喜鹊"等牌号，所用原料，除云南地产江川、玉溪等烟叶外，主要从河南许昌及山东等地外购。年用7000余担。南华烟草公司仍然是当时云南规模最大的一家烟厂，每年产值约国币4万元。但与亚细亚相比，其职工人数、工厂规模、产品牌号、产能以及影响都明显下降了。

究其原因，后人归纳为：一是公司由云南教育厅管理，公司负责人多出自教育界，于经营管理及业务经验相当保守，开拓市场能力明显受限；二是配方技术，缺少庾恩锡的亲自打理，当然就没了“重九”香烟这个当家品牌。南华公司的技术配方是由龚家柱负责。此人原系亚细亚公司庾恩锡培养出来的人，虽然跟随庾恩锡学了些配方手艺，关键诀窍却并未学到手。卷烟虽然改为了机制，但是配方却永远都是手工，而且具有极大私密性。以前的配方技术，往往是奇思妙想和经验积累使然，其中的关键诀窍，说出来并无任何含金量，但让一个生手去摸索，却等于盲人瞎马，永远看不到希望。所以，那关键的“一点点”，就等于吃饭的家伙，连自家人都是传男不传女，庾恩锡自然也不肯轻易示人。南华烟草公司没有当家牌子的卷烟，而且所生产的各种牌子“卷烟品质普遍不佳”，当然就影响其市场开拓和业务发展了。

正当云南卷烟工业刚见起色却又走下坡路时，时局发展又有新变。龙云坐上省主席位置未久，1931 年 3 月，云南又发生了卢汉、朱旭、张冲、张凤春四师长倒龙事变，龙云一气之下，声称远走老家昭通“下野”，却悄悄近避寻甸观望。龙云生气当然很有理由，因为上述四人几乎都是龙的亲信（卢汉还是龙的表弟)，如今却联手倒戈，岂有此理？龙云甩手一走，倒把几个叛逆吓得不轻，群龙无首，如何了得？于是四人商议之后，连忙派张冲和接任庾恩锡担任昆明市市长的高荫槐乘飞机到寻甸将“老大”龙云请了回来。龙回到昆明就宣布撤去四师长的职务，废师改旅，98 师改为第 3 旅，旅长龙雨苍；99 师改为第 5 旅，旅长鲁道源；100 师改为第 7 旅，旅长龚顺璧；101 师改为第 9 旅，旅长张冲，撤销新编第 7 师。全军计 4 个旅。之后在全省实行征兵制，先后成立了 10 个补充大队，后又改称团，在此基础上又组建了 5 个旅，即第 1、2、4、6、8 旅，到红军长征前夕，滇军共有 9 个旅又两个团(警卫团、炮兵团)。

龙云虽然没读过多少书，但这个人相当聪明，这也是他最终取代比他资格老得多的胡若愚、张汝骥成为云南省主席的一个重要原因。龙当上省主席不久，1930 年中原大战爆发，冯玉祥、阎锡山联手与蒋介石开战，紧接着，桂系李宗仁又公开反蒋，与蒋战于湖南岳阳、长沙等地。蒋介石任命龙云为第十路军总指挥，发给港币 100 万元，命令滇军出兵广西，抄袭李宗仁的后路。滇军进入广西后，围攻南宁长达三个月，当年 10 月，宁粤分离，两广合流，联合对付滇军，滇军损失惨重。有此教训，到后来，中央红军长征途经云南时，龙云再不上老蒋借他人之手消灭异己的鬼当了。红军过云南之前，老蒋任命龙云为中央剿匪军第二路军总司令（后又改为滇黔靖绥公署主任），将滇军编为第三纵队（辖3旅6团1万2千人），负责围追堵截中央红军。龙云私下交代滇军将领，只许尾随，不准堵追，一路将红军“礼送”出境就行了。龙云甚至想私下里与红军联系，暗中订一个君子协定，力争井水不犯河水。

说来事情也凑巧，就在这时，红九军团军团长罗炳辉派人找上门来了。罗炳辉是云南昭通彝良人，龙云的老乡。罗1915年加入滇军，护国战争中因作战勇敢，被选调为唐继尧的卫士，后又升任唐的少校副官，与时任唐继尧卫队长的龙云成为同事。罗后来离开滇军，加入红军，并在“4·12”后的1927年7月加入中国共产党，成为红军中的中坚分子。同年10月，罗炳辉率部发动著名的吉安起义，之后，历任红军团长、师长、军长、军团长。20世纪80年代的电影《从奴隶到将军》，就是以罗炳辉将军为原型创作的。龙云后来回忆说：“有一天黄昏时候，突然有一个人来到公馆门口，向守门人说，我要见龙主席，有紧急军情报告。副官看他来得蹊跷，既是军情又不敢不报。我听后就问，是怎么一个人？什么打扮？副官说，戴着篾斗笠，穿着蓝布对襟衣裳……说迄东口音。我想了一下，就叫副官喊这人进来……我一看，是个年约30来岁的小个子青年……我问，你从哪里来？他答，从威宁。哪个派你来的？他不答应，向左右看看。我知道其意，叫旁边的人走开，小伙子使劲把棉衣的夹里子撕开，取出一封牛皮纸封着的信。我拆信一看，原来是老朋友，红军的指挥官罗炳辉的信。信上说，这次红军长征，目的是北上抗日，并不想攻城夺寨，占据城池……也无意来到昆明，叫我尽管放心，希望我的军队不要截堵打战（仗），让红军经过一些州县渡过江去……这人走后，我又写了一封密信派人骑马送给孙渡，再次嘱咐他不准与红军交锋，尾随送客就行了，不必截堵。同时，我准备各一卡车药品和罐头交给他，叫他相机送给红军。”

龙云的回忆录里忘了，其实当年除了送红军各一卡车白药和罐头，他生怕红军走错了路，还送了红军好几捆西南地区军用地图，以便红军早日离开滇境，免生事端。这批地图，对红军而言，其实比白药和罐头更急需。因为中央红军进入贵州后，使用的是中学生地理课本上的地图。后来在遵义一座教堂里找到一份地图，但图标却是外文的，没办法，只好把地图的主人——那位外国传教士带着走了好几个省，成为除李德外，参加长征的第二个外国人。

龙云送的白药、罐头和地图，是在今曲靖市麒麟区三元村落入红军之手的。表面上，滇军运输货物的两辆卡车遭遇了一次“设伏”，实际上，所有枪弹都是抬高了对天鸣放，相当于今天拍摄电视剧所需要的一场烟火情景。这些都是为远在南京的蒋总统搞的逼真布景。而就在眼前的三元村，村里有一座三元宫。当时，毛泽东、周恩来、朱德等红军主要领导人就住在三元宫中。老毛抽着警卫员为他裹的一颗云南土烟卷，又呛又辣，老毛却不愿罢手，正费劲吸着，罐头地图就送到眼前，其中居然还有数条由南华烟草公司生产的“喜鹊”卷烟。老毛赶紧掐灭那难抽的土烟卷，点起一支“喜鹊”，心领神会地哈哈大笑，说：“果然是喜鹊叫贵人到啊！龙主席还算够意思，恩来，朱老总，我们要记住这个龙主席。”就这样，红军算是不打收条就收了龙主席的一份大礼。若干年后，龙云出任新中国部长级官员，也算是投桃报李，礼尚往来。当时，这批地图和物质确实帮了中央红军的大忙。物质分配给了随军的妇女和老弱，不多的卷烟留在几个首长的警卫员那里。地图则发挥了很大作用，很快，红军就按图索骥，从寻甸柯渡渡过牛栏江，远远离开了云南，一路北上，奔向更大前程去了——尾随其后的滇军则不远不近地放了一通枪，算是礼送。

这之后，龙云对中共在云南的活动就完全是睁只眼闭只眼了。中央红军长征过云南的当年 11 月，由李浩然任书记的中共云南临委成立，直至 1950 年 2 月云南全境解放，虽然书记前后换了好几任（临委后来又改为工委），但在长达 15 年的时间里，云南的地下党组织再也没有遭受过破坏，这在全国也是绝无仅有的。

第四章 · 血　线

XUE XIAN

龙云与美种烤烟

由亚细亚烟草公司演化而成的公营南华烟草公司，于1930年5月正式开工生产，厂址也由庆云街搬到了太和街，工人增加到200多人。南华公司后来由兴盛逐渐走向衰败，有后人评说，皆因该厂厂址没有选好——太和街与“太活该”谐音。

南华公司沿用了亚细亚的设备和生产技术，以河南烤烟和晾晒烟叶为原料生产卷烟，但却没有沿用亚细亚的卷烟牌号，而是另辟蹊径，先后创立了“明珠”、“百寿”、“喜鹊”、“鹦鹉”、“仙鹤”等牌号。六个牌号中，鸟类就占了一半，达三个之多，如此众多的鸟牌号，不知道他们是什么心思。当年，南华烟草公司生产卷烟1400箱；翌年，又从上海、香港等地大量购入原料和辅料，日产卷烟达到了10箱（年产量3650箱）。细算下来，也仅仅比庾恩锡的亚细亚公司年产量多了650箱，工人却几乎增加了一倍，不知道是因为“太活该”还是鸟牌号的原因，南华的日子并不好过。当然，这是一句玩笑话，其根本原因，还是因为原料问题。

这一年（1931年）的9月18日，“九一八”事变爆发，短短三个月的时间，东北全境沦入日本人之手，举国一片哗然。

也是在这一年，龙云下令在通海、河西（今峨山县）等35个县试种美式烤烟，但因英美公司垄断，买不到籽种，继唐继尧之后，试种计划再次落空。仅云南省实业厅委派徐嘉锐在昆明大普吉主持省立第一农事试验场试种获得了成功，1932年6月，试验成果上报南京国民政府实业部，同年11月，实业部批复，同意云南种植烤烟。

但还是因为美烟籽种问题，即便有了实业部批复，有了尚方宝剑，仍就无法进行大规模种植。

此后，云南一直没有放弃种植美式烤烟的种种努力，而且，随着龙云在云南统治地位的逐渐巩固，云南的经济也得到了逐渐改善，寻找新的经济增长点以增强云南实力的念头，在龙云那里越发强烈了。

四大镇守使倒唐的1927年，云南全省财政收入仅579万元，支出却高达1898万元。究其原因，一是因为战争，军费剧增；二是趁战乱之机，军队“到州吃州，到县吃县”，军人几乎把持了所有的税收渠道，财政根本收不到钱。龙云决心改变这种局面，先是于1928年委任其军法处处长陆崇仁为财政厅厅长，企图靠“军法”的力量扭转局面，但那个年代，有枪就是草头王，军法算什么东西？到了1929年，龙云干脆以武力对付武力，委任卢汉以98师师长的身份兼任财政厅厅长。卢汉上任后，第一件事就是武力接管税收大户烟酒事务局，以其副师长袁昌荣和李崧兼任局长、副局长，同时，将原财政厅的主任、科长、秘书统统罢免撤换。为从军人手中收回税收大权，卢汉别出心裁地推出“财政商业化”政策，将烟酒、厘金等重要税收实行统一招商投标承办，并通告全省，烟酒、厘金等税收一律交给中标人，违者军法从事！

卢汉是龙云的表弟，又是滇军中装备最好，人数最多的98师师长，且此人一向敢作敢为，令行禁止，杀人不眨眼（20年后的1949年2月，在昆明南屏街一口气枪毙了21个挤兑银行的市民就是明证）。此令一出，驻防各地的师长、团长们只好乖乖地交出了税收大权，数月之内，税收大增，收支两抵还略有节余。

1930年，卢汉奉命率部进入广西抄袭李宗仁的老窝，陆崇仁再度出任财政厅厅长（龙云没有看错人，陆确是一位理财能手，财政厅厅长从此一干就是14年）。因有此前卢汉打下的“基础”，陆复任厅长后，大刀阔斧，以取消苛捐杂税为名（此时，云南从前清沿袭下的税捐就多达64种），另设新税，将征收重点转向官办、专卖、金融银行等税收大户，全省税收大增。同时，以半开银元（因币值相当于袁大头的一半，故名半开）取代老滇币，仅此一项，财政收入就在原基础上增加了五倍。之后，又是清丈耕地，全省耕地统一清丈后，由原来的236.6万亩，增加到588.9万亩，增加了一倍都不止，耕地税亦随之翻番，由原来的130万元，增加到280多万元。

1934年，龙云又成立了云南省经济委员会，委任留美博士缪云台为主任委员，其后还委任留法双料博士徐嘉锐为经济委员会专员兼开蒙垦殖局副局长、农务课长等职。缪在美国最早是学采矿业的，上任后，先拿个旧锡矿和东川铜矿开刀，采用欧美先进技术和管理办法，仅大锡出口额就由1927年的1400万大洋，增加到1937年的2900万大洋。10年间，翻了一番。缪云台出任经委主任两年后的1936年，经济委员会下属各类企业达到39个，到抗战爆发的1937年，地方企业收入达到全省总收入的35%，基本上取代了之前的鸦片收入。云南出产的鸦片因质量上乘，久负盛名，又有“云土”之称。南京国民政府成立后，严禁种植鸦片，但许多地区阳奉阴违，以“禁烟罚款”取代禁烟，变相鼓励鸦片种植，云南种植鸦片的鼎盛时间，种植面积达到了200万亩（当时全省统计内的耕地也仅有236万亩）。进入1930年后期，南京政府采取了一系列严厉的政策和措施，重拳出击，严禁鸦片种植，各地有所收敛，大张旗鼓的鸦片种植渐渐停止了。

不让种大烟，那就种烤烟吧，大家都没有忘记，滇越铁路通车的1910年，英美公司光是从云南就拿走了5万两白银，远远超过了贩卖鸦片的收入。而且，龙云与庾恩锡之间，有一个只有他们两个人才知道的约定，也逼着龙云非种美式烤烟不可。

说到云南的烤烟种植，就不能不提到两个人，一是留法归来的“海归”徐嘉锐，另一位就是著名的植物学家蔡希陶。

徐嘉锐，字天骝，云南大理人，白族，1901年生，在家中排行第七，与老五徐嘉瑞并称“徐氏双杰”。说到这“徐氏双杰”，即便在云南，也常常让人弄混。因为兄弟二人姓名字异音同，且在各自领域都很有成就，是云南知识分子中的杰出代表，就很容易发生混淆。1950年云南刚刚解放不久，某日，军管会主任陈赓突然问省政府副主席张冲：“云南是不是有两个徐嘉瑞（锐）?”

张冲一愣，反问：“你怎么提这个问题?”

陈赓说：“南下前，毛主席指示到云南后，要找一个叫徐嘉瑞的人。说，他在延安时读过此人写的书，有人民性。后来，周恩来同志也要我到云南后找一个叫徐嘉瑞（锐）的人，说此人诚实可靠，是个有贡献、有声望的农学家。”

张冲听了，哈哈大笑：“你找我问就对了，这是兄弟二人，云南方音，瑞锐二字，可以区分；北方话里，就字异音同了。哥哥徐嘉瑞，现在是西南军政委员、省教育厅厅长，老党员、文史专家。主席看过他的书，一定是他那本在1936年就在上海出版的《近古文学概论》；弟弟徐嘉锐，是总理同去留法的同学，农学博士，云南引种美烟的开山师。此二人正是‘云南双杰’啊。”

去法国勤工俭学，是当时中国进步热血青年之首选。愿意去的人很多，而为何云南最早却独有徐嘉锐一人成行呢？这就与徐嘉锐早年在天津做事的大哥徐嘉彦（字筱屏）有关。因为徐嘉彦与周恩来之父非常熟悉，而周恩来当时正以学界领袖身份在天津运作此事，徐嘉彦自然知道了留法渠道，于是，徐嘉锐在新婚后第9天，即1920年春节到来前5天，就踏上外出求学征程，并在天津结识后来的中华人民共和国首任总理周恩来。1920年底，两人先后（相隔一个船班）远涉重洋赴法国留学。周恩来在南开大学求学期间，时逢五四运动爆发，周成为天津学界五四运动的著名领导人。当时从中国北方乘船到法国，途中需要一个多月的时间，漫漫长路，备受煎熬。行前，周恩来用唐僧西天取经的故事勉励徐嘉锐："为了追求真理，非有战胜一切的勇气。你看过《西游记》么？我们去法国学习，就是要有唐僧取经的精神。"这给了徐嘉锐极大勇气。徐嘉锐在天津、在法国以及后来新中国成立后与周恩来的多次交往，也成了徐嘉锐一生中最重要的精神财富。

之后，徐在法国度过了将近八年勤工俭学的生活，先后考入国立瓦勒耶大学、巴黎大学农学院，获双博士学位。徐没有忘记周恩来的勉励，学成后，谢绝法方高薪聘请，于1927年回到了祖国，回到了自己的家乡云南昆明。

其时，正是云南政坛交替、唐去龙来之际。刚刚上台的龙云急于网络人才，留法双料博士徐嘉锐当然入了龙云法眼。但是徐嘉锐却面陈请求，说自己无心仕途，只愿学以致用，效力桑梓，可以教书或者从事农技研究。这更让龙云高看并顺其心愿。于是，徐嘉锐开始了在云南或教书、或研究农事的工作。其实他教书也没离开农事，而他农事研究的最大贡献，主要集中在为云南引种现代美烟之上。

之所以说徐嘉锐引种的是现代美烟，是因为据说明代中国既已引种美烟，后因不事改良，退化为了土烟。到20世纪之初，因为清廷禁绝鸦片，取而代之的吸食品改为烟草，外商见其利大，遂有大量洋烟输入。为追求利润更大化，减少运输成本，英美烟草公司开始在中国部分地区试种美烟，以便就地建厂销售。于是，1901年，先在台湾（当时尚为日据），后在山东、安徽、河南等地，逐渐渗透，这始于20世纪之初的第二次美烟引种，规模更大，并在中国大地扎下根来。

至于云南引种现代美烟，当然不是始于徐嘉锐。早在唐继尧当政时代，就曾经步英美烟草公司后尘，在云南试种过美国烤烟，却无一例成功。就连徐嘉锐自己，也曾经尝试过小范围试验种植美烟，他在1927年回国前，法国导师见挽留不住学生，就问徐嘉锐，需要为他回国提供什么帮助吗？徐嘉锐唯一开口的，就是向导师要了一点美国烤烟种子。他回来后在盆里试种过，也在晋宁、福海等地租借的小片土地里试种过，均无结果。1936 年他到开蒙垦殖局任副局长、农务课长等职，因为此时工作已经上升到政府层面，遂旧事重提，他在 1939 年，在蒙自草坝中村，与农业部技正常宗会等人一道，开始引种美国金元品种试种、烘烤，取得成功。对此一直甚为关注的龙云，于阳春三月，率省府文武官员，到草坝检验成果。见其满目生机，分区有序，如烟区分美烟试种区、法烟试种区、土耳其烟试种区等；经作区中甘蔗则分台蔗区、古巴蔗区，油菜区分云台区等。时任云南省经济委员会主任的留美博士缪云台站在云台区前，十分兴奋，而财政厅厅长陆崇仁（字子安）则东张西望，心想也应该有个"子安区"才对。结果却大失所望，遂拉长脸站在一旁。龙云见状，将徐嘉锐拉到一边，问："你是经济委员会专员，因此为主任命名云台区并无不妥；但是，垦殖局系由财政拨款，怎么不为子安兄也留个名字呢？"只会做实事的徐嘉锐这才恍然大悟，赶紧解释："云台是一种油菜子的名字，跟缪公本无关系。缪公陆公都误会了。"龙云给徐嘉锐支招："你一会儿汇报时要随便做个解释。免生误会，影响事业。"果然，徐嘉锐解释之后，皆大欢喜。三个月后，龙云委托专人，将徐嘉锐迎回昆明，主持筹建云南烟草改进所工作，云南全面引种美烟的一段跌宕起伏的历史，就此拉开序幕。

1941 年 3 月 1 日，云南省烟草改进所正式成立。徐嘉锐任副所长主管业务，兼第二种植区（昆明、晋宁、玉溪、江川等地）主任。1942 年 11 月，烤烟已经形成规模，云南省企业局烟草事业管理处遂升格为云南烟草生产事业总管理处，徐嘉锐任总管理处协理兼烟草改进所所长、云南纸烟厂协理等职。1945 年是龙云在台上的最后一年，徐嘉锐与龙云、陈纳德一起做了一件对云南烟草至关重要的事：即由徐嘉锐向龙云反映，在云南试种几年的美国金元种子已经发生退化，严重影响云南烤烟事业发展，请求龙主席托付陈将军从美国直接搞回弗吉利亚大金元种子。龙云在五华山宴请即将离任的陈纳德时，赠黄金 30 两并随便提出上述请求。已经与云南结下深厚友情的陈纳德果然应允并兑现了承诺，到第二年种植大金元时，龙云虽然已经下台，卢汉却依然委派徐嘉锐去玉溪负责试种推广事宜。由此，大金元烤烟在云南大地深深植根，并为云南成为烟草王国奠定了最初的坚实基础。

徐嘉锐于 1989 年寿终，享年 90 岁。其灵前有四字隶书：云烟始祖。

但是，多年来，为外界熟知引种大金元到云南的著名人物，却不是徐嘉锐。而是后来名气远比徐大得多的植物学家蔡希陶。这又是怎么回事呢？

蔡希陶是浙江东阳人，生于1911年。1928年，由姐夫陈望道介绍，进入当时的北平静生生物调查所任助理员，从此与植物结下不解之缘。1932年，蔡受北平静生生物调查所所长胡先骕委托，只身赴滇，从此再也没有离开云南（20世纪50年代曾婉拒老朋友吴晗的进京邀请）。在滇数十年间，蔡先后创办了北平静生生物调查所昆明分所、昆明植物研究所、西双版纳热带植物园、中科院葫芦岛植物研究所，采集植物标本10万多种，引进培植了上千种经济林木。其一生最大的贡献是“橡胶在北纬18度至24度大面积种植技术”，结束了中国不能种植橡胶的历史。该技术荣获国家科技发明一等奖，蔡也因此入选“60位新中国成立以来感动云南人物”。

但是，蔡希陶在烟草尤其是大金元引种上爆得大名，显然与上述情况无关。他在烟草界的名气，来自一篇由著名作家徐迟所写的《生命之树长绿》报告文学，这篇作品发表于1978年4月，在此前后，徐迟还发表了《哥德巴赫猜想》以及《生命之光》等报告文学。这一组作品，让数学家陈景润、地质学家李四光，以及这里要说的植物学家蔡希陶，一夜之间名扬全国。徐迟的系列报告文学，为一直被扭曲和蒙受苦难的中国知识分子，起到了正名、扬眉吐气、回归主流社会的作用。从某种意义上说，徐迟的报告文学，比中央当时的红头文件威力还大。因为当时全民热爱文学，文学可以在全社会一呼百应。而徐迟作为一代名家，他的这组作品，为配合强调“科学是生产力”“知识分子是工人阶级的一部分”的时代氛围，每篇作品都是先在《人民日报》《人民文学》上同时发表，又由各省党报在显著位置全文转载。《生命之树长绿》即在《云南日报》1978年4月19日用2、3、4版转载。该文其中一节“云南杜鹃花与弗吉利亚大金元”特别引人注目，因为它说的内容之一，是关于弗吉利亚大金元引种云南的一段历史。关于这段历史，该文核心观点有如下内容：一是时间，该文认为是1945年抗战胜利以后；二是地点，该文认为最初引进实验栽培地是在昆明北郊黑龙潭旁旧云南农林研究所（今昆明植物园）；三是人物，该文认为是著名植物学家蔡希陶。

就这样，蔡希陶被塑造成了云南最重要的烟草英雄。当然，读过前文的读者已经知道，这与事实大相径庭。但是，后来的任何说明解释更正，都无法超越徐迟一篇报告文学的影响力了。应该说，作为杰出科学家的蔡希陶，绝无爆得虚名的丝毫嫌疑，他成为“引种大金元第一人”，纯属是被塑造的；徐嘉锐读过该文后长期保持沉默，是因为他觉得从那个时代活过来就不容易了，再说新中国给他待遇“也算不薄”，还去争个什么名分呢？事实上，这个为云南烟草王国作出巨大贡献的可敬老人，到生命尽头之时，还居无定所，是他早年学生卓琳（邓小平夫人）闻讯，托当时云南省委分管文化教育的书记高治国过问，才得以在昆明西站农大兽医院一间不足40平方米的房子里走到终点。至于徐迟，也不是他要有意污写历史，须知，他写《生命之树长绿》时，也是高龄老人，从外地来到云南，采访粗疏，资料不全，在所难免。加上他主要是个诗人，写作凭激情之勇，只想把全部赞美之词送给笔下人物，却不料，他粗疏简单的“文学叙事”和“革命叙事”两套笔法，却伤害了另一群真正最早为引种大金元进入云南作出贡献的烟草科学家。

当然，徐迟对云南是一位有功之人，他的主要功劳在于为云南贡献了六个字：美丽、丰富、神奇。这六个字，到今天，仍然是对云南特点最生动准确的概括。如果说他对云南有过失，则是那篇不够准确的《生命之树长绿》，影响至今，仍然让一些云南烟草人对此耿耿不平。

再说当时，由于龙云治省有度，理财有方，加之地方稍得安息，生民有如雨季的植物，很快就得到养滋，有所复苏了。龙云因此财大气粗，不差钱了。因为不差钱，其麾下的滇军成为当时全国装备最好的一支军队（武器均购自法国、比利时和捷克）。到1936年12月12日，西安事变爆发前，滇军已拥有6个步兵旅，5个直属团，2个直属大队，4个独立营和一个航空处（幸而云南远离大海，否则恐怕连舰队都有了），兵力达3万6千多人，其序列如下：

步兵第1旅，旅长刘正富
步兵第2旅，旅长安恩溥
步兵第3旅，旅长龙云（兼）
步兵第5旅，旅长鲁道源
步兵第7旅，旅长龚顺壁
步兵第9旅，旅长张冲

另有两个警卫团，炮兵、工兵、机枪各一个团。每个步兵旅下辖两个团，每团9个步兵连，每连装备比造97式步枪60支，捷克式轻机枪6挺；每个营编有一个重机枪连，每个团编有迫击炮、高射机枪各一个连（1942年中国远征军远征缅甸、1950年志愿军入朝作战初期，军一级都无高机连编制，因此吃了日本和美国人的大亏，可见滇军装备之优异）。另有可装备40个团的库存武器，连老蒋的中央军看了都眼红。幸亏罗炳辉及时派人将那封信送给了龙云，否则，几近弹尽粮绝疲惫不堪的中央红军，肯定要吃滇军的大亏。

转过来，该细说一下龙云了。

龙云生于1884年12月18日（清光绪十年），原名龙登云，字志舟。彝族，彝名纳吉乌萨，祖上世居四川凉山，后移住昭通地区昭通县（今昭阳区）炎山乡。龙云自幼习武，结识了不少武林中人，其中，昭通永善的两位武师魏唤章和邹炯，对龙云的一生影响最大。严格说来，教授武术只是魏唤章的“副业”，赶马走帮做马锅头才是他的主业。1911年9月，魏唤章赶马来到四川嘉定，时逢保路运动爆发，魏不知出于何种目的和心思（也许是担心铁路修通抢了马帮的饭碗？滇越铁路建成通车后，大批马帮确实因此而丢了饭碗），竟邀约起数百人，不问青红皂白向成都杀将而去。龙云闻讯，也不管三七二十一，带着表弟卢汉和另一位邹姓武师连夜渡过金沙江，加入了魏武师的队伍。因此，从保路运动再到辛亥革命，龙云与魏武师、邹武师和表弟卢汉都是在四川度过的。不同的是，起先属于拉杆子的好汉，后来才投身滇军，并于1912年进入云南讲武堂学习。在讲武堂，龙云认识了时任校长的庾恩旸。龙云后来又是如何做了唐继尧的卫士呢？有两种说法，一是庾恩旸推荐；二是邹武师举荐的。邹武师因武功过人，经人介绍，很早就到唐继尧身边做了卫士。护国战争爆发后，出于对老长官的安全考虑，唐把邹武师送给了蔡锷做贴身保镖，临别之前，邹又把龙云介绍给了唐继尧。龙云幼时只念过几天私塾，讲武堂期间，为文化课吃足了苦头，但一到训练场上，立刻变得生龙活虎，庾恩旸对其另眼相看，也在情理之中。由是看来，龙云能够来到唐继尧身边，应该是庾恩旸、邹武师两人都起了作用。

据说，最初唐继尧对其貌不扬的龙云并不满意，但龙云脑瓜灵光，手脚勤快，加之一身了得的轻功，唐宅一丈多高的院墙，双腿一点就上去了。他这些功夫在唐面前逐渐展现，慢慢才取得了唐的信任。因张汝骥和胡若愚两人早故，胡、张、龙联合倒唐的内幕已无从知晓，据龙云自己回忆，一开始他是不赞同的，申言自己从卫士到军长，是唐公一手栽培的，唐对自己恩重如山，如以下犯上，忘恩负义，必遭天打雷劈。最后是“牵龙下水”，稀里糊涂被胡张两人硬拉下水的。联系到顾品珍倒唐时，龙的表现，这话还是可信的。当时，唐经滇南准备出走香港，在蒙自劝说时任团长的龙云，千万不能做傻事蛮干，与顾硬拼。龙不听劝告，发誓要带兵攻打昆明，声称就是当土匪，也要把昆明打下来。唐临终前，只留下龙一人交代后事，也说明唐对这位前卫士长始终是信任的。反之亦然，龙云从未说过唐的坏话，1937 年还专门从意大利定做了一尊唐继尧的铜像，安放在大观楼以示永久纪念。

扯远了，还是返回来说龙云吧。跟他的前任和恩公唐继尧不同，龙云抽烟，而且是大烟、香烟一起抽，现存于世的照片中，我们还能清晰地看到龙云手上那支细长的象牙烟嘴。想来，这也是龙云对美种烤烟情有独钟的一个重要原因吧。时至今日，美式烤烟依然是全世界最好的品种之一，联想到龙云千方百计为其麾下的滇军购买当时全世界最先进的武器，其对美烟的看重和偏爱，也就不难解释了。还有就是他与庾恩锡之间的那个秘密约定——

我们来自云南起义伟大的地方

且说就在徐嘉锐等人还在为美式烤烟引种云南而苦苦求索的时候，震惊世界的“七七”卢沟桥事变爆发了，国人对日本抱有的最后一丝幻想彻底破灭——原来小日本不但要吃鸡头（东北），味香肉美的鸡身子也不肯放过啊。从明代开始，日本与中国的关系，就好比蚂蚁与大象，大象从来没把蚂蚁放在眼里，蚂蚁却始终没有停止过骚扰大象。有一个段子这样说：一只公蚂蚁爬到大象身上……完事之后，公蚂蚁扯着嗓门问大象，亲爱的，我把你弄疼了吗？大象只习惯性地扇扇耳朵，蚂蚁就被刮到九霄云外了。现在却是，成群结队的“日本蚂蚁”都爬到“中国大象”身上来了，而且要在这里安营扎寨，胡作非为，无恶不作，到了让“中国大象”忍无可忍的地步，忍无可忍那就无须再忍了。

长期以来对日本心存幻想，一让再让的南京当局终于痛下决心，不惜举全国之力，与日本一战。

1937 年 7 月 16 日，蒋介石在庐山发表宣言：“如果战端一开，就地无分南北，人无分老幼，无论何人，皆有守土抗战之责任。”

17 日，再次慷慨激昂地发表演讲：“……最后关头，只有抗战到底。我们希望和平，但不求苟安……我们知道全国应战以后之局势，就只有牺牲到底……如果放弃尺寸土地与主权，便是中华民族的千古罪人，那时候只有拼全民族的生命，求我们最后的胜利。”

接着马上制定了三项紧急措施：

一、编组第一线战斗部队 100 个师，预备部队 80 个师，于 7 月底前，组建大本营及各集团军、军团等战役指挥机关；

二、将可供半年之用的弹药存放于长江以北三分之二，长江以南三分之一，迅速从法国、比利时购买军火，经香港或越南运回国内；

三、准备后备兵员 100 万人，军马 50 万匹及半年所需军粮。

同时决定立即召开国防会议，要求各省军政长官参加，共商抗战大计。

8月2日，云南省主席龙云致电蒋介石和南京政府：时局至此，非集我全民力量，作长期抗战之计，无以救危亡。同时要求亲率骁勇善战之滇军出征，与日寇决一死战。

国难当头，龙云只好暂时把他的美种烤烟放在一边了。

8月8日，龙云乘欧亚航空公司包机飞往南京，出席国防会议。飞机在成都停留一天后，9日飞临西安，陕西省政府主席蒋鼎文亲到机场迎接。飞机加油期间，蒋神秘地问龙云："有几位朋友想搭你的飞机，不知是否方便，志舟？他们也是到南京参加国防会议的。"

龙云想都没想就说："既然是参加国防会议，那就让他们上来吧——对了，都是什么人？"

蒋鼎文犹豫了一下，才说出名字："周恩来、朱德、叶剑英。"

龙云没想到要搭飞机的竟是共产党的三位核心人物，红军最高领导人(周是中共军委副主席、朱是红军总司令、叶是总参谋长)，不由大惊。其实，龙云对此三人并不陌生，朱德毕业于云南陆军讲武堂第二期（其在滇军的最后职务是混成旅旅长兼昆明警察厅厅长)，叶剑英毕业于讲武堂第十二期，两人均为毕业于第四期的龙的前后同学。龙与周恩来虽然从未谋面，但作为大革命时间国共两党呼风唤雨的著名人物，龙早就对其仰慕已久。如果说王德三、罗炳辉让龙云对共产党人有了初步的认识，那么与周、朱、叶这一趟飞机坐下来，如醍醐灌顶，龙对共产党及共产党人的认识，从此发生了质的飞跃。当然，这是后话。

龙云一到南京就慷慨陈词："……身为地方行政负责者，当尽以地方所有之人力财力，贡献国家，牺牲一切，奋斗到底。"

之后为躲避日机空袭，龙主动邀请朱、叶到汤山小住（周有事留住南京城内)，三人之间就无话不说了。

朱德首先发问："此次抗战，云南可出兵多少?"

龙云答："二三十万应不成问题。"

此话一出，连朱德都大吃一惊，朱德很清楚，云南乃一偏僻省份，人口不过千万余，即有如此之大决心，实不愧为具有重九、护国之光荣传统的地方。不由大喜："滇军是一支具有光荣传统和极强战力的军队，若能早日投入战场，对稳定战局必有大益。"

8月9日，朱、周等搭乘龙云专机飞赴南京的当天，日海军陆战队制造

“虹桥机场事件”。四天后的 8 月 13 日，日军以此为借口进攻上海，淞沪会战全面打响，蒋介石倾其全力，抽调中央军一百多个师投入战场，兵力已捉襟见肘。云南若出兵三十万，那就是三十个师啊。

当朱德提出滇军应与已改编为国民革命军第八路军的红军加强联系，共同御敌时，龙云当即问：“今后我们如何联系？玉阶（朱德字）兄。”

叶剑英说，用电台，同时要求龙云提供密码。龙说，我的人没有这方面的经验，密码由贵方提供就是了。可见其对共产党的信任。龙云后来回忆说：“我到南京开会，周恩来、朱德、叶剑英搭我的专机。后邀朱德、叶剑英到汤山休息，同窗旧友，促膝谈心。朱和我谈到中共中央坚持抗日民族统一战线、团结御侮的决心，还要我转告滇讲武堂同学，共赴国难，自有出路。我们还编了密码，以后可以用无线电联系。这使我对中共抗战决心，深为感动。以往中央宣传说，中共借抗日之名，行割据之实。纯系诬蔑，不可相信。真是与君一席话，胜读十年书啊。”

说此番话时，当然是在龙云经历新中国数次“改造”之后。但是龙云并非那种见风使舵，人云亦云者。1957 年其“荣膺”四大少数民族“右派”之首，就是明证。

回到南京，蒋介石到龙云下榻处看望，以试探的口气问龙：“此番抗战，云南可否出动两个军的兵力?”

龙答：“滇军向来训练有素，出兵二三十万亦不是问题。”

蒋大喜，二三十万，按国军编制那就是七八个军了（非甲种编制之国军，一师八千人左右，三万人为一个军）。

蒋没想到的是，更大的喜讯还在后面。龙云主动提出，凡事预则立。中央既已决心抗战，国际交通应当预作准备。我的意见，应即刻着手同时修筑滇缅铁路和滇缅公路，直通印度洋。公路由地方负担，中央补助；铁路由中央负责，云南地方政府协助修筑。

筑路，无异于使云南省门洞开。而且是一条铁路一条公路！“云南王”龙云此时又是出兵又是筑路的表态，显示出在大是大非面前，他有与唐继尧一样的气度和胸襟。

自辛亥革命胜利推翻清政府，建立民国，云南向来自成一体，针插不入，水泼不进，袁世凯、孙中山，北京政府、广州政府，包括蒋委员长自己的南京政府都毫无办法，人家有重九起义和护国首义的伟业殊勋摆在那里，你能随随便便动他？两年前，原想借红军之手重创滇军或让自己的中央系部队进入云南，但龙却故意网开一面，让过了红军。本想借此责难这个彝族蛮子几句，人家一句你们中央军从江西一直追到云贵，不也让朱毛跑了吗？要追究责任也可以，一视同仁，先从中央系部队开始。倒把老蒋呛了一跟斗。眼下龙主动提出打通国际交通线，也就是说，为了民族大义，龙已不再视云南为自己的独立王国了。

蒋一时语塞，竟不知道说什么才好了，突然想起龙云是第一次到南京，就说："南京是六朝古都，夫子庙，秦淮河都是鼎鼎有名的。你多住几日，这些天我脱不开身，我让夫人陪你好好逛一逛。"

龙云一笑："秦淮河我就不去了，而且是蒋夫人陪着。眼下国难当头，我也没这个心思，明天我就飞返昆明。委座，关于滇缅铁路和公路的事，希望您能抓紧办理。"

蒋深为感动之余，第二天冒着空袭的危险，亲自到机场为龙云送行。结果因日机空袭，机场毁坏严重，飞机已无法起飞，龙云只好乘船溯江而上，到武汉才转乘飞机飞回昆明。

龙云回到昆明，仅用28天就完成了部队的集结和组建，按事先在南京与蒋协商的计划，滇军原有的6个步兵旅编为一个甲种陆军军，并授予国民革命军第60军之全国统一番号。俟后再组建其余部队。60军序列为：军长卢汉；参谋长赵锦雯。下辖182、183、184三个师和一个军直炮兵团，一个战地服务团。182师师长安恩溥，辖539、540两个旅；183师师长高荫槐，辖541、542两个旅；184师师长张冲，辖543、544两个旅。各旅下辖两个团，共计12个步兵团又两个直属团，全军近5万余人。

团以上军官人选，龙云与军长卢汉作了周密而精心地挑选，毕竟是第一次与外敌作战，且是赫赫有名的"大日本皇军"。滇军虽以骁勇善战闻名于全国，但自1930年出兵广西后，近十年未参与大的战争了。人说兵熊熊一个，将熊熊一窝，谁也不敢大意。两人商定，各师师长及旅长均由资深者出任，与之相反的是，为消除暮气，保证部队旺盛昂扬的斗志，各团团长概从营长中选拔。以后的战斗表明，龙、卢棋高一着，曾泽生、卢俊泉两位后来的军长，就是从团长一路打上去的。

在誓师出征的时间上，龙云也作了精心的安排，前方战事吃紧，国民政府已下达了全国总动员令，旧历的九月初九虽然是滇军重九起事的吉日，现在却是等不及了，龙云将首支出征的滇军60军的誓师大会，定在了阳历的9月9日，使之与26年前举世闻名的"重九起义"，遥相呼应，以此鼓舞官兵斗志，再现滇军的光荣，当然也有讨个彩头的意思。

就在60军誓师出征的前夕，多日不见的庾恩锡找上了五华山，见到庾恩锡，龙云不禁想起了自己的恩师庾恩旸。他们那批日本士官学校第六期毕业的云南籍学员，历经劫难，如今剩下的已经不多了，尤其是像庾恩旸这样品学皆优生性儒雅又战功卓著的佼佼者。说起来，恩师只比自己年长1岁，而且精通日语，熟悉日军，如果活着，必为60军军长的不二人选。

庾恩锡此时来找自己干什么呢，不会是要求随军出征吧？前两年听说他跑到白鱼口建了一座中西合璧的“磊楼”，白鱼口离昆明足足五六十里，这个书呆子，不知道他是什么心思。

不等龙云开口，庾恩锡说话了：“志舟兄，抗战军兴，国难当头。无奈晋侯一介书生，手无缚鸡之力，无以面对国家和民族。思来想去，恐怕只有一样东西对云南、对国家还有些用处，我把它交给你吧。”

龙云丈二和尚摸不着头脑：“哦，莫非你还藏着一件什么宝贝？”

庾恩锡：“宝贝不敢说，但你志舟兄以民族大义为重，把滇军和云南航空处全部交给了国家，我庾晋侯多少也要表示一点意思吧？”

听到这里，龙云多少听出一点名堂了。10年前，庾恩锡把亚细亚公司的全套生产设备和剩下的原料全部移交给了云南省教育厅，唯独有一样东西没交——“重九”香烟的生产配方和烟标授权。当年，由于唐公亲自出面做广告，“重九”香烟风靡一时，包括自己在内，原先许多吸食“老刀”牌、“三炮台”的人，纷纷改抽“重九”，尤其是滇军中的中上层军官，许多人都亲身参加过“重九起义”，抽“重九”香烟，无形中产生了一种荣耀和自豪感。“重九”这个牌子，可以说完全是个云南题材、军事题材。而且，“重九”不但劲道十足，吸味绵长，还有一股自然的香甜之气，香甜之余，略带一点发酵烟叶的微酸，也很爽快舒适，十分适合军人的口味。

诸多往事顿时浮现在龙云眼前：为了“重九”的配方，教育厅后来搞的那个南华烟草公司不知找过自己多少次了。前几次碍于面子，自己也不好出面去找庾恩锡——毕竟人家是恩师庾恩旸的亲弟弟，俗话说，不看僧面看佛面，虽说自己做主让他当了昆明市市长，但这个书呆子只干了一年多，就死活不干了，而且分文未取，说起来还是自己有愧于人在先哪。庾晋侯不但是恩师的亲兄弟，关键一条，还是自己的恩公唐继尧用优惠条件，专门从上海请回来的。最后被教育厅逼得实在没有办法（教育厅也是一帮不懂人情世故的书呆子），龙云才找到庾恩锡，请他把“重九”的配方一并交给教育厅。

庾恩锡倒也痛快，称，想要配方也不难，但有一个条件——云南什么时候可以大面积种植美式烤烟，他就什么时候交出配方。所以才有了前面龙云不惜一切代价，下令通海、河西等34个县的县长试种烤烟的故事（民国20年10月12日即1931年，龙以云南省政府训令第十八号文，令通海等34个县长“种植美国烤烟……遵照认真办理……随时具报查考，勿稍延违”）。因为此前，南华烟草公司通过教育厅案呈龙云，明确告诉他这个省主席，只有“重九”这个牌号可以抗衡英美公司的产品，否则，公司迟早也得关张（没有“重九”，光是靠那些“鸟牌号”，是无法赢得市场的）。如今，又是六年过去了，虽然后来自己亲自找了徐嘉锐、常宗会等几位大师，但还是因为美方对美式烤烟种子实行严密封锁，小打小闹难成正果，大面积在滇省推广美种烤烟的种植，至今仍停留于纸上。

庾晋侯以此为条件，莫非那个美式烤烟跟“重九”香烟有什么关系？

龙云虽然没读过多少书，但脑子非常聪明，否则，他也不可能从四大镇守使中脱颖而出，坐上云南省主席这把交椅。这回又让他猜对了，庾恩锡将“重九”配方郑重其事地放在桌上后，说：“我一直不愿交出配方，是生怕他们砸了‘重九’这个牌子——生产‘重九’的主料，必须用美式烤烟。我担心他们滥竽充数，为了赚钱，使用别的烤烟，叫好不叫卖，最后砸了‘重九’的牌子。你是知道的，志舟兄，‘重九’烟标上印着讲武堂门脸，印着象征滇军的坚盾，砸了‘重九’，就等于砸了我云南陆军讲武堂，砸了滇军的招牌！”

龙云上前一把握住庾恩锡的手说：“谢谢你，晋侯老弟！我马上把配方交给南华公司，让他们连夜赶制一批‘重九’香烟，交给60军，以壮我形色，振我军威！”

说完，亲自摇通了南华烟草公司的电话。电话接通后，庾恩锡上前一步说：“等等，我来亲自跟他们说！”

龙云当即把电话递给了他，庾恩锡接过电话后，直截了当地说：“你们那里还有多少美种烤烟？”

对方先是奇怪地问：“不是说龙主席办公室电话吗？”

庾：“没错，是龙主席办公室，我是庾恩锡！”

对方一听，马上惊喜地：“啊，是庾老前辈？您好，晋侯公！”

庾：“请回答我的问题！”

对方：“碰巧了，我们刚刚从香港购进了一批美式烤烟——这批烤烟原本是运往上海的，因上海打仗，船主不愿冒险，就把货卸在了香港——”

庾又问：“我当然知道这事。我现在要问的是：有多少担?”

对方答：“3 千担。”

庾恩锡：“你听好了，这批烤烟全部用来生产‘重九’——这是龙主席亲口交代的，用‘重九’为 60 军的将士们壮行!”

一旁的龙云对卷烟生产显然是外行，兴奋地说：“3 千担可以生产多少箱‘重九’?”

庾恩锡：“一个标准箱大约需要一担烤烟，3 千担就是 3 千大箱，750000 条。”

龙云：“太好了，按每人每月三条计，差不多够我 5 万将士享用半年了。”

血战台儿庄

南华烟草公司不分日夜加班加点，1937 年 9 月 9 日的出征誓师大会上，60 军每位官兵都得到了一条刚刚赶制出的“重九”香烟。

誓师大会场面宏大，群情激奋，自发赶来参加的市民和各界人士超过了十万人。

“卢军长打！三师长杀！杀！杀！誓灭倭寇，保卫祖国!”

十万人的怒吼，盖过了龙云和卢汉精心准备的誓词，龙云不经意间看到表弟的眼眶居然湿润了。从 1911 年跟随魏武师拉杆子，二十六年一转眼过去了，他还从未见过这个杀人不眨眼的家伙淌过眼泪。

出征 60 军的铁血男儿中，有一群剪齐耳短发、穿军装打绑腿的青年女子，格外引人注目。她们是随军远征的战地服务团刚刚招募的 60 名女兵。两个月前，这批女兵还都是昆明女子中学的学生娃。听说龙主席组织 60 军要出省打日本，昆明上千女中学生走上街头，先是游行，后围住五华山大门，高呼口号，要求从军。直到把龙云惊动了出来，亲自接见，现场拍板，于是，才有了滇军中第一批女兵。她们中，很多来自官宦士绅或者大户人家，基本是先斩后奏，进了西山训练营，才告诉家里的。层层选拔训练，最后入编 60 名，以对应滇军 60 军的番号。这批女兵行军时鼓动宣传，开战时是野战医院的护士。人不多，作用却无异于每个滇军士兵背包里藏着的“重九”烟，她能提神，让人兴奋。

说到这批“战地黄花”，还有一个跟“重九”有关的小插曲。因为女兵不抽烟，出征将士人人都有一份的“重九”烟，唯有女兵却一条也没发。从昆华中学入伍的女兵苏兰芝看着男兵领了“重九”烟，自己就在一旁悄悄抹眼泪。女兵队长感到纳闷，一问，才知道，苏兰芝家人因为不同意她从军，直到部队要开拔，她也没敢回家一趟。她边抹眼泪，边跟队长说：“我家老爹喜欢抽烟，这么好的‘重九’烟，我想带条‘重九’烟回家，让我老爹消消气。”

队长一听觉得有理，干脆问所有女兵：“谁想带烟回家看老爹的，都来报名!”

结果，全队有17个女兵，在临出发前，带着“重九”烟回了一趟昆明的家。苏兰芝在昆明武成路开绸缎铺的商人老爹，虽有千般不舍，万般不愿，却依然亲自将爱女送回部队。还像送陪嫁一样送了一批纱布给战地服务团。这批纱布后来全部用于60军设在武汉的野战医院抢救伤员。苏兰芝，也在医院收获了她的爱情，嫁给了一个因伤入院的滇军学生兵，再后来，夫妻双双去了延安。此是后话。

再说誓师会后，民心所向，士气高昂的60军，步行48天，长途跋涉两千公里，于11月上旬赶到了湖南长沙。11月15日，部队登车准备经粤汉铁路驰援南京，但刚到浙江金华，得知杭州已沦入日军之手，稍后，南京也沦陷了。60军奉命回调，准备参加武汉保卫战。12月23日，经浙赣路到九江后，换乘江轮溯江而上，1938年元旦这天，全军抵达湖北武昌。

武汉这时已成为战时首都，党、政、军、工商教育文化机关云集武汉三镇。卢汉没想到，在这里居然见到了罗炳辉将军，罗是随八路军办事处撤到武汉的，他来武汉的主要使命是参与组建国民革命军新编第四军，这是国民政府给共产党方面两个军的番号之一。罗炳辉向卢汉介绍了抗战以来中方在战场上取得的首次胜利——八路军115师平型关大捷。是役，歼灭日军板垣第5师团1千多人。当时，60军军部驻在孝感，罗是卢汉的昭通老乡，又是共产党方面的高级将领，过了两天，卢汉与张冲等人专门到武汉回访了罗炳辉将军，碰巧在罗处见到了著名作曲家冼星海。经罗介绍后，卢汉当即提出，请冼星海为60军谱写一首军歌。之前，作曲家麦新为坚守卢沟桥的29军写过一首《大刀进行曲》，一时间轰动了大江南北，成为鼓舞全国军民的战斗号角。冼星海痛快答应了，同时感叹：“要是聂耳还活着就好了，他的《义勇军进行曲》，完全可以与《马赛曲》媲美——对了，聂耳好友安娥也在汉口，她是田汉的夫人，也是一位著名的词作家，何不请她来写60军军歌的歌词?”

如此一来，短短几天后，由安娥作词，冼星海作曲的《60军军歌》在硝烟弥漫的战火中诞生了：

我们来自云南起义伟大的地方，

走过了崇山峻岭，
开到了抗敌的战场。
兄弟们用血肉争取民族的解放，
发扬我们护国、靖国的荣光！
不能任敌人横行在我们的国土，
不能任敌机在我们的领空翱翔。
六十军是保卫中华的武装！
云南是六十军的故乡，
六十军是保为中华的武装！

安娥不愧是聂耳的生前好友，对云南近代发生的重大历史事件了然于心，一句“我们来自云南起义伟大的地方”，即将“重九起义”和“护国首义”囊括其中，让滇军健儿追昔抚今，热血沸腾，并在徐州会战之台儿庄战役中，横刀亮剑，大展雄风。

1938 年 2 月初至 5 月末，第五战区李宗仁所部与日本华北方面军和华中派遣军各一部，在以江苏徐州为中心的津浦线（天津至浦口）、陇海线（宝鸡至连云港）交会处，进行了一场继淞沪、南京会战后的又一次大会战，史称徐州会战。此役，日军动用 8 个师团又 5 个旅团约 30 万人，中方前后约 70 个师 100 万人参战。战役历时近五个月，中国军队浴血奋战，首先在南线将北上的日华中派遣军阻止于淮河南岸，打破了其与南下之华北方面军会师于徐州的计划；继而在北线将沿津浦路南下的华北派遣军大败于徐州地区。从而粉碎了日军三个月“征服中国”的企图。是役，共毙、伤、俘日军 20000 余人，彻底打破了日军不可战胜的神话。

60 军出征首战就参加了震惊中外的台儿庄战役，且是在仓促间，毫无准备的情况下投入战斗的。

1939 年 4 月上旬，徐州会战第一阶段以我军大获全胜收官，统帅部决定扩大战果，令 60 军开赴陇海线之民权、封兰一带集结，归程潜第一战区（河南）指挥。护国战争爆发前，程潜只身从越南经滇越铁路潜往云南，被唐继尧委任为护国滇军第三军总司令，是滇军和云南的老朋友了，大家都十分高兴。4 月 19 日，60 军在花园口登车，沿京汉铁路东进。开进途中，徐州会战第二阶段战役打响，日军在鲁南发动全面进攻，徐州危在旦夕。第五战区司令官李宗仁派出联络参谋，到铁路沿线登车传达统帅部急电，命令 60 军不许在民权、封兰下车，全军直开台儿庄，划归第五战区李宗仁指挥。这下，60军全军上下都开始打鼓了，李宗仁是桂系的当家人，1925年、1930年，滇桂之间曾两度开战，尤其是1930年，滇军围攻南宁长达三月之久，真是叫做不是冤家不聚头啊，这回要穿李宗仁的夹脚鞋了。21日拂晓，全军抵达台儿庄，卢汉当即率184师张冲师长等人赴徐州第五战区李宗仁处报到。见到李宗仁，大家都有些紧张，没想到，李宗仁态度十分友好，一见面就殷勤地给大家传烟。张冲见状，反应更快，他连忙起身抢先把一支“重九”递给了李宗仁，李看了一眼牌子说：“‘重九’？好像没听说过。”

接着把烟凑到鼻子跟前闻了闻：“哦，好烟啊，闻着真香。”

张冲划着火柴帮李点燃了香烟，李深吸一口后，一脸陶醉：“不错不错，真是好烟。是你们云南生产的？等等，我想起来了，重九重九——是为了纪念云南重九起义吧？”

卢汉答：“李长官说对了。李长官还记得庾恩旸将军吗？”

李宗仁：“当然记得，大名鼎鼎的七省靖国联军总参谋长，怎么会记不得呢？”

卢汉：“‘重九’就是庾将军的弟弟庾恩锡弄的。李长官要是喜欢，我马上派人给您送几箱过来。”

张冲烟瘾极大，一天要抽三四包，因此随身总要揣上两包。听了这话，连忙从口袋里掏出两包“重九”递给李宗仁：“我这儿还有两包，您先抽着李长官。”

李宗仁接过“重九”后，一眼就认出了烟盒上的云南讲武堂，他一边将“重九”烟散给在场的桂系军官，一边随口道：“张师长是什么出身？也是讲武堂的？”

张冲性情直率，爽朗地一笑：“不好意思，我是绿林出身。李长官。”

李宗仁是广西陆军小学毕业的，蔡锷曾做过广西陆军小学的总办（校长），说起来，跟云南多少还有些渊源。李抽着“重九”说：“从前是军阀混战，各为其主。今天是国难当头，全民抗战。希望大家摈弃前嫌，以国家民族为重，坚决打好这一仗！”

度尽劫波兄弟在，相逢一笑泯恩仇。想不到一支小小的“重九”香烟，居然化解了滇、桂两军十几年的恩恩怨怨，大家都不由松了口气。之前，有人还担心，60军划归李宗仁这个老冤家指挥，李要公报私仇，拿滇军当炮灰怎么办？现在看来，完全没这个顾虑的必要了。

台儿庄位于徐州东北约70公里，京杭大运河东岸，系山东与江苏两省交界之地，有铁路与津浦线相连，为徐州东北之屏障（西北即山东境内最大之微山湖），日军一旦攻占台儿庄，则徐州即失去了唯一的屏障。

60军抵达前，敌我双方态势为，日军板垣征四郎第5师团自北向南、谷叽第10师团自东向西合击台儿庄（这里需要说明的是，和平时期，日本只保留10个师团的常备军，换句话说，第5师团和第10师团均为日军精锐中的精锐）；我方台儿庄兵力部署，左翼为孙连仲第2集团军于学忠第51军，右翼为第20军团汤恩伯部。

台儿庄的西面是运河，东面是泇河，两河在台儿庄东南方向的泇口交汇，形似漏斗，禹王山位于漏台的中部。

60军的任务是赶赴“漏斗”上方，接收于学忠和汤恩伯两部防务，其行军序列为183师、182师、军部、184师。1939年4月22日拂晓，全军自台儿庄渡过运河，约8时许，183师杨宏光541旅潘朔端第1081团于陈瓦房一线，突然与大队日军遭遇。情况报到军长卢汉处，卢汉还不相信，前面不是还有于学忠和汤恩伯部嘛？哪儿来的大队日军？天上掉下来的？但不等卢汉细想，惨烈的战斗就打响了。潘团尹国华第二营最先接敌，尹营与日军一个大队几乎同时抵达陈瓦房，尹立刻率部抢占陈瓦房，刚把进入该地的一个小队日军消灭，大队日军就赶到了，双方旋即展开巷战。伴随日军进入陈瓦房的日方八辆九五式坦克横冲直撞，给尹营造成了极大伤亡。但杀敌心切的滇军将士毫不畏惧，许多官兵纵身跳上坦克，将手榴弹直接塞进坦克瞭望孔，当场炸毁两辆九五式坦克。剩下的坦克慌忙关闭了瞭望孔，滇军又扯下背上的十字镐，对着坦克劈头盖脸一顿乱挖。绝大部分官兵则挺起枪刺，与日军展开肉搏，一次又一次地将日军逐出了陈瓦房。

稍后的潘朔端一看不好，连忙亲率一营赶往增援，日军一面用猛烈的炮火拦截潘团，一面以一部绕到陈瓦房以西之小庄，与潘团二营展开激战。从编制上看，日军一个大队等同于中国军队一个营，但实力却是中方的一倍，中方一个营约5百人，日军则高达1千余人，且日军还配有坦克，战斗之激烈可想而行。小庄战斗打响不久，潘团副团长黄云龙壮烈牺牲，率部冲在最前面的潘朔端亦身负重伤。

到了这时，卢汉才明白过来，一定是于学忠和汤恩伯两部，不等60军接防，就向左右两翼后撤，让出一个口子，使日军钻了空子。卢当即下令，182、184师抢筑工事，准备迎战来犯之敌。

陈瓦房位于“漏斗”最上方的中部，刚好挡在了南下的板垣第5师团和西进之谷叽第10师团的中间，如鲠在喉的日军，随即展开两个大队的兵力，在十多辆坦克掩护下，分四个方向向陈瓦房发起了疯狂进攻。横冲直撞的坦克将陈瓦房数百幢房屋全部夷为平地，成排、成班的尹营官兵葬身于瓦砾之下。战至当日下午4时，尹国华第二营除一位名叫陈明亮的士兵突出重围，营长尹国华以下500余人全部战死。尹国华营以全营牺牲的代价，为60军全军迅速展开占领阵地起到了至关重要的作用。

与此同时，183师陈钟书旅，先敌抢占了陈瓦房以西之邢家楼和五圣堂，随即展开激战，至下午5时，连续击退日军五次进攻后，陈旅长亲率部队发起反攻，日军阵脚大乱，但不幸的是陈钟书头部中弹，于当晚壮烈殉国。

当日，由于滇军不惧生死，英勇奋战，整个台儿庄战线得以巩固。事后查明，22日与60军激战的日军，计有两个步兵联队（团），一个炮兵联队和一个坦克大队，近万余人。

23日，板垣第5师团、谷叽第10师团大队人马赶到后，向182师防御地域之蒲汪、辛庄、戴庄、后堡发起强攻，除坦克外，还出动了十余架飞机。

战斗最激烈的是182师杨炳麟团和龙云阶团。日军以飞机、火炮狂轰滥炸后，在30辆坦克的掩护下，向防守蒲汪的杨团和防守辛庄的龙团发起了猛攻。日军九五式坦克是一种全重仅为9吨的轻型坦克，滇军装备的哈其开斯高射机枪完全可以将其击穿，杨炳麟团长当即指挥高机连向其射击，见一挺高机未击中目标，杨团长跳出掩体准备亲自掌握那挺机枪，被坦克上的并列机枪击中腿部。官兵们见团长负伤，纷纷冲出掩体，以集束手榴弹和高机向敌坦克发起猛烈攻击，冲入蒲汪的8辆坦克，当即被击毁5辆，日军大惊失色之下，退出了蒲汪。辛庄方面，龙团二营辛朝显营长在激战中阵亡，重机枪连战至傍晚仅剩一名射手，负伤后坚持战斗，一人守住了阵地。傍晚，率部前来增援的龙云阶团长，在途中与敌遭遇，肉搏中壮烈牺牲。

24日晚，蒋介石乘火车赶赴台儿庄（因铁路被日机炸坏，蒋的列车停靠在距台儿庄约10公里的车辐山车站），亲自召见卢汉，对滇军将士勉励有加，同时面授机宜，称，台儿庄之得失，有关国际视听，必须派一个得力之师固守。之前，担任军预备队的184师张冲师长曾向卢汉建议，经过第一阶段会战，台儿庄已成一片废墟，无险可据，而运河东岸的禹王山是这一带唯一的制高点，只要守住禹王山，即可确保台儿庄。反之，若禹王山失守，我军背水而战，台儿庄也将不保。60军总共只有三个师，182、183师正在激战之中，蒋令死守台儿庄，卢汉只好把正向禹王山开进的184师调往台儿庄。

实事求是地说，与平原作战相比，滇军更善于山地作战（因为云南就根本没有平原），尤其是在日军拥有大量坦克和飞机的情况下。虽然将士用命，不惜牺牲，但仍旧丢失了不少阵地。如果这时候让部队上山，发挥滇军的特长，部队的伤亡将大大减少。但老蒋来了一趟后，非但不同意滇军转移到禹王山，第五战区还下令26日于学忠、汤恩伯部和60军向当面之敌发起反攻，结果可想而知，于、汤两部仅用少量部队“意思”了一下。而老老实实发起反攻的60军182、183师，则蒙受了重大损失，182师1078团团长董文英、代理团长陈浩如战死，183师1082团团长严家训英勇牺牲；该师1083团团长莫肇衡重伤后送医院途中，以手指血书“壮志未酬身先死”后，气绝身亡。

4月下旬，北方的小麦差不多有半人多高了，不准上山，那就只能“入地”了。60军痛失一位旅长、5位团长，数千名官兵后，吸取教训，远离日军飞机和火炮容易击中的村落，藏军于“麦”。4月27日，183师杨宏光旅两个营埋伏于麦田中，待日军一个大队逼进到50米处，两个重机枪连的10挺重机枪和数十挺轻机枪一齐开火，该大队千余人几乎被全歼，当场缴获轻重机枪50挺，步枪800多支，军刀30把。日军一个大队也就30多名军官，按此推算，这个大队的军官几乎全体战死。

当然，60军本身也遭受了巨大伤亡。战至4月27日，182师出征时的4位团长余建勋、董文英、杨炳麟、龙云阶，两死一伤（龙云阶、董文英战死，杨炳麟负伤），加上陈浩如代团长，一共牺牲了三位团长，老团长仅剩余建勋一人；12位营长，非死即伤，一个都没有剩下。全师以伤亡近5千人的代价，消灭日军2千余名。183师4位团长，两死两伤（严家训、莫肇衡战死，潘朔端、常子华负伤），全师伤亡过半，可见战斗之惨烈！

尽管伤亡巨大，但60军还是将战线牢牢巩固在了北起陶阳沟，东到黄石山一线，并构筑了两道坚强的防线，使整整两个师团的日军不得越雷池半步。从4月22日晨到27日晚，将近一个星期过去了，日军始终未能接近台儿庄，按往常与中国军队作战惯例，日军一个师团即可轻松打垮中国两个军，但在台儿庄却狠狠碰了个钉子。后来从俘虏口中得知，他们遇到的是“滇军精锐，冠于全国”的云南部队。60军从云南开抵武汉后，蒋介石曾亲自参加点阅，蒋一看滇军不但装备优异，且训练有素，军容整齐，当即向卢汉提出，点阅结束后，请60军全军徒步穿越武昌，以振因南京失守而弥漫于武汉三镇的颓废之气。果然，60军高唱着“我们来自云南起义伟大的地方”穿越武昌后，全城为之一振。日本间谍连忙电告其大本营，云南军队开过来了。但根据间谍的报告，滇军已划归程潜第一战区，怎么又跑到李宗仁的第五战区来了？震惊之余，日《朝日新闻》称：自“九一八”与华军开战以来，遇到滇军猛烈冲锋，实为罕见。板垣师团和谷叽师团则干脆将滇军称为“南蛮兵”和“猴子军”，“蛮”即生死不惧；“猴子”有两层意思，一是滇军越高山如履平地，二是滇军如猴子般灵活地攀爬高速行驶中的坦克，并用手榴弹将其击毁，让日军坦克防不胜防，伤透了脑筋（12 年后，由滇军 60 军起义后改编的中国人民志愿军第 50 军，如法炮制，用最原始的办法，全歼了著名的英国皇家重型坦克营。当然，这是后话）。

4 月 27 日晚，182 师师长安恩溥打电话向军长卢汉作最后的诀别：“军长，估计明天日军还会向我湖山、窝山、禹王山发起强攻，182 师现只有 1077 团建制还算完整，还保有半个团的兵力，其余三团均不足百人。我现在亲自掌握着六挺轻重机枪，人在阵地在，只要我还剩一口气，日军休想越雷池半步！来生再见了，军长——”

卢汉大惊，如果到了师长亲自操枪上阵，说明形势已经到了万分危急的时候了。将在外君命有所不受，张冲说的没错，要想保住台儿庄，就必须守住禹王山，老蒋的话顾不得那么多了，先把军预备队 184 师调到禹王山再说。卢汉先斩后奏，先向 184 师师长张冲下达命令后，才向第 2 集团军司令孙连仲报告，孙不敢做主，卢又把电话直接打到了第五战区司令官李宗仁处。李毕竟是战地指挥官，会战第一阶段台儿庄失而复得的全过程他很清楚，他也认为卢汉和张冲是对的，不过，因为老蒋刚刚枪毙了丢失济南的韩复榘，为了保险起见，他让卢汉留一个团在台儿庄，令 184 师其余三个团占领禹王山。卢汉这才松了口气，三个团加 182 师 1077 团，184 师还是一个完整的师，有了这个师，再发挥滇军长于山地作战的特点，再守他个十天半月，毫无问题。

湖山、窝山、禹王山是自东北斜向西南方向的一系列高地，最高的禹王山海拔约 300 米，紧靠“漏斗”的底部，它的西北方向就是台儿庄。4 月 27 日夜，184 师接防后，立即沿东、南、北三个方向抢筑工事，为了表示与日军决一死战的决心，张冲将师指挥所设在了禹王山的西南部，即面向来犯之敌的一面。没想到，这原本视死如归的举动，反倒救了张冲将军一命。28 日晨，板垣师团出动万余人，从正北方向，沿大小杨庄、李家圩向禹王山连续发起猛攻，184 师 544 旅旅长王秉璋亲率部队反击，胸部被子弹洞穿。王秉璋绰号“王大军人”，毕业于保定军校，因其为人正直，治军极严，向有模范军人之称，故得“王大军人”的称号。王负伤后，坚持战斗，直到当日傍晚，日军停止攻击，才独自一人来到张冲的指挥所，要求张冲验伤（台儿庄大战开始后，卢汉亲率特务营在运河边督战，凡伤员需由上一级长官亲自验伤，以防自伤或轻伤冒充重伤逃避作战）。王大军人作为模范军人，自然是以身作则，不过，他从禹王山正北方向走到西南，相当于穿越了整个禹王山，张冲不由嗔怪道：“不用看我就知道子弹是从前面打进去，背后穿出来的，你绷带上的血迹已经告诉我了。”

王大军人一屁股坐在地上说：“先不说伤，还是先给支烟抽吧，师长。”

张冲一笑：“闹半天，绕了那么大个圈子，原来是找我要烟抽哪。”

说完掏出一包“重九”，撕开将一支“重九”放进王秉璋口里，又亲自替他点燃后，想了想，干脆将整包“重九”塞到了王的手上：“这是最后一包了，兄弟。龙主席原来说让我们放开了抽，别的不敢说，‘重九’尽吃尽添，管够。可是听说，北上的日军已经切断了津浦路，从今往后怕是再也抽不到‘重九’了。”

王秉璋知道张冲已抱定了必死的决心，就旁敲侧击地说：“那可不行，‘重九’那么好的烟不抽可惜了。”

张冲不想再继续这个话题，叫来副官，让他找担架兵把王旅长抬下去。王秉璋从地上站起来，将那包“重九”重新塞回张冲手里说：“烟你拿回去，你也是最后一包了，这个仗不知道还要打到哪一天。担架我也不要，我自己能走，60军伤亡过半，抽一个兵就少一个兵，你还是多多保重吧，师长，我等着你回来一块抽‘重九’。”

就在王秉璋离开的当天晚上，一个小队的日军偷袭了万保邦旅阵地的反斜面，用刺刀将王旅一名副营长杀死在掩蔽部后，掩藏起来，准备第二天与正面进攻的日军里应外合，打滇军一个措手不及。这件事是后半夜才发现的，这位副营长的电话一直打不通，先后派出的传令兵和查线的电话兵，一去不回，引起了团长杨洪元的警觉，当即派出一个班前往搜索，不一会儿就与占领掩蔽部的日军接上了火。杨洪元团的阵地离师指很近，如果张冲将师指放在阵地的反斜面，被日军偷袭的就不是那位副营长，而是张冲了。张冲一听，日军火力很猛，下令不要硬拼，而是调来迫击连，连续发射了近百发炮弹，这时天也蒙蒙亮了，步兵才冲到掩蔽部前一看，绝大部分日军已被炮弹炸得肉血模糊，剩下几个还在喘气的，被急于报仇的滇军乱刀捅死。

当官兵们为张师长逃过一劫暗自庆幸时，张冲却从电话线上发现了问题，偷袭的日军将一部电话单机接到了我军的电话线上，张冲知道，当面之敌除日军板垣和谷吼师团，还有刘桂堂的伪军，日军一定是利用伪军窃听了我军的电话。当时60军中除了汉族，人数最多的是白族，张冲当即下令，连、营、团、旅、师所有电话兵全部改由白族士兵担任，命令下达，情况上报，所有通话全部使用白族话。电影《风语者》（吴宇森导演）反映的是1945年美军在太平洋岛屿作战时，大量使用印第安人做报话员，以达通信保密之目的。如此看来，张冲用白族担任电话兵比美军使用印第安人早了七年，他才是在军事上使用少数民族语言通信以达保密的真正鼻祖。

张冲虽然自称“绿林”出身，但打起仗来，他是真正动了一番脑筋的，台儿庄战役184师伤亡最小（184师撤离台儿庄时仍保有建制完整的四个团，而182和183两师最后每师仅缩编为一个团），但却战果辉煌，坚守禹王山十九个昼夜，毙伤俘敌达5千余人。禹王山基本上是石头山，做工事非常困难，事前他就跟军部要了2万条麻袋，装满泥土后用于构筑工事。再比如，攻防战中，防御一方本来是处于被动挨打的态势，但张冲在禹王山却打得十分主动，通过细致的观察，他往往事先就确定了日军的攻击出发阵地，利用统帅部配属给60军的150口径重炮，抢先炮击日军的屯兵之地，使日军还未发起攻击，就伤亡过半，无力再向我发动进攻。

另外，为了防止日军再度偷袭禹王山反斜面，张冲将师指挥部非战斗人员集中起来，在山后与运河之间昼夜潜伏、巡逻。据师政治部张天虚在《运河的血流》中回忆，一天深夜，他和一名同事潜伏在半人高的麦地里，突然小路上出现了一个黑影，待黑影快到跟前时，他枪指对方，厉声问：“什么人？”

黑影答：“云南人？”

张天虚又问：“口令？”

黑影居然答：“伙夫。”

张天虚用电筒一照，确实是一名50来岁的老兵，不像是日本人，就说：“夜半三更，你到处乱跑什么？”

伙夫说：“断顿一个礼拜了，嘴里能淡出鸟来。我想找张冲师长讨根烟抽。”

一听伙夫提到张师长，张天虚立刻提高了警惕：“你认识张师长？”

伙夫：“当然认识，民国二十六年，张师长当101师师长时，我就在他手下干伙夫。”

张天虚哭笑不得地将伙夫押到师指挥部，张冲一眼就将伙夫认了出来。不过，他的“重九”也抽完了，只好找出一包烟丝，两人抱着水烟筒，你一口我一口地抽了起来。俩人边抽边聊，张冲说：“你今天算是遇到了秀才，换了别人，回答不出口令，早就一枪把你毙了。”

张天虚，昆明呈贡人，当时是184师《抗日军人》报的编辑，加入滇军前就有长篇小说《铁轮》出版，名噪一时，亦是聂耳生前挚友，所以张冲称他为秀才。伙夫说，打了一辈子仗，虽然是伙夫，但军人和秀才他还是能分辨出来的，他早就注意到了，运河边放哨的都是一帮秀才。接下来又说，他估摸着，这仗也打得差不多了，看这光景，小日本也快扛不住了。

张冲一听乐了：“你一个老炊，怎么看出了这个？”

伙夫说：“一仗就打了这久，我们断的是烟，只怕小鬼子断的是炊。”

还真让这位伙夫说对了，板垣师团和谷叽师团眼看在60军这里捞不到便宜，台儿庄久攻不下，伤亡惨重，补给线也出了问题。于是不敢恋战，决定绕过这帮南蛮子，渡过微山湖，切断台儿庄守军西撤的陇海铁路。

敌绕我撤。1939年5月18日，滇军60军作为台儿庄最后撤出的部队，挥泪告别了台儿庄。

60军坚守台儿庄前后达26天，以伤亡18000人的代价，重创日军号称最精锐的板垣和谷叽两个师团，再次打破了日军不可战胜的神话，一举粉碎了日军攻占台儿庄，继而夺取徐州的企图。其实，从双方兵力对比来看，滇军并不占优势——日军两个师团兵力超过了5万人（还不算配合作战的伪军），而60军真正投入战斗的只有3万余人。日本军部震惊之余，为了挽回面子，竟声称，是苏联派出军事顾问团，帮助中国打赢了台儿庄战役。

接下来的西撤途中，面对日军第5、10、103、105、110五个师团的围追堵截，60军全身而退（且将统帅部配属的重炮营也安然无恙地带出了包围圈），没有像其他国民党部队那样望风而逃，溃不成军。

尤其值得一提的是，台儿庄战役进行期间，国民政府和蒋介石多次通电嘉奖60军“忠勇奋发，是资楷模”、“宥西电悉，贵部英勇战斗……盼鼓舞所部，继续努力，压倒倭寇，以扬国威。”

漫漫滇缅路

一如龙云在南京与蒋介石会面时所预见的那样，“七七”卢沟桥事变和淞沪会战开始后，1937 年 8 月，日本海军公然宣布封锁中国沿海，任何国家凡运送战略物资的船只，一律不许进入中国。

英美等国居然默许了。

“七七事变”爆发后，日本的野蛮行径和对中国赤裸裸的侵略，激起了全世界爱好和平的国家和人民的强烈不满。但英、美等国为了自身的利益，却对日本的侵略行径一再退让，甚至采取了姑息、纵容的政策。日本是一个岛国，资源极度匮乏，侵华战争全面爆发后，美国的废旧钢铁、英国控制下的海湾石油仍然源源不断地运往日本（不过，用不了几年，英美等国就要含泪吞下他们自酿的苦酒了）。美国非但不敢谴责日本，反而一再申明在中日之间保持“友好公正”的立场，美国国务院更是颠倒黑白地宣称“中日之间的武装冲突给和平和世界进步事业带来严重打击”、双方都负有“共同的责任”。真是咄咄怪事，挨了打的中国居然要对“世界和平”负责，还有没有公理了？比较而言，英国这个老牌帝国主义，比美国还要无耻，“七七事变”爆发后，英国出面邀请美国共同“斡旋”，替日本转达其旨在要求中国投降的所谓“和平条件”。1937 年 9 月 12 日，中国就日本发起全面侵华战争向国际联盟提出申诉，当时把持国联的英国百般拖延和阻挠，敷衍了事，将中国的申诉拒之门外。

说得不好听，彼时英美等国甚至还不如日本的盟国法西斯德国，60 军在武汉期间，德国军事顾问团一直在帮助训练中国军队，尤其是长于山地作战的 60 军受益匪浅，正是德国顾问在筑城（工事修筑）和步炮协同方面的悉心指导，为最终赢得台儿庄战役的胜利，打下了较为坚实的基础。

龙云的担忧不无道理，当时的中国一穷二白，不要说飞机坦克，连普通的汽车都不能制造，且“七七事变”后，日军迅速占领了华北、华东、华南、中南等地几乎所有的大中城市，95%的工业和50%的人口，已沦入日军之手。在此极端严峻的情况下，一旦失去外援，将直接威胁到抗战的成败与否。

南京沦陷后，交通部按蒋介石的指令，派人到云南与龙云具体协商滇缅公路的修筑事宜。

滇缅公路全长963公里，东起省府昆明，西至中缅边境之畹町。自畹町出境后，与缅北密支那公路相连。英国人在密支那建有铁路，直通缅甸首都仰光。外援战争物资海运到仰光后，经铁路转运到密支那，即可通过中缅公路直接运达昆明，再经贵昆公路输送到各个战场。

需要说明的是，全长963公里的滇缅公路，并非白手起家从头修起，昆明到下关段410公里，20世纪30年代初即已建成通车，只不过因为等级很低，晴天还能勉强通行，一到雨季就不行了。且路况极差，路面凸凹不平，需重新改造，提高等级。至于下关到畹町553公里的新筑路段，修筑起来就更加困难了，所经之永平、保山、龙陵、潞西等地均属横断山脉，不但山高坡陡，地势险峻，且要穿越水流湍急的澜沧江和怒江两大天堑。

按龙云和蒋介石在南京商定的办法，公路由云南负责，中央提供资金；铁路由中央负责，云南方面协助修筑（修筑滇缅公路的同时，铁路也开始了勘测。后因太平洋战争爆发而告停）。

因日本海军已封锁了中国所有的海上通道，必须在最短的时间内完成中缅公路的修筑。1937年12月，龙云下令在公路沿途的十多个县征调筑路民工20万人，参与中缅公路的修筑。同时在保山成立滇缅公路总工程处，由省公路总局负责调集全省技术人员（在极短的时间内，也不知道他们从何地挖掘来那么多的人才，如均毕业于唐山交大的总设计师李温平、工务局局长龚继成、工程处处长黎杰彬、桥梁设计处处长钱昌淦），测绘、设计、制图，并就近指导公路的修筑。总工程处又分设了六个路段（下关至漾濞、漾濞至永平、永平至保山、保山至龙陵、龙陵至潞西、潞西至畹町），打破常规，分段同步进行各路段的勘测设计。

广大工程技术人员，出于爱国的本能，仅用三个月就提前完成了公路的勘测设计，六个勘测队随即转入为工程处，负责指导各个路段的施工。

下关至畹町段，既是新建路段，同时又是全线地质条件最为复杂的路段。横断山脉山高谷深，相对海拔达500～1500米，水流湍急的澜沧江和怒江更是一般人看来无法逾越的天险。加之这一带气候恶劣，雨季长达半年之久，疟疾、伤寒等疾病肆虐（约有近万名民工死于各种疾病），但20万云南各族人民不畏艰险，发扬“重九起义”和“护国首义”精神，男女老少自带干粮（因青壮年大都参军上了前线，参加筑路的多为老人、妇女和孩子），不分昼夜地奋战在筑路工地上。没有机械就靠人背马驮，双手开挖，石碾碾压；缺少黄色炸药，就自制黑色火药；没有水泥，就用烧制过的石灰和黏土修建桥梁涵洞。在极其艰苦的环境和极端恶劣的条件下，使用最原始的工具，在最短的时间内，完成了在外国专家看来不可能完成的任务——滇缅公路的修筑。全长963公里的滇缅公路自1937年12月开工，至1938年11月全线建成通车，扣除三个月的勘测设计工作，实际仅用了八个月的时间，就完成了这一人类史上堪称奇迹的浩大工程。时任美国驻华大使魏德迈经中缅公路到重庆后，惊叹：此次中国政府能于短期内完成此艰巨工程，此种果敢毅力与精神，实令人钦佩。且修筑滇缅公路，物资条件异常缺乏，第一缺机器，第二纯系人力开辟。全靠沿途人民的艰苦耐劳精神，这种精神是全世界任何民族所不及的——

滇缅公路的贯通，大大缩短了欧洲通往中国的距离，各种战略物资从此源源不断地进入中国。可以毫不夸张地说，云南各族儿女为抗日战争的最后胜利，作出了又一巨大的贡献。

著名的陈纳德飞虎队，就是通过中缅公路进入中国的。

陈纳德生于1893年，原是一名美国陆军航空队的上尉，一战爆发后的1917年加入美国军队，参军那年，陈纳德已经是一拥有三个孩子的25岁的父亲了。陈纳德参军本来是为了一战，但当他从飞行学校毕业，来到位于长岛的米切尔基地，等待前往法国时，一战已经宣告结束了。陈纳德性格暴躁，桀骜不驯，加上一向离经叛道的做派和思想，让他在令行禁止纪律严明的军队中，吃足了苦头。到1937年，在军队中服役整整20年后，他的军衔还是一个毫不起眼的上尉。但偏偏就是这样一个小小的上尉，却是一位热爱军队并具有非凡的军事才能的军人。第一个看上陈纳德的并不是中国，而是斯大林的苏联。陈纳德从最初飞行员用于逃生的伞具，突发奇想地想要建立一支伞兵部队，并大胆地在小范围内进行了实验，取得了成功。1937年4月，年届45岁的陈纳德以上尉军衔退役了，苏军开出月薪2000美元的高薪及上校的军衔，邀请陈纳德帮助其训练伞兵，被陈拒绝，选择了月薪少一半的中国，以上校军衔和1000美金的月薪，到古老的中国帮助培训飞行员。

由于美英等国对日采取的绥靖政策，陈纳德怀揣着一本“农艺师”的护照，乘船经日本来到了中国。这时的中国，已经风云密布，大战在即了。为了应对日本的侵略，中国开始了紧张的战争准备，由中国政府掏钱，意大利人在南京建立了一座飞机制造厂，同时在河南洛阳成立了一所飞行学校，陈纳德的主要工作，就是视察设在洛阳的这所航校（当时陈的办公地点设在南京国家俱乐部）。中国不傻，知道德意日是一伙的，自然应该有所防范。

1937 年 7 月 7 日，陈纳德乘火车抵达洛阳，就在这一天，震惊中外的“七七事变”爆发了。

随即开始的淞沪会战、南京保卫战和武汉空战中，陈纳德亲眼目睹了意大利飞机和意大利训练的中国飞行员糟糕的表现（尽管中国飞行员十分勇敢，但却缺乏最基本的技战术）。当然，不能说是意大利教官有意为之，因为稍后爆发的欧战中，意大利空军的表现同样乏善可陈。

思想上一向离经叛道的陈纳德打算赤膊上阵了，他已不满足于做一名普通的教师爷和巡视大员，而是打算亲手组建一支志愿航空队，用美国飞行员和美国飞机，去对付那帮扛着膏药旗、长着一双罗圈腿的日本杂种（陈纳德语）。此举，得到了蒋介石和他那位在美国长大能说一口流利的美式英语的夫人的大力支持。

不过，陈纳德没想到的是，他的这一宏伟理想和目标，过了差不多整整三年才得以实现。

1938 年夏，继 60 军之后，滇军第 58 军在云南组建完毕（原计划 1938 年初即可成军，因 60 军台儿庄伤亡巨大，征集兵员优先补入了 60 军），其序列为：58 军军长孙渡；新编第 10 师师长刘正富；新编第 11 师师长鲁道源；新编第 12 师师长龚顺璧。每师下辖两旅，每旅下辖两团，计 6 旅 12 个团，与 60 军一样，为甲种编制军。

1938 年 10 月，58 军开抵湖北东南之崇阳，准备参加武汉会战。并奉命与先期到达的 60 军合编为国民革命军第 30 军团。未几，又改编为第一集团军，撤销旅一级编制，每师下辖三个团，从 60 军和 58 军中各抽出一个师（184 师，新 12 师），组建新编第 3 军。至此，由滇军组成的第一集团军共辖 60 军、58 军和新编第 3 军三个军，由龙云任集团军总司令，卢汉任 60 军军长；孙渡任 58 军军长；张冲任新编第 3 军军长。同时，统帅部下令，第一集团军划归第九战区，龙云以第九战区司令官薛岳当年曾为其部属（红军长征期间，龙曾任滇黔绥靖公署主任，薛部归其指挥）为由，要求由卢汉出任第一集团军总司令，获准。但不久，卢汉因患盲肠炎，转往长沙治疗。此间，武汉失守，第一集团军先后参加了崇阳战役、南昌会战、奉高会战，上述战役均发生于南方丘陵地带，得以充分发挥滇军长于山地作战的特点，虽各有胜负，但伤亡已大大低于台儿庄战役，中、高级军官大量战死的情况已极少发生。尤其是南昌会战中，新3军184师收复赣西重镇奉新，再次受到统帅部通令嘉奖。

这时，已经是1939年的年中，抗战已经进行了整整两年了。由于日军占领了河南、山东、安徽等集中种植美烟区域，且封锁了中国沿海，国内最大的使用美烟为生产原料的南洋兄弟烟草公司，因原料受阻（其在山东坊子、河南许昌的复烤厂已成为日占区），再度濒临破产。

以“双喜”“飞马”等牌号闻名于世的南洋烟草公司，自1905年在香港成立以来，已经三次濒临破产边缘。第一次是1908年，危机的结果，是公司于1909年更名为南洋兄弟。兄弟同心，其利断金——果然，南洋兄弟很快有长足发展，兄弟二人抓住时机，借助辛亥革命成功之势，致力于推广国货，新产品畅销华南及南洋各地。第二次危机出现在1930年，由于中外卷烟业竞争加剧，民族资本得不到保护，再加上内部管理不善，家族矛盾凸显，公司连年亏损。此情形，与昆明当时已经倒闭的亚细亚烟草公司何其相似乃尔！到抗战前，南洋兄弟企业已濒于奄奄一息的境地，公司负债达575万元，简玉阶遂出面寻求时任中央财长的广东老乡宋子文斡旋支持。据过去出版的大陆文本称：“以宋子文为代表的官僚资本趁机欲收买南洋兄弟烟草公司。因宋要求南洋总经理简玉阶交出公司全部财权和人事权，谈判未成。”又称，到1936年，因简家内部矛盾日益激化，意欲投靠豪门寻求出路之际，宋子文便以空头的“建粤银行”和“广东银行”的名义，大量低价收购了公司20万股股票，至此，简家占股51%，宋家占股49%。1937年4月，改组公司，由宋子文出任南洋兄弟烟草公司董事长，原总经理简玉阶改任董事和设计委员（南洋创始人、其兄简照南已于1922年10月去世）。抗战爆发后，南洋兄弟公司设在上海的总厂毁于战火，随着国民政府迁往重庆，南洋兄弟公司的业务中心也由上海转往重庆和香港，并相继成立了重庆烟厂和广州烟厂。

大家都知道宋子文是宋庆龄的弟弟，宋美龄的哥哥，是孙中山和蒋介石的郎舅，与蒋介石、孔祥熙、陈立夫，被大陆研究阶级斗争专家并称“四大家族”。因为可以理解的原因，宋过去在大陆被妖魔化的多，真实的情况却鲜为人知。这位先后就读于圣约翰、哈佛、哥伦比亚大学的留美博士，在中国现代史上，其在政治、经济、外交方面，为国家作出了诸多贡献。宋1925

年出任国民政府财政部长，在他不懈努力下，1930年收回了关税自主权，从此中国才有了确定关税税率和监督关税的权力；1936年又是他飞赴西安，为西安事变的和平解决起到了至关重要的作用；太平洋战争爆发后，宋改任外交部长，出使美国（蒋的驻美代表），在争取巨额美援，废除不平等条约，确立中国为世界四大国之一，均有作为。宋子文是国民党内部的务实开明派，比较西化，对建立近代中国较完整意义上的财政金融制度，对遏制日本对华侵略、寻求国际援助、提升中国的国际地位，作出了重要贡献。

拨开被遮蔽的历史帷幕，可以想象，1939年仍在财政部长和南洋兄弟烟草公司董事长任上的宋子文，不能不为拥有2000多万元的资产、1万多名员工的南洋公司着想。况且，烟草从进入机制卷烟时代以来，从来都是国家税收的大项。无论出于财政部长或南洋兄弟公司董事长的角度去考量，宋子文都必须尽快为南洋兄弟烟草公司的原料来源开辟一条新的出路。

日照充足、雨水丰沛、经纬度正适合上好烟叶生长的云南，再次进入集国家财长和南洋兄弟烟草公司董事长于一身的宋子文眼中。

万般无奈的情况下，宋子文找到了老朋友龙云（也只能找龙云了，当时的西南地区，四川，人多地少；贵州，地无三分平；广西，日军已经打到了南宁；不找云南找谁?）。龙云一听是试种美种烤烟，当即痛快答应了，因为这正遂了龙云的心愿。

说起来，宋子文其实与龙云私交甚笃。宋从1923年任孙中山英文秘书，后主管国民党财务。1924年在广州创办中央银行，任总裁。1925年任国民政府财政部长。后还兼任民国政府实业部长等多职。他自然少不了与从1927年就坐上“云南王”宝座的龙云打交道。1939年初，宋子文以实业部长身份，安排云南试验种植的美烟寄回远在香港的南洋兄弟总部进行分析，得出科学数据后，他对云南种植美烟信心倍增。到1939年底，他给云南省建设厅厅长张西林信中，对滇省试验种植美烟，有进一步详细交代。他认为，“在滇试种烟叶，成绩尚佳。”并认为此事关系到“农民生计”和“替代鲁豫产品”以及“换回进口漏厄”。因此要张西林在滇省于“本年再扩大试种三千到四千亩，其地点假定为昆明、蒙自、开远、弥勒、宜良五处。”并要求“以行政力量推动协助”。同时还要“技正”常宗会协同各县认真办理。

“技正”，是当时农矿系统的一个高级职称。常宗会，安徽全椒人，1919年赴法勤工俭学，获法国南锡大学博士学位。1925年回国，先后任教于东南大学、中央大学、中山大学、云南大学等多所大学。他直接从事农业方面的教学、科研和生产实验工作，为国家培养了一大批高级农牧技术人才。1939年初，正是受宋子文派遣，常宗会以“农业部技正”身份来到云南，携美烟品种“金元”种子，商得龙云同意，在昆明东郊定光寺蚕桑苗圃农场试种，当年就种植成功。翌年，按宋的要求，龙云下令成立云南改良烟草推广处，进行烤烟种植的推广工作，当年种植烤烟500亩，收购烟叶17500公斤（350担）。常宗会于1940年到1945年，先后担任云南改良烟草推广处处长、云南省烟草改进所副所长兼长坡（安宁）烟草试验农场场长、云南省烟草事业总管理处协理等职。

宋子文要常宗会等人在滇试验种植美烟，当然主要是为解南洋兄弟烟草公司“无米下锅”之急。龙云、张西林等人也安排云南籍同样是留法的徐嘉锐（如前所述，徐1920年到法国巴黎农学院就读）、赵济等，参与到试验推广美烟栽培中。经宋子文牵线安排，并直接拨付“应需经费、放款及事业等费”（他以财长和董事长身份，直接通知中国银行滇行及南洋兄弟烟草公司根据港方协议迅与照办）。南洋兄弟香港总部除不断为云南寄来的烟叶评定品质、分析化验各项指标外，还根据云南建设厅厅长张西林向宋子文的请求，遴选调派专技人员赴滇与常宗会一道，共同实施云南改进烟草推广工作。云南方面则积极配合，不断扩大试验面积和范围，寻找最适合美烟生长的区域，优化改良品种。正是这批有识之士以及科技精英从不懈怠的努力，一棒又一棒的接力，才有了后来“云南烟叶甲天下”的成果，奠定了云南“烟草王国”的最重要基础。

有人可能会说，中缅公路不是已经建成通车了吗？何不通过中缅公路进口烟叶呢？且慢，当时的中国仅剩下中缅公路这条唯一的陆上通道了。本来倒是还有一条滇越铁路，但法国人慑于日本军国的淫威，不许抗战急需的物资经滇越铁路进入中国。当时，日夜奔走在中缅公路上的大货车多达一万多辆，纵是有“四大家族”之一称号的宋子文，也不敢停下前线急需的军火物资，来运送烤烟啊。而且，自1939年7月17日，同样是慑于日本人的淫威，英国政府竟关闭中缅公路三个月，致使援华物资一度中断。军火都运不了了，还能帮你运烟叶？

战争制造了各种灾难，也创造了各种奇迹。美国优质烟草品种“大金元”能在云南大地迅速生长蔓延，也算其中的奇迹之一吧？

第五章 · 北雁南飞

BEIYAN NANFEI

國立西南聯合大

从长沙到蒙自

万里长征，辞去了五朝宫阙，

暂住足衡山湘水，又成离别。

……

这是西南联合大学校歌开头的四句歌词。悲凉而坚定的旋律，倾诉了这所后来闻名世界的大学，于离乱之际仓促迁徙的一段历史。

“七七”卢沟桥事变爆发后，华北形势陡转：1937 年 7 月 29 日，北平沦陷；同日，天津城在遭日军炮火轰击中，其城南八里台的南开大学首当其冲，这所当时中国最著名的私立大学很快沦为废墟。据时为南开大学秘书长黄钰生在《被日寇洗劫的南开大学》一文中回忆：“29 日拂晓，驻在海光寺的日军开炮了。第一炮打河北省政府，第二炮打南开大学。接着就是对南大各建筑连续的炮轰。”

高校云集的平津两地，在战火中均遭荼毒，损失惨重。

为何日军在向中国守军发起攻击时，还有精力要对包括南开在内的大学进行轰炸呢？是因为日军炮轰大学，将之视为对中国“精神上的征服”。《国立西南联合大学纪念碑文》当中的一段话，亦可以佐证此问题：“自沈阳之变，我国家之权威逐渐南移，唯以文化力量，与日本争持于平津，此三校实为中坚。”

三校，即清华大学、北京大学和南开大学。

8 月 17 日，国民政府国防最高会议参议会在南京汪精卫寓所召开。包括中共领袖代表周恩来等多人出席会议。会议除讨论军事问题外，更多是关注平津地区教育、学术界何去何从。

紧接着，时在庐山的蒋介石又召集包括北大校长蒋梦麟、文学院长胡适、清华校长梅贻琦、南开校长张伯苓、中央大学校长罗家伦、中央研究院史语所所长傅斯年等在内的各大学校长和学界精英，火速赶往庐山牯岭参加有关战时教育文化的谈话会及国防参议会。

9月10日，国民政府教育部以第16696号令，宣布在长沙、西安两地设立临时大学。以国立清华大学、北京大学和私立南开大学，组成长沙临时大学；以北平大学、北平师范大学、天津北洋工学院（原北洋大学）和北平研究院等，组成西北（西安）临时大学。教育部部长王世杰为长沙临时大学筹备委员会主任，北大校长蒋梦麟、南开校长张伯苓、清华校长梅贻琦为常务委员。另有胡适、傅斯年、顾毓秀和湖南大学校长皮宗石、湖南省教育厅厅长朱经农等为委员。9月13日召开长沙临时大学筹委会第一次会议，确定租赁位于长沙市韭菜园一号原美国教会所办圣经书院作为临时校舍。9月下旬，筹备工作基本就绪。与此同时，西北临时大学也在西安择好校址。

然而长沙临时大学于11月在圣经书院刚刚开学，日军飞机就轰炸了长沙市区。当日军飞机飞临长沙上空时，刚在长沙安顿下来的梁思成、林徽因一家还以为是所谓苏联援助中国的飞机到了，正在阳台上观望之际，飞机肚子里飞出的“小黑点”就扑面而来，很快变为“亮晶晶的家伙”，飞到院里落地爆炸。慌乱之中，梁思成抱起8岁的女儿梁再冰、林徽因抱起5岁的儿子梁从诫，一家人慌做一团往外跑。炸弹掀起的气浪，使林徽因与儿子梁从诫当即震落于院内石阶下。此时，又一颗“亮晶晶的家伙”从天而降滚落跟前。梁思成、林徽因同时意识到，“一家人可能在劫难逃了”，大家抱成一团，准备赴死。却见那炸弹在地上滚了几个滚儿后，原地不动了。原来是颗“哑弹”。一家人才拣了条命。

战争的阴影依旧笼罩着从沦陷区九死一生撤至南方的长沙临时大学师生。

从1937年9月至12月间，保定、石家庄、太原、上海、济南、杭州等大城市相继失陷。10月29日，南京国防最高会议决定，国民政府迁都重庆，并向全世界发布文告，表明中国长期抗战绝不屈服的决心。12月13日，日军攻占中华民国首都南京。日军在南京屠城，30万手无寸铁的同胞惨遭杀害！

至1938年初，日军开始逼近华中，武汉大会战在即。长沙距武汉仅300公里，武汉一旦失守，长沙必然难撑危局。在此背景下，立足未稳的长沙临时大学必须再次西迁。围绕再度迁徙的历史性抉择，争论十分激烈。湖南省主席张治中力阻迁校，其实他是想为湖南桑梓留住这所实力十分强大的战时大学；重庆、广西方面，闻讯也派员到长沙与临时大学常委们游说接洽，摆出种种优厚条件希望到当地安置。地处西南一隅的云南也向临时大学伸出了橄榄枝，列举的条件是：昆明是当时离前线战火最远的一座省会城市，而且这里有铁路直通国外，进退自如。一时间众说纷纭。三所大学组成的长沙临时大学，何去何从，又成悬念。

就在各方为学校迁徙争论不休之时，长沙临时大学师生以及在长沙各种文化教育机构人员也面临新的选择。其中不少热血男儿有投笔从戎之志。学校当然要对此鼓励。为此，长沙临时大学曾布告学生，凡愿意服务国防机关者，得请保留学籍，并可由学校介绍，张伯苓还亲自担任了临时大学的军训队长兼学生战时后方服务队长。北大校史记载，当时在长沙从军的北大学生有 295 人之多。蒋梦麟在其回忆录《西潮与新潮》中说，临时大学有 350 名以上学生投笔从戎。这是后来的西南联大学生大批参军的先声，也是这些热血学子跌宕人生的艰难开端。

中文系教授闻一多，此时从老家湖北浠水别妇离雏，只身一人赶到长沙临时大学任教。那时闻一多与家人聚少离多，心生苦闷。好在他的得意弟子陈梦家跟随左右，也算一种安慰。说到这个陈梦家，其实，陈梦家原本南京中央大学法律系毕业，从学业上说，与闻一多并无师承。但是陈梦家实在是个少年天才，早在 1927 年他 16 岁考取中央大学法律系时，就喜欢上了新诗与戏剧写作，并在不到 20 岁时出版了自己首部诗集《梦家诗集》，引起诗坛广泛注意。比陈梦家更早在新诗坛爆得大名，因在国外创作过《洗衣歌》《七子之歌》《忆菊》等诗作并有诗集《红烛》《死水》在国内出版的闻一多，于 1927 年到中央大学任文学院院长时，当然也注意到了同在一校法律系的学生陈梦家。他在 1928 年向刚刚创办的《新月》杂志推荐了陈梦家的剧本《金丝笼》《药》和几首新诗。从此，陈梦家成了以闻一多为首的“新月”派重要一员。只是彼时尚为学生的陈梦家热血沸腾，还无心文坛教坛，而是一心向往救国从戎，慷慨悲歌，投军赴死。他在中央大学法律系毕业之际，就参加了与日军激战正酣的蔡廷锴第十九路军，于上海南翔前线投入战斗至第二年 3 月底。待战事稍微缓和，他才回到南京。遂得爱才心切的闻一多邀请赴青岛大学任助教，从此跟随闻一多而辗转青岛、北平、长沙、昆明等多地，其兴趣也跟闻一多一样，由新诗逐渐转向古籍历史，陈梦家最后成了中国最重要的甲骨文专家。

当临时大学在长沙开学时，滇军 60 军正好也经过步行 48 天，从昆明长途跋涉两千公里，于 11 月上旬赶到了湖南长沙。60 军有个叫王执的副团长，浙江上虞人，跟陈梦家是一个地方的老乡。早年在云南入讲武堂，是陈梦家在1932年于上海参战时有过生死之交的兄弟。后又回云南加入了60军。既然都到了长沙，自然不会放过这难得一聚。那天陈拉上自己的恩师、大名鼎鼎的闻一多教授，到茶馆酒肆与王团长聚会，王也带了一伙想结识名教授的滇军官佐，桌上竟然坐有十多人。其时，60军已接命令，将于几天之后的11月15日，登车准备经粤汉铁路驰援南京。因此，这顿饭局，大有生离死别的悲怆意味。酒自然是少不了的，而且一律白酒，用大碗喝。滇军军官们以为闻教授是国中名人，也就没人敢劝其豪饮。只是自己行令罚酒，吵吵嚷嚷，未久，个个眼睛就红了。闻一多先是嘴里咬着他那著名的烟斗，冷冷看着。稍倾，捋捋袖子，也端过大碗，与王团长碰碗相敬。原来，众人有所不知，闻一多早在青岛大学当文学院院长时，就是那里有名的“八仙”之首。“八仙”聚会，比之今日，并无逊色。据说胡适先生曾经到青岛游学，见过那场面，吓得连桌子也没上就开溜了。这些情形，陈梦家当然知道。因为他那时也在青岛大学，只是以他的助教身份，还够不上“八仙”之列。有了闻教授的主动加入，喝酒的场面更加热烈，就连那天也在酒肆的完全不认识的长沙临时大学学生，后来也加入进来，直把一缸白酒喝罄，众人才算作罢。

那天是闻一多第一次与云南人打交道。也在这天，闻一多第一次抽了滇军王团长带去的“重九”烟。

闻一多爱抽烟而且烟瘾很大，这是所有人都知道的事情。但是很多人只知道闻一多抽烟斗，因为画家夏子颐作了一幅“口含烟斗的闻一多”木版画，此画在闻遭暗算后的1947年发表，影响很大，闻一多横眉怒目、嘴咬烟斗、表情严峻的斗士模样，也就深入人心至今。其实闻一多的烟斗，很大程度上只是个道具。他更喜欢抽的还是卷烟。在上海和南京时，他抽“双喜”，在青岛时，他抽的是“红锡包”，后来因为青岛大学发生“驱闻运动”，闻一多去了北京清华中文系任教，也就改抽“大前门”了。而此几种牌子的卷烟，都是以美烟为原料生产的。这也与闻一多早年在美国芝加哥美术学院、珂泉大学、纽约艺术学院等校留学的经历有关。闻在美所学专业是美术，闻名于世的却是他的新诗。正是那段留学经历，使闻一多爱上了美烟口味。因此，当那天王团长掏出“重九”烟时，久未抽过好烟的闻一多大喜，竟然不顾斯文，将一支“重九”烟几乎没有离口就抽到尽头了。

临别时，王团长搜尽身上所带的全部“重九”烟，也就一包零七支。其余军官见状，也纷纷效仿，找出随身所带“重九”，凑够不到三包烟，悉数送与先生。从这里开始，闻一多就对云南人有了很好的印象。只是没人料到，云南，昆明，翠湖边上，在此次聚会的7年多后，竟成了闻一多葬身之地。此为后话。

几天后的11月15日，60军确实登车准备经粤汉铁路驰援南京，但刚到浙江金华，得知杭州已沦入日军之手，稍后，南京也沦陷了。60军奉命回调，准备参加武汉保卫战。12月23日，经浙赣路到九江后，换乘江轮溯江而上，1938年元旦这天，全军抵达湖北武昌。

与此同时，在经过几番争执后，国民政府最后确定长沙临时大学迁徙目的地为云南昆明，到昆后组成国立西南联合大学。1938年1月20日，学校宣布放寒假，并规定全体师生收假时直接于3月15日前到昆明报到。

1938年2月15日，已经被任命为联大昆明办事处主任的北大校长蒋梦麟飞赴昆明，而长沙临时大学所有师生随后分三路，正式踏上西迁的路途。

据《西南联大校史》载，当时长沙临时大学入滇路线共有三条：

第一批走水路。由樊际昌等教授带领，包括教师、行政人员及家眷、全部女生和部分体弱男生计600多人，乘火车经粤汉铁路到广州，转香港，经海路至安南（越南）海防，而后沿滇越铁路到蒙自，最后北上到昆明；

第二批乘汽车。由陈岱孙、朱自清、冯友兰、钱穆等10余名教授及部分教师带领，乘坐汽车经广西、越南入滇；

第三批为“湘黔滇旅行团”，也是最艰苦的一路，是由290名学生和11名教师组成。“湘黔滇旅行团”由黄钰生教授领队，中文系教授闻一多、教员许维遹、助教李嘉言，生物系教授李继侗、助教吴征镒、毛应斗、郭海峰，化学系教授曾昭抡，地质系教授袁复礼、助教王钟山等。他们由湖南常德徒步行走到昆明，行程三千里，被称作中国教育史上的长征。

1938年2月20日，“湘黔滇旅行团”离开长沙，经湘西穿越贵州，跋涉1600余公里，日夜兼程68天，除车船代步和旅途休整外，实际步行40天，里程约1300公里，于4月28日抵达昆明东郊贤园。当这支疲惫之师到昆明时，先期到昆的三校领导（已组成西南联大常委）和众多师生甚至家眷都到场迎候，场面十分热烈感人。著名语言学家兼音乐家赵元任专门为此写词作曲一首，由列队欢迎的师生以合唱方式，献给远道跋涉而来的“湘黔滇旅行团”：

遥遥长路，到联合大学，

遥遥长路，徒步。
遥遥长路，到联合大学，
不怕危险和辛苦。
再见岳麓山下，
遥遥长路，走罢三千余里，
今天到了昆明。

然而到了昆明，师生们却面临一个严峻的问题：校舍不足，而且是严重不足！

早在2月中旬，蒋梦麟即先期到达昆明，与云南龙云政府交涉入滇办学之事。虽然国民政府的决定十分仓促，但云南地方想尽办法，对于西南联大给予了积极支持。为支持西南联大在云南办学，云南省政府在城北大西门外划出120多亩地，低价卖给西南联大，作为西南联大新校舍的校址，并立即开始施工。同时，在省政府动员下，昆明各界亦同意租借昆华农校、迤西会馆、全蜀会馆给西南联大上课。昆明城内也为联大腾出部分办公用房，比如联大总办公处，就设于崇仁街46号。龙云将自己威远街的公馆也让出作为联大办公使用，还将自己的一部福特牌轿车供蒋梦麟专用。云南对联大的支持，被写入《国立西南联合大学校史》："由平津南迁的三所知名大学在昆明建立联合大学，云南各界人士都表示欢迎，并一次次协助解决校舍问题，不仅使联大在云南能安心上课，而且办学规模还有所发展。"

但新校舍建成之前，仍有部分学院不能开课。办公用房和师生宿舍更是无从谈起。因此龙云建议蒋梦麟将联大一部分院系先暂设于蒙自等地。

此前蒋梦麟也听说蒙自有空闲房屋，大约可安置900多人。虽然昆蒙两地相距甚远，但是眼看着"湘黔滇旅行团"以及滞留在广州和香港等地的学校大部分师生即将到来，无奈之下，蒋梦麟决定亲自前往蒙自考察，以解燃眉之急。

蒋梦麟从蒙自考察回来后，认为可行。于3月14日下午，遂召集部分领导开会，决定派杨石先（南开）、郑天挺（北大）、王明之（清华）等人前往蒙自，筹备蒙自分校，办理租赁校舍等手续。王明之、杨石先等通过蒙自地方政府和当地各界，很快选定了校址。

4月里，联大各路人马开始往蒙自这座滇南小城集结。蒙自联大校区主要分三个部分：原蒙自海关、原法国银行和领事馆、希腊人歌胪士开办的洋行。上述地方，或做教室，或做宿舍，或者教室宿舍混而用之。只是按照“女士优先”的原则，特别优厚了文法学院全体女生，安排其借住城内早街大户人家周伯雄一幢三层小楼。因该楼全住女生，被戏称为“听风楼”。又因考虑安全问题，县里在“听风楼”旁的三元宫安排了40名保安，对女生实行专门保护。

4月19日，西南联大在昆明召开首次校常务会，决定成立蒙自办事处，由文商两学院院长及教授代表、总务、教务负责人共同组成，负责蒙自分校的筹备和管理工作。会议决定由陈序经任法商学院院长、冯友兰代理文学院院长，主持蒙自分校工作，陈岱孙、樊际昌分别负责蒙自分校的总务和教务工作，朱自清教授等作为文、商两学院的教授代表参加办事处工作。

4月28日，步行三千里入滇的“湘黔滇旅行团”300多名师生，其中文科居多，他们到达昆明后，未及休整，又马不停蹄地赶往蒙自。因为，设在蒙自的西南联大文法学院开学在即。

按照首次校常务会决定，西南联大选择1938年5月4日——五四运动19周年纪念日，在昆明和蒙自同时开课。

位于昆明的联大校区总部，当天举行了开学典礼。

而蒙自分校则以纪念五四运动19周年集会，代替开学典礼。集会上，朱自清、罗常培、钱穆等知名教授，分别发表了精彩演讲。除了联大师生，连蒙自百姓也来旁听，他们第一次近距离见到这些大名鼎鼎的名教授真人，好长时间里，联大师生就成了他们茶余饭后热议的谈资。

湖 畔 之 梦

从不同方向、辗转数千里，最后集结于蒙自南湖畔的西南联合大学文商两院师生，于1938年5月4日开课，到7月末考试后结束，其实他们在蒙自学习生活的时间，总共就三个月。

三个月，满打满算90天，能够从课堂上、书本里学到些什么呢？所以有人说，联大的课堂，一开始主要在路上，在社会，所谓“功夫在诗外”。就以“湘黔滇旅行团”为例，他们从2月20日长沙启程，到5月4日蒙自开学，其间时间用了70多天，路途不止3000里。一路上，经历过漫漫长路上可能遭到兵匪洗劫的提心吊胆，也于泥泞坎坷中饱览了西南各民族的民生疾苦和绚丽风情。由教授们带队同行的“湘黔滇旅行团”，确实把行旅当成了课堂。社会课堂所结出的果实，也大大超出书本知识和经验范围。哲学系三年级学生刘兆吉，就根据湘黔滇步行团行军沿途的亲身经历，编成《西南采风录》一书，书中收录沿途的民歌民谣共2000多首，后在闻一多先生等推荐下出版。而闻一多自己，也在到达蒙自后，将一路写生绘画整理出来，办了个让人大开眼界的画展。

西南联大的第一年，基本是在颠沛流离中度过的。1937年7月的日军炮火和最高当局组织临时大学的决定，是西南联大建校的序曲；长沙临时大学于圣经书院的开课与撤离，是西南联大走向三校联合实体的过度；联大昆明总部、蒙自以及后来四川叙永分校的设立，标志着西南联大走向完善和成熟。组成西南联大的三所大学，本身就代表着当时中国大学的最高水准，而民族存亡背景下三校联合的办学机制，又体现出最大的灵活性与合理性。艰难困苦，玉汝于成。时局艰难造就了联大师生“同舟共济”的团结和“刚毅坚卓”的品性（联大建校时也以此为校训），而联大最终的大获成功，更有赖于其无处不在的“自由之思想，独立之精神”，以及“君子不党”的办学理念。如果在今天要总结西南联大办学的成功经验，简单说来就有上述三条：

“君子不党”主要是对管理层而言，当时的联大三常委，即北大校长蒋梦麟、南开校长张伯苓、清华校长梅贻琦，可以说都是蒋委员长的座上宾，都是手眼通天的人物。但是他们却都只服从真理，服从学校的办学理念和师生利益，与之相违的，哪怕是委员长命令，他们也可以拍着桌子抗命不从，当时执政的国民党拿他们没办法，别的党对联大的渗透也理所当然地被他们拒绝。教育不为一党一派服务，才可能引导师生只为追求真理去求学乃至献身。“自由之思想，独立之精神”，是联大教授追求的境界，“刚毅坚卓”当适合每个联大人。有此三条，一所学校，哪怕在最困难的情况下，也可能创造奇迹——西南联大就是最有力的证明。当然，如果还有一条，那就是，西南联大非常及时地散伙——到1946年5月4日后，西南联大结束了长达八年多的历史，走上了北归散伙之路。联大远去的背影，定格在历史的苍穹，留给后人的，也就主要是接近完美的无穷怀想了。

大学，不仅是清华校长梅贻琦所谓“有大师之谓”的所在，更是形而上的地方。只要有最低限度的生存条件，多数的联大师生们就会把主要精力投入到追求真理的学习和学术中。古人说，其生也有涯，知也无涯。以有涯追无涯，虽然这是人生固有的悲剧，却是有理性和理想者永远的追求。这也是联大师生万里迢迢不弃不离的真正梦想。

西南联大所信奉和推行的“自由之思想，独立之精神”，在蒙自南湖，荡起了层层涟漪；在湖岸小岛，开出了绚丽花朵；在歌胪士洋行、蒙自海关大楼和法国领事馆这些师生们作息出没的地方，更是无处不在。自由与独立，有时候她是形式感很强的一种表现，比如，朱自清先生经常会把自己的课堂搬到南湖的松岛去上，师生席地而坐，不拘一格，自由宽松。朱自清先生有时会在课间自顾自地抽一支烟，但烟瘾不大。他曾说过：“好些人抽烟，为的有个伴儿。烟有好坏，味有浓淡，能够辨味的是内行，不择烟而抽的是大方家。”在联大，他是孤身一人，那不讲究牌子的香烟，就算他的伴儿吧？朱先生清瘦儒雅，声调不高，却很得女生们喜欢。因为他有《背影》《荷塘月色》那样内敛而抒情的名篇在，讲课时手握一叠卡片，引经据典，条分缕析，娓娓道来，更有湖光山色为课堂背景，听这样的课，就有很大的享受成分。

学生们对自由和独立的理解，难免会停留于感官的肤浅。比如女生，她们来到蒙自，与这里的红壤绿树、艳阳微雨一相遇，就迫不及待地翻出压在旅行箱底早已皱皱巴巴的“布拉吉”，像一群群花蝴蝶一样翩翩飞舞在南湖之滨。蒙自百姓对此先是谔谔，后是效仿。至今，蒙自和与之相邻的个旧，青年女性在穿戴上还保留了比较洋派新潮的特点。而联大女生的花蝴蝶效应却并不止于此。也有歹人对穿着暴露的女学生打起了主意。某晚，一女生从海关教室下自习后单独回前街宿舍，到一僻静处，就突遇打劫。女生赶紧送上随身小包，歹人却并未打住，而是将女生往更黑暗处拉，女学生到此才明白，她面临劫财劫色了。若不是刚好遇一途经老媪，其后果真不堪设想。

乱花渐欲迷人眼，也有男生对花蝴蝶想入非非的。因为大学正是青春萌动时期，而联大学子，经历近一年离乱，那无处安歇的爱情，在蒙自南湖畔，终于有了一片相对安静的沃土。有男女学生就在下自习后的教室课桌上行起苟且之事来，正好被管理总务的陈岱孙先生逮个正着，交到负分校总责的冯友兰教授那里，冯教授直呼斯文扫地斯文扫地！于是，学校颁布禁令：女生不得夜里单独外出，不得穿着过于时髦。这看似有违“自由精神”的条例，却是事出有因。

“自由之思想，独立之精神”当然不会只表现于上述近于琐屑无聊的地方。她的真正意义，一定是在形而上的层面展开，并催生出与人类思想精神价值有关的丰硕果实。

“自由之思想”必然引出自由之思辨。在蒙自分校，实行的其实是教授自治，因为联大并未派出“校级领导”来此坐镇，其间梅贻琦、蒋梦麟虽然也来蒙自视察小住过，但是，管理分校之职还是落在冯友兰、陈岱孙等一帮教授头上。教授自治的最大好处，就是宽松自由。这些教授们，无论是公立北大清华的，还是私立南开的，以往在学校，平素就松散惯了，如果不是上课，一年半载连学校大门都不会主动迈进。自己做自己的学问还来不及，哪里会对那些鸡毛蒜皮的管理俗务感兴趣呢？而且那时人们对权利的看重远不如今天，再说那权利也不能交换个什么好处，反倒是占了被教授们看得十分宝贵的做学问时间。因此，所谓教授自治，很大程度上实行的就是无为而治。

在这样的环境中，许多教授就喜欢打起了“嘴仗”——因为在蒙自并没有可供教授“笔伐”之所，这里没有报纸刊物供教授发表文章，仅有的墙报也被学生发起的“南湖诗社”占了。教授们就只好“口诛”——大家喜欢在吃饭时间和湖畔散步时，以“独立之精神”发布“自由之思想”。其中讨论最热门的话题，自然就集中到时局上来了。

关于时局，蒙自分校的教授们很快分出“主战派”与“主和派”两大派系。“主和派”实际是“败北主义者”，其代表人物是联大法学院教授陈瑾琨。此人不仅在饭桌上讲，在散步时讲，甚至把他的观点讲到了课堂里。其主要观点是中国必亡，并宣称做汉奸未必都是坏人，也未必就会遗臭万年。另有历史系一年轻教师，还进一步引申陈瑾琨观点，认为“从历史上看亡国是正常的”。认为国有兴衰，跟人有祸福，是很自然的规律。因此，人要“能屈能伸”，要“留得青山在，不怕没柴烧”。而这些振振有词的“败北主义者”，在蒙自分校，居然还是多数派。他们吃着饭，会拿着从昆明传来的过时报纸，指着上面某地又已沦陷的消息，竟然得意地说：“你看你看，我说了要败，现在怎么样?”这些天天散布失败言论的教授们，比起前方浴血奋战的将士们，比起那些到处宣扬抗战必胜的鼓动家们，当然是很可耻的。但是，联大却对他们并无任何惩罚，不会就此让他们“下课”，也不会减少他们一分钱的薪水，更不会因此以言治罪。而这些“败北主义者”也没因此放弃一天的教学和研究，依然做着还算合格的教授。这应该是“自由之思想，独立之精神”环境给人带来的最大好处。管理或主事者可以不同意你的观点，却保证你说话的权利。你说的话只要不是造谣惑众，哪怕明知道你的话是错的，甚至是不符合国家民族利益的，但是你仍然有说话的权利。保证了别人说错话的权利，其实也是保证了所有人说正确的话的权利。

虽然“败北主义者”成了多数派，但是“宁为玉碎，不为瓦全”的“主战派”声音也很强大。他们经常引用蒋委员长的话：“中国持久战，其最后决胜之中心，不但不在南京，抑且不在各大都市，而实寄于全国之乡村，与广大强固之民心。我全国同胞诚能晓然于敌人鲸吞无可幸免，父告其子，兄勉其弟，人人敌忾，步步设防，则四千万方里之国土从内到外皆可造成有形无形之坚强壁垒，以致敌于死命……最后胜利必属于我。”来反驳那些没出息的“败北主义者”。两派观点，在餐厅、在湖畔、在只要有联大教授的地方，都能听到。最反感这没完没了争论的，要数闻一多教授了。一方面，他要急于将“湘黔滇旅行团”一路见闻整理出来，再把自己一路写生绘画整理出来。因为对于闻一多来说，这两个多月的长途跋涉，于他太重要了。用他自己的话说“国难当头，我们这些掉书袋的人应该重新认识中国了”。另一方面，他实在不屑于跟那帮“败北主义者”浪费口舌。在他写于1946年7月的《八年的回忆与感想》（在他写完此文的当月即被枪杀）一文中说：“（吃饭时）同桌是一群著名的败北主义者，每到吃饭时必大发其败北主义的理论……他们人多势众，和他们辩论是无用的。这样每次吃饭对于我简直是活受罪。”因此，他常常错过了这令他“活受罪”的吃饭时间。他甚至很少下楼，更不参与人人都去、连患有眼疾的陈寅恪都去的南湖美妙散步。郑天挺为此取笑闻教授，“何妨一下楼呢”。没想到，这居然成了闻一多在西南联大的一个雅号——何妨一下楼主人。

蒙自分校的论争，当然不止于“主和”还是“主战”。因为在蒙自时的联大还处于三校联合的初期，有待磨合，体制机制也待完善，而且，这里又无“校级大佬”坐镇，于是就有教授为谁当院长之职而发生纷争。历来北大教授认为自己是文科老大，偏偏联大文学院院长一职却落入清华系（冯友兰就来自清华）。有人对此就不服气。特别是北大校长蒋梦麟来到蒙自并召开座谈会时，就有北大教师提出，文学院院长之职为何总是清华系教授担任？更有甚者还要求应该各校独立。同为北大教授的钱穆（字宾士）先生对这样的嘈杂之音甚是反感。虽蒋校长来蒙自开会，他也并不想出席。后来实在是因为“室中枯坐无聊”，也去了会场。听罢同仁发言，他忍不住也当着蒋梦麟大声反问：到蒙自来闹什么独立，争什么院长，算什么本事？只一句，就将那些吵嚷的声音打压下去。钱穆观点，深得“有魄力，有担当”的北大校长蒋梦麟以为然。此后，不仅是在蒙自，在西南联大本部也再基本无人就此类问题发生纷争。与之同时兴办的西北联合大学（建校于陕西城固），后来因勉强联合的几所大学尿不到一处而各自为政，因此也几乎无影响，无成果，很快就被人遗忘。而西南联大却成了中外教育史上一面旗帜，一朵奇葩，一个奇迹。

之所以从西南联大蒙自分校诸多论争中找出这两例来说，是还有一个意思想要表达：其实西南联大并不完美。现在一说到西南联大，必说到它有多么不容易，它培养了多少人才，出了多么伟大的成果——一句话，它是多么完美。最后这个结论却不是真的。我们不该忘了，创造那些伟大成绩的教授们，其实并非完人。他们也会为些蝇头小利而争得面红耳赤，也会在大是大非面前犯糊涂。到后来，联大渗入很明显的党派体系，联大教授甚至学生也不免卷入其中。他们的争论和争斗更是愈演愈烈。以梅、蒋（后来是继任者傅斯年）、张三常委为首的联大领导层，在国难当头的危局中，既要力争办学最基本的条件，又要维护办学的自由与独立，还要维持师生的生存状况，以及三校合一后的团结，实在是有诸多不易。虽然教授不完美，联大不完美，却不妨碍这里结出相对完美的硕果来。个中原因，才是值得我们今天去反思的。

教授们的论争此消彼长，学生们却忙于在这偏僻而新鲜之地埋头读书，或组织义演、募捐、诗社等，甚至还创办了一所平民夜校，招收50多名当地失学少年，为他们补习文化，讲解时事，教唱歌曲。最为活跃的，当属学生自发组织的“南湖诗社”。

南湖诗社的发起人是哲学系三年级学生刘兆吉。此生早在参加“湘黔滇旅行团”时，就表现出他的活跃和才干。他的文笔也超过许多中文系学生。到蒙自时，刘兆吉将湘黔滇旅行沿途所见所闻整理成书，书名为《西南采风录》，成为“旅行团”的重要成果之一。以后又是他首先倡议发起成立南湖诗社，立刻得到中文系向长青等同学拥护，他们请中文系负责人、著名散文家朱自清先生担任诗社的导师，在南湖松岛召开了一个小小的成立大会，参加的人很多，亦有来看热闹的非诗社成员。

南湖诗社当然倡导的是写新诗，导师有朱自清、闻一多等。让人没想到的是，曾经扬言宁可坐牢也不愿读一句新诗的刘文典先生，竟然也参加过诗社的活动。刘文典还在此首次发表了关于诗歌的定义就是“观世音菩萨”的高论。刘文典到昆明后，在联大本部，在他被逐出联大又到云南大学任教时，也多次讲他对诗歌理解的“新发明”。他认为，诗人必须“观世”，即观察世界，熟悉生活，才能有所感悟，有感而发；音是音律，此乃新旧诗歌都必须具备的形式，否则就不叫诗歌；至为重要的是诗人要有悲天悯人的菩萨心，冷血之人是断不可为诗的。凡此三者兼备，可入诗门！

刘文典的说法，倒是言简意赅，深得诗歌创作三昧。因此被传之后世。

在南湖诗社所聘诸导师中，最得学生喜欢的指导者却是一位外国人，他就是刚过30岁的英国人燕卜荪。他是由北大西语系之聘来华任教的。刚来就遇到抗战爆发，燕卜荪也就随校南迁，这一迁就迁徙到了蒙自。燕卜荪也是一个诗人，而且是高鼻子诗人，他常常激情澎湃地用英语朗诵他的诗歌，抑扬顿挫，别有风味，这使英语水平本来就很高的联大学生们大受感染。燕卜荪平时喜欢一个人到处溜达，有一次在乡间遇到贼人，他随身所带钱物尽被劫走。让贼人没想到的是，这个高鼻子洋人突然用简单的中国话呼喊，要贼人退还他装在包里的一个烟斗。几经比划，贼人终于明白了老外的意思。心想这个老外实在奇怪，一头牛都被偷了，却要固执地要回一根牵牛绳，就大笑着还回烟斗。燕卜荪也跟着哈哈大笑起来。只是，两人所笑的意思却完全不同罢了。

喜欢嘴里含一个烟斗的著名人物，当然还有闻一多。自从在长沙抽了滇军所赠送的“重九”烟，闻一多就对云南烟特别注意。可是在蒙自，闻一多根本找不到“重九”烟（当然就算他在昆明，这时也难找到“重九”烟。因为从1937年那批特供烟后，直到此时再未生产过“重九”了）。在蒙自街头，闻一多买过的烟是一个叫“柯达”的外国烟。从越南经河口传入蒙自的这种外烟，价格并不算高，闻一多却也很难花钱去买。他下楼少、上街少，是原因之一；更主要的原因是，闻一多这时已经入不敷出了。他随步行团走湘黔滇，很多人认为是闻先生出于要接触低层生活、认识中国国情之所需。对这个后来死于暗杀的民主斗士，人们习惯于往高处拔高，为他不断增加较高的道德境界。其实，闻先生步行走湘黔滇，更真实的原因却是，他为了节省这笔费用——因为按联大规定，参加“湘黔滇旅行团”的老师，可以把迁徙费六十五元发给本人并归自己所有。他在行前给其兄闻家骥信中，就不无得意地说：“此款可以干落矣。”一个名教授，已经到了需要算计如此琐屑账目的程度，也说明，当时生计之艰，要想保持“形而上”的学人尊严，实属不易。

有一天，闻先生在楼上听见了学生们朗诵诗歌的声音。他听到这样一首诗：

我远来是为的这一园花，
你问我的家吗？
我的家在遥远的蓝天下。
我远来是为的这一湖水，
我走得有点累，
让我枕着湖水睡一睡。
让湖风吹散我的梦，
让落花堆满我的胸，
让梦里听一声故国的钟。

这是西南联大学生、“南湖诗社”社员周定一在蒙自作的《南湖短歌》，由一位女生朗诵，顿时就把久不下楼的闻一多吸引了出来。闻一多认为：此诗风格清新而深沉，写意而直抒性灵。他还带头为之鼓掌。可惜“南湖诗社”创作的好诗并不多。到是诗社一些成员，由此出发，走上诗坛，而受到追捧，比如随清华大学外语系而入西南联大的学生后来的著名诗人穆旦（查良铮）。当然，穆旦得名，始于他投笔从戎，他加入中国远征军后，曾经在缅甸胡康河谷九死一生。从死人堆里爬出来的穆旦，其诗风当然也为之大变。

参加蒙自分校工作的西南联大著名教授，随便拉一个清单，有：冯友兰、陈寅恪、闻一多、朱自清、汤用彤、刘文典、陈序经、陈岱孙、钱穆、贺麟、罗常培、郑天挺……他们当中的每个人，都被后人称为大师。他们几乎都学贯中西，满腹经纶，都是某一领域顶级学术权威。因此称他们为大师是不错的。但以当时论，他们中的很多人，更多表现出的还是知识分子独立自由的人格品行和惜时如金的治学精神。而因为种种原因，后人萎缩了，他们就更高大了——直到高大到他们人人都成了大师。

以当时负责文法学院的冯友兰为例，在西南联大第一次校常务会上，冯友兰被任命为文学院代理院长。虽然是代理院长，须知他代理的是胡适，就明白他这个代理院长的分量了。校常务会还同时决定，冯友兰和法商学院院长陈序经主持蒙自分校工作。

冯友兰过镇南关时，手臂重伤骨折。据说坐车时冯友兰把手臂伸出窗外，汽车进隧道，只听咔嚓一声，冯友兰手臂就被山洞的洞壁撞断了。因此，冯友兰这个文学院代理院长是缠着绷带、打着夹板到蒙自就任的。冯友兰在处理行政事务的同时，还在修改他的《新理学》部分章节。他的哲学著作《新理学》在长沙临时大学完成初稿，是冯友兰哲学巨著《贞元六书》的第一部，也是冯友兰新理学主义的开山之作，标志着冯友兰正式走进中国近现代哲学大家的行列。而这部代表作，其第一版是在滇南蒙自小城刊印的。《新理学》缮稿之后，由蒙自当地一家石印馆第一次刊刻石印，冯友兰在自序中赋诗一首："印罢衡山所著书，踌躇四顾对南湖，鲁鱼亥豕君休笑，此是当前国难图。"

"江山半壁太凄凉，亲知南渡事堪哀。"冯友兰在迁徙途中，曾随临时大学于南岳衡山当年朱熹与张轼聚会的二贤祠前，题此诗句。那时还是抗日初始，国运难料。冯友兰感物伤怀，抱着延续中华民族文化血脉的宏愿，开始狂写《贞元六书》。"贞元"二字取自《周易》："元亨利贞"，贞元皆为上古计时的概念，即贞下元起之意。冯友兰坚信，全面抗战，正是中华民族复兴的开始，贞元之变，如春秋代序，不可逆转。因此，他虽然没参加到蒙自分校"主和"还是"主战"的争论中，但他却是一个坚定的抗战派。

西南联大期间，正是冯友兰事业和学术走向成熟的年龄。治学并兼管理之外，他还写了多篇传之后世的非学术作品。比如西南联大校歌歌词。冯友兰还亲撰西南联大纪念碑碑文，其中，再次痛说南渡事："……吾人为第四次之南渡，乃能于不十年间，收恢复至全功。庾信不哀江南，杜甫喜收蓟北……”

人在很大程度上是环境的产物。联大艰难困苦的环境，造就了一代学人宁折不弯、刚毅坚卓之秉性。若干年后的“文革”时期，同样是这个学富五车的冯氏，却为安身立命，求得形而下的自保，效力“梁效”，污写历史，尽弃晚节。真此一时彼一时也！

转眼就到了跟蒙自说再见的时候。陈寅恪因身兼中央研究院史语所历史主任职，他来蒙自晚而走得稍早。为此他给挚友吴宓赠诗一首：

我昔来时春水荒，我今去时秋草长。
来去匆匆数月耳，湖山一解已沧桑。
——《别蒙自》

西南联大蒙自分校于8月1日放暑假，要求学生在4个月后的12月到昆明报到。这一年，联大文法学院学生多数时间并不在学校（满打满算，从长沙到蒙自，再到昆明，他们一共在校时间为4个月又10天），而是在“放假”、奔波、迁徙等过程当中。这当然是事出有因。其中一批学生在蒙自学习3个月后，就从学校毕业了。本届毕业生仍然以原校名义颁发毕业证书。清华毕业生为此做了一本《清华第十级年刊》，请朱自清先生题词留念。朱先生写道：“向来批评清华毕业生的人，都说他们在做人方面太稚气，太骄气。但是今年的毕业同学，一年来播荡在这严重的国难中间，相信一定是不同了。这一年是抗战建国开始的一年，是民族复兴开始的一年。千千万万的战士英勇地牺牲了，千千万万的同胞惨苦地牺牲了。而诸君还能完成自己的学业，可见国家社会待诸君是很厚的。诸君又走了这么多路，更多地认识了我们的内地，我们的农村，我们的国家。诸君一定会不负所学，各尽所能，来报效我们的民族，以完成抗战建国的大业的。”

笳吹弦诵在昆明

昆明的12月，对于刚刚“团聚”于此的西南联大师生来说，还充满着新鲜感。这里不同于去年的长沙，更不同于前年的北平。明代流放于昆明的诗人杨慎有诗云：天气常如二三月，花枝不断四时春。在北方正是天寒地冻水瘦山秃的12月，昆明却有黄的报春白的玉兰绽放枝头。昆明城西的联大校区，新校舍还在紧锣密鼓施工中。师生们挤在规格不同花色各异的借用房子里，开始了新一期学习。唯一让人安慰的是暂时不必将时间花在迁徙奔走的路上，可以在还算安宁的昆明安置摆放一张平静的书桌了。从1938年5月4日联大四个学院在昆明开课时起，昆明总部学生就有约1300人。到年底，蒙自分院所属的文学院、法商学院又迁入昆明总部，联大就有了五院（文、理、工、法商、师范等）并二十六系。学生人数也扩大到约2000人，另有教师600余人。为解决家属子女就业求学之需，也为普及当地教育服务，西南联大又创办了附属中学、附属小学等相应机构，形成了联大办学的“一条龙”。特别要一提的是，联大在昆明所办的师范学院，以招收云南本地学子为主，有针对性地为云南培养师资，其入学条件也进行了相应调整，为云南教育输送了较多人才，功不可没。而且，师范学院也是云南继东陆大学（后改为国立云南大学）之后创办的第二所综合性高校。联大北归时，师范学院留在昆明，部分联大教授也因此留在昆明，这个家底，成了新中国成立后昆明师范学院（今云南师范大学）的建校根基。所以，说云南师范大学的前身是西南联合大学，源头正在于此。

西南联大的新校舍由梁思成、林徽因夫妻设计，到1939年4月，这批建筑终于完工投入使用。这些由中国最有名的建筑设计大师设计督造的建筑，在今天看来，可以说是简陋不堪：全部建筑均为平房，宿舍和办公室为茅草屋顶，图书馆和食堂为瓦顶，最“豪华”的教室则使用了白铁皮做屋顶。杀鸡真用了牛刀。建筑设计大师的全部智慧，主要用于不同材质对各种房屋用途的适应和区隔上。比如，食堂屋顶之所以要用瓦，是因为昆明风大，如果用茅草做顶，那么，在食堂吃饭的师生可能会“满碗掉渣”。而将白铁皮用在教室屋顶上，则是希望在教室里的师生能感到多一点安全，因此也稍微多一点安心、放心。请梁思成、林徽因夫妻设计西南联大的新校舍时，最初梁、林二人已经考虑了学校实际，先是设计出三层砖木结构，又改为二层，再改为平房；砖墙也被改为土墙。每改一次，林徽因就落泪一次。到后来，没想到还得改为茅屋。从不发火的梁思成最后把图纸砸在梅贻琦面前，说：“改这样的图纸，盖这样的房子，为什么要叫我来？”

梅贻琦知道梁思成素来涵养很好，而且，他的火并不是冲着自己来，而是对政府一压再压并久拖不到的办学经费感到气愤，就像哄小孩子一样对梁思成说：“思成啊，你就再原谅我们一次吧。等胜利回到北平后，我一定让你们为清华园建几栋世界一流的建筑，以弥补今日之委屈，行吗?”老校长一席话，让两人都情不自禁地泪流满面。

从这些简陋教室走出来的杨振宁后来回忆起这段时光：“那时联大的教室是铁皮顶的房子，下雨的时候，叮当之声不停。地面是泥土压成，几年后，满是泥泞；窗户没有玻璃，风吹时必须用东西把纸张压住，否则就会吹掉。”更有熟悉历史的学子，将明朝东林党人“风声雨声读书声，声声入耳；家事国事天下事，事事关心”的名联，贴在教室门口，借此自嘲和励志。

因为房屋过于紧张，联大教师住房全靠自己解决。学校的主要精力必须用在非由校方出面不可的关键地方。比如学生宿舍就是如此。总不可能让学生也去东一处西一处地到处打“游击”吧？还在长沙圣经书院时，刚刚开始磨合的，由三所学校组成的临时大学，就为宿舍有过摩擦。某日，蒋、梅、张三“常委”，到暂住于书院旁的清代破营房的学生宿舍“视察”，蒋校长看了破宿舍后，顿时皱起眉头，他心疼学生却忘了现实，因此大发议论，认为这样的宿舍不该拿来给学生住，会严重影响学生身心健康。资格更老的张校长却提醒说，这是战时，学生应该受到锻炼，有这样的宿舍已经不错了。两个校长因此抬起扛来，一个说，我绝不让自己的孩子在这样的环境里居住；一个说，我一定要让自己的孩子在这样的环境里居住。吵得面红耳赤之际，还是梅校长出来和稀泥：“如果有条件住大楼自然要住，不必放弃大楼去住破房；如果没有条件那就该适应环境，因为大学并不是有大楼，而是有大师的地方。”梅贻琦后来实际成了三“常委”中真正打理西南联大的负责人。而他此时所谓“大学是有大师的地方”，其实正是他早在1931年12月任清华大学校长时，所发表的“治校六方略”之二阐发的观点：“一个大学之所以为大学，全在于有没有好教授。孟子说，‘所谓故国者，非谓有乔木之谓也，有世臣之谓也。’我现在可以仿照说，‘所谓大学者，非谓有大楼之谓也，有大师之谓也’。”梅贻琦活用孟子之说，成为经典。但是，今天的大学，却刚好反其道而行之：大楼林立，大官众多，学子如蚁，唯独却不见了大师踪影。

即便这样，1939 年春天“耸立”于昆明城西北的那些联大教室，还是好景不长。因为到了 1944 年，学校进一步陷入财政危机时，连教室屋顶上的铁皮也被掀了下来，卖了筹款，借以度日。教室换上的茅草屋顶，经常被昆明春天呼啸而至的大风掀出一个个大洞，见了天光的屋顶，被学生戏称为“亮瓦”，文学院学子对着飘过屋顶大洞的流云，朗诵起杜甫《茅屋为秋风所破歌》：“安得广厦千万间，大庇天下寒士尽开颜。”让人别有一番滋味上心头。

然而就是从昆明城西北那些低矮茅草屋里走出的学子，却成为对世界科学文化具有重大影响的新一代巨人：现代物理学泰斗、诺贝尔物理学奖获奖者李政道和杨振宁，著名核物理学家邓稼先、朱光亚、郭永怀、黄祖洽，世界光纤之父黄宏嘉，航天工业大师王希季、屠守锷，人工胰岛素合成技术创始人邹承鲁、钮经义，中国计算机工程开拓者慈云桂，半导体工程开创者黄昆，数学大师王宪钟、王浩，量子化学大师唐傲庆，地质气象学大师郝贻纯、刘东升、叶笃正、涂光炽……

1955 年，中国科学院公布的首批 400 名学部委员中，有 180 多人曾在西南联大学习或工作过。与之前后，海峡彼岸的“中央研究院”，其成员半数以上也与西南联大有关。

西南联大曾经向全校师生征集警言、歌词，制定新的校歌、校训。最后，校训选定为“刚毅坚卓”四字，校歌选定为文学院院长冯友兰所填“满江红”词：

万里长征，辞却了，五朝宫阙。暂驻足，衡山湘水，又成离别。绝徼移栽桢干质，九州遍洒黎元血。尽笳吹，弦诵在山城，情弥切。

千秋耻，终当雪。中兴业，须人杰。便一成三户，壮怀难折。多难殷忧新国运，动心忍性希前哲。待驱逐仇寇，复神京，还燕碣。

笳吹弦诵，或许正是当年西南联大学子在昆明精神状态的最好写照。在这所无大楼却有大师的学校里，他们铭记着“楚虽三户，亡秦必楚”的历史典故，卧薪尝胆，壮怀激烈，分分秒秒，不舍昼夜。西南联大终以其对于人类的贡献而超越时空。

就在联大常委梅贻琦等人为学校经费天天向重庆政府申述叫穷时，某一天，云南省主席龙云向梅贻琦伸出了橄榄枝。龙云那天是在黄昏时分，仅带一司机，来到昆明郊区龙院村一幢小土楼的二楼，此时，这里的主人正是梅贻琦。梅贻琦对龙云的突然造访并不欢迎，因为他的“家”连欢迎龙云入座的地方也没有，弄得本来很讲究的梅贻琦十分尴尬。龙云却连连拱手：“梅校长，恕罪恕罪。兄弟我来，就是为看看你。”说着，把包了几只云南德和罐头的一个礼盒硬塞在梅家。小土楼上却真不是说话的地方，最后，为了说话方便，两人只好来到楼下空地，于是有过这样一段对话——

龙云：“我来是有一事求于梅先生的。”

梅贻琦：“龙主席但说无妨。”

龙云：“云南正在试种美烟，培育新种。只是化验分析，却要不远千里去到香港南洋兄弟公司……如果贵校能助地方一臂之力，或许是改善云南财政最好一途。反过来，云南也能为办学略尽绵薄之力。”

梅贻琦：……

这段对话，恰好被租住在梅贻琦楼下的联大图书馆职员唐冠芳无意中听到。后来，唐冠芳回忆说，龙云到梅贻琦家，仅见此一次（因为后来梅贻琦一家就从龙院村搬走了）。所说的话，也仅听见这些。知道是跟云南种植美国烟草有关。后来云南省为联大建校舍提供过诸多方便，好像还送过钱。也见到常技正来联大图书馆查阅过烟草资料，见到联大化学系老师为烟种一事往返于昆明西郊大普吉。到 1943 年后，云南纸烟厂恢复生产时，曾经送给学校数量不少的“重九”烟以作交际。可能也与此次龙主席来访有关吧？

“下楼”以后的闻一多

1938年6月22日，闻一多从蒙自给远在湖北武昌的夫人高孝贞写信：“……你究竟来还是不来？要早做决定……我须在来接你以前，把房子定好，一切都安排好，事情很多，我如何忙得过来。所以你非早一点让我知道不可。”

就在这封信发出几天后，闻一多知道了蒙自分校很快要搬昆明的消息。军政当局已经安排中国（柳州）航校转移到蒙自并将使用联大校舍，时间已经迫在眉睫了。于是又赶紧给妻子去信：“……现在非住昆明不可了。我手上已无现款，故颇着急。自然我日夜在盼望你来，我也愿意你们来，与你一同吃苦。但手中若略有积蓄，能不吃苦岂不更好？快一个月了，没有吃茶，只吃白开水，今天到梦家那里去，承他把吃得不要的茶叶送给我，回来在饭后泡了一碗，总算开了荤。本来应该戒烟，但因烟不如茶好戒，所以先从茶戒起，你将来来了，如果要我戒烟，我想，为你的缘故，烟也未尝不能戒。”

从闻一多给妻子信里这些家常话中，可以看出，一是名教授闻一多此时日子已经十分窘迫，二是即便如此，夫妻二人应该是感情甚笃。却有人总是猜忌，留过洋且名气如日中天的闻一多，会不会抛弃为他已经生了一大群孩子的糟糠之妻高孝贞。早在1932年，与闻同在青岛大学任教的沈从文，就写过一篇《八骏图》的短篇小说，其中有一个人物“教授甲”，据说就是讽刺的闻一多。因为小说写了教授甲夫妇“围了六个胖孩子”在身边，而且“蚊帐里挂了一幅半裸体的香烟广告美女图”，“窗台上放了个红色保肾丸小瓶子”——所有这些，都被人认为影射的是闻一多。有人考证出沈从文故意“把闻一多写成物理学教授甲，说他是性生活不如意的人，因为娶了乡下妻子”。香烟广告美女图和红色保肾丸小瓶子则是佐证此观点的核心细节。闻一多为此大怒，从此与沈从文绝交，直到同在昆明西南联大，闻一多也没理睬过依然还在写小说的沈从文。

无论是在青岛大学，在清华，还是现在的西南联大，闻一多都是名教授，名气远大于差不多算后辈的沈从文。在青岛大学时，闻一多身边有“二家”跟随其后，即都是诗人的臧克家和陈梦家。二人都得到过闻一多提携。当时臧克家每写出好诗，看闻一多心情又好，就凑上前去，先给闻一多点燃一支“红锡包”，再请闻一多点评批阅。闻一多也会顺手递一支烟给臧克家，师徒二人吞云吐雾，品茗谈诗，好不快意人生！

闻一多因故被驱逐出青岛大学后，却依然风度不减反增。因为他有了更合适的去处：清华大学。而且到那里是教他更拿手的《诗经》《楚辞》。在清华听过闻一多上课的学生冯夷，对此有过一段精彩描述：

“记得是初夏的黄昏……闻先生像一位道士样昂然走进教室来……但并不即刻开讲，却慢条斯理地掏出他的纸烟盒，打开来，对着学生们漏出他那洁白的牙齿做蔼然一笑，问道：‘哪位吸？’学生们笑了，自然没有谁接受这绅士风味的礼让。于是闻先生自己擦火柴吸了一支，使一阵烟雾在电灯下更浇重了他道士般神秘的面容。于是，像念‘坐场诗’一样，他搭着极其迂缓的腔调，念道：‘痛——饮——酒——熟——读——离——骚——方得为真——名——士！”

然后闻一多会自得其乐地呵呵数声。这喜欢呵呵之声，也是闻一多讲课时的老习惯了，在青岛就曾被学生讥讽过。有一次闻一多与梁实秋经过一壁报，就见上有讥讽闻一多的打油诗：“闻一多，闻一多，你一个月拿四百多。一堂课才五十分，经得住你呵几呵？”到了清华，闻一多的呵呵之声，可能是发在他先递烟再抑扬顿挫的“真名士”之后，学生们反倒更喜欢这位有名士风的闻教授了。

没跟闻一多同去清华的梁实秋，得知闻一多在清华的名士派头后，曾经著文称：“黄昏上课、上课吸烟，这是闻一多的名士习气。我只是不知道他这时候是不是还吸的是‘红锡包’，大概是改了‘大前门’了。”

再说闻一多从蒙自到昆明，在找房子的问题上，得到先抵昆明的弟子陈梦家照拂，一开始还算顺利。高孝贞与五个子女以及女佣赵妈，还有其弟闻家驷一家，在武汉沦陷前，也辗转香港、越南海防，终于到了昆明。所租住的房子在武成路福寿巷，一楼一底，是一行医大户人家院落中的闲置小楼，闻一多一家八口住楼下，被聘为联大外语系副教授的闻家驷一家五口住楼上，条件比住在龙院村的联大常委梅贻琦还好。但是，随着日机轰炸的来临，教授们都不敢再住昆明城里，闻一多一家在昆明的好日子也就很快结束了。

在蒙自时，闻一多可以不下楼，整天做他的学问，拒绝跟他瞧不起的那帮失败主义者见面打交道。因为那时他过的是一人吃饱，全家不饿的“单身汉”日子。在昆明，他带着八口之家，如果算上最初跟弟弟一家五口在一起，那是庞大的十三口之家。一大家子人，没再住过什么像样的楼，因此，人们慢慢忘记了他“何妨一下楼主人”的雅号。闻一多此时不仅无楼可下，他甚至留在家中的时间也越来越少。除了到联大上课，他还要到别处兼课，以弥补捉襟见肘入不敷出的家庭用度。搬家的次数也越来越多，最远处，甚至到了昆明远郊的晋宁住过一年。那里倒是有利于躲避日机轰炸，却苦了闻先生要大老远跑城里上课。辛苦、费时，有时还可能误了上课的钟点。最后还是只好搬了回来。分别住过节孝巷、陈家营、茅地村、司家营、昆华中学宿舍，以及翠湖边上的西仓坡宿舍等处。其中住处最窘迫的是在陈家营，那所位于昆明西郊大普吉村的土基房子，无窗，仅墙上挖一小洞，阴暗潮湿可想而知。房子面积约 16 平方，最多时住过 14 口人，而且是两家人——1941 年初，联大数学系教授华罗庚在昆华农校的家突遭日机轰炸，无处安身，闻一多就把华罗庚一家六口接到已经拥挤不堪的小屋，于屋中央拉一布幔，度过了最艰难的一段时光。而就在这段时间里，闻一多完成了其学术代表作、神话研究专著《伏羲考》，华罗庚也完成了自己的代表作、影响世界数学界的《堆垒素数论》。华罗庚到了晚年，想起这段时光，曾赋诗一首：“挂布分屋共容膝，岂止两家共坎坷。布东考古布西算，专业不同心同仇。”

昆明北郊的司家营是闻一多在昆居住时间最长的一个地方，大约有三年时间，即 1941 年秋到 1944 年夏。这也是闻一多一家在昆明最难熬的一段时间。闻一多从联大领到的薪水，仅够全家 10 天左右最简单的开支，剩下 20 天，就要靠闻一多想别的办法了。其实也没什么办法好想，无非是：变卖，兼课、治印。闻一多变卖过自己的一件皮大衣，还卖过几本自己十分心爱的线装书，而夫人高孝贞某日将家中三十多件衬衣一次卖出，也“仅够隔日买米之用”。闻一多兼课时间较长的一所学校是昆华中学，一家人也因此到昆华中学提供的宿舍居住过一段时间，“每月有一担米，一点钱和两间房子”，日子算是稍微好过一点。再后来，抽签抽到联大建于北门街的宿舍，闻一多一家得以搬过去。

真正使闻家拮据日子稍有改善的是闻一多开始上街“治印”。因为闻一多长期研究金石甲骨，又是留美学习绘画出身，上街“治印”也就似乎顺理成章。早在 1927 年，闻一多于青岛时就给梁实秋、潘光旦等人刻过印章。但当时用的是石料，而云南边境热带雨林有大象出没，也就流行象牙印章。牙章质地细密坚硬，雕刻起来确是极其费事，闻一多为了掌握其中技巧，手指磨得血肉模糊，几近绝望，终于大功告成。他一大家子度日如年的困难，在联大可以说无人不知。所以，到他"治印"开张之日，前去捧场的竟然有蒋梦麟、梅贻琦、熊庆来、冯友兰、杨振声、朱自清、唐兰、罗常培、潘光旦、陈雪屏等多人，就连曾经在青岛大学与闻先生有过过节的沈从文，也带了自己的书法作品前去捧场，倒让闻一多有些不好意思。清华中文系浦江青教授还代拟了一段广告词，张贴到闻一多治印的"三友金石书画社"门上："……浠水闻一多先生，文坛先进，经学名家，辨文字于毫芒，几人知己；谈风雅于原始，海内推崇……"当时在昆明的美国盟军有人出于好奇也来凑趣，把闻一多刻印的生意弄得热闹起来。观闻一多毕生所写篆书，最有意义和价值的，当数他为国立西南联合大学纪念碑碑文所篆额。上书缪缪两行数字，然该篆额与冯友兰之撰文、罗庸之书丹形成珠联璧合，至今仍立于西南联大旧址之云南师范大学121大街校区内，供无数后人观瞻景仰。

治印可以换钱，内心无比高傲的闻一多，却并未因此而高兴。刻印只为稻粱谋，"千古文章未尽才"。虚掷了不少光阴的闻一多，心中反而郁闷不已。因为这时，他受环境和所接触的人的影响，已经逐渐转变为民主斗士了。其显著标志，是他加入了"民盟"，并成为其中核心成员之一。当时的民盟，其组织扩张一是向有影响的知识分子渗透，二是走上层路线，即发展地方军政当局重要人士入会。而幕后牵线的则是中共地下党组织。名声既大又"苦大仇深"的闻一多，当然就成了民盟发展对象。从表面看，接近和发展闻一多的是同为联大同事的历史系教授吴晗，吴晗背后则是中共南方局派往云南的代表华岗。加入民盟的闻一多，与同为民盟的楚图南、李公朴等人交往渐多，更与云南上层人物龙云等也颇多交道。因为到后来，连龙云以及龙云长子龙绳武等，也加入了民盟，成了与闻一多同一组织的"秘密战友"。据楚图南回忆，龙云长子龙绳武入盟仪式，闻一多还是监督人之一，而地点则是在龙云于昆明西郊的别墅中。

因为闻一多与龙云交往，久不抽烟的闻一多又抽起了烟，而且是早在1937年冬在长沙时就抽过的"重九"烟。原来，到1943年初，新组建的云南纸烟厂开始了生产，而生产的第一个卷烟牌子，就是"重九"。云南纸烟厂属于公有企业，直属省管，跟联大诸位教授交往颇多的龙云，自然送出不少"重九"烟。既治印、又兼课，还到处演讲，并与上层过从甚密的闻一多，身上就随时揣着一包“重九”烟。他在联大中文系同时开了三门课：楚辞、古代神话、唐诗。三门课都是闻一多的拿手好戏。到了教室，他又开始玩起名士派头，讲楚辞必从“痛饮酒熟读离骚方得为真名士”开场，而且是图文并茂，他用整张毛边纸画出伏羲、女娲图，口讲指画，文采斐然，把很多外系甚至外校学生也吸引了来。热衷于上课和讲演，闻一多口才也越发了得，成为当时联大一景。上课时，闻一多依然掏出烟，而且是烟盒黄灿灿的“重九”烟，依然很绅士风度地先问学生：谁抽？当然没人真敢接闻先生的烟。与清华课堂稍微不同的是，闻先生点燃香烟后，下面也有学生自己掏出卷烟跟着抽了起来。因为此时的联大学生年龄差异较大，有的已经是很有烟瘾的“老学生”了——这其中，就有当时爱听闻一多讲课的汪曾祺。汪曾祺慕名从遥远的苏北跑到昆明投学于联大，在联大混了五年最终却没拿到毕业证，但是这并不妨碍他成为从西南联大走出来的最有名气的文科学子之一。后来到昆明，汪曾祺专门去他泡过茶馆跑过警报的旧地重游，在接受记者访问时，他又想起了闻先生，说：“闻先生是真才子啊！他最迷人的地方就是民国时期自由知识分子的个性。个人主义那时还不是过街老鼠，当然，他后来信奉了某种主义，而我却成了散淡的人，为此，我说他对我‘俯冲’了一番，他说我对他‘高射’了一通。尽管如此，闻先生某天晚上却到我租住的地方来看我，让我想着就感到温暖。”

汪曾祺还说：“没人敢在课堂上接闻先生递过来的烟，不等于说就没人抽过闻先生的烟——尤其那还是很多学生想抽却抽不起的‘重九’。闻先生会作为奖励，奖给课堂答问回答得好，或者读书报告写得好的学生。我就曾经得到过闻先生这样的奖励。很有意思的是，我曾经给一个低一级的同学代写过一篇关于李贺诗的读书报告，闻先生看了，表扬他说，居然比汪曾祺写得还好！随手就发了那同学一支‘重九’烟。”

闻一多还跟随联大教授吴宓去过位于崇仁街的庾园。20 世纪 40 年代，这里已经成了驻防云南的第九集团军昆明办事处。第九集团军当时驻云南文山，司令关麟征，陕西户县人，与陕西泾阳人吴宓算大同乡。因为吴宓找关麟征讨论过追求暗恋对象毛彦文一事，且得到关麟征耐心聆听和循循善诱，吴宓感动之余，呼朋唤友，某次将闻一多也引了去。不料关司令虽然好茶好烟招待，却对闻教授毫无兴趣，还指责说联大教授不要将学生往邪路上引——明显说的就是喜欢给学生做演讲的闻一多。既然话不投机，闻一多一支烟还没抽完，拂袖而去，把吴宓留在那里好不尴尬。后来，到“一二·一”

事件发生后，闻一多在给学生演讲中，直接呼出“关麟征该杀以谢天下”的口号。

关麟征当然不可能因此被杀。但他最终因“一二·一”事件引发的学生运动愈演愈烈，被蒋介石撤去其云南警备总司令职，离开昆明。此人在其后调任黄埔军校担任教育长职，并于1947年接替蒋介石任黄埔军校校长，成为黄埔军校学生中任母校校长第一人也是唯一的一人。喊出“关麟征该杀”口号的闻一多，却在1946年7月15日，在云南大学至公堂参加了为民盟战友李公朴追悼报告会，并在会上发表了“最后的演讲”后，于返家途中，被暗杀在离家仅十几米的地方。

此前，西南联大已于同年5月4日举行完最后一次毕业典礼，并埋下联大纪念碑后，完成使命，然后解散，分批北归。西南联大也结束了长约八年多的校史。来也匆匆去也匆匆，联大已成中国教育史上的一个绝响，一个永远让人无尽怀想的历史背影。

第六章·军　魂

JUN　HUN

陈纳德其人

陈纳德祖籍法兰西，其祖上随拉斐德将军到美国参加独立战争，胜利后获美国国籍，并定居于美国东部的弗吉尼亚州。

陈纳德目睹了意大利人训练的中国飞行员在南京和武汉上空的糟糕表现后，发誓要“组建”一支他自己的空军，甚至不惜放弃中国政府给予的优厚报酬，申请恢复美国军籍。但美国军方的答复是：无此项经费使退役军人重返现役。

在万般无奈的情况下，陈纳德接受了宋美龄的一项建议或者说是命令（宋时任航空委员会秘书长），到位于大后方的昆明组建一所培养飞行员的航校——既然意大利帮助培训的飞行员如此糟糕，那就用美国人的方式锤炼一支崭新的中国空军吧。

“知其不可为而为之”，“士为知己者死”。这些中国的古训，陈纳德当然不懂。但是他的行动，却为这些古训做了最好的现代注解。当时他是怀着一种根本不可能完成此项任务的心情来到昆明的，但，正是这一极富挑战性的使命，坚定了他以后在昆明一待就是七年的决心。

不用细想就可以预见，陈纳德是两手空空来到昆明的，既无机场，又无飞机，更无培养飞行学员必不可少的教学人员。不过值得庆幸的，在昆明，他遇到了一位真心并不遗余力地帮助他的人——云南省政府主席龙云。

龙云亲自把陈纳德带到了巫家坝机场，告诉他，从今天开始，这座机场和机场上的飞机全部都归他了。机场上停放着几架一战时使用的双翼飞机，可以用来训练初级飞行学员，但，当时的巫家坝机场过于狭小，只能起降双翼飞机。而且离城太近，他可不想让失事的学员驾驶满载油料的飞机直接撞向地上的民房。于是提出，必须在郊区某地重建一座机场。

比较而言，昆明东西南北只有东南部比较平坦，适合修建机场。但陈纳德受领的任务是成立航校，培训前线急需的飞行员，不是修建机场。宋美龄虽然接受的是美式教育，英语说得比地道的美国人还好，但她对空军完全是外行（天知道她是如何当上航空委员会秘书长的，中国当时还没有空军这个军种，空军隶属于航空委员会）。就在陈纳德准备打退堂鼓的时候，龙云说话了。龙云说，将军若是认为巫家坝机场不适合做航校，我们可以另建一座机场。说完，手往东南方向一指："我们可以把这座机场建在呈贡。"

陈纳德顺着手势一看，那里不但地势平坦，而且濒临浩瀚的滇池，作为机场而言，的确是一个理想的地方。尤其是用于培训飞行学员，飞机一旦失控，掉进滇池，起码可以救那些鲁莽的学员一命。对于中国飞行员的鲁莽（也可以说是无畏和勇敢），陈纳德是亲身领教过的。南京保卫战期间，陈纳德吃惊地发现，日本战斗机上的铝皮薄得就像一张马粪纸，用双手都可以轻而易举地把它撕开。于是，陈把这个惊人的发现告诉了中国飞行员，在弹药打光或距离太近的情况下，完全可以用自己的机翼勾住日机的机翼，然后再加足马力，将其活活撕开。有位叫袁于思的中国飞行员还真的那么干了，可惜他选错了对象。那天他遇到的是日军的三菱轰炸机，当他从高空一头俯冲下去才发现机枪卡壳了，于是就按美国陈纳德教授的特殊方法，用自己的机翼缠住了日机宽大的机翼，结果可想而知，三棱轰炸机不但干净利落地切断了袁的机翼，顺便把他的尾翼也连根拔掉了。幸而袁的驾驶技术还不算太糟，成功迫降后，捡了一条性命。

第二天一大早，头上缠满绷带的袁于思怒气冲冲地走进了陈纳德的办公室，责问陈："是你亲口告诉我，可以用机翼撕破日军的飞机，为什么被切掉的反倒是我的机翼？"

陈纳德哭笑不得地告诉他："我指的是日军的单引擎战斗机，而你却偏偏挑中了一架日军最结实的三菱轰炸机，这能怨我吗？朋友。"

此时，碧空如洗的云南天空显然给了陈纳德好心情，眺望着那片即将成为新航校的开阔土地，他向龙云提出了另一个问题："将军，需要多长时间才能建成一座机场？我的意思是指呈贡机场——半年能够吗？"

龙云未加思索就说："用不了半年，三个月就足够了。"

陈纳德大惊："三个月就建一座机场，你不会是开玩笑吧？将军？我要的是机场，是起降战斗机的机场！"

龙云指着身后不远处的滇缅公路，说："上校，这条全长963公里的滇缅公路，是去年十二月才动工的，我们只用了八个月的时间就基本建成通车了。我想，在平地上建一座机场，不会比在横断山脉修一条长达9百多公里的公路，更困难吧？”

陈纳德是1938年夏末来到昆明的，因为前方急需武器弹药，他知道中缅公路的修筑原则是“先求通，后求好”。实际上，正式通车之前（1938年8月），中国政府购买的18000辆汽车就满载着武器弹药，从仰光一直开到了昆明。他很明白，平素看着温吞吞的中国人，一旦成为醒来的狮子，是什么人间奇迹都能干出来的。于是，他只好暂时打消了返回美国招募“雇用兵”的念头。陈纳德在昆明落脚后做的第一件事，就是用周至柔取代宋美龄做了航空委员会的秘书长，尽管他本人对宋夫人的美貌和仪态十分欣赏，但他无论如何也不希望由一位第一夫人来做自己的顶头上司。他采取的方式也十分奇特，那就是以辞职相挟胁，每当与宋发生冲突时，陈纳德就会从口袋里掏出一封事先准备好的辞职信。如此三番五次后，宋也揣摸出了他的心思，干脆让中央航校副校长（校长为蒋介石）兼教育长周至柔接任了航空委员会秘书长一职（中央航校此时已搬到了云南蒙自，使用的正是西南联大文法学院腾出的房舍），周毕业于保定军校，曾任师长、副军长，1933年至1936年，受蒋委派到欧美等国考察空军，是中国军队中比较熟悉现代空军的一位高级将领。两人之后的合作十分愉快。

当龙云再次动用上万名头上裹着五彩缤飞不同颜色的头巾的妇女和老人，用蚂蚁啃骨头（陈纳德语）的方式日夜赶建呈贡机场时，中国在1937年夏天即向美国订购的柯蒂斯－赖特鹰式75型飞机，终于来到了中国。但这批飞机性能极差，最高时速竟比合同上规定的低了20英里，根本无法投入战斗，只好转拨给陈纳德，用于培训飞行学员。陈纳德毫不客气地致电柯蒂斯公司，如果他们不能在短期内将飞机调试到他们广告上宣称的速度，他将亲自返回美国起诉柯蒂斯公司。

等柯蒂斯公司的工程师远涉重洋，到达昆明时，呈贡机场已经建好了，时间也到了1939年的冬季。昆明的冬天阳光明媚，能见度极高，十分适合飞行训练。但就是在这样的气候条件下，开学不到一个月，三个飞行中队中，就有两个中队的飞机被摔得支离破碎，再也无法起飞。调查的结果，三分之二的飞行学员出身豪门（非官即商），是名副其实的纨绔子弟。陈纳德像对待柯蒂斯公司一样，毫不客气地将一半以上的学员赶出了航校。此举，为中国空军的建设打下了坚实的基础，因为在此之前，中国任何一所航校都没有发生过这样严厉处理学员的事。

就在陈纳德的航校顺风顺水，正满怀希望地打算用他亲手训练的飞行员狠揍那帮长着罗圈腿的日本杂种时，谁也没想到，1939年的9月，希特勒德国终于对英法两国开战了，第二次世界大战爆发。那个所谓“带来了整整一代人和平”的《慕尼黑协定》，最终的结果是搬起石头砸了英法两国自己的脚。

1938年9月30日，英国首相张伯伦、法国总理达拉第与希特勒和墨索里尼在慕尼黑签订了《慕尼黑协定》，这个臭名昭著的协议只有一个内容——把捷克出卖给希特勒。签订这一协定的原因，可以追溯到第一次世界大战。一战结束后，捷克在英法帮助下恢复了独立，并与英法两国签订了互助同盟条约，如果德国和捷克交战，英法按条约势必也要卷入战争。而希特勒又势在必得，公开宣称“无论用什么办法，这次都要解决捷克境内300万日耳曼人问题，就是为此打一场世界大战，也在所不惜”。靠近捷德边境的捷克苏台德地区有300万日耳曼人，希特勒以此为借口，打算以武力吞并苏台德地区。英法为避免其卷入战争，竟强迫捷克接受：“凡是苏台德区日耳曼人占50%以上的领土，都直接转让给德意志帝国。”这就是所谓的《慕尼黑协定》。协定签订后，回到伦敦的张伯伦一下飞机就兴高采烈地宣布：我带回来了整整一代人的和平。先生们，我建议你们回去安安心心地睡觉吧。

其结果，这个所谓“整整一代人的平和”，只维系了不到一年——1939年3月，希特勒德国占领捷克斯洛伐克；9月1日，进攻波兰。战火已经烧到家门口的英法被迫对德宣战，第二次世界大战爆发。

很少有人知道，二战爆发的1939年，宋子文一度失宠于蒋，在昆明他的老朋友龙云那里闲居了好几个月。南洋兄弟烟草公司请求在云南大面积种植美式烤烟，就发生在那段时间。

当初，陈纳德也是通过宋子文才认识云南省政府主席龙云的，陈纳德非常喜欢昆明这座边地城市，这里的街道上种满了法国梧桐，而随处可见充满异国情调的法国别墅，又勾起了陈对祖上故乡法兰西的无比眷念。

一转眼，一年又过去了。1940年8月，陈纳德回了一趟美国，他是为购买战斗机一事回国的。当时，美国柯蒂斯公司刚刚研制出一种比赖特鹰式75型的性能要好得多的P-40战斗机，中国政府一口气订购了100架（价值450万美元）。但欧战爆发后，美国的飞机制造厂开足马力，仍无法满足前线的需求。陈纳德跑了好几家公司，最后才在柯蒂斯-赖特公司看到了一线希望。中国一直是这家公司的长期客户，陈纳德在这里碰到了他的老朋友伯德特·赖特。赖特是柯蒂斯公司的副总裁，他提出一项建议，目前该公司有六条生产线为英国生产 P－40 飞机（法国投降后，英国又拿到了原先属于法国的订单），如果英国愿意将 100 架刚刚下线的飞机让给中国，公司马上增加一条生产线，为英国人加班加点赶制飞机。英国人起初有点懵，他们被赖特绕晕了，但最后他们还是同意了这项建议。

这时，宋子文作为蒋介石的特使，也来到了美国。他和陈纳德商定，这 100 架 P－40 从纽约直接运到仰光。当时，中国中央飞机制造公司已经在中缅边境的垒允（中缅公路入境处），匆匆建起了一座飞机装配厂，用于飞机的装配和维修。1941 年 4 月的一天，这批命运多舛的飞机终于被装上一艘挪威轮船准备起航了，偏偏这时一个货柜因绳索断裂，这 100 架飞机中的第一架，未及参加战斗就毁在了大海里。

当周至柔第一次看到 P－40 战斗机时，说："中国需要 100 架这样的飞机！"

陈纳德则指着驾驶 P－40 作飞行表演的约翰尼·艾利森说："还需要 100 名这样的飞行员。"

这位年轻的少尉在不到五分钟的表演中，将 P－40 的性能发挥到了极致。周至柔原以为，陈纳德的意思是他将亲手培养出 100 名最优秀的飞行员，结果他错了，陈纳德重新捡起了在他抽屉里躺了近三年的"雇用兵"招募行划，他要从美国招募一批有实战经验的"雇用兵"，真枪实弹地跟那帮长着一双罗圈腿的日本杂种干一仗了。

陈纳德经常驾机往来于昆明和重庆之间，从 1940 年的夏天开始，日本最先进的零式战斗机开始出现在重庆的上空，这座城市已经被炸得千疮百孔了。陈纳德亲眼看到 13 架零式战斗机像老鹰抓小鸡那样，从高空扑向 27 架老式俄国战斗机，仅仅几分钟后，中方 27 架战斗机无一生还，而 13 架零式战斗机却毫毛未损。从那以后，每当传来空袭警报，中方战斗机所作的第一件事就是尽可能快地逃离战场。终于在当年 10 月份的某一天，气急败坏的蒋介石委员长把陈纳德从昆明召到重庆，告诉他："你马上回美国一趟——尽可能多地帮我弄一批美国最新式的飞机和最好的飞行员回来！至于钱嘛，你直接找宋子文就行了，他马上就动身去美国。"

是的，必须有最好的飞行员能直接将最好的战机开上蓝天去迎敌并打它个稀里哗啦——这才符合内心暴躁的陈纳德性格。为了招募到最好的飞行员，陈纳德开出了天价，飞行员月薪 600 美元；中队长 750 美元；地勤技术人员 250 美元——最低档的地勤工资，也差不多是美军标准月薪的三倍。而且，陈纳德还开出了激励条文：每击落一架日机，中国政府还将另外奖励500美元。

重赏之下，还真有勇夫。很快，就有从美国等地赶来的110名“雇用兵”，通过天上和海上不同的途径，来到昆明向陈纳德报到了。但遗憾的是，这些人根本不是他想要的人，这是一帮大腹便便，肌肉松弛的家伙，看上去更像是某家餐馆里的厨师，而不是强悍的战斗机飞行员。果然，在这帮冲着美元不惜横渡整个太平洋，远道而来的家伙中，只有12个人符合陈纳德的要求。这帮家伙中的绝大多数人从未见过P－40战斗机，更不用说驾驶了。之前，他们都是侦察机、鱼雷机，甚至轰炸机的飞行员，一半以上来自海军。更要命的是年龄悬殊如此之大，从21岁到43岁应有尽有。他不知道负责招募工作的威廉·波利是从哪个垃圾堆里找到这帮家伙的。威廉·波利受雇于中国中央飞机制造厂，同时他还是一位从中央飞机制造厂与柯蒂斯公司之间抽取佣金的掮客。陈纳德大脑里的第一个反应就是，这位掮客巴不得一天之内，就让那100架P－40葬身火海（其实也只剩下99架了），从而让他可以迅速签订下一个订单，以便他从柯蒂斯公司赚取更多的佣金。

不过，此时的陈纳德已经顾不上找威廉·波利的麻烦了。法国投降后，作为德意日轴心国之一的日本，已经以胜利者的姿态，从法国人手里接管了与云南毗邻的越南。日军飞机从河内机场起飞，几乎每天都可以光临春光明媚、鲜花盛开的昆明。他们可以不紧不慢地欣赏这座古老城市的景色后，再从容地排出一串串“亮蛋蛋”，然后爬高欣赏这些由TNT炸药和建筑与人体一起编织的“美丽的花朵”。长满法国梧桐的金碧路上那些法式建筑，就被日本飞机炸得百孔千疮。当时为女友萧珊而来到昆明并居于文化巷寓所的巴金，目睹金碧路被炸惨状后，写下悲愤交集的《先死者》，强烈控诉日军飞机暴行。而陈纳德更为自己未能率队升空去保护昆明法式建筑和无数百姓免遭大难，痛惜悔愧不已。

看着昆明城市被日机炸成一处处废墟，那天，陈纳德突然像一头发怒的狮子，猛地咬碎了平素喜欢叼在嘴上的那个烟斗。这个情景，正好被中央社女记者陈香梅用镜头记录了下来。

龙云知道此事后，特意送上听装“重九”烟，并告诉陈纳德：“这是战争刚爆发时云南生产的唯一也是最后一批这样的烟，我珍藏着它，就是为了有一天遇到先生你这样珍贵的客人。而且，它的原料正来自先生你的家乡——美国弗吉尼亚的‘大金元’烟。希望先生能够喜欢。”

陈纳德确实喜欢上了这带有家乡口味的“重九”烟。虽然他很快又有了新的烟斗，但他还是喜欢有时候在嘴角叼一支这种“重九”烟，烟斗却被他拿在手上，对着军用地图指指戳戳。到了1943年以后，这种情况发生的频率就更高了——因为云南开始使用徐嘉锐、常宗会等人引种的美国烟叶，由新建的云南纸烟厂重新生产这种“重九”烟，而补给线过长的美国军队常常会断了作为军需品配给的“骆驼”烟。陈纳德手下的小伙子也都习惯性抽上了云南“重九”。一度时间，“重九”烟还上了驻华美军食品配给清单目录。陈纳德和他的飞虎队抽“重九”就成了家常便饭。到陈纳德离开云南时，在云南推广种植了六七年的美烟金元（Gold - Dollar）发生了普遍的品种退化。龙云在送别老朋友时，将30两黄金送到陈纳德手中，龙云要以此换回陈纳德家乡弗吉尼亚最好的大金元（Mammoth - Gold）烤烟新种。只是没想到的时，当陈纳德费尽心机冒险用军机将违禁出口的美烟种子运到昆明时，龙云已经被蒋“逼宫”，从云南省主席位置上退下了。

碧血千载染中条

1940年8月，日军占领越南后，直接威胁到云南和当时中国唯一的战略通道——中缅公路。云南省主席龙云向最高统帅部请求，将滇军第一集团军调回云南。但滇军自1937年10月出征抗战以来，先后在台儿庄会战、武汉会战和第一、第二次长沙大会战中，屡建奇功，统帅部只允许调回60军，58军和新编第3军继续留守湘鄂赣地区，成立第一集团军副总部指挥该两军；60军和第一集团军总部经广西调回云南后，驻防文山、红河。未几，龙云被统帅部任命为昆明行营主任，同时成立第一、第二路军指挥部，滇军新组建的六个步兵旅（每旅下辖3个团），分别隶属于第一路军、第二路军。第一路军指挥官卢俊泉，下辖第1、2、3旅；第二路军指挥官张冲，下辖第4、5、6旅。

鉴于占领越南的日军第38军团兵力达8万之众，统帅部又将中央军关麟征第十五集团军调到广西，后又经广西调入云南改称第九集团军。同时成立滇越边区，由卢汉升任边区总司令（留在湘鄂赣之第一集团军副总部升为总部，58军军长孙渡升任集团军总司令，鲁道源任58军军长，李宏光任新3军军长），统一指挥滇越铁路以东地区之关麟征第九集团军，及路西地区的滇军60军、第一路军、第二路军。

至此，参与抗战的云南部队前后已达五个军（60军、58军、新3军、第1路军、第2路军），近20万人。

其实，严格说起来，投入抗日战场的滇军还有一个军——国民革命军第3军。第3军的前身即护国滇军李烈钧第二军，护国战争结束后留住广东，1926年北伐战争前改编为国民革命军第3军，首任军长朱培德（云南禄丰县人，毕业于云南讲武堂第一期，一级上将，1937年2月病故），继任军长曾万钟（云南大关县人，毕业于云南讲武堂第三期）。第3军虽然自1916年参加护国战争后，从此再没有回过云南，但其官兵大多来自云南（军校毕业、投亲靠友、官佐自行回滇招募等等）。“七七事变”后，第3军先后转战于冀西、晋西、晋东、晋南等地，发扬滇军不怕牺牲、吃苦耐劳、团结战斗之传统，多次给予日军重创。太原失守后，退入中条山。军长曾万钟升任第五集团军总司令，副军长唐淮源继任第3军军长。

唐淮源生于1886年（与庾恩锡同年），云南江川县人，1909年考入云南陆军讲武学堂第二期丙班，与朱德、范石生为同班同学。

中条山位于山西晋南地区，西邻陕西，南临黄河，东北与太行山相连；南北长160里，东西宽约800里。地理位置十分重要，与黄河同为保卫中原和西北之天然屏障，历来为兵家必争之地。为固守这一战略要地，蒋介石调集了两个集团军（第5、第14集团军）共七个军，15万人，由第一战区副总司令卫立煌任总指挥，担任中条山地区防御。中条山险要的位置，使日军如鲠在喉，自1938年10开始，先后对中条山发动了13次师以上大规范进攻，均被我守军击退。

1941年5月，日军调集了六个师团又两个旅团共计25万人，向中条山发起了代号为“中原会战”的大举进攻。

5月7日，日军从东、西、北三个方向，分四路向中条山发起疯狂进攻。

当时，隶属于第五集团军的第3军在位于中条山中部的夏县温峪、嘉桑一带布防，这一带恰好是日军重点进攻的方向，日军以四个师团又两个旅团约15万人，向晋城、阳城、垣曲、夏县发起猛攻。战至8日下午，第十四集团43军（晋绥军）不支，退过黄河，垣曲沦入日军之手。失去垣曲，中条山防线被日军一切两段，整个战局陷入被动之中。8日晚，战区司令部下令撤退。担任掩护之80军新编27师师长王竣、副师长梁希贤、参谋长陈文杞以下7千人全部战死。

新27师全师阵亡后，第3军即成为日军主要攻击的目标。

第3军坚守中条山长达两年半的时间里，先后打退日军十三次进攻，与十四集团军第98军同为中条山两大劲旅，成为日军的眼中钉肉中刺。43军南渡黄河后，日军集中三个师团倾其全力围攻第3军。第3军下辖第7师、第12师，另有临时配属的第34师。9日，防守王家河的第7师遭敌围攻，阵地大部丢失，军长唐淮源亲率预备队反击，夺回所失阵地。日军趁我反击之时，向第3军军部唐田发起攻击，夺占唐田后，兵锋直指我第五集团军总部。唐淮源闻讯后，率部从侧后向日军发起反攻，日军被迫收兵，集团军总部得以安全转移。

防守唐王山的是第3军第12师，师长寸性奇。寸性奇，云南腾冲人，毕业于云南讲武堂第二期，参加过重九起义和护国战争，历任顾品珍护国滇军第1军参谋处处长、孙中山广州军政府少将参军、第3军参谋长等职。1937年任第3军第12师中将师长。12师是第3军的主力，5月7日，日军向中条山发起攻击后，12师坚守唐王山一昼夜，寸土未失。

到5月9日，经两天两夜激战后，中条山战役失利已成定局。此时，黄河上的最大一个渡口王福涧渡口已被日军占领。但却无人通知第3军，唐淮源军长决定全军向王福涧攻击前进。偏偏这几天中条山连降大雨，道路泥泞，给部队的行动造成极大困难。5月10日，部队运动到温峪一带，突然与大队日军遭遇，旋即占领温峪东北之阵地，与日军展开激战。

是夜，唐淮源军长召集属下三位师长召开紧急会议，研究突围路线。会前，唐军长拿出珍藏的听装“重九”香烟，发给各位说：“我军虽已脱离滇军系统多年，但云南人民并没有忘记我们。这听‘重九’，就是前年我回家为母奔丧时，龙主席亲自送我的。”

唐淮源和寸性奇都曾经参与顾品珍倒唐，是唐继尧的亲信龙云的死对头，这也是他们留在滇军老3军，一直没有返回云南的原因。1939年4月，唐淮源母亲病逝。唐淮源幼年丧父，是母亲一手把他带大的，唐对母亲十分孝顺。是年秋，中条山战事趋于平稳，唐淮源回滇奔丧，途径昆明时，龙云专门设宴接风洗尘，令唐淮源大为感动。席间唐称，吾向以老母在，故有所虑，今大事已了，此身当为国有，誓与中条山共存亡！

龙云与唐淮源同为上将，国难当头，龙对唐的此番慷慨激昂之辞十分欣赏，不但以“重九”香烟相赠，还将两个团的新兵交给唐，用于补充第3军。

会议上出现两种不同意见，配属第3军的34师主张以团为单位分头突围，军长唐淮源和12师师长寸性奇则倾向于向东北方向转移，相机与太行山朱德率领的八路军会合。唐淮源与朱德是云南讲武堂的同班同学，之后又一起参与倒唐，第3军开到晋南后，两人多次面晤，共商抗战大计。第3军坚守中条山期间，与八路军过从甚密，唐淮源多次派出自己的警卫营护送途经中条山的朱德等八路军高级将领。配属第3军的34师，最早隶属于第3军，但属于非滇系部队，军官多为黄埔或中央军校生，实际负有监视第3军的责任。第3军开到中条山不久，34师即调离第3军，归战区司令部直接指挥。“皖南事变”后，34师重又配属第3军，实际还是用于监视“血统不纯”的第3军。因此，它是绝不会同意第3军向太行山和朱德的八路军靠拢的。

到底是分散还是向东北方向突围，大家正在争论不休，不远处又响起了激烈的枪炮声，眼看形势危急，唐淮源起身道："各位，不成功便成仁。60军已经在台儿庄为我们作出了榜样——我们决不能给云南、给我们滇军丢脸！更多的话我就不说了，我已做好了成仁的打算，想必各位也想好了吧？"

寸性奇立刻起身接过了话头："请军长放心，一个人想活也许很难，但要死却十分容易。我想，我们再怎么傻，也不会傻到放着容易的事不干，而去自找麻烦吧？"言毕，寸性奇从身上摘下一块佩带多年的缅甸碧玉，狠狠往地上一掷，苍翠的碧玉碰在卵石上顿时星散开来，闪过龙爪菊花瓣突然舒张状的光芒。

在这生死攸关的时刻，寸性奇一番言行把大家镇住了。还在大家目瞪口呆时，寸顺手抓了一把"重九"，塞进自己的军服口袋。

唐淮源知道寸是一个有名的烟鬼，未加制止，反而大声说道："好，寸师长宁为玉碎，我唐淮源也绝不做瓦全之人！我们滇军有着重九起义和护国之战的光荣传统。抗战以来，敌强我弱，中国军队丢失了大片的土地。但是，到目前为止，我们只有战死的军长师长，还没有被俘的军长和师长，我希望，这个先例决不能由我第3军首开其端！"

三位师长随即率部与日军展开了血战。

历经两天两夜的殊死搏杀，全军伤亡惨重，仍未能突出重围，部队到了弹尽粮绝的绝境。到5月12日，由唐淮源直接掌握的军直属队只剩下不到100人，坚守在一座名为县山的阵地上。至中午12时，阵地已被日军四面团团包围。唐淮源知道最后的时刻到了，冷静地拨出了佩枪，卫士和副官见状，欲冲上前来夺枪，被唐厉声喝退："糊涂！我堂堂陆军上将，如何能做倭寇之俘虏？"

言毕，抬起手臂向自己的头部开了一枪，一代名将，喋血中条山，成为整个抗战中战死沙场的国军四上将之一。

寸性奇的12师是第3军战斗力最强的一个师，唐淮源军长以死报国时，寸性奇正率部猛攻日军重兵据守的毛家沟、水骨朵、胡家谷一线阵地，企图为全军杀开一条血路。鏖战中，寸性奇胸部被日军机枪子弹洞穿，被卫士拼死抢下阵地后，刚好传来唐淮源军长杀身成仁的消息。

寸在卫士的帮助下，从上衣口袋里掏出一支带血的"重九"，点燃猛吸一口后，自豪地道："抗战至今，一个军，军长师长同时阵亡的，只有第9军军长郝梦麟和54师师长刘象棋。此番血战中条山，我们第3军一定能赶上第

9 军!”

1938 年 10 月 16 日，郝梦麟战死于山西忻口。临死前仍在高喊“夺回高地！夺回高地!”

寸性奇说完，不顾伤痛，起身继续率部发起攻击，一举夺占了毛家沟高地。战至 5 月 13 日，日军屡攻不克，以飞机和重炮狂轰滥炸毛家沟阵地，寸性奇再次负伤，右腿被炸断。当漫山遍野再次出现日军的膏药旗时，寸面带微笑，向部下作别：“我是不行了，在诸位面前先走一步。请各位好自为之，绝不能作日寇的俘虏!”

言毕，以佩剑猛刺喉头，气绝身亡——

向以武士道精神自诩的日军，也不得不肃然起敬，向宁死不屈的唐淮源、寸性奇两将军报以钦佩的目光，下令对两位滇籍将领予以厚葬。

唐、寸两将军以身许国，使第 3 军滇籍将士无不激愤。第 3 军下辖第 7 师，第 12 师，两个师除不到一团人突出重围，其余全部战死。负有监视之责的 34 师，倒大部做了日军的俘虏。

三天后的 1941 年 5 月 16 日，第一战区在陕西城固召开追悼大会，隆重悼念唐淮源军长、寸性奇师长和第 3 军阵亡的全体官兵。民国元老于右任亲书挽联：国土未复失壮士，碧血千载染中条。

与西南联合大学同时迁出北平的西北联合大学，正好建校于陕西城固。西北联大师生也派代表参加了悼念会。一位教授在追悼大会上盛赞第 3 军：“欧洲战场上，五万英军和六万荷兰部队向德军缴械投降。然我第 3 军将士，从军长到士兵，在弹尽粮绝的绝境之下，却无一人向日寇投降，其英勇壮举，感天动地，天地为之动容——”

1941 年 6 月 6 日，云南省专门为唐、寸两将军和第 3 军阵亡将士召开公祭大会。省主席龙云在祭词中给予唐、寸两将军高度评价：“……敌人对中条山志在必得，倾华北可调之部队，于 5 月大举进犯。在弹尽粮绝下，唐将军视死如归，卒以身殉。这种精神实为我军高级将领中少见，实在值得我们崇敬。唐军长与寸师长都是我们云南讲武堂同学中不可多得的人物。他们二位的牺牲，是国家的光荣，云南的光荣!”

一个军全体为国战死，整个抗战中并不多见（后虽有死守衡阳之方先觉第 10 军，但方最后并未以身许国，而是被日军所俘后获释），让人难免联想到南宋抗元英雄文天祥《过零丁洋》中那两句千古绝唱——人生自古谁无死，留取丹心照汗青。

云南纸烟厂

应该说，公营云南纸烟厂（亦即昆明卷烟厂和红云红河集团前身）的成立，与当时正在进行中的抗日战争，有着极大的关系。

1940 年 8 月，日军占领越南后，滇越铁路越南海防至云南河口段停运，英美烟草公司和南洋兄弟烟草公司进出云南的唯一渠道完全中断。这对英美公司而言，少了一个重要的市场；对南洋兄弟烟草来说，更少了非常重要的原料。

与之相反的是，在此期间，先后迁到云南的中央和沦陷区机关、学校、企事业单位却与日俱增，比较著名的计有中央银行、中国银行、交通银行、农业银行等中国四大银行；由清华大学、北京大学、南开大学合并而成的西南联大；另有直属国民政府资源委员会的中央机器厂、中央电工器材厂、个旧锡矿、云南钢铁厂、昆湖电厂、宜良煤矿、东川铜矿等大型工矿企业。昆明城市人口由战前的 20 多万，剧增至 50 多万，翻了一番。绝对人口数和消费能力极强的相对人口数的迅速扩大，使昆明这座曾经的“睡城”突然醒来。抽烟的人都知道，烟民醒来后的第一个动作是打着哈欠找卷烟，而“醒来的昆明”也在找烟——可是烟在哪里呢？一方面是卷烟消费市场日趋庞大，另一方面是卷烟入滇渠道几乎完全中断，市场上仅有少量湖南贵州等地运来的杂牌烟和从越南走私入境的“柯达”烟，远远不能满足这时昆明市场的需要，更不能给急需增加财政收入的云南地方政府带来好处。

不过，这还仅仅是问题的一个方面。最重要的原因是税制的改革（划分为国家与地方收支）。在此之前，云南地方财政与外省不同，基本上属于自收自支，不分国家（收支）、地方（收支）均由云南自己掌握。如应归中央收入的盐税、特种消费税等，均留云南自用；应由中央支付的军务、外交等方面的费用则完全由云南自己承担。尽管如此，云南财政经过近十年的发展，收支两抵，仍有结余。以抗战爆发前的 1936 年为例，收入为 28055481. 82

元，支出为23033347.97元，收支两抵，结余5022133.85元（均指银元半开，以下同）。

龙云当上云南省政府主席后，于1928年在省府265次会议上决定，在云南销售的纸烟，不分外来与地产，全部照章纳税，并定名为“纸烟特捐税”，作为全省教育经费之专项开支。卷烟之外的烟草制品税收，才纳入财政收入。其中，本地烟草制品中的烟叶，不分成色，每百斤征收4元；烟丝，从价征税25%。外地烟草制品，烟叶，主要是川烟，又称“金堂烟”（因产于四川金堂），每百斤征税33元；烟丝，从价征税40%。

抗战初期，云南财政仍照旧办理，后因战乱，全国经济遭受毁灭性破坏，战争费用急剧上升，国库入不敷出，导致货币贬值，物价飞涨。为增加财政收入，重庆政府要求云南按照国民政府规定，划分国家和地方收支。双方经过多次协商，最终达成协议，凡赋税性质属于全国统一的，划为国家税，如关税、统税、盐税、所得税、烟酒税等等；凡税收中与地方关系密切者，划为地方税，如田赋、营业税、屠宰税、契税等等。其收支原则为：一、盐税、消费税、烟酒税、印花税、卷烟税、矿产税、茶糖税划归中央；二、云南原来负担的军务费、外交费、司法费、党务费、大学教育费等，今后由中央财政统一拨付。

如此一来，云南财政收入锐减，必须开辟新的财源才能满足实际支出。在缪云台（1934年起任富滇银行行长）、陆崇仁（财政厅厅长）等人的建议下，龙云采取了“以财政扶持金融，以金融促进生产，以生产发展财政”的循环政策。

云南纸烟厂就是在这样的历史背景下成立的。

由于日军占领越南，滇越铁路中断，云南省教育厅在原亚细亚烟草公司基础上成立的南华烟草公司，自上海、香港采购的原料和辅料，无法运抵云南。如果说美种烟叶原料还能从南洋兄弟手中分点残羹再搭配土烟生产的话，让南华公司更为难的是卷烟辅料——比如卷支用的纸盘。实际上，因为无纸卷烟，1940年下半年，南华烟草公司就被迫停产了。后有人建议用打印纸、罗纹纸切条拼接代替纸盘，改机制为手工卷制（卷烟机无法使用打印纸卷烟），产量因此锐减，质量就更不用说了。由于亏损严重，加之税收划分为国家和地方收支后，原给教育厅的“纸烟特种税”已不复存在，教育厅不愿继续经营这个烂摊子，干脆把南华烟草公司的卷烟生产设备，全部转租给了私营兴业烟草公司。

南华垮了，但是龙云以烟草振兴云南经济的梦想却并没幻灭。早在1939年，宋子文为了解决南洋兄弟烟草公司的原料问题，征得老朋友龙云的同意，在云南试种美式烤烟，还专门从重庆政府农业部请了一位名叫常宗会的专家到云南指导试种。而在“七七事变”后，60军出滇时，庾恩锡已经把“重九”的秘密（配方）和盘托出，给了龙云。有好的配方和好的牌子在手，眼看着好烟叶会在云南越来越多，更重要的是烟草市场的需求也越来越大，怎能被一个纸盘憋死一群英雄汉呢？憋死的一定不是英雄汉，只是一些胸无大志只顾眼前利益的小业主。

龙云心里有了做一家直接由省政府操控的公立卷烟厂的设想。

他布的第一颗棋子，是建立自己能掌控的美烟试验种植基地。

龙云直接委任常宗会为云南省建设厅农艺师（当时尚无农业厅），云南改良烟草推广处处长，兼长坡农事试验场场长，让这个实业部的“技正”一下子变得有职有权。又同时委任徐嘉锐担任了相同或相似的职务。他们的主要工作就是试种美烟，采收和改良种子，争取在云南迅速扩大美烟种植规模。龙云通过跟庾恩锡打交道，耳濡目染，已经知道，要想让云南烟草工业起死回生，就离不开美种烟叶。徐嘉锐是云南本土专家，从1927年归国就向自己表明心迹要为云南桑梓效力，自不必说。常宗会虽然是宋子文派来的人，其最初使命也是为南洋兄弟烟草服务。但要让他为云南做事也不难，无非就是位子和票子——这些在一省主席那里，都是区区小事。而常宗会虽然只是“技正”，这个安徽人头脑却相当好使。在云南几年下来，他知道了几个简单道理：一是这块土地确实可以创造神奇，二是要创造神奇一定离不开跟当地人——尤其是跟权柄在握的官员打交道。而此时，龙云就是“云南王”，有龙主席知遇之恩，他的屁股就悄悄挪了位置，坐到云南一边了。

龙云布的第二颗棋子，是设立云南烟草改进所（处），后又改所、处为烟草事业管理总处，并归为省企业局直属管理。

1940年，财政收入划分为国家和地方收支后，为增加财政收入，云南成立了纸烟专卖处，实行专卖制，不准商人私自销售。实行专卖后运输和销售纸烟的商人，限定只给10%的利润，其余的利润作为专卖收入缴入省财政。其实玩的也是一种“上有政策，下有对策”的套路。众所周知，卷烟与吃饭相比，属于“奢侈品”（不吸烟也死不了人），因此税率很高，有“寓禁于征”的意思，卷烟税被中央拿走后，省里认为吃了大亏，于是以“专卖”为借口，在卷烟销售的利润上大做文章。但如此一来，又严重打击了纸烟运输和销售商人的积极性，市面上纸烟的数量和品种大幅锐减。与之相反的是，由于战争，迁往云南的人口与日俱增，搞得堂堂一省主席的龙云有时候都拿不出烟去送礼。龙云将财政厅长陆崇仁找来臭骂一顿后，又好言安抚商议，让其将纸烟专卖处改为云南烟草事业管理总处。加了一个“草”字，除了原来的纸烟外，就将所有的烟草制品全部纳入专卖管理。

理顺财政关系，调动起烟商积极性之后，龙云进一步改革，在烟草事业管理总处下先设云南改良烟草推广处，继而将云南改良烟草推广处改为云南烟草改进所，并将其隶属关系从财政厅移到云南省企业局名下。名正言顺之后，任命管理型人才赵济为所长，让常宗会、徐嘉锐这两位“海归”和真正的烟草专家一心抓业务，同时挂副所长名头。果然，经过从20世纪30年代末到40年代初连续几年的试种后，常宗会、徐嘉锐等人向龙云汇报，云南的气候土壤非常适合美式烤烟的种植。现在的问题是，“金元”这个品种在云南土地上退化严重，产量太低（一般来说，一亩地可产一担烟叶，约合100斤。但“金元”亩产只有70斤，这还是专家在试验田里种的，如果换做普通农民，恐怕连50斤都不到），要进一步发展烤烟，从美国引进新的优良品种和技术，依然是当务之急。植株啊、变异啊，常、徐说的这些技术性的专业术语，龙云听起来虽然云山雾罩，但他俩的话，倒是提醒了他，老朋友陈纳德，他的老家不正是在美国弗吉尼亚，不正是那个烤烟优良品种的正宗发源地吗？什么时候他才帮得上忙呢？他能把那个该死的美式烟种弄到云南来吗？

此时的陈纳德正在1000多公里外的缅甸东吁，用世界上最肮脏的语言，痛骂他手下那110名大腹便便冲着银子而来的飞行员。他是1941年8月底才来到东吁的，他到东吁做的第一件事就是签署了一项命令，同意五名强烈要求回国的飞行员离开美国志愿航空队（这个名字是陈纳德模仿参加西班牙内战的志愿军取的）。本来，他完全可以在呈贡那所航校里调教这帮绝大部分连战斗机都没有摸过的飞行员，而且在呈贡还可以尽情地享用龙云将军送来的宣威火腿和“重九”牌香烟。但1940年夏天发生的一件事，让他再也不敢冒这个险了（尽管他一生非常喜欢冒险），那天，轰炸昆明的一队日本飞机，发现了停在机场上的三架柯蒂斯战斗机，于是向呈贡机场倾泻了大约一吨重的炸弹。陈纳德眼睁睁地看着冲天而起的浓烟，却束手无策，因为他手里没有一名可以投入战斗的飞行员。正是这次挨炸的经历，更加坚定了他回国招募美国飞行员的决心。

另外，把训练基地设在缅甸东吁还有一个好处，这里离中央飞机制造厂建在垒允的P-40装配厂很近，而如果飞到昆明，就算是空中直线距离也超过了500公里。陈纳德估计，如果让手下那帮天知道从那里搜罗来的所谓“战斗机飞行员”，直接把P-40飞到昆明的话，他好不容易从英国人手里“抢来”的100架（其实只乘99架了，而且接下来的日子里，还有许多架毁于“非战斗损伤”）战斗机，至少一半以上将毁于人为的操作失误，而不是空战。

到目前为止，陈纳德已经差点被这批飞机折磨出精神病了。他忘了，这批P-40是专门替英国空军生产的，机载武器的口径不同于美军，如果要改装为美军通用的12.7毫米勃兰宁机枪，时间上根本来不及（而且美国所持的“中立”立场，也不见得会卖给他数量如此庞大的机枪）。他只好命令他的军械官去找英国人——不管是买、是偷，一定要在最短的时间里，帮他弄到一批数量足够多的13.2毫米机枪子弹。

就在这时，他接到了龙云的电话。龙云在电话中，居然跟陈纳德提了一个跟战争毫无关系的问题：问他能帮忙弄到弗吉尼亚烟种吗？并开玩笑说，如果搞不到弗吉尼亚烟种，下次见面时，他再也享受不到美味的“重九”牌香烟了。

被P-40和他的飞行员搞得焦头烂额的陈纳德，想也没想就说，当然能。但是他更关心的是，搜寻P-40机载武器的弹药。“龙，你说，我的飞机上了天，眼看着敌机从眼皮下过，我的机枪却不能吐吐吐，你说我在这里训练有什么用？”

龙云问：“法国的哈其开斯机枪弹能用吗？哈其开斯的口径也是13.2毫米。”

陈纳德：“当然能用，英法两国从第一次世界大战开始就是盟国，他们的武器都是通用的。我知道这种一战就开始大量使用的哈其开斯机枪。龙，难道你要从法国去给我找吗，来不及了。”

龙云说：“那好，陈先生，不用再找英国人了，也不用找什么法国人，我这里有的是13.2毫米机枪子弹，对，就是哈其开斯。”

陈纳德顿时兴奋起来：“主席龙，我很想知道，你不是在开玩笑吧？你手头真有哈其开斯机枪子弹？有多少？”

龙云：“我想，眼下库存的哈其开斯机枪子弹应该不少于100万发。”

电话那头的陈纳德兴奋得差点一头晕倒在地，100万发，足足够那99架P-40使用大半年了。

陈纳德立即告诉龙云，他很快就会率部返回昆明。他向龙云发誓，只要他有了那些机枪子弹，回到昆明，昆明晴朗的天空将再也见不到一架日本杂种的飞机。

陈纳德真的做到了，尽管是在付出了巨大的代价之后——在东吁的第一个飞行日，他就损失了七架 P－40，其中六架是着陆时撞毁的，幸运的是飞行员都安然无恙；一架则是一位骑在自行车上的机械师，被先后撞坏的六架飞机惊得目瞪口呆，一头撞向停在地上的一架 P－40，导致机翼损坏。

暴跳如雷的陈纳德连骂娘的力气都没有了，在教会这帮所谓的“战斗机飞行员”学会驾驶 P－40 的过程中，他的嗓子因使用过度，已经不能说话了。顺便说一句，在缅甸训练期间，陈纳德最终还是在东吁圣卢斯教堂埋葬了三位飞行员。

之后不久，美国一直竭力逃避，而中国政府期盼已久的太平洋战争，终于以日本海军偷袭珍珠港为标志，打响了。据说，1941 年 12 月 8 日（美国时间 7 日）那天夜里，重庆和昆明都燃放了大量的烟花爆竹，以示庆贺。

重庆是战时首都就不用说了，昆明因为会集了中国当时最优秀的各界学术大师（以西南联大为首），他们早就告诉过龙云，日本迟早会对美国开战，而日本一旦对美开战，离他死期也就不远了。

因此，龙云此时并不担心看上去似乎越打越热闹的战争，而是抽出很大一部分精力用于美式烤烟的推广种植和公立卷烟厂的筹建。种植烤烟，一方面是为了解决日趋紧张的财政收入，陆崇仁向他保证，仅烟税一项，一年就可以收取 500 万元（1936 年，全省烟税即达 118 万元，当时作为重点消费人群的城镇人口还不到现在的三分之一）；另一方面，继关麟征的第九集团军进入滇南后，应英国人的邀请，统帅部决定在云南组建中国远征军（这是继 800 多年前忽必烈远征欧亚大陆之后，中国军队第一次出国远征）。中国远征军昆明临时指挥所已经设立在隐蔽的西山脚下，那是原云南财政厅长李培天于 1936 年所建的“邃园”。这里有西山作为天然屏蔽，根本不用担心日机轰炸。属于远征军序列的甘丽初第 6 军已开进云南，杜聿明第 5 军、张轸第 66 军正在开进云南的途中。如果再加上滇越边区的 60 军和第一路军、第二路军，仅军以上番号就达到了九个，约三十万人。云南光是满足这三十万大军的需求，就可以建一座中等规模的烟厂了。

更重要的是，经过几年的摸索，在常宗会、徐嘉锐的烟草改进所指导下，烤烟种植面积由 1940 年的 500 亩，扩大到 1941 年的 2000 亩，收获烤烟 3000

多担，按一担烟叶生产一箱卷烟计，3000 担就是 3000 箱，已经达到了亚细亚公司当年一年的生产产量了。1942 年更可以在全省大面积种植美烟。

按龙云的意思，1941 年这 3000 担烤烟，应该全部调给宋子文的南洋兄弟公司，美式烟种和技术人员都是人家宋子文带来云南的。但宋派来的常宗会却告诉他，由农民初烤过的烟叶还不能进行长途运输，因含水量太大，恐怕不等运到目的地就霉烂变质了。因此，必须经过复烤后才能外运。

龙云说："那就复烤吧。"

常宗会又说："复烤需要建专门的复烤厂。"

常宗会告诉龙云，来年全省的种植面积可能会超过十万亩，筹建复烤厂已经迫在眉睫。

龙云听了，沉吟半天，才终于轻描淡写地说出他早已经想好的第三步棋：建一座烟厂，而不仅仅是一座复烤厂。

常宗会、赵济、徐嘉锐，几个人都激动起来。他们齐齐聚到龙云办公室。

龙云说："事情可是你老常说起来的啊，是你要我办复烤厂。我是觉得，牛都买来了，我们不差买一根拴牛绳的钱。那就干脆顺便再办个卷烟厂吧。——问题是，要办就要办大厂，办属于政府的厂。要不然就被人笑话了，说你一个省主席，也来管办个烟厂这样的小事，不去管抗战啊、办大学啊那样的大事。哎，你们手头有管大厂这方面的人才吗?"

常宗会正好要报答龙的知遇之恩，也就不谦虚推诿，很干脆地说，"有，我手下就有一位叫李青年的上海人。此人毕业于东吴大学化学系，其父曾做过南洋公司上海烟厂的管家，他本人也长期在南洋公司从事过工艺工作。这次是受宋部长之托，专门从南洋公司抽来云南解决原料问题的。"

龙云当即说："好吧，具体考察定夺，由你几个说了算。教育厅那个南华烟草公司有一整套卷烟生产设备——最早是亚细亚公司的，据说都是从美国和日本进口的。我把他交给你，复烤厂和烟厂就拜托你了。"

因为陈纳德和他的志愿航空队还远在缅甸东吁，没黑没夜地苦练飞行技术，昆明的天空眼下还是日本人的天下，常宗会、徐嘉锐和李青年跑遍全昆明，最后决定将复烤厂和云南纸烟厂的厂址选定在昆明北郊苍竹乡的上庄村。李青年这人十分精明，此前，他已经在上庄附近的岗头村搞了一个华建卷烟厂了，当然是私营性质的，且多为手工制作。据李青年的侄女李嘉山回忆，她的大伯李青年、二伯李宾石都是淞沪会战期间离开上海的，先是到了重庆，后从重庆转往昆明。她父亲李青翊因当时还在东吴大学念书，到重庆的时间要晚于大伯和二伯。当时时局很乱，上海的有钱人要么逃往香港，要么迁往重庆，许多搬不走的工厂设备，三文不值两文就卖了，大伯李青年还专门汇了一笔钱给父亲，让他从上海购买一批卷烟生产设备经水路运往重庆。现在看来，李青年的华建卷烟厂，使用的很可能就是李青翊从上海买来的设备。李青年被任命为筹备处负责人后，与二弟李宾石一起退出华建卷烟厂（李宾石后被任命为云南纸烟厂工务股股长），岗头村的华建卷烟厂则交由三弟李青翊负责。

1941 年 4 月，云南烟叶复烤厂和云南纸烟厂筹备处成立，原云南烟草改进所所长赵济为筹备处主任，李青年为筹备处副主任。早已远离烟草的庾恩锡经不住龙云热情相邀，挂了个不拿钱不上班的顾问。当然，他也不是完全白挂——因为龙云要他继续支持，“重九”烟标使用权就属于了即将开张的云南纸烟厂。

经过近一年的筹备后，翌年 4 月，云南烟叶复烤厂和云南纸烟厂正式破土动工。到 1943 年 1 月，云南卷烟工业又一个划时代的企业：云南纸烟厂诞生。

中国远征军

太平洋战争爆发前的1941年11月，远在缅甸东吁的陈纳德收到一封宋子文从大洋彼岸发来的电报，电报大意为：送往美国陆军部的报告说你的美国志愿航空队，不可能在1942年2月之前整装待命，并说它在战场上坚持不了两个星期。请对此作出评价。

陈纳德当然很清楚，这封电报代表的其实是蒋介石本人的意思。于是，毫不迟疑地给蒋本人和宋子文回电：美国志愿航空队将在1941年12月以前准备完毕，只要我们愿意，我的航空队在战场上想要生存多久，就可以生存多久。

陈纳德知道，一定是陆军部（美国当时还没有独立的空军，空军隶属于陆军部）那帮官僚干的好事，他们到东吁转了一圈后，居然对航空队作出了如此悲观的评价。当然，航空队的表现也的确乏善可陈，光是在训练中就损坏了十多架飞机，顺便还摔死了三位飞行员。而且陆军部的三位上校到东吁的时候，陈纳德正派人满世界搜寻13.2毫米口径机枪子弹。平心而论，他们由此推断航空队只能在战场上坚持两个星期，这个评价已经相当不错了。

对于蒋和宋的担心，陈纳德非常理解，中国在一半以上的人口饿着肚子的情况下（听说，河南因为旱涝连灾，已经开始吃人了），拿出450万美元的巨款购买飞机，绝不仅仅是为了作摆设。不过，根据陈纳德自己的判断，自己麾下的志愿航空队已经今非昔比，无人能敌了。之所以敢于作出这样大胆到目中无人的判断，自有他自己的道理。首先，他的训练完全是根据实战的需要进行的，打破了之前世界各国空军的所有条条框框。比如，他一遍又一遍地反复告诫部下，不要试图一个回合就打掉所有的日本飞机，与日机遭遇，第一轮射击过后，应该立刻避其锋芒。突然俯冲后的低飞，是避其锋芒最好的办法之一。而英国皇家空军规定，如果在作战中低飞摆脱敌机，将被送上军事法庭；中国空军同样的情形，将被立刻判处枪决。因为在他们看来，这与逃兵无异。日本空军已经习惯了英国和中国空军的做派，必然对低空逃走的飞机疏于防范，小伙子们，这时候你们的机会就来了。

陈纳德另类的战术和不按规矩出牌的作风，同样深深地影响了他的部下。珍珠港事变爆发后的第二天清晨，当他登上机场塔台时，立刻被眼前的情景惊呆了，有那么几秒钟，他甚至怀疑自己走错了地方，或者干脆就是还在梦境之中，他看到所有P－40的机身上都画满了各式各样姿态各异的美女，有半裸甚至全裸的，特别是那招摇夸张的丰乳肥臀，让人以为误入了某红灯区。机头部分则是夸张地张着血盆大口的鲨鱼嘴巴。就在陈纳德目瞪口呆的时候，第一中队中队长罗伯特·桑德尔来到了他身边："你欢喜吗，长官？"

如果换在别的什么时间，陈纳德一定会把这个来自得克萨斯的牛仔骂得狗血喷头，但眼下大战将临，他不能这么做。于是漫不经心地指着一架机头上画着飞虎的P－40说："比较而言，我更欢喜这只飞虎。依我看，它一定会吓得那帮日本杂种魂飞魄散的。"

桑德尔马上解释说："其实，我们画上白种美女也是这个意思，日本飞行员大概一辈子都没有见识过如此硕大而迷人的乳房。趁他们一分神的时候——达达达，我们的P－40趁机就把他们送回老家了。长官。"

陈纳德只是微微翘了一下嘴角，算是默许了。

经过四个月的悉心调教，陈纳德认为他的志愿航空队已经完全可以升空作战。缅甸的烈日将小伙子们的皮肤烤得黧黑的同时，也让他们彻底改变了对这场战争的看法，他们不再是只为钱而战了，他们知道在这个世界上，还有远比金钱更重要的东西——那就是正义。

1941年12月18日，按照蒋介石与英国人反复交涉的结果，志愿航空队留下一个中队帮助英国皇家空军保卫仰光，其余两个中队于当日下午飞抵昆明，为昆明和中缅公路提供空中掩护。

志愿航空队回到昆明的第三天——12月20日，终于迎来了她有史以来的第一次真正意义的空战。20日上午9点45分，陈纳德接到报告，十架日本三菱轰炸机经越南老街进入云南境内，正朝着昆明方向飞来。

第二中队的八架P－40首先起飞，但因为太紧张，他们在昆明东南三十公里处的宜良上空与日机擦肩而过。宜良方面的空情哨很快就传来消息，日机发现P－40后，没到目的地就扔掉炸弹，掉头正全速向中越边境飞去。他妈的，想跑，没那么便宜的事情。陈纳德当即命令桑德尔的第一中队（第二中队的油料基本耗尽了）立刻升空，陈纳德发出的指令就一个字：追！

大约一小时后，桑德尔第一中队的十六架飞机完好无损地回来了，从他们语无伦次的讲述中，陈纳德弄清了志愿航空队首次空战的大致轮廓——可以毫不夸张地说，那完全是一场毫无规则的混战，所有的飞行员都承认，他们没有自己把自己打下来，完全是出于运气。来自威斯康星沙瓦诺的弗里茨·沃尔夫连续击落两架轰炸机后，开始破口大骂军火商，因为关键时候他的机枪卡壳了（着陆后才知道，原来是他一口气打光了所有的子弹）。所有人都证实，他们亲眼看到，有三架日本三菱轰炸机凌空爆炸，其余的也都程度不同地遭受了重创。陈纳德当然不会相信他们的"胡言乱语"，直到下午，空情哨传来消息，从宜良东南一直快到越南边境，一共发现了九架日机的残骸。这下陈纳德不得不相信了，自己调教出来的这些小伙子，真是太棒了！他们居然是一直追着咬着日机打！云南的空情哨是陈纳德见过的最好的防空设施之一，县以下每个乡镇都配有一部电话和一部无线电台（境外则由无孔不入的戴笠军统局负责），日机从越南境内任何一地起飞，沿途空情就开始一站接一站地把日军的飞行轨迹上报到防空指挥部。因此，他们报告的消息，可以不用核实。首次空战就取得了零比九的骄人战绩。陈纳德忍不住拿出"重九"烟，开启朗姆酒，又打开美国军用罐头，黄的红的绿的摆了一大堆，要为自己的小伙子们庆功了。

从那以后，日本人慑于P－40群狼似不讲空战规则的攻击方式，再也没有大规模地轰炸过昆明。陈纳德实现了自己的诺言，"让昆明晴朗的天空将再也见不到一架日本杂种的飞机"。这句话，被浓缩成了《中央日报》一个整版的通栏标题。那一个版都是在说陈纳德和他的"飞虎队"，细腻的文笔，生动书写了"飞虎队"如何让日机胆寒，还夸张地描写了"飞虎队"那些"很性感的飞机"可以"一口吞噬一架日机"，"日本飞行员见了飞虎队的血盆大口就会尿裤子"。陈纳德被这些俏皮的描写打动了，在昆明南屏街《中央日报》驻昆办，他很快就找到了写这篇文章的该报女记者陈香梅。其实，与其说是陈纳德想找女记者，不如说女记者更想找陈纳德——她写的关于"飞虎队"报道，在国内引起很大轰动，而且连整个东南亚、甚至美国本土都注意到了。上司要求她尽快发出后续的并且最好是系列报道。"写出多少，就保证给出多少版面。"中国人乃至世界反法西斯阵营，现在太需要来自战场的鼓舞人心的消息了。所以，当那个冬日午后，他们在南屏街相遇时，陈香梅放弃了女孩子本应该保留的矜持，见面就要让陈纳德多讲故事，讲细节。陈纳德立刻也变得很兴奋：他想起来，正是这个女记者，曾经拍下过他青筋毕露咬碎烟斗的那张经典照片。陈纳德很喜欢那张照片，其实当时也可以说他已经喜欢上了那个一头卷发娇小玲珑而且像只性感小猫的女记者。只是当时没有机会跟她搭讪，他就去了缅甸。现在，没想到上帝又把这个尤物送到自己眼前了。陈纳德立即做出决定，应该找一处更适合谈话的场合，而不是眼前这个公事公办的办公室。他邀请女记者去了南屏街电影院隔壁的一家名为“星条旗”的咖啡馆，他要拉开架势让美女记者好好采访呢。

在洒满冬日阳光的咖啡馆里落座后，陈纳德先给女记者点燃了一支“重九”烟，自己用烟斗也点燃了一支。两股烟雾从各自口中徐徐吐出，然后在空中相遇，顿时就弥散开来，咖啡味和着“重九”烟香味，使他们的二人小空间变得格外温煦。还没等女记者提问，陈纳德就先开了口——

“请问小姐，你是怎么从遥远的地面看到日本飞行员尿裤子的?”

陈香梅：……

陈纳德：“那么，你描写我们的飞机‘很性感’，到底是‘飞虎队’飞机很性感，还是我们的飞行员小伙子很性感?”

陈香梅：……

看着陈香梅一脸窘迫，陈纳德露出一口大白牙，哈哈大笑起来。他连连很绅士地耸着肩摊开手说着抱歉，一面解释说，是因为他来到中国，已经很久没有像今天这样高兴了，所以就多给美丽的小姐开了会儿玩笑。“你姓陈，我也姓陈。按照中国的规矩，一笔不能够写两个陈字，一百年前，我们就是一家。你说对吗，密斯陈?”

直到这时还是一语未发的陈香梅，终于被这个“本家”老外逗得扑哧笑了。

可以肯定的是，一百年前，这两个陈肯定不是一家。但是六年后，他们却真的成了一家——陈香梅那颗年轻而骄傲的芳心，没用多长时间，就被比大她20多岁的陈纳德俘获，两人于1948年结为秦晋之好，随后，陈香梅去了美国，成为中美交往关系中具有多重色彩的一个特殊介质。

中国人一般很难记住西方人长得像绕口令一样的姓名，但他们却很容易就记住了罗伯特·桑德尔机身上那只张牙舞爪的飞虎，并以此来称呼陈纳德的志愿航空队。很快，飞虎队的称谓就传遍了几乎整个东南亚乃至全世界。

太平洋战争爆发后，孤军奋战了整整四年的中国，终于可以喘一口气了。

中共方面，自1940年8月发起，至次年1月结束的“百团大战”，虽然给予了华北日军以沉重打击，但也同时过早地暴露了八路军的实力（重庆政府的震惊程度甚至超过了日本方面）。日军自1941年夏，开始对共产党领导下的华北抗日根据地开始了疯狂的扫荡，根据地损失惨重。中共方面不得不调整战略，将武装力量化整为零，同时把旅以上军政高级干部集中到延安，一方面进行整风；另一方面为中共“七大”的召开，预做准备。

国民党正面战场，连续取得了1940年12月、1941年9月、1942年1月三次长沙大会战的胜利，基本改变了过去一触即溃、屡战屡败的被动局面。并以此为标志，中国战场进入了长达三年的相持阶段。

与此相反的是，珍珠港事变后，日军横扫整个东南亚，如入无人之境。在短短三个月的时间里就先后占领了菲律宾、新加坡、马来西亚、香港（越南和泰国之前已俯服称臣），兵锋直指缅甸和印度。

前面说过，希特勒入侵波兰（1939年9月1日）亦即欧战爆发之前，英国慑于日寇淫威，妄图像牺牲捷克斯洛伐克一样，以牺牲中国为代价，避免与日本开战，一度关闭了当时中国唯一的国际通道中缅公路。希特勒入侵波兰后，英国首相张伯伦搬起石头砸了自己的脚，其以《慕尼黑协定》换取的所谓“整整一代人的和平”，成为昙花一现，英国被迫对德意日宣战（德意日轴心国为军事同盟国，对其中一国宣战，就等于同时对三国宣战。珍珠港事变后，美国对日宣战，也相当于同时对德意日宣战），中英两国结为军事同盟。双方协防的第一个战略目标就是中缅公路，以及缅甸仰光到缅北地区的国际交通线（铁路、公路、河运）。中国政府决定在云南组建中国远征军，同时成立以林蔚为团长的军事会员会驻昆参谋团和昆明防守司令部，以第5军军长杜聿明兼任防守司令部司令。同时派出以林蔚为团长、杜聿明为副团长的中缅印马考察团赴缅甸等地实地考察。

该考察团得出的结论是，日军一旦占领马来西亚，中国远征军即应立刻出境，沿缅泰边境布防，协同英缅、英马军队保卫仰光及沿海港口等国际交通线。

1941年12月8日珍珠港事变爆发，同日，日军进攻香港。中国统帅部判断，日军即将攻击新加坡、马来西亚，进而入侵缅甸。按中英事前商定的协议，已抵达滇西的第6军49师作为远征军之先头部队先期出境，开至缅北腊戌布防，主力则待翌年一月进入缅甸。但这时英国人又变卦了，不知道是以为日本人没那么大的胆量，敢于在大英帝国这个“太岁”头上动土，还是抱定“宁赠友邦，不予家奴”的心态，似乎宁愿把缅甸拱手送给日本人，也不能让中国占了什么便宜。49师刚到畹町，英国方面突然又不同意中国远征军入缅了。直到 1942 年 2 月 1 日，日军自泰国与马来西亚交界的宋卡登陆，英军溃不成军，2 月 10 日驻新加坡英军投降；21 日，日军越过泰缅边境，强渡比林河，兵逼仰光，英国人才不得不于 3 月 1 日，主动“邀请”中国远征军入缅作战。可惜，由于心怀鬼胎的英国人一再推迟中国远征军的入缅时间，最佳战机转瞬即逝，匆匆出境的中国远征军，虽有戴安澜 200 师惊天地、泣鬼神的同古保卫战，以及孙立人新 38 师以一个团解救英军 8 千人之英雄壮举，但已无力回天。战至 4 月 24 日，腊戍失守，远征军后路被拦腰切断，面对日军四个师团咄咄逼人的攻势，中国远征军不得不兵分三路（孙立人新 38 师、廖耀湘 22 师随史迪威向西退往印度；第 6 军向东撤回今西双版纳；第 5 军向北经野人山、高黎贡山退回国内），分别撤回国内和印度。由于退路被日军切断，第 5 军不得不且战且退，穿越人迹罕至的野人山，致使这个中国当时唯一的机械化军，蒙受了重大损失。200 师师长戴安澜回撤途中战死，第 5 军损失过半，其中一半以上死于饥饿和疾病。

而且，更为严重的是，中国进入缅甸的三个军未及展开，有的甚至尚未到达集结地域，英军便夺路而逃，致使中国军队腹背受敌，无法从容后撤，在国境一线组织有效防御，日军得以长驱直入，5 月 3 日占领畹町和潞西，5 月 4 日攻陷龙陵，5 月 5 日，其先头部队已抵达中缅公路上的怒江惠通桥附近。

当日晨，惠通桥上仅有滇军混成第 6 旅一个连驻守。远征军工兵总监马宗六率部分工兵自龙陵后撤至惠通桥后，担心日军沿中缅公路长驱直入，果断下令工兵在惠通桥上布置炸药。当时桥上一片混乱，从缅甸后撤的华侨，畹町、潞西、龙陵等地逃难的民众，将大桥堵得水泄不通，并与守桥士兵发生口角，为疏通大桥，士兵不得已只好对空鸣枪警告。谁知，反倒歪打正着，一股化装为难民的日军进至桥头后，以为被我识破，遂撕开伪装，用藏于货车车厢内的机枪向我疯狂射击。见势不好，马宗六当机立断，下令立刻炸桥，一声巨响过后，惠通桥从中间被炸成了两段。中午 12 时，日军大队坦克和装甲车赶到，马宗六当即指挥守桥官兵和他带来的工兵，隔江与日军展开激战。日军眼见吊桥已毁，调来冲锋舟企图强渡怒江。守桥官兵虽然兵力上远逊于日军，但他们知道日军一旦过江，前面再也无险可据，两三天后即可兵逼昆明。为了故土亲人免遭日寇蹂躏，人人抱定必死决心，弹药用尽后，有意将日军放至江岸，趁其立足未稳，以刺刀和枪柄予以击杀，再以缴获之枪弹阻敌于半渡之中。

如此五次三番，日军始终未能渡过怒江。激战八小时后，守桥滇军和马宗六带来的工兵伤亡殆尽，所剩无几。就在这千钧一发之际，从保山赶来增援的宋希濂第十一集团军第 36 师 236 团及时赶到，投入战斗，日军眼看我主力已赶到怒江，转而北上夺占腾冲，5 月 10 日，腾冲沦陷。

此后，陆续赶到的远征军后续部队第十一、二十集团军与日军隔江对峙，将战线基本稳定在怒江沿岸。

由于英国人的反复无常，致使中国远征军远征缅甸功亏一篑，中国唯一的国际通道——中缅公路就此中断。

第七章 · 碧血蓝盾

BIXUE LANDUN

抗战烟、爱国烟

1943 年 1 月，经过近一年的紧张施工，云南纸烟厂终于建成投产。李青年受聘为云南纸烟厂厂长，任期三年。云南省主席龙云亲手将“重九”配方交给了厂长李青年，并庄严地对他说道：“请记住‘重九’这个曾经记载了我们云南无数仁人志士光荣与梦想的日子，千万别辜负了她——尤其是我们还有一半以上的国土呻吟在日寇铁蹄下的今天!”

李青年知道“重九”这个牌子的分量，他也知道“重九”畅销，以及被滇军将士和西南联大的大师们奉为烟中珍品的秘密所在。不过，现在他用不着再为美式烤烟担心了，去年下半年，先于纸烟厂建成投产的云南复烤厂已经替他备下了一万担美式烟叶。现在的问题是，首次招收的工人数量太少，101 人中，生产一线的工人只有 83 人。他担心的是因人手不够，影响到烟厂的产量。果然，自 1927 年停产后（1937 年那批“重九”相当于是专供烟，仅供出征抗战的滇军将士，并没有在市面上销售，但少量流散到民间的“重九”，反而大大吊起了烟民们的胃口），相隔十六年再次“出山”的“重九”，一经面市，立即引发了一场规模空前的抢购风暴。为了维护市场秩序，龙云甚至不得不动用了宪兵，因为连原本是派去值勤的警察都卷进抢购“重九”的人群去了。

龙云大为光火，下令调查抢购者是否是受人唆使，以达囤积居奇的目的。调查的结果令其大吃一惊，原来市民将“重九”当做了与黄金和银元一样可以保值的“硬通货”。抗战进入到第六个年头，大幅贬值的法币使得人人自危，极度恐慌，1937 年可购买一头耕牛的钱，到了这时，只能买到一只鸡了。就连联大三执委之一梅贻琦的夫人，为了生计都不得不沿街叫卖烧饼，一般平民的生活就可想而知了。

为了平息抢购风暴，龙云一边下令扩大“重九”的产量，一边限定市民购买数量（每人一次不得超过一条）。庾恩锡和李青年都曾警告过，为了保证“重九”的质量，其产量必须限定在美式烤烟原料可供的范围之内，且必须为储存两年以上的中上等烟叶。时逢1943年春，眼看“七七”卢沟桥事变转眼就六年了，李青年灵机一动，决定推出一款名为“七七”牌的中档卷烟，一方面以此提醒人们勿忘国耻，纪念抗战爆发六周年；另一方面，也可以缓解急剧增长的烟草市场之需。

也就在这一年，横扫东西半球，不可一世的德意日轴心国终于第一次尝到了失败的滋味。1943年2月2日，苏德战场长达6个半月的斯大林格勒保卫战，以苏军的胜利而宣告结束。此役，因消灭了法西斯轴心国（德、意、罗马亚尼、匈牙利）在东线战场四分之一的兵力，而成为第二次世界大战的转折点。苏军虽然付出了重大伤亡，但最终取得了辉煌的胜利。负责指挥进攻斯大林格勒的德军第九集团军司令保卢斯不止一次地哀叹：“我们不久就可以占领斯大林格勒，但是它仍然在我们面前——相距如此之近，却同时又像月亮那样遥远——”

而此前三个月的1942年11月，以美军在北非登陆为标志，拉开了反法西斯同盟国大反攻的序幕。

中国战场的反攻，则是从中国远征军开始的。1943年10月30日，中国驻印军（远征军撤往印度的部队，后又被称为驻印军）孙立人新编38师，从印度列多发起了反攻，仅用数小时即占领了有胡康河谷桥头堡之称的新平洋。日本人一直担心的中国远征军的大反攻，在比他们的预计还要更早的时间内开始了。

到1943年中，驻云南的中央军和滇军已达四个集团军（第一、第九、第十一、第二十）约十五个军，30多万人，光是供军队之需，恐怕再建五个云南纸烟厂都不够！为此，云南烟草生产事业总处决定，自1943年11月20日起，云南纸烟厂实行两班制，不分昼夜，加班加点生产。由于当时的卷烟生产具有投资少（主要指手工卷制）、利润大、回报高的特点，加上较之其他省份云南还算稳定，日本人被牢牢挡在了怒江以西，许多厂商为避免战乱纷纷迁往云南，省内富余资金见有利可图，亦大量投入烟草行业，短时间内云南竟凭空冒出了数十家烟厂（最多时达77家）。当然，这里面有一个前提，徐嘉锐、常宗会的云南烟草改进所与云南30多个烟草种植县不遗余力的努力，美式烤烟已经在云南生根开花，一发而不可收，以至引起了美国驻昆领事馆的高度关注，派人多次到云南烟叶复烤厂和纸烟厂询问，你们的美式烟叶是从哪儿弄来的？美国政府三令五申，严禁烟种出口，你们到底从什么地方搞到的烟种？这时候，上海人的精明充分显示出来了，李青年一推六二五，称，我们是纸烟厂，只管生产纸烟，至于烟种和烤烟是从哪儿来的，你还是去找我们龙主席吧。

其时，为了推广美种烤烟，云南烟草生产事业总处于1942年首先在富民、罗次（今禄劝）等地成立第一推广区，由徐嘉锐的留法同学山东人王复卿担任区主任；1943年，又成立了第二种植区，地域扩大到昆明、玉溪、开广（今文山、红河），由徐嘉锐亲自兼任主任，种植面积达到了近十万亩。

美国领事馆不傻，却也聪明不到哪里去。他们怎么也没想到经过一大批中国科学家数年、多地的努力，美烟已经在云南植下了很深的根，云南一夜之间确实是铺天盖地地种满了美式烤烟。所以，他们那时就怀疑到了陈纳德，他们估计，这件事肯定跟这位桀骜不驯、胆大包天的家伙有关，认为他就是那个“盗取天火的人”。但这时的陈纳德今非昔比，已经成为肩扛两枚将星的美国第十四航空队少将司令官了。1942年4月9日，陈纳德被授予上校军衔，重新征召入伍，9天后晋升为准将，半年后荣升两星少将。而且，由于十四航空队的前身飞虎队在昆明和仰光上空的赫赫战绩，陈纳德不但成为中国政府和美国政府眼里的香饽饽（否则就很难解释其9天之内，由一名名不见经传的退役上尉，做梦般擢升为准将司令官了。此前蒋介石已有意让其出任中国空军司令），甚至被云南省主席龙云形容为“自马可·波罗以来，还没有一个像你这样受中国人爱戴的外国人”。所以，最后并没人去找陈纳德破解云南在20世纪40年代就大量种植美烟的秘密。而陈纳德真正为帮助云南种植美烟的故事，其实还要往后延续几年。

美国领事深知，当务之急是先对付那帮长着罗圈腿的日本狗杂种，而要对付这帮杂种，是决不能开罪中国人的（珍珠港事变后，蒋介石立即被盟国任命为中国战区总司令，负责指挥中国境内所有的盟国军队，已经说明了这一点）。如果不是中国人拖住了整整150万最精锐的日本军队，连罗斯福都不敢想象到底会发生什么事——直到战争爆发前，美国陆军仅仅拥有少得可怜的16万人。至于中国人到底从什么地方偷来的烟种，等打完那帮日本狗杂种再说吧。

然而，领事先生大概做梦都没想到，打完了日本，中国人之间又开打了，而且打赢的一方是中国共产党。之后，中美两国长达22年老死不相往来（即使往来也没用，中国内地直到20世纪80年代末才诞生了第一部《知识产权法》，此前，知识产权在这片大陆还是一个模糊概念），随着主要当事人陈纳德和龙云分别死于1958年和1962年，常宗会、赵济、徐嘉锐、庾恩锡等一个个与此相关的当事人也相继离去，美种烤烟流入中国云南的时间表和线路图就变得越来越模糊了——直到本书写作者重新进入，从故纸堆、回忆录、档案库以及仅存于世的部分老人（包括他们的后代）口中，去一点点刨，一点点查，一点点问，尘封和遮蔽或有意无意扭曲的历史，才又慢慢浮现并清晰起来。

再说，随着缅甸和怒江以西地区沦入日寇之手，中缅公路完全中断，中国战区所需的所有战争物资都只能通过由美国第十航空队（驻印度）、第十四航空队和中国航空、中央航空公司建立的“驼峰航线”，从印度运往中国。“驼峰航线”因途经喜马拉雅山南麓的崇山峻岭而得名，此地山峰海拔多在5千米以上，而当时运输机的飞行高度大都只有3、4千米，飞机只能在群山之间飞行，舷窗外的山峰犹如一座座驼峰，因而得名“驼峰航线”。

从“驼峰航线”的起点印度阿萨姆邦到昆明，空中距离长达500英里（约合805公里），沿途航线复杂，日机活动频繁，而中国战场每月至少需要7千吨的各种作战物资，要想完成如此大规模的空运几乎是不可能的。直到1943年4月，柯蒂斯公司生产的C－46运输机投入使用，才使“驼峰航线”的运量基本达到了中国战场的实际需求，1943年12月，月运量达到了12594吨，到战争结束的1945年更是达到了破纪录的18000万吨。

C－46运输机从印度运来了大量各种各样的作战物资，但返程时除了运送少量的部队（1944年通过该航线运到印度的部队仅为两个师），机舱基本上是空的。于是有很多人打起了返航空仓的主意。有人注意到，“重九”牌香烟作为军品一直通过“驼峰航线”源源不断地送往中国驻印军。驻印军最初只有郑洞国任军长的新编第1军，1943年10月，驻印军开始自印度列多发起反攻后，才扩编为由孙立人和廖耀湘分别担任军长的新1军和新6军。新1军和新6军是全美式部队，连后勤保障也完全按美军的标准执行，每位官兵每天的食品供给（包括野战食品）都包含了一包“重九”香烟。当时云南纸烟厂因此被规定了一条“先军后民”的生产销售制度。而军人对香烟的消费能力肯定是最强的，其示范和影响作用也同样很强。“重九”伴随着新1军、新6军进攻的步伐，走出国门，风靡于东南亚地区，很多当地人也以拥有“重九”烟为荣，一些华商更是托各种关系，走各种门子，从军队里分一点，请人从空运中托一点，只要能搞到一点“重九”烟，就又有面子更有钱赚。特别是在泰国，因为“重九”烟盒包装的颜色跟泰王皇室的黄色以及佛寺的黄色相近，而泰国又是个全民信奉佛教并崇拜泰皇的国家，所以也就特别迷信“重九”，甚至认为“重九”是大吉大利大富大贵之物，能给人带来好运，泰国华人中甚至有“拥有‘重九’，好运长久”的流行词，无意中给“重九”做了很大一个广告。祈福、礼敬，交谈，都流行传递“重九”。更有将“重九”做“伴手礼”的风俗，一次放一盒在礼品最表面，以一根红丝线扎了，就觉得送礼和受礼者都已经很有面子了。“重九”因此在东南亚各国打下很深烙印，直至今天。

到1944年末，强大的美国海军和空军基本控制了中国沿海的制海权和制空权，走投无路的日本大本营，企图从中国的河南打通一条一直延伸到东南亚的大陆交通线，发起了代号为“一号作战行动”的战役，日军一度打到了贵州的独山。新6军从缅北紧急空运湖南战场，“重九”又随之来到了国内的湘鄂赣地区。军人在各地总有自己的三亲六戚，所带物资总难免会由纯“军品”变为民品。事实上香烟本无军民属性，也无敌我之分，谁喜欢它、拥有它，它就成了谁的最爱。战场上常常看到的一个情景是，当胜利一方打扫战场时，除了收缴武器，就是翻拣香烟。武器和贵重物品要交公，香烟却可以谁拣谁得，当场就可以拆了叼在嘴上。虽然这画面有兵痞气，却真实自然，无人斥责。

在这一时期，只要有中国远征军的地方，都能看到“重九”牌香烟的踪迹，“重九”又被称之为“抗战烟”、“爱国烟”。

除了供军队之需，许多商人通过官方和非官方渠道，纷纷从“驼峰航线”偷运云南出产的“重九”和“七七”香烟到印度等地贩卖——人人都知道，只要成功避过了香烟产地的高额税收和输入国的关税，无论哪个国家哪个朝代，走私香烟都是一桩利润丰厚的买卖。其时，云南复烤产的日产能力已达到两万余斤（市斤），月产约合两万担。复烤厂厂长仲情仁也是宋子文从财政部派来云南的，还有一位南洋公司派来的技师腾虎忱，两人虽然没有徐嘉锐和王复卿那样的留洋背景，但从事烟叶复烤多年，经验十分丰富（仲情仁曾担任过财政部烟叶复烤厂厂长），就地取材，土法上马，制作了一台烟叶复烤机，效率极高，一昼夜即可烘烤烟叶两万斤。换句话说，由于既有充足的原料保障，又有广阔的市场前景，加之“驼峰航线”几乎相当于免费的运输成本（只需“意思”一下机组人员就行了），战时昆明短时间内掀起了一股疯狂的制、贩卷烟狂潮（历史上，同样的一幕在云南有过多次重演）。按《昆明卷烟厂志》记载：“……由于战时经济的需要，昆明出现畸形膨胀的卷烟‘淘金热’，一时间大小卷烟厂多达60～70家，先后生产了200多个牌号的卷烟。随着卷烟工业的兴起，卷烟销售日渐活跃，民国33年（1944）后，昆明庆云街纸烟市场已成为云南纸烟业交易中心……”

有意思的是，当年庾恩锡开办的云南第一家机制卷烟厂——亚细亚公司最初的厂房也在庆云街，即庆云街的庾园。其市场部在三市街，离此也就一箭之地。但后期的亚细亚却是惨淡经营，朝不保夕。面对若干年后这里的人头攒动，香烟叫卖声不绝于耳的场面，作为云南机制卷烟开山鼻祖的庾恩锡该作何感想？有人曾经这样问过经常蛰伏在庾园读闲书的庾恩锡。庾恩锡却一语不答，问烦了，他就去了白鱼口的“磊楼”，水边一坐，看云卷云舒，浪起浪伏，花开花谢，草荣草枯。或者就伸一根就地取材用斑竹做的渔竿儿在水里，据说上面连鱼食儿都不挂，有点学姜太公的意思了。

是悲？是喜？抑或悲喜交加？

二哥庾恩旸1918年在贵州遇害后，庾恩锡的二嫂钱秀琳先是辗转去了法国，二战爆发后又到了英国。大不列颠之战后，英伦三岛几乎沦为一片瓦砾，1943年夏天，二嫂从伦敦来信，委托庾恩锡变卖翠湖西路的别墅，用以接济她在英国收养的战争孤儿。并再三嘱咐，此事千万不要让大哥庾恩荣知道。此时的云南大军云集，不少高级将领纷纷在昆购置房产，庾恩锡通过熟人关系把二嫂的别墅卖给了第8军后方留守处。第8军军长何绍周当年因黔军内讧曾流落到云南，其伯父何应钦更是大名鼎鼎，给出的价钱也十分公道，庾恩锡就遵嫂嘱，瞒着大哥把别墅卖给了第8军留守处。

却说这一天，阵雨刚住，庾恩锡就进了城。他是专门从白鱼口“磊楼”进城来办理翠湖西路别墅交接的。

何绍周早年在贵州就认识庾恩旸，因此对其弟倒也不忘旧情，完全按庾恩锡的要求，房款是用美元支付的。办完交接，庾恩锡叫了一辆人力车，正打算到南屏街汇款，突然看到几个警察在翠湖边上撕扯一位学生模样的白衣女子，就让人力车夫把车停了下来，上前询问：“怎么回事？”

警察上下打量着一身旧西服的庾恩锡，一时吃不透庾的身份（西南联大的那些大师，差不多也是这身打扮，但却手眼通天），于是小心翼翼地问了一句：“您是——”

庾恩锡没有开口，而是将一张名片递了过去。这张名片是年前庾恩锡应邀到五华山参加春节茶叙时，省主席龙云交给他的。上面龙云的签字是亲笔。当时庾恩锡还有些不以为然，想，拿着它也没必要去抬高身价，更不可能坑蒙拐骗吧？

龙云看出了他的狐疑，就把话说白了："眼下时局太乱，尤其是大批中央军开进云南后，有些局面连我都难以掌控。就算备以不时之需吧。"一番话把庾恩锡说得有点不好意思了。没想到很快还真验证了龙云那番话，就在眼前。果然，警察一看名片，马上立正道："对不起，失敬了，庾先生。"

庾恩锡再次用下颌点了点白衣少女："发生了什么事？"

警察："这个女子没有专卖证，偷售香烟——"

其实，庾恩锡已经看到了被警察抢在手里的那只平扁的卖烟箱子，但一时半刻想不出用什么法子替白衣女子解围。就在这时，一位上了年纪的老警察认出了他："您是——庾市长？"

庾恩锡点了点头："那都是过去的老黄历了。"

老警察啪地一个立正，道："我们可没敢忘记您，庾市长，当年，我们每个人都领到了您给的十个大洋——"

庾恩锡笑道："那是因为市长没当好——无功不受禄，我才让他们把我一年多的薪饷，悉数发给了弟兄们。"

老警察当了十几年的警察，一眼就看出庾恩锡跟眼前的卖烟女之间，似乎有着某种瓜葛，小声道："市长莫非认识她——"

庾恩锡不经意地点了点头，同样压低了嗓音："是的，一位远房亲戚。"

老警察"懂事"地马上从一名年轻警员手上拿过卖烟箱子，又迅速将箱子里翻乱的东西归置好，连同白衣女子一并交给了庾恩锡。

离开翠湖，到了赵家祠堂附近，庾恩锡才开口问白衣女子："看你的模样，不像是商贩之家嘛？"

白女衣子这才想起向庾恩锡道谢，并证实了庾恩锡的猜测。白衣女子是上海人，祖上以制作乐器为生，抗战爆发后，全家流落到昆明，投靠在这里开绸缎铺的叔伯兄弟。没想到由于战争，父亲制作的乐器在昆明无人问津，家里无米下锅，这才不得不沿街叫卖香烟。其实这也很正常，庾恩锡知道，为了生计，包括联大实际校长梅贻琦的夫人在内，联大许多名师、名教授的家人，都不得不做起了小商小贩。闻一多教授的妻子高孝贞一次搜出 16 件旧衬衣，结果却只换回一顿晚饭钱。想到这些辛酸事，庾恩锡皱了皱眉头。于是换了个话题说："你是哪个学校毕业的？"

白衣女子说："国立艺专。"

庾恩锡看着女子颀长纤细的手指："让我猜猜——你是学钢琴的吧？"

白衣女子含颔轻轻一笑："不，是小提琴。先生，刚才好像听他们说，您是市长?”

庾恩锡也一笑:“那都是过去的事了。曾国藩文正公曰‘居官不过偶然之事,居家乃是长久之计’。”

说到这里,庾恩锡指着白衣女子手里的卖烟箱子说:“不瞒你说,我还正经作过十来年的卷烟。”

女子大惊:“真的?”

庾恩锡淡淡一笑,说:“当然是真的——你这个箱子里的‘重九’烟,最早就是我的亚细亚公司创立的牌子。”

女子不免激动地大了嗓门:“‘重九’是最好卖的一个牌子,不但中国人爱抽,连飞虎队那些美国大兵都十分喜欢。”

庾恩锡显然不太喜欢卷烟这个话题,转而说:“你一个学小提琴的大学生,卖烟太可惜,也太屈才了。这样吧,你给我留一个地址——电话也行,我帮你另谋一个职业。”

这一年,庾恩锡已经57岁了,但因为既没做官,也不像大哥那样热衷于商海,而是整日流连于山水之间。自1938年日机开始轰炸昆明后,干脆举家迁往白鱼口,在自己筑的“磊楼”里,过起了几乎与世隔绝的隐居生活,因此看上去十分年轻,比实际年龄小了许多岁。听庾恩锡这么一说,白衣女子连忙掏出笔来,刷刷写下几行字,交给了庾恩锡。

庾恩锡接过字条看了一眼: “苏兰妮?你是不是还有一个姐姐叫苏兰芝?”

苏兰妮吃惊地:“对呀,她是我表姐。您认识她?”

庾恩锡说:“认识谈不上,民国26年,60军出滇抗战,当时还编了一个战地服务团,卢汉将军请我给服务团教过几天日语。我记得,服务团女子大队有一个叫苏兰芝的,老家也是上海人。还哭着鼻子找队长要过‘重九’烟呢。原来你们是表姐妹呀,难怪刚才看着你那么眼熟。对了,你表姐呢?”

苏兰妮摇头说: “不知道,听说是去了延安。跟家里失去联系好几年了。”

庾恩锡说:“去了延安也好,听说那里跟这边不太一样,所以年轻人都喜欢往延安跑。你呢,你喜欢做什么工作?”

苏兰妮答:“我喜欢做教师,天天跟孩子们在一起,连自己都变得年轻了。”

庾恩锡大笑着道:“你才多大呀?就担心自己变老了?”

胜利与云南无关

1943 年 10 月 30 日，中国驻印军向据守缅甸新平洋的日军发起攻击，由此拉开了中国乃至整个太平洋战场对日反攻的帷幕。驻印军的反攻，是在中国政府和中国战区参谋长美国将军史迪威的再三努力下发起的（因美英两国当时都把战争的中心放在了欧洲对德战场），其目的只有一个——重新打通中缅公路。

为了打通中缅公路——严格说来应该是中印公路，因为英国无视中英美三国间多次达成的反攻缅甸的计划，即英军在美英海空军配合下，自印度英帕尔地区发起反攻，收复仰光，从而打通通过印度洋经仰光和中缅公路向中国输送战争物资这一最便捷的战略通道。开罗会议前一个月，中方只好另辟蹊径，从印缅交界处的印度列多，边反攻，边修筑一条自印度通往中国的中印公路。

为了尽快打通这条战略通道，中国政府提出了“一寸山河一寸血，十万青年十万军”的号召。1944 年 9 月 16 日，国民政府军事委员长蒋介石在参政会的演讲中首次提出：“国家在此紧急战时关头，要先其所急，使知识青年效命于战场，因为知识青年有知识，有自动判断的能力，队伍中增加一个知识青年，就不啻增加了十个普通士兵。”

蒋说这番话是有道理的，中国驻印军与中国远征军不但装备了数量庞大的美式武器，而且接受美军的训练，中国军队的每个营都配备了美军顾问，前线急需大批有知识有文化的士兵，以便尽快掌握先进的美式装备。

此号召一出，大批热血青年纷纷投笔从戎，仅西南联大，就有 1000 多名学子踊跃参军（主要作为翻译人员）。

中国驻印军很快由两个师扩编为两个军（新 1 军、新 6 军），且一改国内战场上的颓势，旗开得胜，锐不可当，自 1943 年 10 月 30 日新平洋开始反攻后，很快进抵胡康河谷，1944 年 3 月 8 日攻克日军重兵把守的孟关。最先攻入孟关的是配属新38师的驻印军战车（坦克）第一营，该营营长赵振宇是1938年从长沙最早入伍的西南联大（当时称长沙临时大学）学生之一。3月8日，战车一营率先抢渡皮尤河，在摧毁日军一个炮兵阵地后，直捣日本第18师团部。这是驻印军战车部队首次参战，也是中国军队第一次以战车来雪耻，在坦克履带的反复辗压下，曾经不可一世的大日本皇军溃不成军。一位姓刘的坦克兵发现一名日军大佐躲开横冲直撞的坦克正向树林中逃窜，抓起炮塔上的一把铁锹，跳下坦克没命地追了过去，只一锹就切下了日军大佐的脑袋，顺手又将日军大佐肩上的皮革图囊扯了下来。从这只皮革图囊中不但搞清了日军大佐的身份，而且图囊中的一枚大印，更是让战车一营的官兵们喜出望外。原来，被刘姓坦克兵砍死的是日军第18师团经理部长（相当于后勤部长）木村大佐，而图囊里的那枚大印，居然是第18师团的关防大印。赵振宇当即取出自己的笔记本，把大印往上一戳，写上“此为中国战车第一营在缅北急袭瓦鲁班（WLAAWBUM）敌第18师团司令部所获战利品之一。兼营长赵振宇敬赠。”托人辗转带到西南联大，送给了自己当年的老师。这是自“七七事变”以来，中国军队首次在战场上缴获日军师团一级的大印（各国军队皆视丢失军旗和大印为最大耻辱）。想必，收到这份珍贵的礼品，赵营长的那位恩师（由于年代久远，现存的图片中，只能看到赵振宇的题词，却不见恩师的尊姓大名）比自己的门生考了全校第一名还要高兴。

稍后，驻滇西的中国远征军于1944年5月10日强渡怒江，9月7日，经过长达3个多月的血战，远征军攻克中缅公路日军重兵把守的松山要塞，守备松山的2000名日军，除10人脱逃外，全部被我击毙。9月14日，远征军收复腾冲，腾冲战役，历经大小40余战，以伤亡18000多人的代价，取得歼敌联队长藏重康美大佐以下10000余人的战绩。接着，11月3日收复龙陵，11月20日收复潞西，1945年1月18日收复畹町。1月20日，与驻印军胜利会师于畹町。

历经半年多的浴血奋战（驻印军则是一年零三个月），滇西沦陷区全部光复，同时打通了中印公路，援华物资从此源源不断地进入中国战场，中印公路因此又被称之为“通向东京之路”。此役，除了中国远征军和驻印军，另有近30万云南各族人民投入滇西大反攻，为后勤保障和伤员后送作出了重大贡献。

1945年8月6日，美国在日本广岛投下人类历史上第一颗原子弹，8月9日又在长崎投下了第二颗代号为“胖子”的原子弹；同日，苏联出兵东北，正式对日宣战——

1945 年 8 月 15 日，日本天皇同意接受《波茨坦公告》，宣布日本无条件投降。

这是自 1840 年第一次鸦片战争以来的 105 年中，中国人民取得的第一次抗击外国入侵者的胜利。

消息传来，举国欢腾。

但胜利却似乎与云南无关，彩云之南的上空反而笼罩着一片不祥的乌云——

早在 1945 年的 4 月初，蒋介石即电召云南警备总司令杜聿明到重庆面授机宜称：目前准备对日寇反攻，必须先安定后方，统一云南的政治经济和军事，以保障抗战的最后胜利。现在拟调龙云到中央任军事参议院院长，但是恐怕他不服从命令，你要在军事上作彻底解决龙云的准备，先将昆明附近的国防工事全部控制，然后我在明令调遣龙云、于命令到达的同时，即以武力解除龙云的全部武装，并限令龙云三日内到重庆。

由于美国的原子弹和苏联的出兵，使抗战的胜利来得似乎有些突然，不等蒋的上述计划付诸行动，日本就宣布投降了。蒋的过河拆桥，连杜聿明都觉得实在太过分了（第 5 军自缅甸撤回国内时，云南各级政府和人民曾给予慷慨无私的帮助）。杜以为抗战既已胜利，自己不必再昧着良心对云南动手了。谁知，日本投降的当天，杜即被蒋介石召到重庆，下令立刻着手准备解决龙云。

此时的云南，包括省主席龙云在内，仍沉醉在胜利的喜悦之中，丝毫没有意识到危险的临近。除了抗战的胜利，这一年，美式烤烟在云南的种植也获得了巨大成功，收购的烟叶，不但可以满足省内所需，而且经复烤后，源源不断地输往邻近的省份。龙云以烟叶换来的经费，将原来第一路和第二路军下辖的六个旅整编为六个师又一个独立旅，准备投入越南方向的大反攻。

蒋对龙的积怨由来已久，抗战前，一面方忙于对付中共领导下的红军；另一方面，慑于云南重九起义和护国战争对于推翻清朝和再造共和所作出的巨大贡献，一时半刻，还不便撕破脸皮对云南下手。再就是滇军一向装备精良，训练有素，就连素以治军有方的蒋的得意门生杜聿明也不得不承认："……我曾在湘潭附近遇到龙云的部队，觉得'中央军'同这支'云南军'比起来，军容上似有逊色。"

事情就一拖再拖地拖了下来。

现在抗战既已完胜，开罗会议又正式确立了中国为世界四大国之一的地位（美、英、中、俄，法国因投降希特勒不在其内），蒋挟胜利之风，迫不及待地要对云南下手了。

杜聿明在其回忆文章《蒋介石解决龙云的经过》一文中说："我虽然同龙云相处五年之久，私人感情甚好，见面无话不谈，可总觉得龙云反对蒋介石，不能作自己的靠山，当然同意蒋的意见，并认为龙仅有两个步兵师、一个宪兵团在昆明……解决他是毫无问题的。"

杜一语道破了蒋对龙云下手的原因"……龙云反对蒋介石"。的确，龙云不但反对蒋介石，而且还跟中共和民主党派"走得很近"。所谓"安定后方，统一云南的政治经济和军事"不过是借口而已，阎锡山在山西也是针插不入，水泼不进，连铁路轨距都跟其他省份不同，老蒋为什么不拿阎老西开刀？关键是龙云对中共的态度，犯了老蒋的大忌。龙对共产党的了解，是从1930年末亲自提审并劝降中共云南省委书记王德三、组织部长刘平楷、宣传部长张经辰、团省委书记李国柱开始的，四人中，两人是北大高材生，一人毕业于莫斯科中山大学，均为青年才俊，学富五车之人。龙当年以"武师"的身份拉杆子"造反"，其实也包含了某种"杀富济贫"和"杀尽不平方太平"的成分，在这一点上，龙云与中共"打土豪分田地"的农村策略有几分接近。正因为如此，龙对中共份子劝降的结果，反倒是在某种程度上被"赤化"了。于是才有了红军两次长征过云南（1935年中央红军和1936年贺龙红二方面军长征先后途经云南）期间，有意放其一马的举动。有人对中共云南地下党在云南活动长达二十年（云南全境是1950年2月解放的，从云南地下党最后一次遭受重大破坏的1930年算起，刚好20年），却从未遭受重大破坏而感到十分奇怪，甚至不惜刚一解放就将云南地下党及其领导下的"边纵"诬之为"土匪地霸武装"，打入另册，以释其惑。其实，只要是稍微了解一点云南近现代史的人，就不会因此而大惊小怪了。纵观云南近现代史，我们不难发现，从辛亥革命、护国战争，再到五四运动、八年抗战，云南无一例外地总是站在历史大潮的风口浪尖上，以"我不下地狱谁下地狱"的英雄气概，力挽狂澜，与国家民族同呼吸同命运。甚至就连被孙中山和新中国成立后的历史教科书称之为"大军阀"的唐继尧，五四运动期间亦发出了有名的《请北京惩办卖国诸贼以谢天下电》，旗帜鲜明地指出："我国人痛念国家危亡，欲手刃于卖国诸贼之腹者，全国上下，人心同此。此次北京学生因外交失败，有此激烈举动，特公愤之见端耳……当此国势岌岌，应请北京政府惩前毖后，以谢天下……否则庆父不去，鲁难未已。”

龙云从唐的手中接过云南军政大权的同时，继承并发扬光大了云南人为国家民族敢为人先的“殉道”精神。尤其是“七七事变”后，与周、朱、叶同机飞赴南京，继而在汤山竟夜长谈，龙对中共的政治主张有了更进一步的认识。再就是，龙云与他的两位前任——唐继尧、蔡锷有着留洋经历的“海归”不同，龙只念过几年私塾，其后入过讲武堂。因为文化不高，反倒更愿意与文化人交往（也许正因为文化不高，也就不存在文人相轻），甚至成为无话不说的好朋友。尤以西南联大进驻昆明之事，龙先是真诚相邀，继而倾其全力给予帮助（多次以“重九”赠予联大众位教授烟民，更是不在话下）。据说，与龙往来最为密切的闻一多，与龙的最初相识、相交，也是缘自于味香色美的“重九”香烟。闻一多有七个子女，在校长夫人都要上街叫卖烧饼以补家用的困难时期，闻家生活之窘迫，可想而知。而闻一多烟瘾极大，连上课都要抽烟，在瘾头发作，而又身无分文的情况下，沿着青云街和华山西路（联大及闻家均在今云大附近），溜到五华山或威远街龙公馆，找龙主席蹭几支“重九”过过烟瘾，也未尝不可。况且，闻对中共和共产主义前后两种截然不同的态度，与龙如出一辙。闻于1922年留学美国，“海归”时已然以“国家主义”者自居，对共产主义十分反感。闻在20世纪20年代末致留美同学梁实秋的信中称：“国内赤祸猖獗……国家主义与共产主义势将在最近时期内有剧烈的战斗……前者国家主义团体联合会发起反苏俄进兵东省大会……结果国家主义者与共产主义者隔案相骂，如两军对垒。骂至深夜，遂椅凳交加，短兵相接……”闻从反共到亲共、再到投共，最后被人暗杀于昆明街头。与龙一路走来的道路何其相似乃尔（唯一不同者，乃龙有贵人飞虎将军陈纳德鼎力相助，得以逃至香港），所谓道不同不相为谋。前面“蹭烟”一说实属玩笑，真正让龙云和闻一多、吴晗等民主人士走到一起的，是1944年成立的中国民主同盟。闻与吴皆担任过云南民盟支部负责人，龙不但在经济方面给予民盟大力支持，而且为其提供了相当宽松的政治环境（这其中也包括了龙对中共云南地下组织的宽松相待），为抗战时期的昆明赢得了“民主堡垒”之称。

早在1938年夏，继60军之后，滇军58军出滇抗战，龙云被委以国民革命军第一集团军总司令，蒋在武汉召见龙时，对龙和云南感激之余，明确表态：“戴笠派在云南工作的人员，我已告诉他全部撤回，今后如有人假借军统名义在云南活动，你可以拿办。”

1941 年，龙云又被蒋任命为军事委员会昆明行营主任，享有指挥调动云南境内所有驻军的权力。龙借此权力，不许中央系军队进驻昆明，以及不许中央系的宪兵、警察在昆明城区内执勤。此举，对保护昆明地区的民主势力和中共地下活动，无疑起到了至关重大的作用。据后来因名声太坏，改称保密局的军统云南站最后一任站长沈醉回忆，他和他之前的两任云南站站长任职期间，对中共云南地下组织一无所获，究其原因，就是"云南王"龙云的暗中庇护。

再说中共方面，自 1935 年 12 月，中央派昭通籍党员李浩然回滇重建云南地下党，到 1937 年 5 月李群杰回滇接任，再到 1938 年马子卿到云南成立中共云南省工作委员会，出任工委书记，以及之后的继任者华岗、郑伯克，始终没有放松对龙云的争取，最终，龙于 1944 年末加入民盟，成为民盟的一名秘密成员。

以上种种不难看出，蒋要不收拾"离经叛道"的龙云，那才怪了。

1945 年 8 月 15 日，日本宣布投降的当天，蒋下令将原滇越边区总司令部改为第一方面军，由卢汉出任第一方面军总司令。同时将原边区总司令部下辖之第一路军、第二路军改编为第 93 军，由卢汉的叔叔、原第一路军总指挥卢俊泉担任军长。两天后的 8 月 17 日，盟军统帅部发布第一号命令：台湾及北纬十六度线以北法属印度支那境内的日本高级指挥官以及所有陆海空军和辅助部队，应向蒋介石委员长投降。蒋即下令第一方面军所辖五个军（52、53、60、62、93 军）及直属三个师（滇军暂编 19、23 师，中央军 93 师），全部进入越南境内受降。接受敌对方的投降，对任何一支军队而言，无疑都是一种荣耀（蒋同时还下令留在湘鄂赣之滇军第 58 军、新编第 3 军，开赴南昌地区接受日军投降）。不得不承认，蒋之棋高一着，云南军队虽然人数不多，但在抗日战场上，以攻必克（在打通大陆交通线之战中，58 军收复方先觉第 10 军丢失之衡阳）、守必坚而名扬海内外。从龙云到下面的各级官佐，几乎没有一个人看出蒋的调虎离山之计，反而高高兴兴地衔命而去。60 军自屏边、金平进入越南老街后，经莱昕、富流到河内；第一方面军司令部和 93 军则沿滇越铁路向河内推进，待 93 军到河内后，60 军再前出至北纬十六度线以北之顺化、土伦（北纬十六度线以南，为英军受降区）。

1945 年 9 月 20 日，滇军受降部队全部按时开抵上述受降地域，并定于 9 月 28 日正式举行受降典礼。9 月 27 日，蒋的密使、空军参谋长王叔铭秘密飞抵昆明，将蒋的一封密信亲手交给了杜聿明，信中称，不日将颁布免除龙云在云南军事政治本兼各职的命令，调任军参院院长。要杜最好一枪不发，并绝对保证龙之生命安全。信中还说，他（蒋）已令昆明飞机归我（杜）指挥，应将飞机、大炮、坦克预先部署待命，龙一旦不从，即以武力解决。

一面要绝对保证龙之生命安全，一面又要出动飞机大炮坦克武力解决，杜就犯了难了，弄得不好就成了替罪羊。好在之前五个月，杜就事先做好了预案，于是回信他的蒋校长，到目前为止，龙还一直蒙在鼓中，滇军主力明天就要参加受降，无论于国家民族计，还是从时间上看，他们都不可能打回云南。因此，无须动用飞机坦克，只要一声令下，两小时内就可以解除龙的武装。为打消蒋动用飞机大炮的念头，杜还特地说明，五华山离西南联大很近，若伤及联大师生，进而引发学潮，于政治上将非常不利。杜知道，蒋是最怕学潮的。果然第二天（9 月 28 日），蒋就回电，同意杜的处置方案。

9 月 29 日黄昏，王叔铭携蒋的命令再次飞临昆明。命令内容主要有三项：

一、免去龙云军事委员会云南行营主任、云南省政府主席本兼各职；

二、任命龙云为军事委员会军事参议院院长；

三、任命卢汉为云南省政府主席（未到任前由新任省民政厅厅长李宗黄代理）。

当天晚上，杜即向驻昆明的第 5 军，青年军 207 师团以上军官秘密下达了武力解决龙云的命令。各部队长纷纷表示，当晚下达命令，第二天凌晨就要行动，时间上肯定来不及。杜把众部将带到沙盘前说，诸位还记得五个月前我们在这个沙盘上做的昆明保卫战推演吗？那次沙盘推演就是为今天准备的。众部将这才恍然大悟，纷纷领命而去。

9 月 30 日晨，各部向守城的龙云部队送达蒋介石的命令（龙的调令也同时派人送达）。但东门宪兵拒绝执行缴械命令，双方开火，龙云闻讯，迅速从威远街抄近路直奔五华山。稍后，原新编第 3 军军长张冲将军亦翻墙上了五华山。杜聿明手下的第 5 军加 207 师，兵力超过了龙云管控武装十倍以上，城内各地抵抗仅坚持了五十分钟，除五华山外，守城部队全部被缴械。

龙云和张冲上五华山原本希望通过山上的电台和电话，向全省发布杜聿明部“叛乱”的消息，要求各地率地方保安部队进昆“勤王”（当然重点是在越南的卢汉两个军又两师精锐滇军）。但没想到的是，早有预谋的杜聿明已将五华山上的通信网络全部切断（为避免引发学潮，同时还切断了西南联大与外界的一切联系）。张冲不愧为坚守台儿庄长达半月余的悍将，见通信被切断，当即亲率山上两个警卫连与杜聿明部展开血战。杜聿明担心开炮伤及龙云做了蒋的替罪羊，因此要求部队只使用轻武器。但无炮火掩护，一时半刻根本上不了五华山，武力解决成了一锅夹生饭。思来想去，杜决定开放市内部分电话，方便五华山与地方士绅取得联系，劝龙服从调令。

果然，10 月 1 日，龙云的大舅子李培炎（龙的智囊）、二舅子李培天（省民政厅长）、三舅子李希尧（龙的警务处长）及部分士绅打电话给杜，要求见杜。见面后，均表示愿意到五华山劝说龙云。一干说客上山之后，龙见大势已去，只好妥协。龙提出了一些诸如解除戒严，安排旧部及不可能于 10 月 4 日离开昆明的理由。除最后一条，蒋一概表示满足。为劝说龙早日离开昆明，蒋又派何应钦到昆，结果龙连何的电话都不接。最后蒋又派与龙私交甚好的中国银行昆明分行行长王振芳上五华山，龙才对王行长提出，必须由已升任行政院长的宋子文亲到昆明，并保证他的人身安全，他才同意离开昆明。

宋子文倒不忘旧情，他还记得当年被蒋冷落后，自己曾躲到昆明，龙云给予过他的热情款待。两人携手推广种植的美式种烟，此时也已在三迤大地生根开花，并因此救活了包括南洋兄弟烟草公司在内的大批卷烟制造厂。百忙之中，宋于 10 月 3 日飞抵昆明，与龙竟夜长谈后，于 4 日午后手挽手地走下了五华山。

江山易主

龙云前脚刚走，代理省主席李宗黄就闯下了大祸。

李宗黄是云南鹤庆人，白族，先后毕业于云南陆军小学、江西陆军中学和保定军官学校。1910 年加入同盟会，之后参加过辛亥革命保卫武昌战斗及攻克南京之战。1915 年回滇参加护国战争，1917 年随云南访问团与庾恩锡等同赴日本、法国考察市政建设。为国民党一大中央候补委员，历任驻粤滇军第 2 军中将代理军长，广州军政府交通部次长、国民党监察委员、行政院计划委员会代主任等职。

其间，“四·一二”后，李宗黄曾回滇参与清共，因与龙云意见相左，再次离滇。需要说明的是，李是一位坚定的反共分子，1949 年随蒋介石逃往台湾就是证明。

李赴昆出任省政府代主席之前，蒋明确告诉这位坚定的反共分子，他此行的主要任务就是铲除“民主堡垒、学生运动、龙云旧势力”三害。

1945 年 11 月 25 日，李宗黄接报，西南联大、云南大学、中法大学、英语专科学校等校，将在联大召开反内战露天演讲大会。李当即与新任云南警备总司令关麟征（杜聿明在搞走龙云之后，最终还是替蒋背了黑锅，被调离云南）取得联系，设法阻止学生闹事。

当晚，大约 6000 余人参加了露天演讲大会。费孝通、闻一多等著名教授应邀登台演讲。会开到一半，墙外突然枪声大作，继而操场上的照明灯光也灭了。愤怒的学生当即决定冲出校门，上街游行，却猛然发现学校周围已被荷枪实弹的军警团团包围。

当晚，除一名女生被踩伤外，并没有发生严重流血冲突。但这件事却彻底激怒了昆明所有大专院校的师生，素有民主堡垒之称的昆明，居然发生了军警不问青红皂白包围赫赫有名的西南联大，破坏演讲的行为，这还了得？遂决定于 12 月 1 日全市统一罢课，上街游行示威。但反共老手李宗黄却抢先一步，令特务率大批地痞流氓、无业游民（特务悬赏，每打一个学生，奖励8万法币）冲入西南联大、云南大学、中法大学、联大师院、联大附中、昆华女中、南菁中学，无论师生，见人就打。更有甚者，闯入联大师院的特务流氓，居然向人群中投掷手榴弹，造成于再、潘琰、李鲁连、张昌华四名学生死亡，二十多人不同程度受伤。由此酿成了震惊中外的“一二·一”惨案。

惨案发生后，学潮迅速漫延至全国。史称“一二·一”运动。

同一天，卢汉从越南返回云南，正式接任云南省主席一职。之后，李宗黄被免职（在此之前，关麟征已被免职调离。蒋介石其实最怕学潮，惨案发生后，蒋毫不客气地下令：“对投弹凶手，饬即电令枪毙”），夹着尾巴灰溜溜地离开了云南。李在11月25日及12月1日的行动中，本来是想借此邀功请赏，取卢汉而代之（蒋也的确许过此愿），谁知弄巧成拙，反倒帮了卢汉的大忙。

按理说，无论是“一二·一”惨案还是接踵而至的全国性学潮，都与年近花甲躲在白鱼口过着陶渊明似田园生活的庾恩锡无关。但因为那个叫苏兰妮的女孩，庾恩锡无意之中，还真的跟“一二·一”搭上了关系。

庾恩锡虽然自1930年离开庙堂后，退居江湖多年，但毕竟出任过省水利厅厅长和昆明市市长，至少可以算做政坛宿老吧。加之其大名鼎鼎的二哥庾恩旸，可以说，在昆明这块一亩三分地上，多少还有些影响。自邂逅上海女子苏兰妮后，没过多久，就通过关系，将苏安排到昆华女中做了音乐教师。

到了1946年初，“一二·一”运动表面上双方都鸣金收兵了，但军统和中统并没有放松对参加运动的师生的监视。苏兰妮因为运动期间参加过游行，激动时还带头呼过口号，被特务盯上了。其实，与去了延安的表姐苏兰芝相比，苏兰妮并没有明显的政治倾向，上街游行，不过是出于一时的义愤——今天可以拿手榴弹炸西南联大，没准明天手榴弹就扔进昆华女中了。但特务因为一时找不到真正的共产党，就派人秘密把苏兰妮抓起来了。苏家知道女儿苏兰妮是通过庾恩锡的关系到昆华女中任教的，于是，请人一路打探着找到了白鱼口“磊楼”。

庾恩锡听说苏兰妮被捕也大吃一惊，第二天一早就赶进城里，原打算直接去找李宗黄，两人毕竟相识多年，相信这点面子李还是会给的。但到了城里一打听，李已灰溜溜地离开了云南。

听来人说，为了苏兰妮的事，其双亲已卧病不起。万般无奈之下，庾恩锡只好上了五华山。

庾恩锡担任昆明市市长期间，正好卢汉以98师师长的身份兼任省财政厅厅长，为了公事，两人多有来往，也算是老熟人了。况且，卢汉进云南讲武堂时，其兄庾恩旸时任讲武学堂校长，无论从哪个方面讲，卢汉都会给庾恩锡一点面子。果然，听副官报了庾的尊姓大名后，卢汉立刻吩咐副官让庾进了光复楼。但卢先入为主，把庾和苏的关系弄拧了。时值抗战胜利，国民党大"劫收"期间，条子、票子、房子、车子、女子"五子登科"，卢还以为庾烈士暮年，壮心不已，也给自己弄了一位"小"。于是，笑嘻嘻地与比自己大了10岁的庾恩锡开玩笑说："晋侯公真是宝刀不老，英雄不减当年哪。"

此话的来由是指庾恩锡41岁那年才喜得贵子。庾的第一位妻子没有生养，待前妻病逝，庾续弦后，才一连生下了两个儿子（庾嘉麟、庾嘉聪）。庾远离庙堂十多年了，与此相反，卢则一步步官拜上将方面军总司令、省政府主席，最终成了权倾一时的封疆大吏。庾一时摸不清卢汉的底细，为救本是萍水相逢的苏兰妮于水火之中，只好含糊其辞地嗯啊了两句。于是，卢为"成人之美"，当着庾的面打电话给警备司令部稽查处，指名道姓让对方放人。

接着又派自己的副官亲自驾车陪同庾到警备司令部带人。

从警备司令部将苏兰妮接出来后，庾恩锡又到五华山取了自己的车，送苏兰妮回家。当车上只剩下两个人后，苏兰妮奇怪地问庾恩锡："你不是说，你是烟草公司的老板吗？怎么那么多人都对你毕恭毕敬？"

庾一笑："你忘了？十多年前，鄙人还做过本市的市长。"

如果单从年龄上看，庾恩锡做苏兰妮的父亲都还有富余。不过，庾毕竟是留过洋的人，出于礼貌，并没有细问苏的年龄。但他估计，苏兰妮应该最多不会超过25岁。

此番为搭救苏兰妮上五华山，庾恩锡才知道卢是两手空空从越南回来的——既无一兵一卒，也没有带回一分钱来。卢顺便求教于他这位老市长，对发展地方经济有无什么高招。庾笑说："你这个前财政厅厅长都没有办法，我一个过气的老头子，能有什么高招？"

卢说："眼下跟从前不一样了，税收分家，锡矿、铜矿，连一平浪盐矿都由财政部的税警坐在那里收钱，不好办啊。"

庾想了想说："美种烤烟和纸烟应该是一条赚钱的路子，尤其是烤烟，云南的气候比较接近弗吉尼亚，日照充足，雨水丰沛，昼夜温差大，烤烟质量相当不错，比山东河南还好。抗战胜利，赶走了日本人，许多烟厂恢复生产，销路应该不是问题，关键是质量。我看徐嘉锐那个烟草改进所搞得不错，只是云南地广人稀，交通不便，种烟又是一个技术活，如果改进所能够把技术人员派到全省各地，指导农民种烟、烤烟，美种烤烟的质量就有了保证。”

卢汉听取了庾恩锡的建议，下令在原云南烟草改进所的基础上，在全省增设15个烟草改进分所，6个特约烤烟种植场，将美式烤烟的种植面积，由上年（1945年）的10万亩，扩大到15万亩。

也就在这一年，云南纸烟厂厂长李青年三年聘任期满（1943年至1946年），不愿续聘，与其二弟李宾石离开云南纸烟厂（仍保留董事身份），在岗头村创办了兴业烟厂（后改名大运烟草公司）。大运烟草公司以生产中等卷烟“大运”为主，也生产过“三皮”、“僧帽”等牌号卷烟，尤以“大运”销售为甚。李青年曾先后供职于南洋兄弟烟草公司和云南纸烟厂，又是东吴大学化学系毕业的，不但熟悉管理，在卷烟配方研制上也很有一套。他所研制的“大运”卷烟一经面市，很快就成为市场上的热销产品（据新中国成立后派驻大运公司的军代表瞿怡静老回忆，“大运”烟成功的秘诀其实也在于用产于四川金堂的金堂烟叶炮制烟汁，喷洒于烟丝上）。大运烟草公司也一跃而成为继云南纸烟厂后，云南第二大卷烟生产厂。

再说卢汉返回云南之前，蒋介石专门在重庆召见了他。蒋召见卢汉，目的还是为了在越南受降的滇军60军和93军。

按《波茨坦公约》，美国和中国应各派两个军进驻日本，这是自1840年鸦片战争以来，中国第一次在国外驻军，而且是在多年的冤家对头日本本土驻军，举国为此一片欢腾，扬眉吐气。蒋考虑，滇军60军在台儿庄一役中，给日本朝野留下了深刻印象（日本报纸曾连篇累牍地报道过滇军在台儿庄的上乘表演）。而且，将60和93军直接从河内就派往日本，远离云南，还可避免卢汉像他的前任龙云那样拥兵自重，尾大不掉（此前，滇军58军和新3军已划归中央军系列）。于是，遂决定将60军和93军派往日本。谁知，国共双方还在重庆谈判期间，中共就抢先一步，自华北、华东派出10万大军，在30多位中央委员和候补中央委员（数量占了中共七大中央委员、候补委员的三分之一强）的率领下，分陆路和海路，浩浩荡荡地开进了东北。东北幅员辽阔，物产丰富，日本人占领十四年，东北成为中国最大的工业基地。这还不是最主要的，关键的一条，东北背靠苏俄，中共可直接接收苏俄军事和经济援助，进可攻，退可守，收放自如，将来要想彻底铲除中共就难了。

蒋遂又决定，为党国大计，无论如何都要先把东北抢回来。至于驻军日本嘛，还是那句老话：“攘外必先安内”，从长计议，等消灭了中共，回头再说。

蒋除了把精锐的全美式装备的远征军悉数调往东北，又打起了滇军60军和93军的主意。把这两个军调到中国版图的最北面，其实也跟派驻日本差不多，不必日夜担心滇军替龙云报一箭之仇。

于是在召见卢汉时，蒋直截了当地说：“现在东北急需增加兵力，把你的部队调一个军去东北好吗?”

谁知卢汉比他还干脆：“委座，军队是国家的，既然东北要兵，两个军全调去好了。”

所谓青出于蓝而胜于蓝，比较而言，卢汉比他那位表兄龙云还要聪明，老蒋既然开了口，即便你不同意，该调他还是要调。不如顺水推舟，做个人情。表面上看，卢汉是个标准的军人，蒋也称其为“模范军人”，蒋夫人宋美龄对其更是赞美有加，谓其“尽勇诚朴，为中央将领反无”。实际上，卢更善于韬光养晦，内心是一个很有主见的人，后来发生的60军184师在海城起义这件事，就很能说明问题。

184师台儿庄一仗成名，成为滇军主力。入越受降后，184师从河内调到海防。到海防不久，即和法国人大打出手。法国大概还以为今天的中国军队还是清王朝时期的中国军队，不经中方允许，就派出三艘登陆舰打算在海防登陆，师长潘朔端当即下令，未经中方同意，不许法国殖民军登陆。

不久前，在河内举行受降典礼时，法国人就被受降总指挥卢汉将过一军。第一方面军刚到河内，之前从未放过一枪的法军准将亚历山大，要求代表法国参加受降，被卢汉拒绝。法国心有不甘，通过活动重庆方面后，行政院通知卢汉，同意法方参与受降。卢汉当时没有表态，但布置会场时，却下令只许悬挂中、苏、美、英四国国旗。受降当天，亚历山大兴高采烈地以战胜国的姿态进入会场时，一眼看到会场上唯独没有法国国旗，当即向卢汉提出抗议。卢汉冷冷地问：“请问，日本人占领越南时，你在哪里?”

历亚山大顿时哑口无言，灰溜溜地退出了会场。

接到师长命令后，师部通信兵当即用旗语通知法国登陆舰，这里是中国军队的防区，请你们马上离开。但法国军舰根本没把中国人放在眼里，非但没有离开，反倒开足马力向岸边冲了过来。潘师长毫不客气地下令开炮，师属炮营加上缴获的日军大口径岸炮，只一个回合就重创了法军三艘登陆舰，法军一看今天的中国人已不是昨天的中国人，不是好欺负的，慌忙调头逃向了公海。

1946 年 4 月 12 日，184 师奉命登船开拔，但具体去什么地方，连师长潘朔端都不知道。更加令人气愤的是，师部和直属队乘坐的“自由号”登陆舰，据说是美国人赠送的，但上船一看，驾驶室舱门上居然写着“中国人不许入内”。副师长郑祖志当即质问舰长，这是怎么回事？这艘舰不是送给中国了吗？怎么舰上还有这种歧视中国人的字样？舰长姓黄，黄舰长连忙认错，承认是自己疏忽了。马上叫人用油漆盖掉了那行字。5 月 11 日，184 师在葫芦岛登陆，大家这才知道原来是到了东北。到东北后，184 师师部和 552 团进驻海城，551 团却摆在鞍山，550 团放在营口，全师呈一字长蛇阵沿铁路布防，成了替新 1 军看家护院的铁路警察。全师当时就炸了，这不明摆着拿我们滇军当炮灰吗？5 月 24，来东北不到半个月，林彪的东北民主联军向鞍山发起攻击，551 团伤亡过半。26 日，民主联军又向海城发起攻击，师长潘朔端、副师长郑祖志、参谋长马逸飞（早年曾加入中共，后脱党）、552 团团长魏瑛四人商量，这个仗不能再打了，不能让 184 师这支抗战中战功卓著的部队毁在我们手上。魏瑛提议派机枪二连连长高如松和运输连连长陈正富出城与民主联军联系，理由是高、陈两人好赌钱胆子大。果然，魏瑛找到两人后，明确告诉他们：“老蒋不拿我们滇军当人看，我是不打了，要打你们打。”

两人连忙说：“我们听团长的。”

魏瑛又说：“如果我去投八路，你们也去吗？”

两人说：“不瞒你说，我们早就想投了。团长。”

高、陈两人带着潘、郑、马、魏的联名信连夜出城，当天晚上就打了折返，和民主联军第四纵队派来的联络员一道，拿着纵队司令员韩先楚将军的亲笔信回来了。

1946 年 5 月 30 日，184 师通电起义，宣布加入东北民主联军，掉转枪口，成为国民党在东北战场最早起义的一个师。

184 师海城起义后，老蒋为了安抚在东北的 60 军和 93 军，专门从云南把卢汉请到了东北。谁知卢汉到了东北后，不但没给滇军打气，反倒是旁敲侧击地告诉 60 军军长曾泽生、93 军军长卢俊泉和副军长龙泽汇（卢汉的舅子）：“将在外，你们在这里做事要机动点，不要做什么事都要受人家支配，也不要什么事都要到云南来问我。”

卢汉这话就十分微妙了，再联系到卢汉回云南后，两次向老蒋掼乌纱，称自己手头只有两个警卫连，连昆明城都出不了，省主席这个活他是没法干了，请老蒋另请高明。老蒋无奈，只好先是同意他把两个警卫连扩编为两个营（省府一个、靖署一个），后又根据国防归中央，保安归地方的原则，允许卢汉组建五个保安团，卢汉却一口气成立了七个。组建保安团不难，抗战胜利后，复员编余的官兵很多，关键是武器弹药和部队的粮饷。卢汉采纳了庾恩锡的建议，为了筹集粮饷，1947 年，卢汉在省府 987 次会议上，通过了扩大和奖励种植烤烟办法。到 1948 年，全省烤烟种植地区陡然增至 72 个县，面积达到了 32 万亩（烤烟品种主要是陈纳德偷偷弄来的美种“大金元”）。云南财政收入亦大幅增加，总算解决了七个保安团的军费，卢汉这才松了一口气。

再说 1943 年 1 月，云南纸烟厂建成投产后，“重九”和“七七”因市场上供不应求，自当年 11 月改为两班制，产量虽然翻了一番，但设备又跟不上生产的需求了，第二年年初又从重庆等地订购了一批卷包设备，烟厂的利润亦随之大幅提升。两手空空返回云南的卢汉，这下是既有了枪，又有了钱，腰杆也硬了许多，再也不用看别人的脸色行事了。

庾恩锡虽然一句话帮了卢汉的大忙，但他自己却遇上了一个不大不小的麻烦。说小，是因为这事纯属个人私事，与眼下动荡的时局无关；说大，是因为他被年仅 25 岁的苏兰妮爱上了。庾做梦也没想到，自己一大把年纪了，居然还碰上了桃花运。

这事严格说起来，既不是他的问题，也不是苏兰妮的责任。问题出在苏兰妮的父母那里。苏家出身书香门第，如今虽然家道中落，但面子还是看得很重的。一听宝贝女儿居然“傍”上了一个花甲之年的老头，而且老头还是有家室的，苏父当时就暴跳如雷。不过，苏父苏母到底是上海人，并没有为此大吵大闹，而是瞒着女儿悄悄找到庾恩锡，开出条件“谈判”。自以为精明过人的苏父提出，抗战既已胜利，他们也打算返回上海了，只是苦于没有盘缠，迟迟不能动身。并说庾虽然长期隐居江湖，但他在好几个矿山包括云南纸烟厂都有股份，日子过得还算宽余。庾恩锡其实在当时跟苏小姐并无瓜葛，但是看着比自己年龄还小的苏父为一点盘缠绕来绕去而且振振有词的样子，也就不做解释。庾恩锡当即表示，可以资助苏家返沪的盘缠费用。没过几天，庾就通过关系替苏家搞到了返回上海的机票。送走苏家老小后，庾恩锡回到庾园，老婆不知从哪里听说了苏兰妮苏小姐的事，不分青红皂白，与庾恩锡大吵一架。庾一气之下，独自返回了“磊楼”。

前些年，为躲避日机轰炸，庾全家从城里搬到了白鱼口“磊楼”。抗战胜利后，大儿子庾嘉麟考取了中央大学，一家人又搬回了“庾园”。庾恩锡没想到老婆道听途说，如此不可理喻，自己也懒得跟她解释，反正苏兰妮一家已经返回上海了，等过两天老婆消消气再回家不迟。

没想到前脚刚到“磊楼”，后脚管家就来报，有位小姐要见老爷。庾恩锡不假思索就说：“让她进来吧。”

等这位“小姐”进来，庾恩锡惊得眼珠子都快掉出来了——来人不是别人，而是庾恩锡亲自送到机场的苏兰妮。

见到目瞪口呆的庾恩锡后，苏兰妮莞尔一笑：“没想到吧？”

庾恩锡使劲眨了眨眼睛，相信不是在梦里，才说：“你不是已经飞回上海了吗？”

苏兰妮没有回答，而是疾步上前，突然扑进了他的怀里：“不，我不走了，永远也不会走了——”

庾恩锡后来才知道，苏兰妮打小就性情刚烈，这件事，如果父母平心静气地与她商量，可能什么都不会发生，正因为其父采取了一种十分卑劣的手段，既从毫不知情的庾处骗得了机票（当时的机票不但十分昂贵，而且很难搞到），又活活将两人拆开，她才一怒之下偷偷从机场跑了回来。

“让他们走吧，他们再也拆不开我们了。”苏兰妮含情脉脉地看着庾恩锡。

庾恩锡连忙说：“这话可不对，你我之间不存在拆不拆开的问题——”

苏兰妮咄咄逼人地说：“那么我问你——你喜欢我吗？”

庾恩锡说：“我承认，我喜欢你，但不是那种意义上的喜欢——”

不等庾恩锡把话说完，苏就用自己鲜嫩的嘴唇堵住了庾的嘴巴，急促地道：“晚了，你现在说什么都晚了。”

苏父聪明反被聪明误，赔了女儿又折兵。

“大重九”与滇军再起义

看着窗外地上铺满金黄色的银杏叶片，卢汉心中生出无限感慨。

此时，时间转眼到了1948年的年末。这一年，老蒋把全国该丢的地方差不多都丢光了。先是丢了东北，还好，曾泽生到底是讲武堂和黄埔两所著名军校毕业的，对卢汉的话心领神会，一看势头不好，不能再替蒋家卖命了，毅然率60军在长春起义，加入了中国人民解放军。卢俊泉这个傻瓜，虽说是卢汉的亲叔叔，但却油盐不进，居然硬着头皮与林彪死打硬拼，最后落得93军全军覆灭不说，还差点影响到了东北解放战争的进程。辽沈战役前，林彪先是派出两个纵队攻打锦州以北一百多里的义县，驻守义县的正是93军20师，结果打了半个多月才打下来，连特纵司令员朱瑞都牺牲在了义县（战役结束，查看阵地时触雷牺牲）。林彪是从来不干亏本的买卖的，一看滇军如此能打，就在先打锦州还是先打长春的问题上打起了摆子，摇摆不定。这也难怪，长春和锦州都驻有滇军的一个军，义县驻一个师的滇军，就打了半个月，现在人家是一个军，这仗怎么打？最后还是毛泽东一连发了五封电报，加上罗荣桓从旁劝说，林才最后下定了先打锦州的决心。锦州是东北的门户，打下锦州，就等于关上了东北的大门，50多万蒋军只能乖乖束手就擒。

东北丢了，华北也快了，驻守北平的傅作义已被林彪的百万大军团团围住。还有徐州，中共一次动用两个野战军（中原野战军和华东野战军），志在必得。真是报应啊，当年武力解决表兄龙云的杜聿明——徐州剿总副总司令，如今已成了瓮中之鳖，随时都可能被人家一口吞掉。

中共这一年在云南的动静也不小，先是朱家璧在路南圭山暴动，打出云南人民讨蒋自救军第一纵队的旗号后，拉起了一支1000多人的队伍；继而余卫民又在元江错科树起义旗，打出了云南人民讨蒋自救军第二纵队的旗号。朱和余均毕业于中央军校第八期，又分别在延安抗大作过军事教官，你还不能说人家是小打小闹。26军算是老蒋的嫡系了，其193师防守昆明到沾益一百多公里的铁路还天天挨打，师长石补天曾经愤怒地咆哮："我不该叫石补天，应该叫石补路，天天补路都忙不过来，哪里还有工夫去补天?"

从辛亥革命到护国战争，再到八年抗战，在每个关键的时间节点上，云南还从来没有落在别人身后的习惯。卢汉知道，该是有所动作的时候了。这一年，因为烤烟和纸烟赚了大钱，加上南京政府撤走了臭名昭著的云南警备司令部，另行成立以卢汉为主任的云南绥靖公署，卢汉趁机将原来的七个保安团扩编为十七个保安团，兵力增加到了5万余人，比26军还多。

1949年，这个在中国五千年文明史上具有划时代意义的一年，似乎在人们猝不及防的时候，悄悄降临了。

1949年元旦，新华社和中央社分别播发了毛泽东和蒋介石两人的新年文告，毛泽东的文告题为《将革命进行到底》，开宗明义，第一句就是："中国人民将要在伟大的解放战争中获得最后胜利，这一点，现在甚至连我们的敌人也不怀疑了。"

其实，毛泽东的文章，不用看内容，光听一听标题，就明白无误了；老蒋因为失去了文胆陈布雷（陈于1948年11月13日自杀身亡），所发文告不但文字枯涩难懂，甚至连一个标题都没有，通篇文告只传递出四个字：下野求和。

之前，1948年11月3日，历时20天的辽沈战役胜利结束，东北野战军解放东北全境。是役，共歼灭国民党军47万6千人。曾泽生率滇军60军在长春起义，这支当年高唱着"我们来自云南起义伟大的地方"，开赴抗日战场，战功卓著的部队，终于保全下来了。同时被保全下来的，还有当时全中国最大的水电站——小丰满电站（第1兵团司令官郑洞国曾下令炸掉小丰满电站大坝，以阻止林彪的进攻，但被60军军长曾泽生拒绝了）。

辽沈战役结束后，人民解放军不但在质量上，而且在数量上第一次超过了国民党军。从1921年"七一"建党，到1927年"八一"南昌起义建军，整整27年了，中国共产党历经挫折和磨难，终于强大到了足以令对手望而生畏的地步，问鼎全国，夺取江山，只是一个时间问题了。

分别听完毛泽东和蒋介石的新年文告，卢汉问小舅子龙泽汇："你怎么看我们这位蒋总统的新年文告?"

龙泽汇说："以退为进，等待时机。如果我没记错的话，这应该是他政治生涯中，第三次宣布下野了。"

卢汉摇了摇头："可惜，毛泽东不是汪精卫，更不是唐生智和李宗仁。

不信，你听听他这篇文告吧——《将革命进行到底》，大气磅礴，掷地有声，落地就能砸出个坑来。依我看，他是不会轻易上老蒋的当的。”

不等龙泽汇开口，卢汉又说：“毛润之这个人，不但有帝王之气，九五之尊，就是一手文章，那也写得前无古人，后无来者。民国34年，他到重庆谈判时，公开发表的那首《沁园春·雪》，绝对称得上千古绝唱，大气磅礴，至今我都还能背得下来。”

卢汉不知道，仅仅一年之后，毛泽东用短短十一个字，就入木三分一针见血地概括了他卢汉的一生：抗过日，起过义，黄花晚节香。

不久，卢汉秘密派到香港和北平（通过参加傅作义起义的原北平警备总司令、云南景谷人周体仁与北平市市长叶剑英将军取得联系）与中共方面联系的人也回来了。朱德、叶剑英等讲武堂老校友对云南和卢汉的态度表示欢迎，同时指出，在解放大军过江之前，暂时不能轻举妄动。为表示诚意，卢汉可以先派人与朱家璧领导的“边纵”（云南人民讨蒋自救军此时已改编为“中国人民解放军滇桂黔边纵队”，简称“边纵”）取得联系，并相机接济该部一部分武器弹药和物资。

龙泽汇既是卢汉的内弟，又是朱家璧中央军校的同期同学。在越南受降时，老蒋下令将时任第一方面军特务团团长的朱家璧秘密解往重庆，是卢汉让龙泽汇给了朱一笔费用后，让其离开越南转道缅甸的。龙无疑是与朱部联系的不二人选。因为除了上述两层关系，龙泽汇的大舅子腾冲人艾思奇还是共产党方面的一位重要人物，就是因为他这位大舅子的原因，龙泽汇才被削去兵权，调任有职无权的93军副军长。龙泽汇因此一气之下称病跑到了北平。北平解放前，在卢汉一再催促下，龙泽汇才乘欧亚公司最后一班飞机回到了昆明。见到这位小舅子后，卢劈头就说：“中国情况复杂，云南环境特殊。我们要在困难中找出路，要在安定中求进步。”

还没等龙泽汇做出反应，卢汉又进一步明确告诉龙泽汇，共产党是肯定成功了，眼看天下就是人家的了，云南应逐步摆脱老蒋的控制，才是上策。最后又交代龙，为了使三迤父老免受刀兵，保全桑梓，催你回来的主要目的，就是负责扩充军队。

龙泽汇不傻，自然是心领神会。不久，在锦州被俘的93军官兵经教育后，被有意放回云南。如夏际昌、安永松、越振华等人，在卢汉授意下，先后被任命为保安团团长。短短几个月内，滇军迅速扩充到个十几个保安团，编为三个旅，由龙泽汇、余建勋、陇文生分别担任三个旅的旅长。

1949 年 4 月 21 日，毛主席、朱总司令发布向全国进军的命令，命令各野战军指战员，南方各游击区解放军“奋勇前进，坚决、彻底、干净、全部歼灭中国境内的一切敢于抵抗的国民党反动派……”

4 月 22 日，人民解放军百万大军在西起九江，东至江阴长达 1000 多公里的江面上，强渡长江；4 月 23 日，占领国民党首都南京；5 月 11 日解放上海。同日，中共中央向华南分局下达了《关于联络卢汉起义问题给滇桂黔边区党委的指示》。指示明确要求，请卢汉将军派出全权代表，到北平与中国人民解放军总部直接洽谈起义事宜。

5 月中旬，龙泽汇按卢汉的要求，通过另一位中央军校的同学吴树桐，与边纵朱家璧部取得了联系。吴早已弃武经商，活动比较方便，也容易取得朱的信任（都是老同学）。吴跑到路南没几天，就见到了朱家璧。朱家璧让吴转告龙泽汇，对卢汉的态度表示欢迎，还说，他也正准备派人与卢、龙联系。最后，朱家璧又说，边纵部队发展很快，但缺少武器弹药，希望得到卢主席的帮助。

龙泽汇当即将上述情况向卢汉作了汇报，卢汉同意向朱家璧和边纵提供武器弹药，并交由龙泽汇全权负责。1949 年 5 月 25 日，龙泽汇以到羊街视察机场和保十团为名，带着两辆装满武器的卡车，来到了保十团。龙泽汇直截了当地告诉团长夏际昌：“卢主席派我为代表来和边纵负责人开会，你要绝对保密，这是我们大家的事，也是我们今后的唯一出路。”

会面地点定在距保十团驻地两公里的寻甸磨盘寺，朱家璧已如约等候在磨盘寺了。老同学重逢，分外亲热，不过来不及更多寒暄，龙泽汇就直奔主题：“家璧，这些年你们为国家和人民辛苦了。我姐夫的意思是让我们尽快商定一下，拿出一个如何对付和消灭 26 军，解放云南的办法。”

朱家璧见龙态度明朗，高兴地说：“解放云南是我们大家的事，希望卢主席坚定决心，我们好好配合，一起干吧。”

龙泽汇也开门见山地说：“卢主席的意思是在 6 月份起义，请考虑。另外，这次我带来了一个团的装备送给你们。”

朱家璧说：“起义的事我们党中央有指示，恐怕起义早了，会给云南带来重大损失，最好等广州解放，解放大军接近云南，能够支援时起义较为有利。”

当天夜里，在中共地下党员、保十团政工处副主任何云谷的指挥下，龙泽汇用卡车送来的 12 挺重机枪、120 挺轻机枪、1500 多支步枪和 1 万套军服，神不知鬼不觉地运到了边纵根据地。

之后，又通过驻宜良的保一团团长王绍尧将另一批武器送给了边纵。王绍尧跟夏际昌一样，也是中共从东北放回来的。王亲自驾驶边三轮摩托把保安团的军装送到七星村蚂蚱箐，边纵战士换上保安团的军服后，趁天黑到保一团将武器运了出来，计有轻机枪 81 挺、重机枪 20 挺、步枪 1500 多支、子弹 30 万发。

前后两次，加上两个月后，又送了一次，一共移交边纵三个团的武器装备。

没人知道，卢汉用于购置滇军 3 个旅的装备和送给边纵的大批武器弹药，都是通过收取美种烤烟的税费和云南纸烟厂的利润获取的。抗战时，有两个原属中央兵工署的兵工厂（一个生产步枪和机枪，一个生产光学望远镜）从内地搬到了昆明海口，卢汉设法买通了这两个兵工厂的领导和军统驻厂稽查室负责人，先后从这两个厂购置了足够装备两个军 10 万人的武器装备。虽说卢汉是一省之主席，但此举仍属私买军火。按说，军工厂私下出卖武器，属于死罪，但由于物价飞涨——较之抗战胜利的 1945 年，1948 年末，物价一口气上涨了 8 万 3 千倍，到这时，虽然私卖武器会被处死，但不卖则会被活活饿死——反正都是死，兵工厂也就顾不了那么多了。就连保密局云南站站长沈醉都采用监守自盗的方式，从海口兵工厂弄出一批武器，用于装备潜伏特务。

1945 年经龙云向陈纳德要来的美国弗吉尼亚最好的“大金元”（Mammoth - Gold）烤烟新种，由徐嘉锐于 1946 年初在玉溪等地全面试种推广，大获成功。但是由于刚上台的卢汉打算撤省企业局，改设云南省人民企业公司，因此企业局奉命改组，其所属烟草改进所也大幅减员。心生退意的徐嘉锐几次提出辞职，却被屡屡挽留。到 1947 年初，他终于得愿回到大学重执教鞭。而 1948 年云南烤烟因为栽种面积过大，国内战事日紧，沿海多家烟厂纷纷倒闭，烟价惨落，烟农受损，导致来年烤烟面积大幅萎缩。

由此，徐嘉锐悟出一个道理：烟草是个很特殊的商品，有着很特殊的发展规律，任何个人的力量在复杂的烟草事业面前都显得渺小，科学家单打独斗实验不行，烟农简单盲目跟风不行，那些小厂小作坊纯粹为利益驱动搞生产更不行。烟草作为一个事业，离不开政府的力量，政策的调控，只有将烟草事业放到政府的平台上，借助政府支持，上升为政府行为，烟草才会有序、有力地发展。而徐嘉锐亲身经历的从 1927 年到 1949 年云南省发展烟草的历史，也充分证明，不是一届政府，而是多届政府，都倾尽全力，一棒接一棒地往前跑，才跑到了云南烟草具有很大规模，并在全国领先的局面。可以说，是政军商科农，各界联手，齐心协力，才奠定了来之不易的云南烟草王国雏形。唐继尧、龙云、宋子文、陈纳德、卢汉等军政首长，庾恩锡、徐嘉锐、常宗会、蔡希陶、赵济、苗仲华、李青年、李宾石、李清煜、廖新学、严峻等实业家、科学家、艺术家，怀揣实业救国、强省强国梦想，希冀造福桑梓，寻找济世良策，一心打造发展云南的烟草经济支柱，为奠定云南烟草王国基石，前赴后继，可歌可泣；还有数以十万、百万计的烟草企业职工和广大烟农，都为之付出了巨大努力和贡献。

说到为卢汉带来巨大利益的烟草，如前所述，1945 年李青年聘任期满，不愿续聘，由王德存继任云南纸烟厂厂长。1946 年，当时的云南省企业局再次对云南纸烟厂领导机构及成员进行了调整，并制定了《云南纸烟厂暂行章程草案》。任命范邦杰为云南纸烟厂经理，王德存仍继续担任厂长。1947 年 11 月，云南纸烟厂划归新成立的云南人民企业股份有限公司。该公司是卢汉于 1947 年 6 月下令成立的，从此，卢汉将云南纸烟厂完全控制在云南省政府手里，停止向中央上缴一切税费。1949 年 5 月，范邦杰辞去云南纸烟厂经理一职，由毕业于瑞士联邦工业大学的苗仲华接任（王德存仍任厂长）。

苗“海归”上任后，认为“重九”香烟虽然质量上乘名声响亮，但是它的包装却远远落后于当时的潮流，必须重新进行烟标设计。卢汉表示完全同意，其手下一些谋士也纷纷提出，辛亥革命中的云南重九起义，是继武昌起义后，规模最大的一次反清武装起义，意义非同凡响；抗战军兴，为发扬云南重九起义和护国首义的光荣传统，鼓舞士气，滇军出征的时间也特意选在了 1937 年的 9 月 9 日，凡此种种，应该在重新设计的“重九”烟标上冠以一个叫得更响更大的名字，以示云南在中国近现代史上所作出的卓越贡献。

“那就叫大重九!”顺着这思路，卢汉一言九鼎，已经问世 27 年的“重九”烟，从此有了这个更有气魄也更加响亮的新名字。此时，卢汉已决心顺应历史大潮，一如既往，在历史变革的关键时刻，继承发扬云南和滇军敢为人先，勇于担当的大无畏精神，再次起义，投向光明。因此，对烟厂和谋士的建议十分赞赏，并要求在最短的时间内，拿出令人满意的设计方案。

苗仲华一看省长如此重视，对新烟标设计当然也不敢大意。在他主持下，烟厂请当时云南最有名气的几位画家，一起设计“大重九”新烟标。他们对庾晋侯先生创立的“重九”老牌商标作了重大修改设计，按卢汉指示，为

“重九”冠以大字、以显威名，“重九”牌正式更名为“大重九”。据苗仲华回忆，他提出，“大重九”商标要以金黄为底色、菊花和叶片围成花边，以突出九月菊花盛开的金秋时节。廖新学提出了由麦穗组成图形及其中央“9·9”字样的具体构想，借以表达对大地丰收的美好祝愿。庾晋侯则提出由盾牌和中央另外一个“9·9”字样共同构成的图案，以追思重九起义的历史壮举，并反映中国人民众志成城，抵御“洋烟”入侵的愿望。可以说，新的“大重九”烟标设计，是集众人智慧之长，集思广益的结晶。

未久，全新的“大重九”烟标设计尘埃落定。相比之下，与1943年“重九”烟标最大的不同是，取消了原“九九”两个数字上方“青天白日”的国民党徽记，暗喻云南与国民党和蒋家王朝的决裂。同时，以云南陆军讲武堂主体建筑之金黄色为“大重九”烟标的主色调，凸现了重九起义与云南讲武堂的血脉关系。盾牌，是武装力量的一种体现，1943年版的“重九”于抗战烽火中诞生，烟标上出现了较为罕见的蓝色盾牌标志；1949年版“大重九”，继续保留了盾牌标志，不过，此时的盾牌象征的已经是人民的力量了。“人企”两字也出现在新烟标上，表明云南纸烟厂的公有性质。

庾恩锡当年命名“重九”的内涵，在“大重九”新烟标上也得到了更加丰富的拓展，烟标上方的深蓝色绶带，以及烟盒侧面，均印上了“选用复烤美烟精制”的字样，第一次在烟标上打出“大重九”以云南地产美烟为原料的旗号，可谓旗帜鲜明，充满自信，又独具匠心。

至此，一个在中国烟草历史上（也是世界烟草史上）最有历史价值和文化含量，最具传奇色彩，最震撼人心也最吸引眼球，最能开启心智并引发无穷想象力，最让人怀想也最让人难以忘怀的香烟牌号；一个在设计上意境深厚意蕴丰富、造型生动庄重典雅、图案匀称接近完美的烟标；一个将家国情怀、兄弟情义、战争传奇、爱国报国、尊老敬老、英雄美人等多重含义集于一统的“大重九”香烟名字和商标图案，正式诞生。

1949年6月1日，重新设计包装的“大重九”香烟在昆明市场有少量投放。而严格把关生产的第一箱“大重九”，作为“见面礼”，已经在此之前由卢汉私人代表宋一痕带去了北平。

5月下旬，宋一痕（早年曾加入共产党，后与组织失去联系）就从昆明出发，随从物品中，就有一箱刚刚生产的“大重九”。卢汉给他的口谕是，送到需要的人手中。宋于6月中旬抵达北平，受到了中共周恩来副主席和解放军朱德总司令的接见。周副主席给宋一痕也捎了个口信：请转告卢主席，

“大重九”烟已经转给需要的人，烟很好。周恩来随即对卢汉起义作出如下指示：一、欢迎；二、既往不咎；三、目前还不是时候。关于今后的联络方式，周指示，继续由中共华南分局出面为宜。

7月下旬，老蒋为了进一步拉拢卢汉，同意给卢汉两个军的番号，将云南保安部队整编为两个军——龙泽汇任军长的93军和余建勋任军长的74军。

就在卢汉紧锣密鼓地准备发动云南起义时，早已逃到香港的前云南省主席龙云的一番答记者问，差点泄露了天机。

8月14日，龙云在香港答记者问时提到，程潜已在8月2日宣布湖南起义，我们云南也快了。第二天，最擅长做“标题党”的香港各大报，纷纷以大字标题刊出“龙云已策动云南正式起义”，这条消息使蒋受到了极大震动，已逃至广州的国民党政府连夜召开紧急会议，提出武力改组云南省政府，准备把已投奔桂系的原滇军58军空运回云南。卢汉忧心忡忡地告诉龙泽汇等人，老主席图嘴上一时快活，这下可给我们穿夹脚鞋了。1945年10月，老蒋用武力威逼龙云下台时，龙云曾电告卢汉，让他立即按事先商定的计划，一面通电声援，向蒋抗议；一面立即率滇军回昆救主。但当时入越受降的部队，除了滇军，还有中央军的3个军，一旦打起来，胜负难料。于是，卢汉硬着心肠回电给曾经恩重如山的老长官兼表兄：抵抗无益，徒遭无谓牺牲。这对当年一起拉杆子造反的难兄难弟，从此结下了梁子。

世上没有不透风的墙。卢汉先后把一个师的武器装备送给了边纵，继而取消了国民党党徽的“大重九”香烟的出炉，已经引起了蒋介石的关注。而龙云的讲话如火上浇油，越发加重了已逃到台湾的蒋介石的猜疑。

龙云在香港声称云南即将起义后，蒋介石立即从台湾飞回重庆，电召卢汉赴渝。此时，云南起义已进入关键时刻，龙云又在香港宣布“云南即将起义”，明摆着老蒋电召设的是鸿门宴，大多数人都不同意卢汉去重庆。云南省参议会会长龚自知说得更直截了当：“卢先生是国家封疆大吏，但一年以来，反三征，拒用银元券，截留国税，改‘大重九’党徽，只差背上插一杆反旗了，此去肯定凶多吉少。”

龚自知还不知道，卢汉还先后送给边纵三个团的武器，光轻重机枪就有数百挺。在众人的劝说下，卢汉也心有戚戚，于是打电话给西南军政长官公署长官张群，以身体欠佳为由，拒绝去重庆。

蒋介石急于让卢汉去重庆，一方面是想亲自考察卢汉，更重要的是，他不愿看到真要调58军入滇，让李宗仁的桂系染指云南。张群回电，可以用脑袋担保卢汉的安全，另一要员俞济时也飞到昆明，劝说卢汉赴渝。见卢汉还是迟迟不肯动身，蒋又提出可以让蒋经国到昆明做人质，走马换将，以保证卢汉的安全。如此一来，卢汉不去都不行了，于是力排众议，回电重庆，9月5日赴渝。当晚龙泽汇赶到新公馆时，见客厅里摆满了大大小小的皮箱，不由吃惊地指着一地的皮箱问："这是怎么回事，姐夫?"

卢汉狡黠地一笑："我明天一到重庆，就向老蒋辞职，而且还要摆出一副在重庆长期住下去的样子。看他怎么办——皮箱里装的都是'大重九'，一方面拿去送礼——第一夫人，还有宋部长，可能会喜欢它；另一方面实在抓打不开时，可以换几顿饭钱。再说了，北平送了，重庆也得送。明天我一个人去，你留在昆明。"

老蒋在电报中提出，要卢汉和龙泽汇一起到重庆。不等龙泽汇开口，卢汉又说："你听我把话说完，我每天都会发一封电报给你，落款若是永衡，说明我平安无事；若是落卢汉，则说明我已失去自由。收到落款为卢汉的电报，你马上联络边纵，打出红旗，通电起义。"

永衡是卢汉的字，龙泽汇又是一惊："那你呢？姐夫。"

卢汉手一摆："不要管我，这就是今天我叫你来的原因。当然，这是万不得已时的做法，我料定老蒋还不会对我下手。"

卢汉到重庆后，一连两天发回来的电报，落款都是卢永衡，说明他平安无事。他是平安了，但这两天，龙泽汇却像热锅上的蚂蚁。卢汉说得简单，打出红旗，通电起义。龙泽汇知道，跟边纵联系不是一天两天的事，正在改编之中的滇军，余建勋旅远在滇西，陇生文旅在滇东北，只有自己兼任旅长的第1旅在昆明。不论是边纵还是滇军，根本就来不及调动，这个红旗如何打?

还好，卢汉一到重庆上演的那出戏，倒真把老蒋给搞蒙了，搞不清这个彝族汉子到底想干什么。见到卢汉拿出色泽金黄的"大重九"，一向提倡"新生活"，既不抽烟也不喝茶的委员长，也忍不住拿起"大重九"烟盒把玩了一阵。其实此前他已经从"达令"宋美龄那里看见了，卢汉抵达重庆，就忙着送礼，所送礼品就是这个"大重九"。现在蒋介石却装着是第一次看见的样子，而且对新包装"大重九"取消了国民党党徽的细节完全"视而不见"，故意问道："永衡，这个黄色，是云南讲武堂的颜色吗?"

故作诚惶诚恐状的卢汉连连点头称是。

蒋介石也很会演戏："好啊。纪念重九之起义，不忘革命之本色。现在革命不仅没有成功，而是危在旦夕，因此同志更要努力。但是，有我永衡同志在，云南，必将成为中华民国再造重生之福地。对此，我很有信心！”

继而，蒋介石转过来好生安抚卢汉，并有求必应，不但给了卢一大笔钱，同时反复强调：“我历来是信任你的，永衡。不但我信任你，夫人也一向对你赞誉有加，称你为军中楷模。有什么要求，你尽管提。”

卢汉趁机狮子大开口，满载而归。

卢汉是9月5号去的重庆，只待了两天，7号就飞回来了。一下飞机就把龙泽汇带到光复楼说：“你马上设法让已暴露身份的共产党员离开昆明，今天就走！另外，立即通知杨杰和杨青田，坐今天下午的飞机去香港，一天都不能耽搁。肖肃毅和毛人凤很快就到昆明了。还有，尽快通知朱家璧，老蒋已令26军配合保安部队进剿边纵。”

卢汉对龙泽汇说这话时，载有肖肃毅和毛人凤等人的飞机已经落地昆明。

显然，老蒋对卢汉的“信任”是有条件的，这个条件就是要卢汉必须当面答应，于两天后在昆明进行“九九整肃”，逮捕共产党员和民主进步人士，全力围剿边纵。

卢汉一面答应了老蒋，一面却将消息透露给有关人士。

执行卢汉密令的龙泽汇一天都不敢耽搁。第二天一大早，就声称到保一团视察，驱车前往路南三家村，与朱家璧、张子斋、何现龙等边纵领导人会晤。协商共同对付26军的办法。卢汉在重庆时，已答应李弥第8军进入云南，这样一来，云南的中央系军队增加到了两个军，总兵力大大超过了边纵。尤其是会晤中，龙泽汇还提到，胡宗南和宋希濂部多次呈请老蒋，希望避开解放军的锋芒，将部队撤至西康（今四川省西南部）和滇西一带。这个情报太重要了，胡宗南和宋希濂表面上提出退往滇西，实际是想经滇缅公路逃往缅甸。朱家璧当即与龙泽汇商定，边纵主力转往滇西，控制滇缅公路，云南保安部则虚张声势，进剿弥泸地区的西山和圭山。

毛人凤带着保密局西南区区长徐远举等人飞抵昆明后，立即组织人赶到昆明靖国新村抓捕杨杰，而得到消息的杨杰却已平安飞到了香港。同样得到消息的杨青田因不愿离开昆明，特务最后在杨的好友王少岩家将其逮捕。

由于通知及时，已暴露身份的中共地下党员全部离开了昆明。毛人凤亲自指挥的大搜捕，虽然抓了500多人，但没有一个是共产党员。毛自然不肯善罢甘休，此行的目的，就是想让卢汉的双手沾满共产党人的鲜血，进而逼卢就范，把卢牢牢地绑在蒋介石的战车上。抓来的500多人中，不经任何审讯，毛就用笔勾掉了200多人的名字。然后拿着这份名单去找卢汉，请卢汉在上面签字。

卢一看要杀这么多人，当即回绝："要杀掉一半？太多了。这个字我不能签。"

毛称："这是总裁的意思，卢主席。"

卢见毛动不动就把老蒋搬出来，更是气不打一处来，他才不吃这一套呢，抓起桌上的电话说："一次杀那么多人，我这个省主席肯定是当不成了。我现在就给总统打电话，请他先把我撤了再说。"

毛这才软了下来："我没这个意思，卢主席，你误会了。那你说怎么办吧？"

卢说："由你们保密局云南站和绥署组成联合军法处，逐一审理，坐实了证据，不怕他们的脑袋搬不了家。"

卢汉的话无懈可击，毛人凤只好同意了。

毛人凤前脚刚走，卢汉后脚就把军法处处长杨振兴找来，当面交代："你只要做一件事，尽量拖延时间，能拖多久是多久。除了他们要杀的那200多人，其余的，过两天你就把他们放了。"

杨一惊："放了？"

卢汉："是的，就说查无实据。到时候，你把名单拿来我签个字就行了。"

那一天是1949年的9月9日，所以后来又被称之为"九九整肃"。

1949年9月末，参加北平起义的原北平警备总司令、滇籍将领周体仁受朱德总司令委托，回云南协助卢汉起义。

1949年10月14日，广州解放；11月15日，贵阳解放；11月30日，重庆解放；12月4日，南宁解放。

卢汉认为云南起义时机已趋成熟，请周体仁将军陪同自己的私人代表林南园赴香港、广州向中共华南分局和叶剑英请示起义事宜。

12月5日，按事前约定，中共华南分局驻港代表张铁生在香港会见了卢汉派出的全权代表。7日，周体仁、林南园正准备启程到广州，华南分局负责人突然派人找到周、林两人，传达了华南分局的意见：你们要去广州见叶剑英将军，我们不反对。但根据我们掌握的情况，昆明形势已迫在眉睫，我们建议林南园先生速返昆明，向卢汉将军转达我们的意见，尽快采取果断行动。

周、林两人考虑后，认为如不马上返回昆明向卢汉转达华南分局的意见，恐贻误时机，后果不堪设想。遂决定，分头行动，周体仁持介绍信继续前往广州；林南园则马上返回昆明，向卢汉转达华南分局的意见。

就在同一天，西南军政长官公署长官张群，突然飞抵昆明。张群是奉老蒋之命来的，目的只有一个，希望说服卢汉尽快让出昆明，以便让国防部、陆军总部等军事机关进驻昆明，这件事已经拖了好几个月了，卢汉一直以种种理由推脱不办。谁知这次张群才一开口，卢汉就爽快地答应了。张群又惊又喜，但没等他高兴几分钟，卢汉突然话锋一转，不紧不慢地提出了自己的条件，省府和绥署西迁不难，但需要三个月的时间和搬迁费5百万大洋。张群顿时目瞪口呆，这跟不同意有什么区别？5百万大洋姑且不说，三个月的时间，即便总统给你，共产党会给你吗？北边过来的贺龙和东边来的刘伯承、邓小平，离成都不到200里了，说不定明后天就打进成都了。张群只好低声下气地哀求卢汉，只要卢让出昆明，他就把西南军政长官公署长官一职，拱手让给卢汉。

但卢汉比他还干脆，直截了当地说："对不起了，张长官，不给时间和大洋，你就是封我卢汉为皇帝，我也没办法。"

张群被弄得哭笑不得，最后提出，总统想见一见刚组建的93军军长龙泽汇和74军军长余建勋。卢汉说，可以，正好26军军长余程万和第8军军长李弥也在昆明，让他们也一起去吧。他们是来昆明催要给养的，绥署也拿不出钱，让他们去找总统要吧。

为何张群和卢汉现在都改口称老蒋为总统了呢？原来，就在昆明这边诸事麻烦之时，更让"党国"麻烦的事情也在接二连三地发生——

11月20日，代总统李宗仁不辞而别，到美国"医治胃疾"去了。蒋介石顿足大骂："德邻出国，既不辞职，亦不表示退意，置党国存亡于不顾。娘希皮!"骂归骂，骂完后，蒋只好匆匆飞返重庆，接手李宗仁扔下的烂摊子。

但仅仅几天之后，解放军就兵临重庆，老蒋只好又飞到了成都。所以，张群在这里才又改口，称老蒋为总统。

不过，李宗仁出国，倒是帮了卢汉一个大忙。广州解放后，飞往台湾和国外的飞机，只好改在昆明加油。听闻李宗仁途经昆明，卢汉拿着"九九整肃"被捕者名单，赶到机场，请求赦免剩下的200多人。李宗仁反正是要去美国了，落得做顺水人情，看都没看，就在名单上签下了自己的名字。这也成了李代总统在任上最后一次行使权利的签名。

12 月 7 日，龙泽汇、余建勋、余程万、李弥随张群飞抵成都。8 日下午，龙泽汇从成都打来电话，称他们明天一早返回昆明，张群和陆军总部参谋长汤尧与他们同机到昆。

龙泽汇的电话有两层意思，一、他们明天一早就返回昆明；二、张群与他们同机返回。卢汉认为，这是起义的最佳时机，余程万和李弥的家眷都在昆明，他们明天不可能返回部队，这样就可以假借张群之名，召集会议，将第 8 军军长李弥和 26 军军长余程万扣下来，迫使其参加起义。

因为气候方面的原因，张群、龙泽汇等人乘坐的飞机，直到 9 日下午 4 时才飞抵昆明。

当晚 9 时，卢汉以西南军政长官公署长官张群到昆召集会议为名，将 26 军军长余程万、第六编练司令部司令兼第 8 军军长李弥、宪兵副司令李楚藩、空军第五路军副司令沈延世、保密局云南站站长沈醉等，请到卢公馆后，悉数扣押。

当晚 10 时，一份由卢汉签署的宣布云南和平起义通电从五华山发出。电称："……汉主持滇政，忽忽四载，效傀儡之登场，处孤孽之地位，操心危而虑患深，左支吾而右竭蹶，懔威胁之多端，实智穷而力屈，既负滇人，复负革命……时机未至，不惜委屈忍耐，权为应付；时机已至，不惜任何牺牲，解放云南……" 文末，署"卢汉率全体文武官员暨全省民众叩。"

12 月 10 日晨 7 时，刚刚获释的杨青田走进了五华山卢汉的办公室。杨青田是云南省参议会副会长，经常出入五华山，是卢汉的常客。因此，卢汉也没有在意，但当杨脱口说出"昆洛"两个字时，卢汉不由目瞪口呆，林南园从香港回来后告诉卢汉，用"昆洛"这个联络暗号前来和他接头的人，就是中共方面派出的代表。

卢汉大张着嘴，足足过了一分钟，才开口问："你——"

杨青田微笑着点了点头："是我。"

卢汉先是点了点头，然后又不停地摇着头道："原来你就是共产党的代表。看来，国民党不亡，真是天理不容啊。"

两人正说着，省府警卫营营长徐振芳进来请示，马上就到升旗的时间了，今天升什么旗？徐振芳和绥署警卫营营长龙云青是昨晚扣押李弥、余程万等人的具体执行人，他当然知道卢汉起义了，并于当晚发出了起义通电，所以才来请示今天升什么旗。

卢汉哈哈大笑着说：“升什么旗？当然是升新国旗啰！”原来，连新中国的五星红旗，卢汉也早叫人备好了。

1949后12月9日，与张群等人同机抵达昆明的国民党陆军总部参谋长汤尧，因外出离开绥署招待所，没接到开会通知，暂时躲过了一劫。12月10日逃到曲靖后，急电国防部，卢汉起义了。11日，参谋总长兼陆军总司令顾祝同紧急电示汤尧：

一、过去国防部与云南各部队、各机关的联络，凡由卢汉承转的，一律改由陆军总部承转；二、任命汤尧为陆军副总司令兼参谋长，监督云南军政事务；三、命令曹天戈兼任第8军军长，彭佐熙升任第26军军长；四、将第8军、第26军、第87军合编为第19兵团，以王伯勋为司令官，曹天戈为副司令官，负责指挥第一线军事，讨伐卢汉叛逆，营救李弥、余程万。

12月12日，汤尧携国防部电令，到沾益会晤曹天戈。

12月13日，国防部又电令汤尧兼任19兵团副司令官。此任命看似多此一举，却有用意：主要是为了调解第8军与26军之间的矛盾，第8军与26军久有前嫌，不愿接受曹天戈的指挥，就连研究进攻昆明计划的作战会议都没有派人参加。同日，汤尧、曹天戈会同先后赶到沾益的第8军下属各师师长召开作战会议，研究部署进攻昆明的计划。会议决定：一、第8军170师应即占领大板桥以南地区，掩护第8军在杨林集结；二、第8军到杨林后，展开于昆明以北高地，包围昆明北部及以西地区；三、26军为主攻部队，在宜良集结后，展开于昆明以东地区，一举占领昆明；四、各部于12月16日拂晓发起总攻。

两军以“救出军长，消灭叛军”为名，进攻昆明。

12月16日，第8军和26军已基本完成了对昆明的进攻部署，分别从正南、东南、东北三个方向，对昆明进行合围。而此时担任昆明城防的，仅有龙泽汇93军和余建勋74军的一个师。卢汉一面电请二野刘、邓派兵增援，一面用事先约定的密码，致电边纵，请边纵迅急派出有力部队协助保卫昆明。同时，动员全城可以参战人员，组成护厂队、护校队，护路队，以及后勤队，协助昆明守城军队抵御进攻。位于昆明北郊的云南纸烟厂等数家烟厂首当其冲，将面临来势最猛的第8军的正面攻击，因此被命令立即停工护厂，女工大多负责搬运已经生产出的“大重九”等成品烟，撤回城内看护，男工则全体发放简单武器，配合守军准备迎敌。东陆烟厂的“义勇自卫队”还特意从益华银行借来两支冲锋枪武装自己。大运烟厂也组织了数十人的护厂队。有多家烟厂都拿出自己的产品到各守城部队去慰问劳军。

17日上午，云南纸烟厂刚好从城里取来4000多块半开大头，准备发饷用。到中午12点左右，一队从黑龙潭方向开进昆明城北的国民党第8军官兵突然拐进厂里，只有简单武器的护厂队，面对荷枪实弹的正规军，根本没有任何反应，就连厂里来不及发放的工资也眼看要被劫去，财务人员山汝仙、许梦学急中生智，找来一口皮箱，将钱装了进去，然后沉入消防池旁的白沙水井中。结果，国民党军在工厂翻了半天，只从云南纸烟厂仓库拿走了少量未及转运的香烟，全厂损失不大。这批半开大头，直到1950年秋，才由已经是新政权领导的云南纸烟厂派人，在中央机器厂（同在昆明北郊）支持下，将钱一个不少地捞出来，分发给了纸烟厂工人。

18日，26军、第8军发起全面攻击，卢汉一面急电74军军长余建勋，将集结于下关、祥云的三个师火速车运昆明，一面收缩防线，将93军撤至官渡、小板桥、杨方凹、牛街庄一线，固守待援。

19日，26军、第8军分两路发起攻击，第8军炮兵猛轰大东门、圆通街，飞机也出动了，好几颗炸弹直接命中五华山，卢汉下令将指挥部搬到了圆通山。

当天，26军、第8军在飞机大炮的掩护下，一波接一波地发起波浪式攻击，一度冲进了塘子巷火车站。就在这时，余建勋74军先头部队赶到了，在龙泽汇统一指挥下，将敌人赶出了塘子巷。

12月20日，第8军、26军停止进攻，并于12月22日撤离了昆明地区。

以后才得知，第8军和26军停止攻击昆明的原因，一是卢汉经请示2野刘邓首长后，释放了第8军军长李弥和26军军长余程万。既然两军进攻昆明的口号是“救出军长，消灭叛军”，那么我放了你的军长，你就师出无名，失去了借口；二是刘邓首长电令驻贵州安顺的2野5兵团17军49师，组成快速纵队，乘汽车星夜赶往昆明，增援起义部队。12月20日，从安顺出发的快速纵队赶到了宣威，22日，提前一天赶到曲靖，国民党陆军总部留守处处长蔡沂开城投降，曲靖解放。曲靖到昆明只有100多公里，26军、第8军担心再打下去，很可能会被解放军包了饺子。

但由于卢汉的起义，26军、第8军最终还是没能逃脱被歼的命运。第2野战军陈赓4兵团13军37师109团，自广西南宁出发，经半个月强行军，于1950年1月15日突然兵临蒙自机场，切断了该两军的空中逃路。紧接着，陈赓4兵团在第4野战军38军、边纵和卢汉起义部队的配合下，在短短一个月的时间里，分别于河口、蒙自、个旧、元江、墨江、镇源等地追上了一路狂奔的26军、第8军，除26军93师278团和第8军237师709团残部约2千人分别从今西双版纳勐海县打洛和景洪大勐龙逃至境外，其主力近6万人悉数被歼。

至此，云南全境解放。

那天刚好是1950年2月16日——农历大年初一。正应了宋朝诗人王安石那首著名的七绝《元日》：

爆竹声中一岁除，
春风送暖入屠苏。
千户万户曈曈日，
总把新桃换旧符。

第八章·幻灭与新生

HUANMIE YU XINSHENG

改　　造

1950 年 2 月 20 日，以第 2 野战军第 4 兵团司令员陈赓和兵团政治委员宋任穷率第 4 兵团部进驻昆明为标志，云南历史就此翻开了新的一页。

2 月 20 日的入城式，昆明人把它叫着“迎军大会”。陈赓和宋任穷，穿着与普通战士并无区别的棉冬装，戴棉军帽，分乘美式敞篷吉普，在十多万昆明民众的夹道欢呼声中，庄重进城。其实昆明当时还有被国民党空军空袭的危险，但改天换地的喜悦和对新社会的憧憬，已经让人无所畏惧。进城大军所到之处，是彩旗招展鼓乐喧天，是沿途送茶水送熟鸡蛋的热情市民。最让人感动吃惊的一幕发生在状元楼前，那里，站满了由云南纸烟厂、大运烟厂、东陆烟厂等组成的欢迎队伍，他们的队列之首，居然抬出一幅毛泽东的巨幅画像，让载着陈赓和宋任穷的美式敞篷吉普在画像前也稍做停留，两位将军都在车上向自己的领袖行了庄严军礼，汽车才继续缓缓前行到拓东运动场。说到这幅巨画，还有一段来历。原来，它是由云南纸烟厂工人陈炳荣（他实际是共产党领导下的“工盟”昆明北郊片副书记）找到经理苗仲华，让他拿钱请来著名画家廖新学，由廖照着小样画出毛泽东巨幅正面半身像来。苗与廖，因为 1949 年 6 月重新设计“大重九”烟标而成为朋友，云南纸烟厂的请求当然很容易被他受理。这也是当时昆明“迎军大会”唯一出现在欢迎队伍中的毛泽东画像，会后，它就悬挂在云南纸烟厂拓东办事处二楼外墙上，一直供人瞻仰。也因为这幅画像，云南纸烟厂工人欢迎队后来还受到昆明市委的公开表扬，而来这里欣赏画像的人也顺便买烟，烟店生意比平时好了很多。

拓东运动场因其开阔平坦，在解放前后，都是昆明大型集会活动的首选场地。“临时军管会主席”卢汉“率全体文武官员”早已经恭候在那里，一是向入城解放大军致敬，二是完成新旧政权交接的象征仪式。1950 年二月的昆明，春寒料峭，卢汉着礼帽，穿毛领夹克，谦恭谨慎心情复杂地等待着陈赓和宋任穷。当陈赓和宋任穷下车时，卢汉箭步上前，摘下礼帽，与陈赓紧紧握手，两人都面带微笑，弯腰行礼，两颗头几乎碰到了一起。

大军入城四天后，云南召开全省地、师级以上干部会议，宣布云南省委正式成立，宋任穷成为云南首任省委书记，陈赓任云南军管会主任和云南省人民政府主席。在新政权名单中，曾经的滇军将领张冲做了云南省政府副主席，潘朔端则做了昆明解放后的首任市长。

发生在60多年前的那场“解放”，已经定格在各种影视片的渲染之中，后人多以简单的想象来复制“解放”，以为解放就是扭秧歌打腰鼓，就是摇小红旗，然后，就是一起幸福地过上了翻身做主人的新生活。其实，昆明作为大陆最后一个解放的省会城市，解放的喜悦，很快就被严酷的现实冲淡了。军管会的注意力放在了匪患丛生的云南全境各个山区以及越境而逃屯兵边境的国民党军队上面，省委省政府则必须迅速恢复经济秩序以及安抚各少数民族土司头人。昆明城头，除五华山瞭望台上那面迎风猎猎的五星红旗，以及各处张贴的“临时军管会”告示，其余一切基本照旧：学校复课了，念的还是原来的老课本；工厂复工了，厂长经理还是原来的老东家。云南纸烟厂经理苗仲华是个识时务的聪明人，这个早在1946年就曾经当过北大副教授，又筹办过北京工学院，并在政府多个部门任过职的老“海归”，虽然还坐在云南纸烟厂经理的位置上，但当他看到很快就由军管会派来了驻厂军代表张鹏，在1950年4月召开的厂工会选举中，陈炳荣又以“工盟”负责人身份组织选举，结果全是工方代表进了工会委员会，资方代表无一进入，苗就心生退意，知道该是他见好就收，离开云南纸烟厂的时候了。是年9月，他先调到橡胶厂做了一个普通工程师，次年初，又改行或者说归了他的老本行，去云南大学机械系任教授，后去昆明工学院任教，到“文革”时，昆明工学院大批教授下放玉溪峨山“五七干校”，遇1970年峨山通海大地震，苗与昆工近百教师，同葬于峨山小街乡一间“牛棚”中，时年58岁。苗仲华在云南纸烟厂任经理时，正值该厂经历新旧之变，苗为其平稳过渡，做了许多工作。而他对云南烟草事业最大的贡献，则是经他之手，完成了“重九”到“大重九”的品牌升级改造。升级改造后的“大重九”烟标，成为中国乃至世界烟草业一个不可多得的经典，它的图案接近完美，尽管后来由于种种原因，有多次修改“大重九”烟标的尝试，却无一能超过原图。它的基本构图，增之一分则多，减之一分则少。“大重九”以其不可超越的经典性，定格在云南和中国烟草史册中。

同为资方代表的大运烟厂李氏三兄弟，就没有苗仲华那样聪明和幸运了。

李氏三兄弟可以说是云南机制卷烟领域的早期“三杰”，他们懂配方、熟管理、善经营、有谋略，甚至也熟悉烟田栽种选育烘烤车间卷包以及机器维修等全套技术。尤其是老大李青年，他最早来云南，也最早在云南烟草界混出了模样儿，早在1943年，他就当上云南第一家公有纸烟厂——云南纸烟厂的厂长。1946年，李青年受聘出任云南纸烟厂第一任厂长三年期满后，他就明白了与其当买办不如当老板的道理，因此不愿续聘，带着胞弟李宾石离开了云南纸烟厂。李青年原为南洋兄弟烟草公司职员，1939年被当时的国民政府财政部长兼南洋兄弟烟草公司董事长宋子文，派到云南试种美式烤烟并筹建烟叶复烤厂，以解因抗战而中断原料的南洋公司燃眉之急。到了1946年，在陈纳德鼎力相助下，美式烤烟已在云南试种成功，且遍地开花呈燎原之势。此间，国民政府正忙于抗战胜利后的大规模复员与接收，作为前南洋兄弟烟草公司的配方技术人员，李青年看准了卷烟抑或云南美式烤烟乃“发家致富”最快、最便捷的一条路子。于是，主动放弃云南纸烟厂厂长一职，本着打虎亲兄弟，上阵父子兵之古训，亲率二弟李宾石、三弟李清煜在昆明岗头村注册成立了大运烟草公司（又称大运烟厂），其当家品牌“大运”烟（分“鸿大运”与“白大运”）一炮打响，成为继“大重九”之后，在云南最受欢迎的卷烟品牌，一度远销缅甸等东南亚国家。大运烟厂亦在短短两三年的时间内，一路过关斩将，在烟厂如林的云南（最多时达77家）杀出一条血路，一跃而荣登云南卷烟制造业的第二把交椅。

然而就是这样一个烟草奇才，也落入“人算不如天算”的俗套，在1950年云南新旧政权交替时，跌了一个再无翻身机会的大跟斗。

据李青年的侄女、李清煜之女李嘉山回忆，她父亲李清煜名为大运烟厂厂长，其实只负责具体事务管理，相当于今天的CEO，真正的幕后老板（资方）是大伯李青年和二伯李宾石。现在看来，作为资本家的李青年与李宾石，对于社会主义的新中国，与当时的绝大多数“同道、道仁”持的都是一种怀疑和观望的态度。恰恰是这种怀疑和观望，最后却害死了作为资本家的李青年和李宾石。由于“大运”烟在东南亚地区颇受青睐，曾有缅甸商人欲出巨资购买“大运”商标，被李氏三兄弟拒绝。云南解放前夕，李青年、李宾石兄弟亦有将大运烟厂经滇缅公路迁往缅甸的打算，并着手悄悄转移了资金。后因为阻止胡宗南集团由滇缅公路逃往境外，朱家璧率边纵西进支队千里跃进，提前破坏了滇缅公路所有的重要桥梁；紧接着卢汉将军又发动了云南起义，局势变化之快，完全出乎李青年、李宾石兄弟的预料，大运烟厂外迁计划因此落空。到1950年改天换地时，曾经风光一时的大运烟厂却倒了大霉运，因为资金提前转移，留下巨大的工厂空壳和无数天天要吃饭的工人，产品产不出，卖不掉，资金进不来，周转不开，发不出工资，多米诺骨牌效应由此发生，于是引发严重的劳资冲突，工人罢工、上访，军代表介入调查，很快坐实了资方李青年、李宾石兄弟"恶意"转移资产、破坏社会主义改造的罪名，遂被投入大牢，直到关死在监狱中。当初最早来云南闯荡的两个聪明过人的上海阿拉，掘到的烟草第一桶金，如今却成了绑缚他们沉入深渊的重石，最后落了个死无葬身之地的下场。老三李清煜因为人年轻且来云南时间短，资产于他无名无分，反而逃过一劫，他被有条件地保留下来在云南纸烟厂继续工作，因此也格外卖力。作为配方技术权威，他后来为"红山茶"、"云烟"等新产品研制立下了汗马功劳。

刚解放的昆明经济萧条，市场冷落，加上1950年6月25日，朝鲜战争爆发，美国出兵朝鲜，随即1950年10月20日中国人民志愿军入朝参战，国际形势骤然紧张，压抑已久的不法资本家开始活跃起来，他们纷纷误判形势，认为第三战世界大战即将爆发，翻盘的机会终于来了，于是趁机偷税逃税、投机倒把、囤积居奇、以假乱真、扰乱金融市场秩序，一时间，物价上涨，人心浮动，市场出现抢购风。刚刚就任昆明市市长的潘朔端连续召开紧急会议并做出决定：严厉打击投机倒把，整顿市场；动用省库80%的黄金、棉纱、大米、棉布投放昆明市场；立即逮捕"带头大哥"奸商朱文高。素有军人作风的潘市长三板斧砍下去，立马生效，投机势头迅速弹压，昆明没有出现大的乱子。《云南省志》因此记述："（昆明）社会一时大定"。

解放初期，昆明游乞满街，社会秩序紊乱。尤其是一冬一夏，昆明乞丐遍地，让人以为这里正召开世界丐帮大会。细究起来，原因却是：这里冬无严寒，因此北方乞丐纷纷涌入，白天乞讨，晚上随便找个屋檐或者桥洞，就可过夜；而到夏天，这里夏无酷暑，南方乞丐为逃暑热又集结于此，一边乘凉一边讨生活，好不快哉！候鸟一样的乞丐，就像春江水暖鸭先知一样，在昆明形成一种看似无序却有序的流动风景。应该说，他们是最早到处流动宣传"昆明天天是春天"的义务宣传员。然而过多乞丐入昆，却给刚刚诞生的新政权增加了压力。1951年初，云南省政府就以文件形式要求，昆明不准冻死人，饿死人——哪怕是乞丐，也不准冻饿死人。这条刚性要求，昆明市政府不打折扣。潘朔端即向市民政局要求，严格执行，违者严惩不贷。并在

1952 年成立救济分会，发放寒衣等救济物资，又兴办各种福利事业 107 个，整顿治安，收容安排无业人员数以万计。

比起惩治奸商、收容乞丐更麻烦的是禁娼、禁赌、禁烟，用今天的话说，就是扫除“黄、赌、毒”。新中国既已诞生，旧社会的丑恶陋俗就不能再容忍它继续存在下去。潘朔端依然是快刀斩乱麻，雷厉风行地一口气成立了禁赌委员会、禁烟委员会，关闭了俗称昆明“13 街”的所有青楼妓馆。

“黄、赌、毒”，是个很复杂的东西。都知道它们有害，却很难使它们彻底在现世禁绝。这跟人性中与生俱来的弱点有关，也跟“黄、赌、毒”总是让人从快乐开始，以悲剧结束的充满诱惑和陷阱的程序设计有关。相比较而言，“黄、赌、毒”跟男人关系更密切一点。有女人就劝自己的男人，何必非要去沾那既害人又害家庭的恶嗜呢？男人说，人不是神，人总会有缺点。如果男人必须有一个缺点，如果“黄、赌、毒”算这世界上最大的三个缺点，你看我可以选择拥有哪个缺点呢？女人被男人绕进去了，就顺着男人“必须有一个缺点”的思路去分析，不言而喻，每个女人都不喜欢自己的老公去“黄”别的女人，更不敢让自己老公沾染“毒”那猛于虎的东西，那么——最后得出的结论居然是，那你就选择赌吧，不过必须是小赌啊。不是说小赌怡情大赌伤身吗？其实，赌博洞无底，小大不由人。量变到质变，那分寸是很难由人掌握的。有赌博经历的人，都会有此心得。

如果把赌当着一种冒险押注，那么，无论男女，人生来几乎都有程度不同的赌性。从求职择业到择偶成家，就有赌博成分在其间。只是此赌非彼赌，那些职业的赌馆设局，是为了诱发赌徒的非理性心理，在特定氛围环境中，让冲动的魔鬼充分释放出来，设赌开馆的庄家就可以坐收渔利了。正因为赌徒在输红眼后会不计后果，会给家庭和社会带来灾难性破坏，所以，赌博才必须被新社会禁绝。潘朔端成立的昆明禁赌委员会，具体执行人其实就是警察局。警察抓赌是大材小用，每个局所，都养着自己的“线人”，对自己地界上有多少牌楼麻将馆，无论明暗，可以说一清二楚。所以，潘市长一声令下，说某年某月要端几处赌窝，警察出更基本是弹无虚发，次次命中，总要抓一串或打麻将或推筒子或摇色子的赌棍，将他们身上的赌资搜尽，再一根绳子拴了，往局子里一送，关个十天半月，这样多反复几次，就让赌徒长记性了。下回再是天王老子来约，嗜赌之人也要掂量掂量了。对赌徒是关和罚，对赌馆老板就没那么简单了。当时是见一个抓一个，查一家封一家，老板直接送去劳教，赌馆则贴上军管会封条。三下五除二，昆明禁赌很快就见了成效。明赌禁绝后，也有少数转入暗赌的，比如转到家庭里，搞个牌局挂个彩，规模和数量比从前小了许多。但是它依然逃不过群众“雪亮的眼睛”，主流社会提倡检举揭发制，工友揭发工友，老婆揭发老公，老子揭发儿子，一旦查实，依然严惩。暗赌、小赌也很快得到遏止。真正让赌博从中国大地消失数十年的原因，其实是随之很快到来的物质严重短缺，当赌徒从大把赌钱到赌几张饭票再到赌一两根烟时，赌者的兴趣也在随之大减。到后来，赌博既被当着过街老鼠人人喊打，赌徒自己又食不果腹有气无力，赌博之风也就不禁而绝，基本淡出人们视线了。

潘朔端禁毒也同样狠招频出。他在昆明 8 个区设戒烟所收容烟民，并多次到戒烟所视察。这里所说的烟，是大烟，即鸦片烟。云南离境外鸦片主产区非常近，加上历史上云南很多山区也有种植鸦片的风俗，所以，在云南，抽鸦片的人明显比别处多。当潘朔端放出狠招来禁烟（鸦片）时，却惹出了他预想不到的麻烦。

秘　　烟

1950年代初期的某一天，云南大学会泽院中文系某间教室，到了上课时间，学生齐刷刷坐着，讲台上却空无一人。这堂课是讲“庄子”，讲授者是大名鼎鼎的云大教授刘文典先生。刘文典是一个出了名的“狂人”，关于他的“狂”，版本很多。比如他说，普天之下，懂“庄子”的专家就两个半人，一个是庄子本人，另一个就是他刘文典。至于另外半个，他说，全中国研究庄子的，加起来勉强可以算半个吧。还有一个版本说，当初刘文典在西南联大当教授时，一次跑警报，他看见沈从文在他前面跑，就一把拉住他，说，你跑什么跑？沈从文抬头看看天，虽然还没见日机飞临，但是耳畔警报声却是一声比一声凄厉，也不答话，就想挣脱袖子赶快跑。没想到刘文典却不依不饶，死死拉住他说，我跑，是因为我是做学问的名教授，而且研究的是庄子，你一个就会写点小说的勾栏瓦舍之流，就没那必要瞎跑了吧？言下之意，刘文典对“写小说”的沈从文之轻蔑，对“做学问”的自己之高看，再明白不过了。然而这些都还不能算他“狂”的代表作，刘文典“狂”的登峰之作是他早年在安徽大学当校长时创造的。1928年11月，刘文典从北大回安徽筹建安徽大学并任首任校长刚一年，此时刘文典刚满37岁。适逢蒋介石到安徽视察，提出要到安徽大学发表“训政”演讲。没想到刘文典说“学校不是衙门”。不仅自己不出面接待，校方仅派出秘书和学监虚以应酬，让堂堂一国之君的委员长几乎下不来台。后来安大发生学潮，蒋介石又找这个桀骜不驯的刘文典是问，刘文典依然懒得理睬，说，“你是总司令，你就该带好你的兵；我是大学校长，我会管好我的学校。”蒋介石终于怒不可遏，下令当时安徽大学所在地安庆市警察局王绍曾局长“不须审问”，将刘文典立即收监看押，其后关押在省政府内“后乐轩”里。幸得蔡元培、胡适等人从中斡旋，刘文典才被开释。

以上说的是刘文典几桩“狂人狂事”，却不能说明他在1950年5月这一天不到堂上课的理由。因为刘文典虽然狂妄，却从不拿上课当儿戏，都是按时到堂，准时开讲，有时讲到高兴处，还会不自觉地“拖堂”——每遇此况，学生也绝无怨言，反而特别喜欢他的“拖堂”，因为那往往是他讲得最传神最有趣因此也刹不住车的时候。有时他单讲一个汉字，可以拆开来讲出好几节课，让听者无不佩服有加。刘文典精通国学，又留学日本，1915 年，年仅 20 来岁的刘文典就在日本做了孙中山先生的英文秘书，负责孙中山及中华革命党的所有英文电报文告等起草工作，深得孙中山欣赏信任。由这段历史可知，虽然刘文典很有从政资历，却从不拿此说事，而是将一生年华岁月，全部贡献给了五尺讲坛。他对大学讲坛感情之深，可以从 1943 年他在西南联大时发生的一段事情看出。当年刘文典受思普地区磨黑盐商巨富张孟希之邀，为其“撰先人墓志”，并许以丰厚酬劳和上等“云土”，其诱惑不可谓不大。尤其是后者，让刘文典十分牵肠挂肚。因为刘文典到云南后，得一雅号：“二云居士”。一云是指云腿。云南宣威产一火腿，十分有名，令喜欢肉食的刘文典特别欣赏；另一云则是云土即鸦片。据说刘文典好上云土是因为中年丧子，为得安慰而迷恋其中，到后来不能自拔。因此，当知道张孟希许诺中有“上好云土”时，刘文典立即心动，但是他还是很懂规矩，知道要去那么远的磨黑，必须请假。一次，他利用赴宋希濂将军某次宴会席间，向同在一桌的梅贻琦、蒋梦麟、罗莘田等联大大佬告假允准，方于该年 4 月 1 日起程。孰料却被任中文系主任的闻一多抓了个正作——因为刘文典已经严重超期不归，闻拿此说事，最后扣了薪饷，更被演变为回昆后不得再进联大。“一个肮脏的国家，如果人人讲规则而不是谈道德，最终会变成一个有人味儿的正常国家，道德自然会逐渐回归；一个干净的国家，如果人人都不讲规则却大谈道德，谈高尚，天天没事儿就谈道德规范，人人大公无私，最终这个国家会堕落为一个伪君子遍布的肮脏国家。”这是胡适说过的一段话。闻一多恰到好处地引用了这段话，认为刘文典正是既不讲规则，也不讲道德并造成“肮脏国家”的典型。劝其离校，已经是很给面子了。

为此，刘文典多方申告，几乎到了苦苦哀求的地步。他在遭闻一多以联大中文系之名拒绝续聘后，给联大三常委之一、实际的校长梅贻琦信函中称：“到磨黑后，余尚在预备《玄奘法师传》，妄想回校开班，与东西洋学者一较高下，为祖国学术争光吐气。”这些说的都是实情。但是刘文典却有意遮蔽了他做土司之宾，得到大量烟土后，“既吸之，又卖之”（傅斯年语）的事实。磨黑之行，刘文典得到了烟土和实惠，失去的却是道义和人心。他不仅被联大逐出，后来在遴选中央研究院院士时，也被旧事重提，虽以其名气进了初选名单，但是在随后的五轮投票中竟然未获一票，可见其磨黑之行等于是给自己抹黑，完全是得不偿失。再说到他为回联大，到处求情，也让人生出几分同情。想当年，对蒋委员长尚且不理不睬之人，现如今，却为联大一尺教席，低三下四，完全像变了个人似的。由是说明，刘文典对传道授业解惑、对教书一职的看重，还是远胜于钱财仕途的。

那么，他现在为什么却缺课了呢？

事情立即通报到一箭之遥的映秋楼，云大教务处正设在该楼。教务处工作人员想到，刘先生虽然时年59岁，平素看着身体也还算好，但是，会不会是身体突然有个什么好歹了呢？于是立即派人前往家中探视。不看不知道，一看吓一跳。刘文典面色蜡黄，额冒虚汗，目光模糊，瘫在椅上不能动弹。不知情者，会以为完全是一个病入膏肓之人！然而去人一看便知，是刘文典烟瘾犯了。云大上上下下都知道，刘文典上课前都是先在家中塌上，点着烟灯抽足鸦片，然后才怀揣纸烟，走进课堂的。刘文典不仅是“二云居士”，还可以说是“两烟先生”，他是抽一口大烟，再抽一口纸烟，这两口烟，对他而言，是一口都不能少。可如今，哪里去找鸦片呢？所有烟馆悉数关闭，刘文典家中存货显然也已告罄，堂堂大学校当然不可能给他提供这特殊玩意儿，真是无药可医，无法可求。事情很快就反映到校长李广田那里。李广田既是名教授，也是大作家，且是一校之长，当然对早已经是部聘教授而且是全国政协委员的刘文典惺惺相惜，但是面对这个棘手事情，他也只有两手一摊，只好将问题上交到了昆明市和云南省。

紧接着昆明市就遇到了更为麻烦的问题：西南局来了领导，工作之余，点名要看“梨园怪杰”关肃霜的京剧。关肃霜，原名关大毛，满族，生于武汉，是京剧鼓师关永斋的女儿。她自幼受到艺术熏陶，8岁开始练功，1930年末，她曾向雪艳香学艺，不到半年，这位启蒙老师因家庭所累，辞她而去。她15岁时，正式拜京剧名旦戴绮霞为师，不但写了契约，还被改从师姓。从此，戴绮霞的丈夫王韵武教她跌打翻扑等基本功。戴绮霞教她文戏。她刻苦练功，不但学习花旦戏，还学习老生戏、花脸戏、小生戏、武生戏和老旦戏，并注意向话剧、楚剧、汉剧和杂技演员学习表演。她随师边学边演，经过勤学苦练，强记博采，16岁在汉口第一次登台演出《虹霓关》，前演夫人，后演丫环，初露锋芒。1946年随师到上海搭班，在连台本戏《蜀山剑侠传》中扮演侠女，能唱能演，能翻能打。她的武打表演，在当时上海剧坛引起轰动。

她以俊俏英武的扮相、甜美圆润的唱腔、文武兼备的艺技崭露头角，蜚声艺苑。她不论在信阳城，还是在武汉、长沙或上海，都是文、武、生、旦，无一不演，每演必技压群雄。不论唱、念、做、打、舞俱可称奇绝。令人眼花缭乱的是枪、鞭、足、靠旗打出手等艺技，反串小生激昂苍凉、倜傥潇洒、举重若轻的情状，无不令人赞叹不已。1948 年，这位挂头牌、挑大梁的“梨园怪杰”满师独立。从此，她在艺苑中恢复了自己的本姓。1949 年到昆明，从此扎根昆明，直到 1992 年为参加在昆明举办的中国第三届艺术节，最终累到在闭幕式舞台上，走完了德艺双馨的艺术人生，终年 64 岁。1950 年，当时要看一场关肃霜的戏，这本是区区小事，政府接待办马上派人联系云南大戏院，提前两日要求留几张前排位置最好的票子给首长预备着。哪知道去的人回来报告，大戏院已经停演数日，原因是，关大名角的武戏搭档、以演“架子花脸”闻名于世的京剧名角儿裘世戎，因为没有烟抽，提不起神，自然唱不成戏。关大名角儿也演不了独角戏，戏院只好暂时关张。事情都集中到市长潘朔端这里，让一向果断从未犯难的潘朔端也弄得一筹莫展。他只好上五华山，找自己的老上级张冲副主席诉苦求救。张冲听了，也皱了眉头。还真是遇到个不好处理的麻烦事。封禁烟馆，是新中国定下的规矩，全国一盘棋，总不能为几个名教授、名演员坏了大规矩吧？但是，这些社会名流确实又都是刚刚从旧社会走过来的人，抽大烟对他们来说不是一天两天，要改了这陋习毛病，也不能指望一天两天。可以让他们不抽，但是你不能又要求他们立即上讲台登舞台。要他们上讲台登舞台，那么，能不能让他们先抽一点呢？一个问题的两面性掐起架来，张冲在自己宽大的办公室里绕起圈子，直把在一旁的潘朔端绕得头晕。潘朔端说，老首长你倒是说句明白话啊，接待办还等着我回西南局的话呢。

张冲一个电话，把安置在省政府参事室的庾恩锡叫了来。

庾恩锡听了情况，说：“叔雅（刘文典字）嘛，烟瘾确实是久一些了。1947 年 12 月，他的门生、古典文学专家陶光与滇剧名角耐梅结婚，遭世人非议，我与叔雅同去捧场，我就知道，婚宴之后叔雅急急回家，就是忍不住要抽那一口。至于裘大傍角儿，虽然年纪不大，但毕竟在旧剧团混的时间很长，去过的地方很多，跟过的师傅不少，好这一口也该有些年头了吧？”

潘朔端是个急性子，等不得庾恩锡绕来绕去的分析，问：“你倒是说，让这些国宝抽还是不抽？”

庾恩锡哈哈一笑，说：“关肃霜后天就要登台，你当然得赶紧给人家搭档抽一口。至于这一口之后该怎么办，确实要想个治本之策。”

张冲这时说话了：“我们共产党人，最讲实事求是。你不能又要马儿跑，又要马儿不吃草。但是，这一口草确实不能老吃，更不能多吃，不能因为他是大角儿就要特殊，这不符合共产党的原则。晋侯你是老烟草专家，你看有没有办法搞个替代的过度东西，让这些大角儿由多到少，直到戒绝呢？”

张冲是1946年去的延安，受到毛朱周等人重视和接见。此后在1947年，于延安加入了共产党。因此，他已经习惯于说“我们共产党人”这样的句式。

庾恩锡略微想了想，说：“这事可行。让潘市长特批一点烟土，让云南纸烟厂派专人试制，也就是以浸泡加润的方式，添加其中，逐渐减量，让人在抽烟时有个安慰，直到过渡到完全摆脱。”

一天之后，在云南大剧院演出的京剧，主角儿傍角儿、“四梁四柱”等悉数登场，各自拿出看家本领，把一台戏唱出了满堂彩。连西南局有关领导也知道了这个特殊情况，表示很赞成“实事求是处理特殊矛盾”的思路。于是，经昆明市委和军管会特批，交由云南纸烟厂研制特殊过渡型香烟的方案（又称秘烟方案）很快就定了下来。当月，由昆明市公安局专人押送的膏状特殊物品送抵烟厂，云南纸烟厂军代表（后兼厂长）岳国铭签字画押，由三人研制小组共同监管三把钥匙，这批物品锁进了烟厂秘密保管室。据参加过特殊过渡型香烟试制的王老回忆，每次生产前，都要几人在场，用等子秤（天平）称那么一点点，然后浸泡，喷洒，生产过程中都有保卫科的人在场，岳厂长也在场，这种特殊添料是加在当时最好的“大重九”中的，但是外包装却是白壳壳。这应该是昆明卷烟厂生产的最早的白壳烟。生产出来后，做了专门的编号，有专人押送，直接交军管会掌握。生产过程中当然也有试抽，是专门找以前福林堂中药房里制作“福寿果”的师傅来试抽的，由他控制添料的多少。这件事大概持续了差不多两三年，后来好像是上级要求不再做了，剩下的东西也如数上交了。

为什么后来又不让再做了呢？如今已经找不到有关史料来准确回答这一问题。可以肯定的是，云南纸烟厂在香烟中逐渐减量的方式起了作用，而作用更大的是社会主义改造日趋激烈，运动此起彼伏，各种会议不断，再大的名角也必须投身其中，洗心革面，交心交底，灵魂深处不断闹革命，翘起的尾巴一天比一天耷拉下来，那口大烟的味道尽管诱人，却不可能像刚解放时那般魔力十足了。

“民工团”来了

治理和经营云南的方略和前提，是八个字：民族团结，边疆稳定。

从1950年以来，中央历来对云南的要求和期望，都是团结稳定高于一切——民族团结才能促成云南社会和谐文化繁荣，边疆稳定才能增进云南凝心聚力经济发展。

当代共产党人是在总结千百年来治理云南的经验和教训中，得出这个结论的。

云南从古至今，都是中国版图上少数民族种类最多的省份。历史上，与云南土著民族先打后和从而实现和谐相处的成功案例之一是诸葛亮南征。面对“南中谋反”的复杂态势，他选择“攻心为上”的策略，对南中头人孟获“七擒七纵”，使之心服口服后，放虎归山，实现了对云南的无为而治，被后来的云南人赞誉为“自古知兵非好战”（云南白族人赵藩为成都武侯祠所撰对联片段）。朱、毛率红军长征过云南时，则是杯酒借大道，坦诚相见，不打而和，诚心诚意地与沿途少数民族土司头人结盟，尊重各少数民族风俗习惯，从而顺利地实现了从云南借道北上的战略转移。还在为生存而战的共产党人，在对待云南的问题上，已经比历史上的诸葛亮大进了一步。到1950年云南解放后，已经取得统治权的共产党人，在治理和经营云南时，就不仅仅只是团结和尊重少数民族，而是诚心诚意地帮助和扶持各少数民族发展生产和文化，在政治上平等，在人格上尊重，在生产生活的许多方面给予照顾，使之尽可能从整体上求得和谐发展，共同进步。特别是在对待云南边疆一些尚处于原始社会的“少、小民族”的问题上，执政者以其前所未有的大气魄、大力度、大手笔，帮扶其“一步到位”，直接过渡到社会主义社会，使之成为中华56个民族和谐大家庭中地位平等的一员，让少数民族真实地感受到，新中国好，社会主义好，共产党好，从而自觉地维护民族团结，边疆稳定。作为中国少数民族种类最多、情况最复杂的省份，云南解放60多年，在民族和谐社会进步方面，基本没出大的问题和乱子，做到了让人民安心，让中央放心。可以说，云南在几十年间，取得的最大成就，正在于为当代中国提供了一种民族团结、边疆稳定、社会进步的云南经验和云南模式。

要说到民族团结、边疆稳定的云南经验和云南模式的开创，还得说到1950年由中央派出的民族访问团。

从1950年6月到1952年底，中央陆续派出了西南、西北、中南、东北内蒙古四个访问团。访问团的全称叫中央民族访问团，但是在一些民族地区，却被简称为“民工团”，因为大家理解访问团要做的实际工作，就是少数民族工作，因此就有了这样的简称。西南访问团是四个“民工团”的首发，所受到的重视程度在各团中也排在首位。毛泽东、周恩来等中央主要领导人分别多次接见该团负责人，多次作出批示或题词，研究访问团的工作思路和行动路线，从组团到出发，虽然时间紧张，却做了尽可能的充分准备。访问团先在北京国子监进行了为期一个月的培训学习，然后才奔赴各分团目的地。西南访问团从北京出发时的团员约120人，分赴川、滇、康（当时还设有西康省建制）、黔诸省民族地区访问（后各分团因为实际需要，都增加了团员，如云南访问分团就由40多人增加到近80人）。第二分团的目的地是云南，分团长夏康农，副分团长王连芳，于1950年8月6日乘飞机抵达昆明。

访问分团在昆明待了20多天，从8月6日抵达，到8月29日开始赴民族地区实地访问，这20多天，主要是进一步了解情况，熟悉省情，调整充实人员，准备各种慰问物资。在调整充实人员方面，由云南省委决定，加入了时任云南省政府副主席的张冲并担任分团副团长，又从省直属各个单位抽调30多名有经验、有代表性的人员充实进来，彝族作家李乔就是由张冲推荐加入访问团的。充实领导、人数倍增的云南分团力量因此得到很大加强，用时任访问团成员的刘树生的话说，“张冲到来，实在是及时，因为他是云南的彝族，长期在云南工作，军政各界，土司头人，朋友很多，熟悉各种情况，他的到来，就像给汽车加油一样，太起作用了。”

访问分团按照毛泽东的要求，要给各个少数民族去赔礼道歉，“要向少数民族说一声‘对不起’”，要像走亲戚一样，带着礼品去，带着诚心去。关于如何带着一颗诚心去，为什么要道歉，怎样去道歉，这些问题，在国子监的一个月，已经基本解决了。在昆明的20多天，除了座谈走访，访问分团要解决的问题之一，是下到州、县、村、寨，要携带哪些礼品，送给哪些人的问题。

张冲看过原来已经定下的礼品清单后，提出了一个意见，他说，毛主席像，书籍画报，锦旗条幅，这些都很需要；布匹、盐巴、针线、茶叶、红糖，这些当然也很需要。是不是还得为各少数民族同胞增加点有昆明代表性的特产进去？比如香烟，很多的少数民族，不要说老百姓，就是连头人恐怕也没抽过见过。见面递一支，送一盒，对于拉近距离，增加感情，可能是最合适不过的了。张冲的意见很快得到采纳，而且由访问分团定下了具体标准，土司头人级别的慰问品，送“大重九”和“红安乐”，普通群众，送“红旗”和“土改”——这后两个香烟牌子，在今天，即便就在当时生产它的昆明卷烟厂（云南纸烟厂），几乎也无人知道了。它是在1950年刚刚解放时，由云南纸烟厂为红色宣传和满足农村市场双重需要而生产的低档烟。这个在城里看来算低档的纸烟，被访问分团发送到民族地区，却成了一个十分稀罕之物。有一个在大山上的苗族男子，因为下山买盐巴，正好碰到访问团在做宣传，现场也分到一根“红旗”烟，舍不得抽也不晓得怎么抽，就拿回去，一大家子人，围着火塘，一人掐一小段，就当糖一样嚼着吃了。后来还到处逢人就说，昆明大寨子送来的东西，太香太好吃了，就是有点苦辣苦辣的。

访问分团的礼品都是由北京中央财政直接买单，物资却是在当地组织采购。当云南纸烟厂接到为访问分团负责生产礼品的大订单时，军代表张鹏立即召开厂务管理委员会扩大会议，指出，云南纸烟厂现在有三大任务，一是保证按质按量生产出访问分团所需要的礼品，二是增加产量支援抗美援朝，三是满足昆明和云南市场需要。张鹏提出，要借三大任务东风，打一场云南纸烟厂的翻身仗。为此，张鹏还下大力气抓市场和生产两个环节，争取使其尽快形成良性循环。到1950年底，纸烟厂刚有起色，张鹏因公调走，岳国铭接任并同时兼云南纸烟厂军代表和厂长两职，继续以完成三大任务为目标，进一步调整理顺工厂内部管理，设立生产、销售、计划、行政、财务等五个科室，分工明确，责任到人，并从优秀工人中提拔了一批人员到行政部门任职。整顿的结果很快见到更大成效，云南纸烟厂实现了扭亏为盈，仅1951年上半年，就生产纸烟2203箱，占了昆明市场销售的主要份额，同时也完成了为访问分团和朝鲜前线生产专用产品的任务，还为朝鲜前线募捐710万元（旧币）。到年底，该厂完成纸烟生产6129箱，职工人数上升到321人，云南纸烟厂开始走上了良性循环之路。

访问分团每到一处，都是送医送药送礼品，问寒问暖赔不是。很多少数民族同胞受到感动，说，从来只见官家来边疆搜刮我们的财富，找我们的麻烦，如今世道真的变了，“红汉人”太客气了，不仅不拿不要，还倒过来又送又请，阿莫莫，怎么好意思哦。

如果说少数民族底层百姓最需要的是布匹、盐巴、针线、茶叶、红糖一类生活必需品，对于上层头人来说，他们对这些东西就并不觉得稀罕了。反倒是张冲为慰问品清单最后添加进去的香烟，让一些头人开了眼界。分团副团长王连芳率领团员到中甸访问，将所带慰问品送给藏族大土司汪学鼎。汪学鼎因为在红军长征过中甸时，率汪家军于中甸空心树（地名）狙击过红军，并造成红军战士死亡十多名的事件。就在 1950 年 5 月中甸和平解放后，汪还发动过叛乱，打死工作队员多名。对这样一个出尔反尔且手上粘了鲜血的上层土司，访问分团按照中央既定方针，还是以最大的诚意和耐心，给汪土司做工作，争取他站在新政权一边，不再与人民政权为敌。访问分团领导以及解放军 42 师廖师长等领导，不仅多次去土司府做工作，送礼品，还邀请他作为“民族参观团”代表，赴京参加建国一周年国庆观礼并到全国访问。汪土司知道自己罪孽深重，担心走出自己的地盘后受到惩罚，一直不敢接受邀请。对访问分团送去的礼品，诸如布匹、盐巴、针线、茶叶、红糖之类，他都看不上眼，倒是对金黄灿烂的“大重九”纸烟觉得稀奇，却又怕其中有诈有毒，就当着访问团的面，顺手赏赐给了大队长洛左旺堆。洛左旺堆开始也不敢抽，却见汪土司和访问团以及解放军廖师长等人若干双眼睛齐刷刷地盯着自己，便不敢不抽。于是他只好硬着头皮，用炮筒般粗的水烟筒抽起了“大重九”。这一抽，就引出了有关“大重九”的另一段故事。

头人晋京

正当民族访问团云南分团紧锣密鼓走村串寨之时，中央又为民族工作做出另一个决定，即：不仅要走下去，还要请上来。要以举行建国一周年大型庆典活动、展示国力和成就为由头，将全国少数民族头人领袖请到北京参加国庆观礼，然后再送到各地参观访问，让他们看看，中国之大，人口之多，物产之富，国力之强，远超过任何一个头人的山头寨子、任何一个土司那一席领地。这对于少数民族头人领袖们开阔眼界、增强信心，融入中华民族大家庭，会有很大好处。

“毛主席请客”，消息很快传遍了村村寨寨。对于这样一个天大喜讯，当时却有很多少数民族头人感到怀疑和犹豫不决。他们大都是经验主义者，在自己的一亩三分地上待的时间久了，过去跟汉人打交道多次吃过的亏，也让他们变得格外小心谨慎了。现在要让他们走出大山，去到天边一样遥远的北京，他们感到不真实，不可靠，因此也不可信。

作为民族大省的云南，各个地方政府在1950年8月就接到省委通知，要按照北京要求，组织参观团要“一个民族不少，一个代表性人物不缺”。按照中央要求，全国共组织七个参观团，代表当时已经确认的43个民族（包括支系），总人数最后确定为159人。云南代表加入到西南参观团中，西南参观团代表64人，是全国各代表团中人数最多的。云南代表又在西南团中占52人，是全国省份代表中最多的。当时，要找出这52个代表，费了今天的人们想象不到的大劲。因为这是一个时间十分紧迫、操作难度很大的政治任务。在各少数民族身份识别之前，云南民族号称有260个之多，哪些寨子头人或者土司最具有代表性，谁来甄别和确认，都是问题。而且，即便你单方面确定了，人家愿意不愿意去，又是一个问题。

果然就遇到了问题。很多土司头人都不敢接北京伸过来这根橄榄枝。

除了前面提到的藏族汪土司不敢接，佤族、傣族、纳西族等多个少数民族的土司头人都心存疑虑。最著名的例子就是佤族头人拉猛了，拉猛果然猛，在他一生中，带着佤族部落子弟，打过英国人、日本人，打过国民党军，也带头种植过鸦片，为祭谷子砍过邻寨不少人头，打过无数冤家。拉猛因此成为一方豪强，孟连土司府只好封他为“拉猛”——其实，拉猛是他的官名，他的本名叫岩所，西盟县班箐大寨人。他的名气实在太大，云南方面在为西南参观团列名单时，最早想到的代表之一就有他。但是，拉猛出山，却顾虑重重。一是他还看不清共产党的真面目，二是他打过无数仗，既有打对了的，也有打错了的——他怕共产党万一因此怪罪起来，他怎么说得清楚？再有就是他毕竟年事已高，又从未出过远门，他曾经跟他身边人说，为什么毛主席不来中课大寨子看我拉猛，非要我拉猛去北京大寨子看他毛主席啊？

不管拉猛有千种顾虑万般犹豫，动员他去北京是硬任务，必须想法完成。动员拉猛出山的任务落到了澜沧县民委以及竹塘乡的几位干部头上。拉猛提出若干条件，几位干部都及时请示上级后，几乎做到了有求必应。其中最苛刻的一条是，拉猛要干部留一个人质在中课佤族寨子。他从北京回来，人质才能离开。竹塘乡乡长龚国清本是拉猛的朋友，在动员拉猛出山的问题上，出力最多，作用最大，现在却为这事为难起来。他最后想，留谁都不合适，还是留自己的儿子在拉猛寨子里吧。就把自己15岁的儿子，已经是竹塘乡通讯员的龚兆东留了下来。拉猛才终于走出佤山。此一去，使他成为中国当代少数民族发展史上绕不开的一个传奇人物。因为他在北京数次见到了毛主席，也终于明白了为什么毛主席不来佤族寨子看他拉猛的道理。毛主席第一次见到拉猛时，知道了佤族还有砍人头祭谷的风俗，第二次见拉猛时，毛主席就给拉猛提议，人头不是谷子，砍了就长不出来了，能不能换一种砍的啊，比如猴子，或者老鼠？拉猛因此感动得不行。因为他在从中课寨子去昆明，从昆明去北京的路上，就已经知道，中国实在太大了，毛主席实在太伟大了。而这个伟大的领袖，现在居然在百忙中还一直想着佤族砍人头祭谷子那点小事，他拉猛要不好好听毛主席的话，就不配再做拉猛了。回到寨子，砍头祭谷子的风俗真的就逐渐改了。

参加到民族访问团的彝族作家李乔听说了拉猛的故事，为此他专门去了位于西盟中课寨子的拉猛家，并写出了一篇名为《拉猛回来了》的短篇小说，生动记录了拉猛从犹豫出山到欣喜归来的事件过程和心态变化，反映了刚刚成立的新中国领袖对边疆少数民族的特殊关心。这篇小说也成为李乔在新中国文学创作的一个重要起点。拉猛也因为这篇小说而青史留名，传播至今。

和拉猛一样心态复杂犹豫不决的山寨头人还有多人。他们有的经过反复动员勉强出山，有的既怕得罪共产党，又实在不敢冒这风险的，就采取变通之策，比如派自己的儿子、养子或者亲信代替出山，云南最后加入西南参观团的50多名少数民族上层人士中，最后有近20人是采取了代表的“代表”方式，晋京观礼。在1950年9月的昆明，在曾经作为美军援华俱乐部的谊安大厦，穿戴各异，随从众多的少数民族头人在这里出出进进。他们就是最终成行的参观团成员。因为他们要带各自习惯的生活用品，又要给毛主席带本民族特色礼品，因此，他们的行李显得特别笨重。张冲发现这些头人随身用品中有一件带有共性的东西，那就是云南特有的水烟筒，竖起来像棵树，横过来像炮筒，总之，会让不知道这玩意儿的外人感到害怕。张冲就动员大家，毕竟是去自己的首都北京，能不能不带这吓人的玩意儿走啊？土司们却把半张脸埋进烟筒里，理都不理这个茬。张冲就拿来“大重九”，让头人们先是把烟插进烟筒抽，然后问他们感觉如何？从来都是抽土烟的土司头人们突然抽到“大重九”，才知道原来世上还有这么好抽的烟，就连连说好。张冲又给他们做示范，不用水烟筒也可以抽纸烟，头人们跟着试了试，知道张主席没有说假话，于是一些头人就把水烟筒寄存在了谊安大厦。等从北京回来，有的已经学会了抽纸烟吐烟圈，却把寄存在谊安大厦的水烟筒忘记了。

说到头人晋京送礼，云南参加民族参观团的各位头人带去北京的礼品真是五花八门。有送本民族服饰绣品的，有送少数民族视为图腾般的兽骨制品的，也有送少数民族自己打造的武器的，最引人注目的是傣族代表送去的金伞和普洱茶、贝叶经以及像皇袍般闪着金光的傣族服饰。当召存信和末代傣王刀世勋一道撑开金伞，亲自送到毛主席手中时，全场掌声雷动，毛主席高兴地接过金伞，举在头上，又好奇地抬头看了看罩在头上的一圈金色光环，然后开怀畅笑起来，说，和尚打伞，无发（法）无天，原来是这么个感觉啊。毛主席的笑声也感染了所有出席献礼仪式的领导人和全体代表，两三个小时的仪式活动变得特别轻松愉快。

除了头人们代表本民族向领袖献礼，云南省委省政府也组织挑选了一些最能代表本土特色的礼品，分别献给毛主席以及与云南有关的领导人。其中，为与云南讲武堂有直接关系，现在又都在北京的三位领导人朱德、叶剑英、龙云带去的礼品，就是一批经过精挑细选的“大重九”香烟。

参观团每一个成员，从北京离开时，也收到一份据说是由毛主席亲自选定的礼品，计有：毛呢中山服装一套、皮鞋一双、棉被和花布等，还有每位代表在北京期间活动的留影照片。这些东西，很多代表回来后都舍不得使用，遂成为传家宝被代代相传，保留至今。他们从昆明返回各自家乡时，又收到云南省送给每位代表的礼物，其中最让代表们感兴趣的，就是很多代表在出发前就已经喜欢上了的“大重九”香烟。

在所有晋京代表中，有一个人比较特殊，他就是代表藏族大土司汪学鼎赴京的洛左旺堆。却说洛左旺堆在访问团和廖师长以及汪土司面前硬着头皮抽“大重九”，当时一口下去，他就咳得地动山摇，让汪土司看了，面部表情很害怕，说，幸好自己没抽，要不然还不被呛死了？汪学鼎挥挥手，洛左旺堆就退下了。然后汪土司与访问团和廖师长迅速达成意见，就由洛左旺堆代表他去当“代表”，而他自己要到松赞林寺去诵经侍佛，就不远送各位了。就这样，洛左旺堆成了参观团又一名代表中的“代表”。

说到这里，还没说出洛左旺堆在诸位代表中有何特殊之处。其实，他的故事发生在场面之外。原来，汪土司借故走后，洛左旺堆就跟访问团讲起了条件。他开出的条件主要有两条：一是他必须带枪进京，二是必须保证他每天有四包“大重九”烟抽。对于第二条，访问团想都没想就答应了。这个可以有，不就是每天四包“大重九”烟吗？就一口答应了下来。但是廖师长却有点疑惑，问洛左旺堆，你刚才不是被“大重九”呛得要死要活吗？怎么又把它当条件来讲了？洛左旺堆笑着露出一口被土烟熏黄的大板牙，说，我要不做出那样子，那烟还有我的份吗？对于第一条，却是谁也不敢轻易答应。廖师长说，我们马上请示上级，这事再说。层层上报，一直报到了北京，才有了回应，说，作为特例，他要带枪就带吧。洛左旺堆居然真的就把一杆盒子炮从中甸带到昆明，又从昆明带到了北京。他成为所有参观团代表中烟不离口，枪不离身的唯一的一人。由此可见，当时中央对于少数民族上层的宽容包容，胸襟之宽广，雅量之宏大，实在是超出今天的想象。洛左旺堆到了北京后，当他看到从观礼台下隆隆驶过的战车，车后拖着的大炮，天上飞过的飞机，各种他闻所未闻、见所未见的轻重武器，他才感到自己那杆盒子炮就像烧火棍一样渺小，后来就有点不好意思时时挂在身上了。从北京回昆明的路上，他干脆把枪收进了行李中，因为他知道，“红汉人”请少数民族出山是真诚的，安全是完全有保障的。而且，如果人家真的要想暗算谋害你的话，那杆盒子炮也是不起任何作用的。当洛左旺堆明白了这些道理，他就不再提心吊胆，观礼和参观的日子就变得轻松了起来。

洛左旺堆原来以为枪是最可靠的朋友，后来却把“大重九”当成了最可靠的朋友。因为枪离了身，他并没感到不安全不习惯，而“大重九”却是时时刻刻必须在身边，须臾不可或缺。他早起第一件事，是躺在床上抽一根烟；晚上最后一件事，还是靠在床上抽一根烟。夜里醒来，他也是摸索着抽一根烟。洛左旺堆从此与“大重九”结下了很深缘分。他后来参观回来，才到中甸土司府，扑通一声就跪伏在他的上司、藏族大土司汪学鼎跟前，终于告诉了一个真相：“大重九”是他这一辈子抽过的最好的烟，当初呛烟都是做给大土司看的。他把从昆明回来时省里送给代表的“大重九”统统献给了汪土司，以此谢罪。汪学鼎听了哈哈大笑，说，你那点小伎俩，你以为我当真没看出来啊？劲大得多的土烟呛不死你，一根小纸烟就能熏死牦牛般壮实的洛左旺堆大队长？我是怕你不去替我当代表，才由着你说假话装死佯。告诉你，你洛左旺堆前脚才跨出我土司府大门，我不挪窝不迈腿，就坐在这里，也早喜欢抽上了这“大重九”。说着，从身上掏出一个翡翠烟嘴，又从身上摸出一盒“大重九”烟，自己点燃一支，顺手又扔一支给伏在地上的洛左旺堆，洛左旺堆这才如释重负地爬了起来。到后来，洛左旺堆死时，已经是20世纪60年代中期。他的儿子附在他耳前问他，临走了还有什么要求。他指着放在床边的一个“大重九”瘪烟盒，有气无力地说，就想再抽一根“大重九”。可是，那时已是“文革”时期，“大重九”已经停产多时，早从市场上销声匿迹了。洛左旺堆带着遗憾，离开了这个曾经让他风光，也让他享乐过的世界。

民族参观团从北京回到昆明，然后又陆续回到自己的家乡。其中来自滇南思普地区的代表，在1950年底，在参加普洱地区“第一届兄弟民族代表大会”时，由年岁和威望都很高的佤族头人拉猛带头提议，树立了一块“民族团结誓词碑”，石碑上刻下了这样一段文字：

我们二十六种民族的代表，代表全宁洱区各族同胞，慎重地于此举行了剽牛，喝了咒水，从此我们一心一德，团结到底，在中国共产党的领导下，誓为建设平等幸福的大家庭而奋斗！此誓。

这一篇文字干练内容简短观点鲜明的“民族团结誓词”，以汉文仿宋字体庄重刻于石碑正面。然后是48名代表以汉文、傣文、拉祜文等多种民族文字的签名，最后刻下“普洱区第一届兄弟民族代表会议公元一九五一年元旦”的落款。

“民族团结誓词碑”因为见证了一个国家民族关系史的重大变化，也因为它是云南“民族团结、边疆稳定”里程碑的重要起点，它被陆续确定为县级、地区（市）级、省级、国家级重点文物保护单位，石碑后来几经迁徙，至今立于普洱市宁洱县民族团结园中。

九九归一

全国解放初期，公营经济与私营经济在国民经济生产总值中所占的比例，跟今天大体相当，即“三七开”（截至2009年，民营经济在当年国民经济生产总值中所占的比例，达到了百分之七十以上，超过了半壁江山）。作为一个刚刚建立的社会主义国家，私营经济所占比例如此之高，在当时被认为是无法容忍的。偏偏那些拥有大量资本的资本家们还不知趣，各种不法行为普遍存在。因此，为打击资本家的嚣张气焰，中共中央于1951年12月作出了《关于实行精兵简政、增产节约、反对贪污、反对浪费和反对官僚主义的决定》；1个月后的1952年1月，又发出了《关于在城市中限期展开大规模的坚决彻底的“五反”斗争的指示》。（五反即“反行贿、反偷税漏税、反盗窃国家财产、反偷工减料、反盗窃国家经济情报”）。轰轰烈烈的“三反五反”运动就此拉开了序幕。且以“三反五反”为标志的大规模的社会主义改造运动亦在全国范围内展开，到1955年，随着第一个国民经济生产五年计划的实施，中国新民主主义阶段宣告结束，新中国就此进入了全新的社会主义阶段。

据统计：截至1950年，昆明市有卷烟厂43家，当时又分机制和手工两种。在机制卷烟企业中，公营一家（云南纸烟厂），私营22家。市郊手工卷烟厂20家。机制卷烟厂有大小卷烟机82部，大小切丝机34部，生产能力4600箱，生产200多种不同牌号的卷烟（含昆明手工卷烟产品）。1951年仅存16家，它们是：云南纸烟厂（公营）、大运烟厂、泰康烟厂、东方烟厂、鸿福烟厂、大陆烟厂、利民烟厂、福安烟厂、东陆烟厂、精精烟厂、大业烟厂、农工烟厂、天成烟厂、庐阳烟厂、华南烟厂。1951年，云南省人民政府根据中央指示，结合云南实际成立昆明市烤烟业联合购销社，将烟草纳入国家种植计划，产品购销由政府控制。

在20世纪50年代初、中期的对私改造运动中，云南纸烟厂在省、市政府的规划下，实施了一系列的赎买、收购、联营、公私合营活动。1951年7

月 6 日，天成烟厂、庐阳烟厂、农工烟厂、精精烟厂自愿联营成立第一联合烟厂。同年 9 月 15 日，鸿福烟厂、大陆烟厂、利民烟厂、福安烟厂自愿联营成立昆明市烟草联合股份有限公司。1952 年 1 月 1 日，云南纸烟厂买下私营大运烟草公司的全部资产，使其成为云南纸烟厂第二生产部。1954 年 1 月，原云南军区后勤部所属泰康烟皂厂奉命移交云南纸烟厂，成为第三生产部。1953 年 2 月，华南烟厂、大业烟厂、第一联合烟厂自愿组成华南联合烟厂有限公司，同年上半年，大运烟厂、东陆烟厂、东方烟厂、金碧烟厂、侨光烟厂等 10 多个公私合营烟厂，联合组成昆明市机制卷烟联合社。1954 年 5 月，昆明市烟草联合股份有限公司与昆明市机制卷烟联合社合并，成立昆明市联合烟草公司（昆明市纸烟厂），11 月，公私合营的南华联合烟厂成立。1954 年底，云南所有的机制卷烟厂仅存三家，即：云南纸烟厂、昆明市纸烟厂、华南联合烟厂……1956 年 7 月，华南联合烟厂并入昆明市纸烟厂，1957 年 4 月，云南纸烟厂合并公私合营的昆明市纸烟厂。至此，云南烟草工业的社会主义对私改造宣告结束。云南纸烟厂也完成了有史以来的第一次赎买、收购、联营、联合工作。是年，云南纸烟厂总产量 7.534 万箱，工业产值 1460.71 万元，利润 222.32 万元，税收 94.24 万元，固定资产（原值）199.27 万元，固定资产净值 182.04 万元。

这是云南烟草史上第一次以整合资源扩大规模兼并改造为主的变革史。第二次则是进入新世纪之后，云南烟草经过“九变二”实现卷烟全面“上水平”的再度变革。作为第一段历史的见证人，回忆起往事，当时部分参与过其中工作的昆烟老人瞿怡静心情很不平静。到 2012 年为写作本书笔者数度采访瞿怡静时，他已是 84 岁高龄。虽然年事已高，但他身体尚健，头脑清楚，记忆犹新。

瞿怡静的回忆是从他参加西南服务团说起的。瞿怡静参加西南服务团时，已经 21 岁。其实在此之前，他还有另一段人生经历，即，从 13 岁起，他曾经在南京日伪兵工厂当过学工，伪军士兵，并曾两度加入国民党军队，进过军官训练班，任过上尉副官。这段历史，加上他有在台湾军界任高官的亲属的特殊背景，瞿怡静在以阶级斗争为纲的年代，肯定在劫难逃——1958 年 8 月 13 日，他以“坏分子”的罪名被从云南纸烟厂抓走。已经过去 54 年后的 2012 年，他依然刻骨铭心，清楚地记得这个让他和他的家庭蒙羞绝望的日子。正当而立之年的瞿怡静，被投入到他真心诚意为之服务的共产党的监狱里，一去 21 年，到 1979 年 8 月平反重新回到昆明卷烟厂时，铁窗和劳改营已经消耗去了他人生中最好的年华。

所谓西南服务团，实际是为了接收解放后的西南城市和农村而专门组建的干部储备队，隶属解放军第2野战军陈赓4兵团。按照毛泽东亲自制定的解放云南的“大迂回、大包围、大歼灭”的作战方针，负责解放并经营云南的第2野战军陈赓4兵团，自1949年8月受领任务后，即脱离2野建制，暂归林彪第4野战军指挥。4兵团划归4野后，先后参加了解放两广的粤桂边战役，到卢汉起义，按原计划自进入云南起归还2野建制，从广西进入云南，解放并经营云南。

瞿怡静是1949年在东北经历过国民党军队兵败如山倒的恐慌后，匆匆赶回老家南京，并于同年6月在刚刚解放的南京参加工人政治学校学习，因其头脑灵活，积极肯干，又有社会经验，很快又被2野西南服务团吸收，并担任其中一个大队宣传队长。西南服务团先乘火车到武汉，然后坐船到湖南，经贵州再到云南，恰好与滇军60军当年出滇抗战的路径相反。西南服务团到达云南的时间，和从广西进入云南的4兵团差不多，于1950年2月经沾益、曲靖抵达昆明。瞿怡静那一批同期进入云南的服务团共有2000多人，分为三个大队，一、二大队为学生队，三大队为工人队。考虑到湖南、贵州匪患众多，4野兼中南军区还专门派出一个连将这2000多人一路护送到了沾益。

瞿怡静是江苏南京人，刚到昆明就水土不服，病病歪歪的，但是因为缺少干部，他还是先被分配到昆明西山的中央党校西南分校一部任宣传干事，同年11月又调昆明海口云丰造纸厂任军事联络员。当时昆明海口离市区路途遥远，担任联络员的瞿怡静时常要往昆明跑，被滇池海风吹过几次，没想到瞿怡静就病倒在昆明的一间会议室里。一连几天，孤苦伶仃的瞿怡静无人问津，如果不是被4兵团政委兼云南省委第一书记宋任穷恰巧到这间会议室开会碰到，估计瞿怡静是不会活到今天了。宋任穷发现奄奄一息的瞿怡静，问明情况后，赶紧派秘书用自己的车把瞿怡静送进了医院，算是捡了一条性命。好在人年轻，他很快病愈后被重新分配到云南省轻工厅。1952年1月，任大运烟草公司临管会驻厂代表，其后，因工作出色，又派他当过泰康烟厂的军代表，并在大运、泰康合并到云南纸烟厂后，任过二部（大运）、三部（泰康）主任。后任云南纸烟厂秘书科科长、计划科副科长、生产技术科副科长等职。

瞿怡静说，他当时也就20出头，一下子把他派到一个拥有700多人的厂子，恢复生产，起死回生，让工人们尽快吃上饭，其难度不亚于派他一人去攻打一座重兵把守的要塞。而且，上级一分钱都没给，一切都要靠自己想办法。好在大运烟厂的当家品牌“大运”烟，一向在市场上很受欢迎，不愁销路，只要恢复生产，就能让烟厂起死回生。我们知道，大运烟又分为“鸿大运”和“白大运”，“鸿大运”相当于今天的高档烟；“白大运”因档次较低，又被称为“小大运”。1953 年以前，不论军队还是党政机关，实行的都是供给制，吃饭穿衣完全由国家负责，每人每月只发给少量的津贴，用于购买诸如肥皂、牙粉、香烟、手纸之类的生活必需品。大家都没钱，消费水平极低，低档烟反倒成了抢手货。脑子灵活的瞿怡静先是找到时任昆明市百货公司业务科长的西南服务团战友李德昌，提出，我给你生产 200 箱“白大运”，条件是先预付一部分货款。没想到李十分干脆，一口答应先给 14 个亿(旧人民币，约合后来的 14 万)。

有了这 14 个亿，瞿怡静就有了办法。他拿着与李德昌草签的购销合同，跑到复烤厂赊购了一批原料，有了原料，工厂马上恢复了生产。但这时候问题又出来了，大运厂厂长李清煜主要是熟悉管理，不太懂技术（工艺配方），另一位解放后从工人中选拔出来参与管理的周善生，又是技工出身，摆弄烟草机械设备没说的，当时对工艺他也基本不懂。“大运”烟的配方一直掌握在李清煜的大哥李青年手里。李青年和李宾石兄弟这时已经因为偷逃资金罪关进了监狱，怎么办？有人提议采用高压政策强迫其交出配方，瞿怡静认为不妥，万一李青年吃软不吃硬，弄个什么别的配方糊弄你怎么办？最后还是通过熟人关系，找到了监狱方，说明情况后，由瞿怡静亲自到监狱把李青年接到厂里，调制香精、香料等配方，烟厂才真正恢复了生产。

瞿怡静是个有心人，通过观察他发现，本来一次可以调制生产一个月的配料，但李青年往往只弄十天半个月的。原因是监狱里的日子不好过，配料数量上弄少一点，一个月就可以多出来几趟。瞿怡静也不点明，反而与监狱方协商，李青年已经是“死老虎”了，谅他也不敢乱说乱动，可否每次接出来后在厂里多待几天，以便更有利于恢复生产。监狱方同意后，李青年大为感动，以后调制配方时也不再回避瞿怡静了（刚开始都是关起门来，一个人躲在房里配制），瞿怡静也因此对卷烟配方技术看了个八九不离十。之后，瞿又进一步动员李交出配方，以求得政府的宽大处理。李青年经过一段时间思想斗争后，先交出了“白大运”的配方。瞿怡静拿到配方，即找来李清煜，但两人对配方技术都还有些懵懂，没办法，只好照葫芦画瓢，一步一步地试着来，先试着小批量生产，结果出来的产品味道不对，不是人们已经习惯的那个价廉物美又十分润喉的“大运”。瞿怡静又一次次跑到监狱找李青年，因其诚心可鉴，李青年这才告诉他，“大运”配方里有一个只有他才掌握的秘密，即需要一种外地特殊晾晒烟叶经煮制后，提取其烟汁，掺入粗料中，“大运”卷烟就会产生特殊效果。

配方问题解决后，大运烟厂恢复生产就不再是问题了。仅仅一年的时间，瞿怡静不但还清了从市百货公司借来的 14 个亿，以及赊购原料的欠款，而且实现利润 8 个亿（旧人民币），补发了拖欠工人的全部工资。

瞿怡静来大运烟厂干军代表前就有言在先，工人工资他可以负责，但大运烟厂原先的欠债他一概不管。到了 1952 年的年底，大量债主组成债权团找上门来，最后由轻工厅出面，召集云南纸烟厂、大运烟厂和债权团开会，会上决定，由云南纸烟厂出资购买大运烟厂，所得款项全部用于支付债权团的各位债主。

云南纸烟厂之所以愿意出资购买大运烟厂主要有两方面的原因，一是大运厂的“大运”烟十分抢手，当时，“大重九”和“大运”烟是云南卖得最好的两包烟，而且，按时下的话说，“大重九”主要针对高端人群，当时抽“大重九”的起码是县团级以上的干部，这就给“大运”烟留下了很大的销售空间；其二，云南纸烟厂厂址上庄与大运烟厂所在地岗头村都位于昆明的北部，两地相距约三公里，便于管理。

于是双方一拍即合，大运烟厂成为第一家被国营云南纸烟厂收购的烟厂。

此后不久，泰康烟厂也并入了云南纸烟厂，成立第三生产部，仍由瞿怡静兼任生产三部主任。泰康烟厂有 100 多工人，云南纸烟厂 700 多人，大运烟厂也是 700 多人，三厂合并后，工人一家伙达到了 1600 多人，远远超出了实际生产需要，后来还是由省轻工厅出面，分流出去了 200 多人。

由于大运烟厂设备比较先进，并入云南纸烟厂后，第二生产部（大运厂）也开始生产“大重九”了。到了这时候，瞿怡静才知道“大重九”为什么好抽和特别受烟民欢迎的奥秘（瞿到烟厂任军代表之前不会吸烟，后被领导多次批评，你一个烟厂的领导不会抽烟那怎么行？才硬着头皮学会了吸烟）。原来，除了选料上乘以外，“大重九”和“大运”烟一样，也有不为人知的秘密。一是原料上始终坚持一条，高温发酵前，必须先把粗料放进去（这里的粗料指烟梗，目的是保证卷烟持续燃烧）；二是配方所用蜂蜜必须是冬蜜，不能用春蜂（这个秘密其实早在 1937 年，庾恩锡就亲口告诉当时的云南省主席龙云了）。从“大运”到“重九”，瞿怡静边干边学，从不会抽烟，到品吸方面的行家；从外行到内行，基本掌握了卷烟生产各个环节的工艺流程。

1953 年初，瞿怡静调厂部任秘书科科长，周善生被任命为云南纸烟厂第二生产部主任。周善生是浙江诸暨县人，也是抗战时期到云南的，从学徒做起，最后做到了大运烟厂的烟机挡车工。瞿怡静调厂部后，军代表兼云南纸烟厂厂长岳国铭告诉他，他的首要任务是组织建设，先把各个科室成立起来，大约在一年左右的时间里，瞿先后担任过秘书科科长、计划科副科长、生产技术科副科长，基本上每组建一个科，瞿就当仁不让地成为该科的首任科长（副科长）。

瞿怡静任云南纸烟厂生产科科长期间，有两个主要任务：一是基建，建盖新的厂房。因当时生产一部（云南纸烟厂）、三部（泰康烟皂厂）、二部（大运烟厂），从岗头村一直绵延到上庄，相距各一公里多，又都在山头上，工人搬运原料、成品劳动强度大，也不便于生产，遂决定在云南纸烟厂原址上庄建盖新厂区；二是组织生产。当时，不论云南纸烟厂（一部）还是大运烟厂（二部）除了卷烟工序外，从选叶、加料，到切丝、烘烤、包装，都是手工生产，包装车间的许多女工都练就了一手抓的绝活，从卷好的成品中一抓就是 20 支烟。这期间，已经组建的昆明市联合烟草公司下属某厂有一批设备在上海，这批设备包括了抽梗、切丝、包装，全部都是机械化。轻工厅决定将其调回云南。为了近快掌握这批现代化生产设备，决定由厂长岳国铭亲自带队，带一批工人到上海学习实际操作。周善生这时已离开生产二部，调任由 24 家烟厂（多为一厂一机）合并组成的昆明市联合烟草公司经理。周善生、瞿怡静都跟随岳国铭同去上海学习。

1955 年新的厂区在上庄建成投产，昆明市联合烟草公司下属 24 家烟厂随即撤销，全部搬到了上庄新厂区，并入云南纸烟厂。新厂建了，设备换了，烟厂并了，云南纸烟厂实现了九九归一，“大重九”也成了那个时代云南纸烟厂的高端翘楚。“谁口袋里装一包‘大重九’，谁就会很有面子。谁要是结婚时能发‘大重九’烟，谁就显得很有本事。”瞿怡静在 2012 年 6 月回忆起当年的“大重九”，还一脸幸福的表情。原来，他当年结婚时，在昆明很有名气的餐厅合香楼包了两桌，使用的喜烟正是“大重九”。在一旁的老伴儿冯兰芬也幸福地补充说：“烟钱和饭钱，都是我出的，他还是供给制，一个月就几块津贴，打着甩手，就把我娶走了。”

“其实我这是空手套白狼，也可以说叫周瑜打黄盖，一个愿打，一个愿挨。”瞿怡静说完哈哈大笑，还在为当年娶到冯兰芬、为两人相濡以沫走到人生暮年而感到得意和庆幸。

第九章·黄白红

HUANG BAI HONG

四期
金碧日刊
第八版
舊曆癸亥年三月廿五日
最優等
重九香烟
最優等的香烟
就是亞細亞烟草公司製造的
省城各紅色舖出售

庾恩锡之死

当瞿怡静与冯兰芬用“大重九”烟招待客人，幸福地组成家庭时，“大重九”的创始人庾恩锡的日子却越发的不好过了。

1950年云南解放之前，庾恩锡挂云南省政府建设委员虚衔，不用上班；到1950年2月云南解放后，庾恩锡被安排在云南省文史馆任文史馆员，依然是个虚衔，还是不用上班。无论解放前后，不用上班的庾恩锡，因为手头有数家公司股份，有多处不动产，因此可以衣食无忧。他也就有大把时间，大好心情，在“收留”了苏兰妮之后，就在白鱼口“磊楼”与苏兰妮看天上云卷云舒，赏庭前花开花落，过他优哉游哉的神仙日子。却不料，饱暖之后，麻烦来了。

麻烦首先出在苏兰妮某天突然发现自己怀孕了。

女人怀孕，又叫犯喜，民间通常就叫喜事。这事要放在三四十年前，对于庾恩锡来说，那是天大喜事。庾恩锡与第一任太太，结婚多年却无嗣，为此深怀内疚的太太多次劝庾添房或者纳妾，庾恩锡却总是不允。在国外有过留学经历的庾恩锡相信科学，因此觉得无嗣未必就是太太一人责任，而且他一会儿开公司一会儿当市长厅长，总忙自己事业，对自家那点田地疏于耕种，也就对暂时无子并不太介意。直到太太因病亡故，他也早已赋闲，就娶了第二任妻子，并在自己41岁时首得贵子，才知道，无嗣之因果然出在大太太身上。之后又添一丁，他为长子取名嘉骥，次子取名嘉聪，都寄予了很高期望。若不是阴差阳错，遇上命定红颜知己苏兰妮，他本可以波澜不惊地在滇池畔度过余生。偏偏在新旧交替时，却出现了苏兰妮，而且偏偏还爱上了这个擅长小提琴，有天籁般歌喉的美人，已过花甲之年的庾恩锡又激情澎湃，播种之后，就有收成，这本是意料中事。但是，当苏兰妮在某天清晨依偎在庾恩锡身边，告诉他这一好事时，庾恩锡却像被火烫了一下，突然一把推开苏兰妮，“你说的是真的?”

苏兰妮睁大眼睛，看着一脸惊恐的庾恩锡，像看一个外星人。

“不能要，你听我说，妮子。”庾恩锡很快恢复了平静——至少是面部的平静。他像平时一样叫着对苏兰妮的爱称，像哄孩子一样跟她说：“现在是新社会了，跟以前不一样了。我没法离婚，就没法娶你，当然，就没法跟你要这个孩子，妮子，你，能理解我吗?”

“不。我要。”苏兰妮闭上眼睛，态度决绝。

刚刚情绪平复的庾恩锡一下子又起了急：“我说了，不能要！说什么都不能要！你不能太任性，太自私!”

苏兰妮睁开眼睛，继续好奇地打量着因为激动而面部扭曲老态毕现的庾恩锡，然后一字一顿地说：“任性是我，自私是你。你可以剥夺我做妻子的权利，但，凭什么，你要剥夺我做母亲的资格?”

两人谈话不欢而散。从此，就过上了吵吵嚷嚷别别扭扭的日子——直到他们的孩子呱呱坠地——这时，已经到了 1951 年。已是 65 岁高龄的庾恩锡与原昆华女中音乐教员苏兰妮，生下了他们的第一个孩子，是个男孩。此时，庾恩锡的长子庾嘉璘年已 24 岁，正在法国巴黎政治大学攻读博士学位，还在读中学的次子庾嘉聪随第二任妻子在昆明城里生活。庾嘉璘学成后去了台湾，其子庾澄庆成了台湾著名歌手。2012 年，中国某电视台推出一档极其火爆的选秀新节目“中国好声音”，其中四位大牌导师中，就有这个庾澄庆。在该节目第一期中，庾澄庆遇到来自云南的一个其貌不扬的“哈尼王子”歌手，当场认下“云南老乡”并收为爱徒。另一歌手杨坤调侃庾澄庆，明明来自台湾，为争人气，竟然乱攀老乡。庾澄庆当即正色：我父亲出生在云南，我父亲的父亲出生在云南，我父亲的父亲的父亲还是出生在云南。我不是云南人，谁是？言毕，庾澄庆已经泪流满面。

庾恩锡毕竟是很有修养历练的人。面对自己的晚年得子，尽管他有一百个不情愿，却很豁达地抱了起来，以一脸皱纹亲了亲还没长开也是一脸皱纹的儿子，然后郑重赐名：庾嘉麒。他用宣纸楷书下这三字，连同一份房契，一起交到苏兰妮手中，算是对这个事实的一份承诺。

有了孩子的苏兰妮就像变了一个人。首先，昆华女中音乐教员那份工作是不能继续了，因为她要带孩子，实在不能两头兼顾；其次，她与庾恩锡的关系也半公开化了，母子俩经常就住在华山东路的房子里，庾恩锡就职的云南文史馆在附近的龙井街，出出入入也不可能遮人耳目，好在二夫人也不来闹，日子也还算相安无事。平静之中，却有暗涌。引发庾苏之间第二个争吵的话题，竟然是为了钱。

人发明了钱。钱却变成了日子。没有钱就没有人过的日子。这个道理，通常要到日子与钱相互较劲甚至锱铢必较的时候，人才会有深刻体会。现在苏兰妮就有了这样的体会。有了孩子却没了工作没了自己的收入，没了收入却有更多要花钱的地方：奶粉要钱，买衣买药要钱，吃喝拉撒处处要钱。会拉小提琴的苏兰妮却并不怎么会带孩子，更不会像其他妇人那样精打细算地过日子。而此时的庾恩锡，文史馆那份象征性职业也只有象征性收入，虽然在公私合营改造前后，自己还在一些公司工厂持有股份，分红却都是年底的事，而且，还保不齐一定能分红呢。更要命的是，自己与第二任妻子虽不在一起过，却并未真的离婚，因此法律上承认的还是那段婚姻。受婚姻法保护的妻子，不仅有名誉权，还有对家庭财产的享有权和处分权。而股份分红都在明处，明处的钱就不能由庾恩锡一个人说了算。钱钱钱！想不到一辈子赚了数不清的钱，也无数次散尽千金的庾恩锡，到老来，却为一个钱字犯了愁！

花钱如流水，源头却在日渐枯竭。这一对从来没为钱拌个嘴犯过难的老少配，终于出现了脸红脖子粗的时候。当他们再一次为奶粉钱发生过争吵之后，两人都惊呆了：他们还是那对在白鱼口“磊楼”前吟风弄月、卿卿我我、好像不食人间烟火的痴男情女吗？还是那对不管不顾世俗流言特立独行的忘年伉俪吗？

争吵不会带来任何结果，唯一带给当事人的，只是黯然神伤。伤不起的庾恩锡选择了逃避，他宁可待在文史馆资料室看闲书，也不回那近在咫尺的“家”。苏兰妮也有自己的选择，她面对嗷嗷待哺又爱哭多病的儿子，心一横，抱着孩子去了文史馆，当着遗老遗少们掀起衣襟就要喂奶——其实，她只是虚张声势做样子给庾恩锡看，知道他最要面子，最丢不起这个人。她怎么舍得将自己一对丰乳给那些不相干的糟老头子去饱眼福呢？果然庾恩锡三步并两步就忙不迭地扑过来，一把拽住就往家里拖，回到家里，两人抱头痛哭，丢在床上的婴儿不仅没吃着奶，还受了惊，哭声比平时更响亮，老少三人的哭，差点掀开屋顶的瓦。

哭当然不解决问题。哭完了，庾恩锡却省悟了，不就是一个钱字吗？不就是把自己的钱合理合法地抠出一点来，给这对既是自己亲生骨血又孤立无援的母子吗？于是，他第一次将自己现在真实的经济状况，一五一十地讲给了苏兰妮听。

庾恩锡的老家墨江出产金矿。1934 年，庾恩锡与人合股在老家成立了墨江坤勇金矿有限公司，1939 年又独资开办了凤仪汞矿。另在云南人民企业、正义百货公司、西坝玻璃厂、自来水公司都持有股份，这些加在一起，也算收入颇丰。若是放在从前，养个三妻四妾毫无问题。解放后，尤其是已经开始公私合营，一方面收入剧减；另一方面，虽然公私合营后也有分红，但这个“红”是公开透明的，那边的合法妻子心知肚明。妻子本来就想以切断经济来源的办法，斩断丈夫与苏兰妮的情丝，过去不好办（天知道丈夫都有哪些收入来源），如今解放了，因公私合营，丈夫的收入也公开了。更重要的是，有了《婚姻法》作保护，庾恩锡再想从家里拿钱到外面“养小”，就成了违犯国家法律的行为。如此一来，苏兰妮母子的生活才成了问题。

不过，合法妻子的威胁反倒提醒了庾恩锡，《婚姻法》确实规定了一夫一妻制，但同时也规定了父母任何一方，都有赡养非婚生子女的义务。何不让苏兰妮把自己告上法庭，由法庭判决从自己的合法收入中拿出一笔钱来，解决苏兰妮母子的生活费用？

庾恩锡把这一想法告诉苏兰妮后，苏的眼泪当时就下来了。她原本只想吓吓庾恩锡，如果告上法庭，满城风雨，那不把事情真搞大了吗？自己一个家庭妇女，也没个单位，让人知道也无所谓，但庾恩锡就不同了。庾是省文史馆馆员，经常在外以社会贤达身份抛头露面，今后这张老脸往哪儿搁？

但庾恩锡却告诉她：“虽说我给老庾家丢了脸，但说什么也比饿死人强啊？”

苏兰妮便以儿子庾嘉麒的名义，一纸诉状将庾恩锡告上法院，诉讼理由竟然是：儿子跟父亲要奶粉钱。

法官碰到了从未遇到的一对原被告——两人意见竟然完全一致，即，原告要求的，正是被告希望的。法庭最后判决，被告庾恩锡，从判决生效即日起，从正义百货公司、西坝玻璃厂、自来水公司每年的分红收益中，拿出 1500 万元（旧币），作为苏兰妮母子的生活费用。1500 万元折合为新人民币，相当于 1500 元，平均每月 125 元，比当时县长的工资还高，在那个年代已经是一笔巨款了。

有了生活保障，苏兰妮专心在家照料儿子，“家”又回到往日温煦氛围之中。这对老夫少妻，在 1956 年，又生下一女——是年，宝刀不老的庾恩锡已 70 岁。翌年，刚满 6 岁的庾嘉麒被父亲送进了光华街一所私立小学（因不足 7 岁，公立学校拒收）。据庾嘉麒回忆，他的童年是幸福的，父亲虽然不常回家（他年岁大了，睡眠少，易失眠，听不得一屋子孩子吵闹，有时候就一个人去到白鱼口“磊楼”独居一段时间)，但每次回来都会带回许多能玩好吃的东西。滇池的白鱼、海菜、螺蛳、小虾，成了庾嘉麒的最爱——因为小虾活蹦乱跳时可以玩，之后可以食；而螺蛳刚好反过来，先可以煮食，后可以将螺蛳壳当玩具。庾嘉麒“发明”并拥有这些“玩具”，让他在同龄小朋友中很有名气，很多孩子尾在他身后，就为了得到一个螺蛳壳或者一只小虾米。当时一家人住在华山东路，父亲有时还会带他到文史馆玩耍。父亲的目的很明确，他与苏兰妮的恋情，虽因种种原因不被外界认可，但希望其嫡出的儿子庾嘉麒得到社会的承认。为此，甚至还让第二任妻子所生的次子庾嘉聪多次与弟弟庾嘉麒见面。

有时候，父亲也亲自带庾嘉麒去上学。光华街学校离他在 1922 年创办亚细亚烟草公司的原址崇仁街庾园很近，庾嘉麒在 50 多年后的今天，还能依稀记得那些老房子的样子，还能回忆起院子里的大戏台，以及弥漫出来一街的丹桂飘香，并且知道，原来那些房子都是祖上的产业。光华街上的胜利堂，是原来云南省总督府所在，庾嘉麒还记得父亲给他讲二伯庾恩旸在这里操炮攻打总督府发动重九起义的故事。祖上的业绩让庾嘉麒很感到自豪。但是少年庾嘉麒也有自己的苦恼。2012 年，已经是 61 岁的庾嘉麒回忆起“小时候最大的苦恼”，竟然是：他一到学校，就有一帮小屁孩儿，追着自己叫，“一加七，等于八。”后来，一些同学不叫他大名，见面就直呼：“等于八”。好好的庾嘉麒，怎么变成“等于八”了呢？原来，他的名字庾嘉麒，用昆明话念出来，正是“一加七”。刚刚开始学习加减法的小学生们，就拿他名字当数学题，“一加七，等于八”就成了他的外号。因此，到后来，他的名字改了随母姓。

可惜庾苏一家其乐融融的好景不长。一年后的 1957 年，急风暴雨般的“反右”运动不期而至。庾恩锡虽无反党、反社会主义言论，但其显赫的身世，以及与“大军阀”唐继尧和“右派分子”龙云说不清道不明的关系，再加上曾担任过旧云南省水利厅厅长、旧昆明市市长、亚细亚老板资本家，随便挑出一条都够他喝一壶的。到了 1958 年，各种“运动”此消彼长，愈演愈烈，文史馆也不能成为避风港。本是垂垂老矣的庾恩锡惶惶不可终日，思来想去，唯有一死才能表明自己的清白。他将这一想法告诉苏兰妮后，没想到苏是一刚烈女子，当初为了与庾恩锡相爱，她连父母和工作都不要了。在她看来，庾恩锡就是她的一切，一荣俱荣，一毁俱毁。下定决心后，苏兰妮先是把儿子和女儿送到了表姐苏兰芝家，回来一番梳洗打扮后，毅然挽起了庾恩锡的胳膊说："走吧，既然生不同衾，让我们死能同穴，总该可以吧？"

苏兰妮其时不过三十有七，正是风华正茂的时候，本就生来文艺范儿，有模有样，皮肤白皙，身材婀娜，加上平时保养不错，看上去也就是30岁左右。庾恩锡不由老泪纵横："这又是何必呢，你还年轻，一切都可以从头再来——"

苏兰妮惨然一笑："让我再嫁一个男人？除非乾坤倒转，太阳从西边出来！"

苏兰妮说的是实话，与庾恩锡同居后，因没有名分，许多朋友都劝她尽快结束这段来历不清，且年龄相差甚远的感情。尤其是解放后，庾恩锡顾忌到方方面面的影响，两人往来较之从前有所减少，加上后来发生争吵后又上演了到法院起诉事件，很多人认为这对老少配已经走到头了。于是，上门提亲说媒者不在少数，有教师、医生、干部，甚至解放军军官，都来打苏兰妮的主意。但苏兰妮却终始不为所动。有人不禁纳闷，一个糟老头子，何以让你如此倾心，念念不忘？苏兰妮每每一脸坦然作答："因为他人好，心好。足以让人以命相托。"

庾恩锡知道自己无法说服苏兰妮，就像当初无法说服她跟父母一道返回上海一样，遂决定到时候再见机行事。

两人当天就来到了白鱼口，这时"磊楼"已被庾恩锡无偿捐给云南省总工会，作为省总工会工人疗养院。不过，疗养院的工作人员认识庾恩锡"夫妇"，就专门给他们开了一个朝向滇池水面风景宜人的房间。两人进了房间，半天一夜都没出来过。没人知道他们在做什么，只是服务人员听到了从房间里传出的小提琴声音，琴声时断时续，服务员当然不知道是什么乐曲，以及那乐曲是喜是悲。

翌日太阳初升时分，庾恩锡与苏兰妮手挽手走向了浩瀚的滇池——

"磊楼"就在滇池的西岸，他们是迎着冉冉东升的朝阳，一步步走进滇池的。当冬日里冰冷刺骨的湖水快要没顶时，庾恩锡返身猛地将苏兰妮向后一推，大声道："再见了，我的爱人，孩子就交给你了，你一定要活下去！"

正是"孩子"二字，让苏兰妮幡然省悟，彻底失去了追随爱人"生不同衾，死同穴"的决心，望着渐行渐远，最后完全消失于湖水中的庾恩锡，苏兰妮咬破嘴唇发誓："放心吧，晋侯，我一定会让孩子们长大成人！"

黄　白　红

1954年昆明北郊上庄新厂区建成投厂后，云南纸烟厂第二、第三生产部亦随之搬到了新厂区，随后，第二生产部所在的岗头村改为云南纸烟厂子弟学校和幼儿园。

原大运烟厂厂长李清煜的女儿李嘉山就曾在岗头村子弟学校就读，据李嘉山回忆，原大运烟厂是除云南纸烟厂以外，全省最大的烟厂，700多工人，30多栋房子。被云南纸烟厂并购后，大运烟厂改为生产二部，上庄新厂区建成，二部搬到新厂区，岗头村30多栋房子，楼房改为烟厂子弟学校，平房则分配给职工做宿舍。

1955年12月23日，全国人大常委会副委员长——孙中山夫人宋庆龄来到了云南纸烟厂。宋庆龄与孙中山结婚后，没有孩子（其胞妹宋美龄与蒋介石结婚后，也未生育），但宋庆龄越是没有生育，却越是十分喜欢孩子，她亲自倡议成立了中国儿童福利基金会并担任首任会长，每到一地视察，她都会抽空了解当地儿童情况。所以，到云南纸烟厂，她也照例在百忙中专门来到了岗头村烟厂幼儿园，幼儿园出生仅4个月的周建芳（周的父母均为烟厂职工，按照当时规定，妇女生育后满56天，孩子送幼儿园全托，母亲必须到岗工作。因此，周就是在出生后第56天送进烟厂幼儿园的），有幸成为被“国母”亲手抱过的孩子（周建芳长大后也成为昆明烟厂职工，她那张依稀可辨出今日模样的婴儿照片，成为昆明卷烟厂光荣厂史组成部分之一，印制在画册中，张贴于显眼处，而周建芳本人早已退休）。

人人都知道，清政权是由孙中山一手创建的“同盟会”推翻，尽管辛亥革命爆发时，孙本人远在日本。但无论是发动武昌起义的湖北新军领导人，还是云南重九起义的实际领导人唐继尧、庾恩旸等人（只有蔡锷不是同盟会会员），都是同盟会会员。因此，将结束中国2000多年封建统治的功劳，记在孙中山和同盟会身上，当是不差的。1912年，孙中山让位于袁世凯后，被北京政府任命为铁路总办，可惜好景不长，二次革命后，孙再次亡命日本。

在日本期间，孙中山先后写下了《建国大纲》等多种著述，尤其是在《建国大纲》中，孙发出了“建三峡大坝”、“修十万铁路”的豪迈宣言。今天，孙中山先生当年的雄伟规划都已变成了事实，尽管时间过去了差不多100年。当年，宋庆龄作为孙中山先生的助手和崇拜者，最终与孙中山结为夫妻，虽然仅仅10年后孙中山先生就去世了，但作为孙中山夫人的宋庆龄，却继承了孙中山“联俄、联共、扶助农工”的主张，在后来的反帝、反封建、反独裁的斗争中，始终与中国共产党站在一起，与人民同呼吸共命运，从而赢得了中国共产党和中国人民的尊重和赞誉，在1949年9月召开的第一届全国政治协商会议上当选为中央人民政府副主席，继而又在1953年召开的第一届全国人民代表大会上，被选为全国人大常务委员会副委员长，成为新中国的国家领导人之一。

作为国家领导人，宋庆龄到云南纸烟厂，自然不会仅仅是为了到幼儿园抱一抱孩子。

我们都知道，先后担任过国民政府财政部部长、外交部部长、行政院院长和南洋兄弟烟草公司董事长的宋子文先生，正是宋庆龄的胞弟。宋子文1939年起就派人来云南试种推广美式烤烟，建烟叶复烤厂房，他当时的本意是要为自己掌控的南洋兄弟烟草建立优质原料基地，客观上却为后来云南“烟草王国”的诞生打下了坚实基础。而受其胞妹宋美龄之邀，到中国帮助训练中国空军，后成为飞虎队队长和美国第14航空队司令官的陈纳德将军，受当时的云南省主席龙云之托，私下悄悄将美式烟种“大金元”、“K400”、“K401”带到了云南。可以说，宋子文、宋美龄都间接帮助过云南发展烟草事业。现在轮到地位影响比前二宋高得多的宋庆龄出场，她又会对云南烟草产生什么作用，发生什么影响呢?

让我们再回溯一下与云南烟草有关的一段历史——

当年由陈纳德派人带到云南的美种烤烟“大金元”、“K400”、“K401”，在云南试种不久，“K400”和“K401”因染病，种植面积逐年缩小，“大金元”最后成为当家品种。而且，由于云南的纬度、海拔、日照、气候与南加州（美式烤烟主产区）十分接近，“大金元”烟叶的质量、品质、外观，比英美公司最早在河南、山东种植的还好。到1947年，云南美式烤烟种植面积达到了32.4万亩，种植区域覆盖到了昆明、玉溪、曲靖、昭通、楚雄、大理、红河等地，有人形象地说，在云南如果以昆明为圆心，400公里为半径划一个圈，在这个圈内都可以种植美式烤烟。

1953年2月，新中国成立后的全国第一次烟草工作会议在河南许昌召开，除了国内，苏联、西德、法国、日本等国的烟草专家也应邀出席会议，对产自全国的烤烟进行评级鉴定。

云南当时还没有一条通往内地的铁路，要到河南必须先乘汽车到重庆，沿长江而下，到武汉后，再转乘火车经京汉铁路到达许昌。先汽车，后轮船，再火车，一路足足折腾了半个多月，等云南与会代表带着云南出产的美式烟叶风尘仆仆地赶到许昌，会议已经结束了。好在那时交通不便，会议虽然结束了，与会专家大多还滞留在许昌。云产美式烟叶色泽金黄、油润丰满、浓香扑鼻，专家一看便爱不释手，当即决定网开一面，破例在会议结束后，又召集评委，对来自云南的烤烟进行评级鉴定。

其实，在会议期间，河南烤烟即以其优异的品质获得了中外专家的盛赞，给出了100分的最高分。英美公司在河南、山东种植美式烤烟已有半个世纪的历史，种植技术和烟叶质量在当时的中国都是第一流的，中外专家给出100分的满分不足为奇。谁知天外有天，半路杀出个程咬金，来自云南的烤烟虽然历史不如河南烤烟悠久，名气更是远不如河南大，却不论外在形象还是内在品质都远远超过了河南烟叶，这可如何是好？100分的最高分已经给了河南。而较之河南，人家云南烤烟的质量明显高出一头，事实摆在那里，不可能给个并列100分吧？中外专家只好临时决定采用不记名方式投票表决，看看这匹黑马到底有多黑，能得多少分。表决结果令在场所有人最后都大吃一惊：108分！

云南烤烟以高出河南8分的分数，当之无愧而又毫无悬念地坐上了全国烤烟质量第一把交椅。

被云南代表团带到许昌的烤烟，就是之前生产“重九”和以后的“大重九”的主要原料——美种烤烟“大金元”。种植地为当时的云南省玉溪专区江川县。

宋庆龄早年是吸烟的，而且早就抽过龙云送给她的“重九”烟。龙云为人一向慷慨大方，与宋庆龄又同为反对“独裁”同道中人。当年参与倒唐，很大程度上也是受了广州国民政府的影响，虽然当时孙中山已过世了两年，但龙与国民政府许多高官一直保持着良好的私人关系，被老蒋武力解除本兼各职后，指名道姓要行政院院长宋子文亲到昆明，自己才愿走下五华山。多年以后，陈纳德在其回忆录中，对龙云多次赠送的“重九”烟和宣威火腿仍赞叹不已。而在龙云馈赠礼品的名单之首，正列着中山先生的遗孀、宋子文先生的胞姐、中华民国的“国母”宋庆龄。

宋庆龄在幼儿园与抱在怀里的周建芳合影时，说过一段意味深长的话：“孩子是我们的希望和未来。”陪同的各级领导当时并没有完全领会宋副委员长这句话的含意，以为宋是就事论事，说的只是怀里抱着的孩子。

这时候，原军代表兼厂长岳国铭已调离，新来的厂长叫杨建悦。等到从幼儿园回来，宋副委员长听汇报的时候，杨建悦才明白过来。要给孩子以希望的未来，就要提供给他们富足幸福的生活。而云南要创造幸福生活，守着一个最大的聚宝盆，那不就是烟草吗？

杨建悦正在揣摩宋副委员长话里含义，宋庆龄却点燃一支“大重九”，轻吸一口后，又说：“云南有着发展烟草工业得天独厚的优越条件，有着富足的优质卷烟原料，应该生产出更多更好的优质类型烟，为国家、为人民创造出更多的财富，让云南烟草走遍天下。”

宋庆龄这番意味深长的讲话，在场的所有人似乎都听明白了。其实这段话经过了宋庆龄深思熟虑，它至少包含了两方面的意思，前半部分显然属于表扬的成分。到1955年末，云南美式烤烟的种植面积已接近100万亩，是解放前最高年分1947年的三倍。所以宋庆龄才说，云南既有得天独厚的优越条件，又有富足的优质原料。而后半部分，明显就含有批评和激励的成分了。

解放前，占据国内卷烟市场的还是英美公司、南洋兄弟烟草公司（民国时期改为公营后，更名为中华烟草公司）等老牌卷烟制造业大鳄。1950年，中华烟草公司接受了研制高级接待香烟的任务，仅一年时间就成功推出了以厂名命名的“中华”牌香烟；英美公司最受欢迎的“大前门”香烟，则是1952年通过转让的形式收归国有的。

轰轰烈烈的社会主义改造运动中，中华烟草公司并入国营上海烟草公司（今上海卷烟厂），英美烟草公司在青岛和天津的两家公司分别更名为青岛卷烟厂和天津卷烟厂，“白锡包”和“哈德门”等带有帝国主义侵略性质的卷烟牌号被取消，青岛和天津卷烟厂均以“大前门”为其主打产品。到1955年全国社会主义改造基本完成后，垄断全国卷烟市场的主要是上海的“红双喜”（“中华”烟产量极低，每年仅生产几千条）、青岛的“大前门”和天津的“恒大”香烟，人们因此又形象地称之为“上、青、天”。

云南长期以来一直以“重九”或后来的“大重九”为其当家产品，但以当时的眼光看“大重九”，却有两个问题，一是烟好，但“级别”不够高，属于乙级烟（解放后给定的级别）；二是其浓烈的旧军人与战争色彩（如重九起义事件、盾牌、讲武堂建筑基调，乃至最早的讲武堂主体建筑）。烟标上的旧军人色彩尤其不为当时的当政者所喜欢。看看当时不断推出的云南纸烟厂卷烟牌号就知道："抗美""工农""红旗""土改""大公""钢花""春耕""红安乐""红步兵""红双环"……牌子杂，时效强，有鲜明的革命年代色彩和趋时应景特点。却都是过眼烟云，一晃而过，怎么去跟"上、青、天"抗衡，怎么去与"红双喜"、"大前门"和"恒大"这些老牌子和"中华"这样的烟中新贵比肩呢？

现在，在宋庆龄副委员长亲自"点拨"之下，研制一种新的更高级别的卷烟品牌，被提到了"九九归一"后，云南当时唯一的卷烟厂——云南纸烟厂的议事日程上来了。

可以说，从亚细亚开始的昆明卷烟厂，最早经历了一个以"重九"为代表的"黄"时代。如今，"大重九"凝重的黄色和"旧军人与战争"的经典图案被弃之不用了，取而代之又该是什么色彩、图案和牌子呢？

研发者在冥思苦想中，终于从云南的蓝天白云，从满眼的花红叶绿中找到了灵感。于是，一个以白色为衬底，绿色为点缀，红色为主题的"白红"色系构成，进入到研发者的构想之中。最后，体现红色主题的具体内容，在筛选掉"火炬""红旗""红五星""镰刀铁锤"等过于直白简单的图案后，定格在"红山茶"这一物象之上。红山茶，云南茶花之一种，花团大朵，色泽红艳，每到春天开放时，可以染红一座座山，一片片岭，让人看后心生感动，过目不忘。当设计者手绘出"红山茶"烟标图案时，领导当即就拍了板：就是她了！

当年为"红山茶"烟标设计做说明的一段文字这样写道：白色衬底，象征着云南净朗天空的白云，也代表着"一张白纸可以画最新最美的图画"；绿叶点缀，象征着希望和生命；而火一样红艳艳的山茶花，预示着革命事业的红红火火，祖国建设的蒸蒸日上。

这段充满智慧的说明文，今天已经无可考是何人所撰。它甚至比烟标图案本身还要来得高明。因为"红山茶"烟标图案设计本来是很唯美很自然的，她风格淡雅清新，气质高贵隽永，图案生动，名字易记，具有超地域、超时代、超阶级的审美属性。却经此一说，就阐释得非常符合革命年代的审美标准，大家就有了统一口径：白是白云，是白纸，可画最新最美的图画；红是红火，象征着至高无上的革命事业。云南纸烟厂由"大重九"黄色系，转向“红山茶”以白色为主调的“白红色系”新时代，就此开启。包括云南纸烟厂（昆明卷烟厂）后来推出的扛鼎之作“云烟”，以及同属于甲级方阵的“茶花”，其最初烟标，都沿袭了这一基本思路，并都取得了巨大成功。这一外观设计思路和基调，也影响到全云南甚至全国各烟厂，成为风行一时的烟标设计风格。可以说，在烟标设计领域反“极左”，昆明卷烟厂在自觉不自觉中，就走到了全国前列。

须知，就在“红山茶”问世的同时代，一场以“拔白旗”“反白专”，扫除资产阶级花花草草审美观的运动，正在全国铺天盖地展开。玉溪的那座白塔，就因为“拔白旗”“反白专”而在一夜之间被用油漆涂了个通体透红——当然，那神来之笔也成全了云南另一个烟草工业奇迹“红塔山”的诞生。

纵观从亚细亚到云南纸烟厂再到昆明卷烟厂，其烟标色系主要就在黄、白、红三主色中转圈圈。黄色系以“大重九”为代表，白色系以“红山茶”、最初的“云烟”以及“茶花”为代表，红色系以20世纪90年代后期推出的“云烟”（红）为代表。黄、白、红，成为了昆烟“三元色”。2008年到2010年之间，红云红河集团推出了“云烟（软礼印象）”和“云烟（大重九）”，其色调再次复归最凝重且有帝王气象的明黄色，而此色调也成了昆烟所有产品中档次最高的象征。

外观设计虽然重要，但是，一个香烟牌子真要立足市场站稳脚跟，更关键的还是取决于内在品质。“红山茶”作为云南第一种甲级高档香烟，研发的精神动力可以说是来自宋庆龄的鞭策鼓励和刺激，其技术配方则完全是云南纸烟厂在原来生产“大重九”“鸿大运”的实力和基础上自己研发的。用今天话说，属于完全拥有“自有知识产权”。香烟新品的核心技术和关键环节在于技术配方，而20世纪50年代由云南纸烟厂研发的第一个甲级新品“红山茶”，她的研发并不属于个人，却是由一个群体来完成的。当时盛行“领导出思想，专家出技术，群众出劳动”的“三结合”模式，如果说“红山茶”也有“领导出思想”的话，那么，最大的领导无疑就该算在宋庆龄副委员长头上。“群众劳动”的作用现在无法统计也可以忽略不计，关键还是“专家出技术”这个环节。当时都有哪些“专家”参与到其中了呢？根据文献资料和实际采访，可以开出以下一个不完全名单：

李清煜，刘温克，瞿怡静，梁汝宾……

李清煜曾经担任过云南规模最大的私营大运烟厂厂长。公私合营后他在云南纸烟厂生产二部（大运烟厂原班底）继续负责。也就是说，在他手上，生产过当时云南最好的两种香烟："大重九"、"鸿大运"。李清煜虽然以管理为主，掌握"鸿大运"技术配方的是他大哥李青年，但李清煜毕竟是老牌大学生，厂长当了那么多年，对工艺流程也早已十分熟悉。所以，当"技术权威"李青年关进监狱后，李清煜就成了研发技术团队中的核心关键人物。

据当时担任过大运烟厂军代表的瞿怡静回忆：我刚到大运烟厂时，工人们向我提出，李清煜是资本家，不能让其继续担任厂长；另外还有一个叫梁汝宾的技术领班，因平时兼有搜身的任务（防止工人偷盗卷烟），被工人们视为资本家的狗腿子，要求我这个军代表为工人兄弟做主，把两人撤职批斗。上级交代我，当时到大运烟厂的首要任务是恢复生产，大运烟厂 700 多人，若不及时恢复生产，这 700 多人就要失业，那可不是闹着玩的。何况，上级并没有给我批斗谁的任务。李清煜是搞管理的，梁汝宾负责技术，把两人统统撤了，靠谁来恢复生产？上级听了我的汇报，也肯定了我的想法，说，你做得对。恢复生产才是第一位的，撤职批斗的事，不是你考虑的。梁汝宾因为表现不错，后来还入了党。我把病休中的李清煜请来，其实就是为了研发"红山茶"。

与此可以印证的是对李清煜之女李嘉山的采访。她回忆说，1956、1957 年，她已经 5、6 岁了，她记得，那两年她父亲李清煜整月整月地住在厂里，很长时间都见不到父亲一面。当时李清煜一家住在昆明书林街，离云南纸烟厂所在地昆明北郊上庄大约 10 公里。而且，大运烟厂并入云南纸烟厂不久，父亲因患胸膜炎，长期在家休息。1956 年初的一天，厂里突然派车把父亲接到了厂里。当时家人还吓了一跳，以为是不是东窗事发，李青年、李宾石的案子又牵连到父亲李清煜了（李嘉山出生时，李青年、李宾石兄弟已被关进了大牢，直到后来死于狱中，李嘉山都没有见过。因此提到她的大伯二伯时，李嘉山习惯于直呼其名）。后来才知道，是原大运烟厂的军代表瞿怡静等人把父亲请到厂里，参与研发新的卷烟去了。

当时担任云南纸烟厂生产技术科副科长的瞿怡静则回忆说，"红山茶"是 1956 年初开始研制的，当年 11 月就生产出第一批样烟。后经多方改进，于 1957 年 5 月，正式推出了云南第一种甲级卷烟——"红山茶"。产品因为色泽金黄、香气宜人、吸味醇厚、劲头适中、余味舒适、风格高雅，成为云南香烟早期清甜香的代表作，一经面市，立刻受到了广大消费者的好评，销路很好，从此成为云南纸烟厂的名牌产品。

瞿怡静说，除了选用上等原料，“红山茶”成功的秘密在哪里呢？现在说起来十分简单，当时的研发小组有位叫刘温克的，早年毕业于日本早稻田大学，与“大重九”的创始人庾恩锡正好是先后同学。刘温克向李清煜提议，在配方中加入山西汾酒和山东大枣，结果一试，成了（当然是反复试验多次以后），就那么简单。

云烟烟云

1958 年，注定是不平凡的一年。

1953 年初至 1957 年末，新中国第一个国民经济五年计划完成。五年中，全国共完成基本建设投资总额 588.4 亿元，新增固定资产 491.4 亿元；由苏联帮助设计的 156 个重大项目为中心的 825 个工业企业在全国各地开工建设，并陆续建成投产，为我国的工业化建设打下了良好的基础。许多旧中国所没有的重要工业部门，如飞机、汽车、新式机床、电力、冶金、矿山设备制造，高级合金钢及重要有色金属冶炼，都是在第一个五年计划期间建成投产的。与此相应的是，在此五年中，我国工农业生产发展较快，长达百余年的战争创伤得以迅速医治，1957 年——第一个五年计划的最后一年，工业总产值达到 784 亿元，比 1952 年增长 128.6%，平均年增长率达 18.4%（超过了同期的日本和西德），大大超出第一个五年计划原定的 14.7% 的增长速度；农业生产总值达 604 亿元，比 1952 年增长 24.7%，年增长率达 4.3%，同样超过了原定的年增长计划。

1959 年的国庆十年大阅兵中，从天上的飞机，地上的坦克、汽车，再到受阅士兵手中的武器，全部为中国制造。中国军队百年来使用“万国牌”武器的历史，就此终结，一个强大的中国（至少在军事上）迅速崛起在世界的东方。

1958 年，吃饭不要钱。每一个 60 岁以上的大陆中国公民，大概都不会忘记这句充满诱惑和对“共产主义社会”无比向往与期待的豪言壮语。

新中国第一个五年计划的顺利完成，极大地调动了全党和全国人民社会主义建设的积极性，“大跃进”的悲剧不可避免地发生了。谁也没有料事如神、先知先觉的本事，但作为历史唯物主义者，我们必须看到“大跃进”的产生，有着极其复杂的历史背景和人为因素。首先，抗日战争的胜利，结束了中华民族一百多年来被凌辱、被蹂躏的历史——自 1840 年的第一次鸦片战争后，我们第一次将侵略者赶出了我国的领土，取得了战争的胜利；其次，解放战争在短短三年内取得了全面胜利（如果不是朝鲜战争，台湾问题绝不可能延至今天），甚至大大超出了毛泽东等中共领导人的意料；最后，在接踵而至的朝鲜战争中，中国人民志愿军使用最原始的武器，打败了当时用最先进的武器武装到牙齿的包括美军在内的联合国军。长期以来，史界一直以“积贫为弱”为中国屡战屡败开脱，但如果认真查阅一下有关的历史文献，就会发现，1840 年第一次鸦片战争爆发时，中国的 GDP 是英国的 6 倍；而 1894 年的甲午中日战争期间，中国的 GDP 则更是高于日本 9 倍之多！由此可见，一个“贫”字，绝不能成为中国战败的原因和借口。因此，抗美援朝的胜利，极大地提高了中国，尤其是取得执政地位的中国共产党在国际社会中的地位和威望。加之第一个五年计划的顺利完成，使得包括毛泽东在内的中共领导人，在某种程度上被一系列的胜利冲昏了头脑。而发生在 1957 年错误的“反右”运动，则让曾经发誓与中共“同舟共济，互相监督”的民主党派，从此杯弓蛇影，噤若寒蝉。“大跃进”也因此成为无法阻谏、不可避免的历史悲剧。

但今天回过头来客观地看，“大跃进”也并非一无是处。比如，“大跃进”期间，举国大兴水利修建的大大小小无数的水库，为中国农业的发展和解决世界上人口最为庞大的中国人的吃饭问题，发挥了巨大的作用。

再比如，今天品牌价值高达数百个亿的“云烟”，同样属于“大跃进”的产物。

我们知道，“超英赶美”是“大跃进”期间最为激动人心的口号之一。“云烟”诞生的历史背景，就源于这一口号。

1957 年 4 月，云南最后一家公私合营的卷烟制造企业——昆明市纸烟厂并入云南纸烟厂，原昆明市纸烟厂经理周善生出任云南纸烟厂主管生产的副厂长，1958 年 1 月起代理厂长。

据瞿怡静回忆，周善生出任代理厂长不久，突然接到云南省轻工厅一位领导打来的电话（当时的云南纸烟厂仍隶属省轻工厅）。周当时正为厂里的“钢铁大会战”、土高炉炼不出钢铁发愁，从厂里抽调了 320 多人，每天在操场上堆砌的土高炉旁，加班加点，却劳而无功，让刚刚上任，立功心切却又无路可走的周善生一会儿跑车间，一会儿跑操场，就像热锅上的蚂蚁。电话一来，他以为上级又来兴师问罪了，谁知听了周的汇报，那位领导倒吃了一惊：“你是烟厂的厂长，不是炼钢厂的厂长，你跑去炼钢铁干什么？简直是乱弹琴！”

周虽然挨了骂，但一颗心反倒放回了肚里。烟厂不生产卷烟，瞎起哄，跟着别人跑去大炼钢铁，纯粹是不务正业，上上下下早就窝了一肚子火了。但全民“大炼钢铁”、“超英赶美”是中央的指示，谁也不敢违抗。不过，领导接下来的话，算是救了老周的急了。领导说：“你给我听好了，周善生，我不要你去炼什么钢铁，西南局轻工部部长刚刚给我打过电话，表扬你们那个‘红山茶’弄得不错，希望你们再接再厉，尽快研制出一种高级卷烟——眼下到处都在超英赶美，新开发的产品，必须赶过英国的‘茄力克’。你就按这个标准去弄吧。”

“红山茶”是1956年11月研发成功的，1957年5月正式投入生产。周善生1957年4月才回到云南纸烟厂，并不清楚“红山茶”的来龙去脉和研制过程。于是，只好找到了生产技术科长瞿怡静以及负责配方技术管理的李清煜、刘温克等人。在大运烟厂时，瞿怡静是军代表，是周的上级，瞿离开合并后的云南纸烟厂二部（大运厂），推荐周接了自己的班。因此，周虽然做了云南纸烟厂的代理厂长，反过来成了瞿的上级，但对瞿仍然十分尊重。瞿提出，仍由研制“红山茶”的原班人马负责新产品的研发，这样可以少走弯路。周表示同意，并以厂长身份加入了研发团队。

到1956年，云南全省美式烤烟种植面积已达106.4万亩，其中80%是美烟中最好的品种“大金元”。既然上级的要求是“超英赶美”，超过英国卷烟“茄力克”，那就必须对“麻雀”来一个彻底解剖，弄清“茄力克”的秘密何在。

小小香烟，大大学问——从烟叶的选配、烘烤、发酵、制丝，再到工艺配方，丝丝入扣，忽视了任何一个环节都不行。配方中要掺酒、糖、蜂蜜、香料。不同的酒、不同的糖、不同的蜂蜜和香料，生产出来的很可能是品质完全不同的香烟。李清煜和毕业于日本早稻田大学的刘温克经反复揣摸“茄力克”后，有了一个惊人的发现：与其他的香烟不同，“茄力克”使用的是单一烟叶配方。所谓单一配方，即全部使用同一品种和产地的烟叶。以往生产的香烟，出于成本和口感的考虑，大多采取多地、多品种烟叶搭配的方式，就算名震一时的“大重九”虽然以美式烟叶为主，但也搭配了一定量的其他烟叶。“茄力克”使用的却是单一配方——一种来自非洲津巴布韦的烟叶。津巴布韦位于非洲南部，19世纪末沦为英国殖民地后，因与烟草原产地南美洲处于同一纬度，英国殖民者在津巴布韦大量种植美式烤烟，年产量一度高达10万吨，约占其农业总产值和出口总值的一半。

弄清了“茄力克”的秘密后，周善生拍板：既然人家用的是单一配方，那咱们也依葫芦画瓢，使用单一配方。云南种植的美种“大金元”，在由国内外权威专家参加的全国第一次烟草工作会议上拔得头筹，获得108分的最高分，就是它了。于是，经研发组反复试验后，一种全新的高级香烟在当月就试制成功，并在3个月后开始批量生产。这确实是“大跃进”速度。

因为是解放后云南研制成功的第一种优质产品（等级高于“红山茶”），又是全国首创唯一使用云南烟叶单一配方制造的甲级香烟，因而最终此烟被命名为“云烟”。这个“云”字号的烟中翘楚，与“云茶”“云腿”“云子”“云花”等一道，成为云南物华天宝最杰出的代表作之一，而且名列榜首，价值最高，影响最大，在其后的60多年中，对云南经济社会产生着巨大作用，也成为昆明卷烟厂乃至云南烟草人最大的自豪和骄傲。

“云烟”继续沿着由“红山茶”开启的“白红色系”前行，并且达到了一个高峰。其烟标为白底，红色“云”状的如意图案，象征着“吉祥如意，志存高远”，既点明了“日出东方，烟出云南”、云为烟、烟为云的“云烟”主题，又寄托了云南对全国人民“吉祥如意”的美好祝愿。“云烟”二字取自有书圣之称的东晋书法家王羲之的书法集字，隽永典雅，潇洒不羁，自成一格。由此不难看出，当时的云南纸烟厂，就有着志存高远的经典意识。

“云烟”经有关专家反复评吸测定，无论是在色、香、味等内在品质，还是烟支外观、烟标设计、包装质量上，都达到甚至超过了英国“茄力克”水平。

在经过了几个月细细打磨后，1958年7月，“云烟”正式定型投入批量生产，因选用上等云产美烟“大金元”烟叶精制而成，烟丝橙黄、香气高雅、吃味醇和，已明显超过此前推出的“红山茶”，成为高档清香型卷烟中的珍品，烟标上特别标明：特制甲级品。投放市场后，好评如潮，立刻赢得了国内外消费者的青睐。同时还因为选料上乘，做工考究，包装精致，很多环节要靠手工把关，因此产量极低。即便是为了迎接建国十周年大庆的1959年，在政治口号的鼓舞和加班加点的情况下，也仅仅生产了182箱，价格与当时国内最高级的“大中华”持平，昂首阔步迈入了中国高级卷烟的行列。除了国内的特供商店，为了展示新中国的建设成就，以扩大其政治影响，“云烟”还象征性地远销到东德、捷克、越南、缅甸等国和香港、澳门地区。

这是一段已经载入史册的历史。

据《昆明卷烟厂厂史》记载：1958 年初，上级要求大力提高产品质量，赶上上海卷烟厂水平，力争以新产品超过英国的“茄力克”，年初开始研发并试制出“云烟”牌卷烟，并由省委提前送中央成都会议献礼，受到毛主席好评。周善生、李清煜、瞿怡静等人参加了这次试制工作，李清煜是主要配方人之一……7 月，“云烟”牌卷烟试制完成，正式投入生产，销往国内外。

1958 年春，中共中央在成都召开了著名的“成都会议”，急于向毛主席和党中央献礼的云南省委领导，带着刚刚试制成功的两箱“云烟”赶到成都。其时，“云烟”虽然已经试制成功，但是还未定型，更未批量生产。当云南省委将物色献礼特产的任务层层下达最后转到云南纸烟厂时，厂里最初上报的原本是以“红山茶”作献礼产品——因为“红山茶”在前一年已经定型并成为云南第一个甲级烟。但是已经了解到“成都会议”主要是要在全国进一步吹响“大跃进”号角的省委主要领导，认为带一个“老产品”去献礼已经不符合“大跃进”思路，必须找到“更有创新精神”的新东西。一打听，还真有，这就是云南纸烟厂已经试制出来的“云烟”。一听“云烟”这个名字，某领导就说好，“云烟”有气魄，有代表性，让人一看就知道是云南的好东西、新东西。当然，该领导也提出了几个要求：安全要绝对可靠，吸味绝对要好，包装绝对要好。并指示：可一边献礼，一边赶快加紧申报。另外就是，“云烟”带到“成都会议”去之前，市面绝对不允许有一支“云烟”外流——他要提前放一颗“卫星”，给主席一个意外惊喜。由此可见，当时献礼者心情确实过于急迫，对政治情势把握也的确到位，而那个时期的条条框框也的确相对较少。

却说那一天，从成都西郊郫县红光公社考察回来的毛泽东，心情极好。因为第二天中央会议就要开幕，毛泽东照例喜欢先去当地农村走一走，看一看。湖南韶山农家出生且戎马倥偬能诗好文的毛泽东，一生最好至少有以下诸物：一是亲近土地。当他一双大脚踩着大地，才会感到心里踏实。二是与水亲近。“中流击水，浪遏飞舟”。到晚年，他干脆搬到游泳池边居住。三是酷爱辣子。俗话说，四川人，不怕辣；湖南人，辣不怕。就在成都会议稍后的 1960 年初，中国出现天灾与人祸并重的严重困难时期，毛泽东为率先垂范，也为惩罚自己，不吃红烧肉，但是保留了每餐以干辣子下饭的最低要求。四是熟读诗书。“腹有诗书气自华”。毛泽东还是一代诗家、一代书家，而这些，都建立在他博览群书博闻强记的基础上。到中南海毛泽东故居看看他那一床书，大床被书占据大半，压得倾斜，就知道，毛泽东是怎样嗜书如命的一个人。五就是烟不离手。毛泽东从长征开始，就烟瘾极大。因为找不到出路，一支疲惫之师，遭到围追堵截，狼突之中，随时有被歼灭的危险。毛泽东就夜夜冥思，唯有与烟做伴，熬红了眼，熏黄了手，终于透过迷雾，跌跌撞撞走到延安，最后又云开雾散，昂首阔步走进紫禁城。但1958年春天，当他在成都金牛宾馆看到“云烟”后，却没有急于品尝，而是先端详了烟盒上红底如意中醒目的“云烟”二字，他作为一代书家，当然对书圣之作十分眼熟。少倾，才取出一支，却是横了过来，凑到鼻子跟前仔细地闻了半晌，直到脸上露出满意的笑容后，才划着火柴，点燃了手上的“云烟”。接着闭上双眼，深深地吸了一口，待重新睁开眼睛时，烟雾才从口中徐徐吐出，眼里露出了惊喜的目光，同时口中连连称道：“好烟、好烟，想不到啊，云南出了这么好的烟！”

围在他身边的一群人，虽然没有一人跟主席同时抽烟，这一刻，却都跟着长长地吐了一口气——他们略略紧张的心情一下子放松下来，一群人脸上顿时眉开眼笑。

接下来毛又自顾自地猛抽了几口，才对身边主管经济工作的国务院副总理李先念道：“先念同志啊，明天到会议上宣传一下，发动大家都来买。云南出了这么好的烟，值得祝贺啊。”

毛泽东一声令下，出席会议的人员就把云南带去的两箱“云烟”一抢而光。与会者吸完“云烟”后，也连声叫好，纷纷找到当时的云南省委书记，要求再买几条。但带到会上的烟就那么两箱，有毛泽东亲自做广告，那点烟眨眼工夫早就卖完了。于是一个电话打到云南纸烟厂，周善生厂长从库房里找出几箱，连夜找到民航，用飞机运了过去。“云烟”成了“成都会议”的一个小插曲，不仅是抽烟的官员记住了“云烟”，一些不抽烟的官员同样记住了“云烟”。比如周恩来就不抽烟，但从那以后，每次出访途经云南，他都要带上几箱“云烟”，作为外交礼品送给被访国的国家元首或政府首脑。“云烟”也很快在当年7月获准定型进入批量生产。

“云烟”与当时中国政坛的一份政治明星刊物也产生了联系。据《求是》杂志某负责人介绍，他从有关文献中看到，毛泽东当晚就是抽着“云烟”，给中共中央的“秀才”们布置了一项新任务：建议创办《红旗》杂志。据载：1958年3月8日，“成都会议”召开的第一天，毛泽东提出25个问题供与会者讨论。其中第24个问题就是关于“出版理论刊物问题”。毛泽东说：“昨天晚上睡不着觉，起来抽了云南同志送来的烟。我就想一个问题，我们要办一个理论刊物，而且马上要办。摆在我们面前的工作很多，任务很重，这就要求要进一步统一全党，尤其是全党高级干部的思想，很有必要。”在3月22日的讲话中，他又着重讲了办刊物的问题，说：“陈伯达写给我一封信，他原来死也不想办刊物，现在转了一百八十度，同意今年就办，这很好。我们党从前有《向导》《斗争》《实话》等杂志，现在有《人民日报》，但没有理论性杂志。原来打算中央、上海各办一个，设立对立面有竞争。现在提倡各省都办，这很好。可以提高理论，活泼思想。各省办的要各有特点。可以大部根据本省说话，但也可以说全国的话，全世界的话，宇宙的话，也可以说太阳、银河的话。”毛氏讲话信马由缰天马行空的风格又体现出来了。《红旗》于当年7月出刊，立即成为最权威的中国政治风向标，而到“文革”为最盛。

1988年7月1日，《红旗》杂志停刊。与此同时，由中共中央委托中共中央党校主办的全党理论刊物《求是》杂志创刊。1989年8月起，《求是》杂志又改由中国共产党中央委员会主办，其规格和地位又与当年《红旗》相同。但是，其影响力已经今非昔比——在电子传媒和互联网大行其道的时代，传统纸媒尤其是刊物，正走向全面式微。

“云烟”还在试制阶段就在成都一炮打响。然而令参与其中研制的瞿怡静没有想到的是，“云烟”的研制成功，居然就是自己即将蒙受21年牢狱之灾的前奏。

1958年7月，“云烟”正式投入生产，生产技术科科长瞿怡静带着一帮年轻人到昆明市区，敲锣打鼓，摆摊设点，展销这一刚刚研发的新产品。结果自然是好评如潮，带去的四箱“云烟”很快就销售一空。

“云烟”研发成功后，上级要授予研制小组成员劳模称号，一查，竟没有一个人“合格”。李清煜是留用人员，两个哥哥关死在大牢里；刘温克是留日出身，更是不干不净；周善生虽然是代理厂长、党员，但严格说起来，属于资本家的走狗，解放前他就有汽车，显然不算血统工人。原来，解放前就善于动脑筋的周善生，有一辆拉货的卡车，就是因为这辆卡车，差点没入成党，后来还是瞿怡静多方向时任军代表兼厂长的岳国铭解释说情，周才得以入党。至于瞿怡静，他的问题就更大了。

瞿怡静在周善生的入党问题上帮了大忙，但他却忘了自己长期不为党所接纳的原因。从1949年6月加入中国人民解放军，瞿怡静已经记不清向党组织递交过多少次入党申请书了。但每一次都如石沉大海，没有任何回音。起初，瞿还以为只是自己出身不好，又是高中毕业（解放初期，知识分子入党难是普遍现象）。后来，连厂长岳国铭都看不下去了，安慰他，重要的是思想上入党，只要思想上入了党，你就是一名真正的共产党员。平心而论，瞿怡静在党组织面前，也确实没把自己当“外人”，在他的心目中，他早就把自己当做一名共产党员了。他连做梦都不曾想到，在组织眼里，他却是一名暗藏“敌人”，且是一名很快就要落入“法网”的敌人。

正是瞿怡静急于要求入党的申请书，以及云烟研发小组劳动模范的申报，引发了对他更严格的政审。于是，一段被他有意无意隐蔽的个人历史浮出水面。原来，瞿怡静在参加西南服务团之前，他还有另一段人生经历，即，如前所述，从 13 岁起，他曾经在南京日伪兵工厂当过学工、伪军士兵，并曾两度加入国民党军队，进过军官训练班，任过上尉副官。这段历史发生在他 21 岁之前，今天来看，那无非是他年轻时为求职谋生而走过的一段路程，仅此而已。但是，当时却没有人这样看问题。加上他还有在台湾军界任高官的亲属——瞿怡静的姐夫是国民党高官，国防部中将。1949 年 4 月，这位姐夫带着妻儿、岳母一家（瞿父 1945 年去世）离开南京，打算经福建去台湾。瞿怡静没去，是因为此时的他已经在南京加入了中共的外围组织。此举在他看来无疑是一个光明抑或令人自豪的选择。加上他后来又真正参加了解放军，并且加入西南服务团，到云南真正为新生红色政权做了很多工作。他以为，他那段年轻时候稀里糊涂的历史就此可以一笔抹去。但在以阶级斗争为纲的特殊年代，在政治审查特别严格的时期，瞿怡静显然是个问题人，而且很可能是有严重问题的人。据 1953 年就进厂的昆明卷烟厂退休老工人何传芝回忆，1958 年上半年，她“老倌”（丈夫）在厂组织科工作，为瞿怡静一个人的政审，单东北就跑了大半年，“基本没落过屋（回家）”。对这些，当时一心投入烟厂新产品研发和技术管理的瞿怡静却是浑然不知。

1958 年 8 月 23 日 17 时，福建前线解放军奉命炮击金门，两小时内，45000 多发炮弹几乎将金门岛夷为一片平地，国民党金门防卫司令部中将副司令官吉星文（吉鸿昌之弟）、中将副司令官赵家骧、少将副司令官章杰等若干将官当场毙命，国防部长俞大维中弹受伤。炮击当日，原向国民党守军承诺拱卫金门的美军护卫舰群却迅速撤离，金门孤岛在倾盆弹雨中命悬一线。

炮击金门的原因是由美英悍然出兵中东引发的。1958 年 7 月 15 日，美国海军陆战队在黎巴嫩登陆，武装干涉黎巴嫩和伊拉克内政；英国出兵约旦，威胁伊拉克民族革命。在远东，美国政府重申不承认中国，并支持台湾当局在台海进行武装挑衅。在这一历史背景下，从不怕“鬼”的毛泽东决定炮击金门，以牵动国际局势，震慑美蒋势力。美国果然上钩，围着毛泽东的指挥棒转动，先是从中东调回太平洋两艘航母，继而在蒋军准备逃离大小金门时，毛泽东突然下令停止炮击，后又改为打单不打双（逢单日炮击）。并通过《告台湾同胞书》明确告之台湾当局“中国人的事情只能是我们中国人解决，一时解决不了，可以从长计议”，逢双不打炮是让金门“得到充分供应”，“以利你们长期固守”，“一致对外”。炮击金门一时成为中外军事史和政治史上的奇观，最终粉碎了美国“划海而治”分裂中国的企图。

台海形势的骤然变化，像瞿怡静这样既有“历史问题”，又有去台人员高官亲属，自然疑点重重，成了有关部门的重点关注对象。

但仍然沉浸在“云烟”研发成功所带来的巨大喜悦之中的瞿怡静，却丝毫没有察觉到危险正一步步向自己逼进。直到他被人从市里的展销点紧急召回，要求他立刻交出由他保管的“红山茶”和“云烟”的所有研发资料及配方时，他还兴冲冲地以为属于正常的工作交接程序，产品研发既已大功告成，交出相关资料是理所当然的。直到同一办公室的财务科胡科长忍不住背过身去暗自抹泪，瞿怡静才终于意识到大事不好。

这一天是 1958 年的 8 月 13 日，距震惊世界的炮击金门还有 10 天的时间。

瞿怡静被勒令交出研发资料之前，胡科长被人叫出去了一趟，回来后，胡眼圈发红，什么也没说。但此时无声胜有声，果然，当瞿怡静双手捧着厚厚一大摞研发资料走进会议室时，迎接他的不是掌声与鲜花，而是一副冰冷的手铐。瞿被当场宣布为“坏分子”，送劳动教养三年——最终，他因为情况实在“复杂”，虽然他在劳改农场表现良好，三年期满后还是让他留队“工作”，在里面一待就是 21 年。

直到瞿怡静入所劳改 10 天后的 1958 年 8 月 23 日，福建前线万炮齐鸣，军人出身的瞿怡静才总算部分弄清了自己锒铛入狱的原因。

后来，北京轻工部要为云南纸烟厂“红山茶”与“云烟”研发小组颁奖，但是研发团队核心成员却没有一个人合适出席。最后派到北京去接受领奖荣誉的，是当时也在团队参与辅助工作的年轻人王以礼。王以礼是 1955 年进入云南纸烟厂的一名青年学工，如今已是 80 岁高龄的老人。在家颐养天年的他，平时很少再去厂里。但是他家里，却到处都让人能感受得到昆烟人的“光荣与梦想”。从他珍藏着的一张张照片，到他收藏着的一枚枚奖章，可以让人看到王以礼从云南纸烟厂到昆明卷烟厂再到今天的红云红河集团，所走过的人生历程。他特别喜欢给人看一张他年轻时在北京拍的照片。这正是昆明卷烟厂刚刚研制成功特制甲级品牌卷烟“云烟”之后，他当代表到北京接受轻工部表彰时拍的。照片上的王以礼20出头，满脸朝气，胸佩奖章，雄姿英发。直到今天，这枚奖章仍然是王以礼的最爱，每逢有重要活动，他都会佩带上它；有记者来访，他的话题也往往从这枚奖章说起。

“奖章其实不是我一人独有。参加过研发的同志都得到过的。我可能是最爱它也保管得最好的人之一吧。我爱这枚奖章，是因为它见证了昆明烟厂的一段永远难忘的岁月。”

瞿怡静却没有这枚奖章。如今他虽然也喜欢回忆这段岁月，但他的回忆里总有一点苦涩。在2012年，他为自己写了一首将用于墓志铭的打油诗：

投笔从戎离家乡，
参军南下到边疆。
奉命接管昆烟厂，
创牌云烟得金奖。

一生奉献烟草业，
淡泊名利天地宽。
埋首何须归故土，
含笑长眠彩云南。

他在打油诗里，自己为自己颁发了一枚“创牌云烟得金奖”的奖章。诗中提到他参加过“云烟”研发，并自认为是核心成员，这仅为他的一家之言，在现实生活中，却几乎无人相信有这回事。

大金元　开红花

“金凤子，开红花，一开开到穷人家……”

这是1940年代滇中峨山、新平以及路南圭山一带“云南边纵”活跃区，当地穷人最喜欢唱的一首云南民歌。

约20年后的1960年代初期，有路南（今石林县）烟农据其音调，翻新唱了这首歌：

“大金元，开红花，一开开到烟农家……”

最爱唱这首歌的人叫普兴友，当时是路南县路美邑公社路美邑大队第六生产队队长，1960年，他也就20来岁。普兴友，彝族撒尼人，原本是宜良县九乡人（九乡与石林一样，也是一处风景名胜。而且，宜良、路南为近邻，当时同属曲靖地区）。虽然生在宜良，但他母亲是路美邑人。1949年，普的生父病故，随母亲改嫁回到了路美邑。普的继父是位南下干部，残废荣誉军人，打过“三大战役”其中两场，下巴打掉后光荣回乡，其社会地位和经济地位都较高。普兴友因此而得以念完了初中，在当时当地，算是很有文化的人了。初中毕业后不久，普兴友就当上了路美邑大队第六生产队的队长。

2012年夏天，已经70多岁的普兴友坐在自家门槛前，回忆起50多年前的往事，一双因白内障遮蔽已经浑浊模糊的眼睛，一下子放出光来。

普兴友说，他是1959年当的生产队队长，1960年，路美邑开始大面积种植烤烟，而且是省委层层下达的任务，他们一个生产队就种了1000多亩。1959年他刚当队长时，村里饿死了不少人，他家因为继父是南下干部，有一份不菲的工资，所以没挨什么饿。钱可是个好东西，不管哪朝哪代，也不管天灾还是人祸，只要有钱，就死不了人。烤烟种得多，到年底分红，钱就分得多，所以社员的种烟积极性很高。不但生产队种，社员自己的自留地里也种。

普兴友抽一口烟，说，前些年忙着大炼钢铁，好几年没种烟了，烟种还是县里派人到玉溪买回来的。当时农村也不知道什么“大金元”、“小金元”，一概叫美烟，因为解放前就种过，种起来倒也轻车熟路。

普兴友只吸了六口，就抽完了一支“云烟”，接着说，烤烟这个东西跟其他农作物不大一样，风调雨顺，烟不一定好，有时雨水少那年，烟反倒长得要好些。这东西有点像西瓜，雨水多时，个大，却不甜；雨水少的年份，瓜一剖开，能甜死人。1960 年、1961 年、1962 年，路南连续三年干旱，烘烤出来的烟叶质量却特别好。

普兴友又用烟屁股余烬续燃上一支“云烟”，说，1960 年烤烟卖了好价钱，年底分红社员家家户户都分到了现钱，到 1961 年，大家种烟的积极性就更高了，根本不用我这个队长做什么动员。这一年的烟也长得特别好，尤其是离村子不远，河边的一块地里，有 20 来棵烟高出别的烟足足一头，而且烟叶又宽又大，种了几年烟了，队长也当了两三年了，别处烟田也有机会去看过，却从来没见过这样长势的烟。怎么回事呢？

就是这几株烟，引起了普兴友极大的好奇和注意。普兴友到底是念过初中的，知道优选遗传，即不管任何农作物，都要挑选长势最好的，留下来作种。他又有个见多识广的继父坐镇家中，回家把这事一说，平时因为没有下巴很少出门的继父也来了兴趣，跟着普兴友去了那块烟田要一看究竟。其实，发现那 20 多棵特殊烟株的地块离村子很近，普兴友和继父几步路就走到了跟前。继父看过后，很郑重地对普兴友说：“小子，可能是老天爷给你的机会来了。”

普兴友睁大了眼睛：“老爹，你莫吓我。我就是想拿它留个种。”

继父启发他：“你想想，如果你留的种，都长成这样，你的烤烟就比别人的收成好，而且成色也好。如果你一个队都这样，你这队长，就有希望当典型、被提拔了。弄不好，你要跟我一样，吃皇粮了。”

继父的思路，还是早年部队那一套，打一次胜仗，当一回典型，弄个班长排长当当，就不愁找不到媳妇了。三十亩地一头牛，老婆孩子热炕头，多爽。

这图景对普兴友也确实很有诱惑。父子两人当即在烟田开了个“现场会”，决定，由普兴友牵头，成立一个看护组，以防这些烟株被不懂事的小孩和过路的牲畜糟蹋了。专门从队里抽调了 10 多人，大家责任明确，轮流看护，普兴友的生产队长身份，这时起作用了。

看护组 10 来个人，跟普兴友一样，差不多都是队里的壮劳力，其中有两个人，一个叫张大志，一个叫起存良，平素跟普兴友走得比较近，普兴友就给他们多一点责任，算是看护组里的两个副组长吧。组长当然是普兴友，自封的。

有了专门的看护组，这20来株烟果然没被打扰，一口气就长得超过了左邻右舍，鹤立鸡群般挺立在那里，个子不高的普兴友也跟着挺直了身板。

到了开花的时候，区别就更加显现出来了：所有“大金元”的烟花是粉红色的，而独有那20几株烟，开出来的却是红花，鲜红鲜红的，特别惹眼。再后来，奇迹继续发生，那些烟株结出来的籽种，也比一般的要大，要饱满。

世上没有不透风的墙。何况烟株就长在地里，谁都看得见。普兴友种出了牛烟！在当地，牛是最重要的牲口，也被转喻为最大、最了不起等多重含义。当然，如果说一个人吹牛皮，就有贬义的成分了。但是现在人们疯传普兴友种出了牛烟，却都是从正面在肯定这事。风吹出去了，引来的是络绎不绝的参观者，连普兴友宜良九乡老家那边都有人过来看稀奇，一条通往烟田的田埂都踩塌了。普兴友一看事情搞大了，怕自己留种的愿望要落空，赶紧趁着籽种已经成熟，在一个晚上就通通砍了，看护组的成员一人分了一些，最好的几棵却都被自己收回家去，像宝贝一样供着。普兴友将先砍的最好的十来棵烟吊在迎门的房梁上，自己每天进出都要先欣赏一番。树大招风，烟好招客，这些籽种也就引来了不少亲戚朋友，纷纷登门讨要这稀罕烟种。一看招架不住，普兴友连忙把最后也是最好的三棵藏了起来。就是这几棵烟，引发了“烟草王国”一段传奇。

却说到了第二年，普兴友按照继父的“既定方针”，将第六生产队全部烟田都种上自己头年留下来的特殊烟种。原来的看护组，经过普兴友请来的农技员培训，又成了烤烟栽培指导组，实行精细管理，土肥水种，密保管工，当时流行提倡的农业“八字宪法”，在这批烤烟上一个字不拉地得到全面贯彻。结果当然是功夫不负有心人，这批烤烟在全路南县烟田中一枝独秀，第六生产队的烤烟比别人的高出一个头不说，开出来的烟花全部是鲜红色的，当年烤烟增产增收，成了定局。

消息再度不胫而走，而且走得更远，很快传到了当时管辖路南县的曲靖专署。

曲靖地区供销社的罗竞艺是解放初期毕业的农大学生，那时候还没有烟草公司，各地烤烟的收购和销售由各级供销社统一负责。罗竞艺大学毕业后就分在地区供销社，分管籽种，也算专业对口。听到这个消息后，他很快赶到了路美邑。

罗竞艺在农大学的就是籽种专业，他知道，农民选育籽种主要是看外观，同一地块中高大、漂亮的作物往往被农民留下来作为来年的种子。这种外表的直观性，在植物学中，被称为“农艺性状”。路美邑大队第六生产队烟地里的“大金元”，烟棵变大，花色变红，说明是受当地生态环境的影响，发生了自然变异，又叫形态异常，在英文里被称之为morphological abnormality。

到1962年，美种“大金元”引入云南快20年了，农艺性状逐渐退化，主要表现在烟棵变矮，叶片变小、变窄，抗病虫害能力下降。这样的变化属于正常现象，就像所有生命都有生老病死的周期，物种也有它的进化退化规律。到了20世纪50年代，“大金元”的原产地美国，也基本不种了。

云南从美国引进的“大金元”，分白花和红花两种，但这里的白花红花，都是相对而言，红花比较白花，其实就是多一点浅红色；反之，白花比较红花，也就是多一点粉白色。罗竞艺到路美邑一看，地里的烟花一片血红，当时就断定，地里的“大金元”发生了自然变异。再一看烟叶，叶片舒展，开片很好，十分光滑油润，没有任何病虫害留下的痕迹。籽种专业出生的罗竞艺已经有点按捺不住内心的喜悦。因为农作物的自然变异是可遇不可求的事情，一个从事籽种研究的农业科技工作者，一辈子也不定遇上一回。普兴友看见“上面来人”，一脸兴奋，就想起继父说过的预言：机会真的来了！连忙把“珍藏”在家里的那株烟剩余的籽种也拿出来，交给了罗专家，让他对比着瞧瞧。罗竞艺看后，更加肯定了之前的判断，也就变得更加兴奋甚至激动起来，真像个领导一样，在普兴友肩上重重拍了一巴掌：小伙子，做得好啊！

普兴友被罗的一巴掌拍得跳了一下，却不见罗有什么进一步的表示。因为此时罗的注意力已经转移到烟田和烟株之上，他开始按照严格的专业要求，进行非常细致的田间调查和材料收集了。

其实，在此之前，“大金元”发生自然变异的现象，云南各地都有，像玉溪江川左卫乡在1955年发现的“寸径烟”，就是烟农自行发现后，选种留下的。“寸径烟”抗病虫害能力强，属于半多叶烟，产量高于后来在路美邑发现的变异“大金元”，但外观和质量却相去甚远。同年，在开远、建水发现了美国烤烟变异的多叶烟（又称高大烟）植株高9尺至1丈3尺5寸，每株可收烟叶90～150片，亩产最高可过千斤。而据徐嘉锐回忆，其实早在1940年，就有多叶烟在玉溪华宁盘溪等多地发现。

罗竞艺从普兴友口里得知，“路美金”——农民自己给变异“大金元”取的名字，好种，好烤，外观好看，产量也比较高。罗是科班出身，他知道，这时候的“路美金”还不能叫品种，顶多只能叫“材料品系”。

“材料品系”相当于文学创作的一堆素材，还远算不得作品成果。要想将“材料品系”上升为成果，罗竞艺就必须层层上报，争取领导的重视和支持。他原以为这条路要走很长，时间也要花很久，就按照程序，先报到云南农科院下属位于玉溪地区的烟科所。谁知却大大出乎罗竞艺的预料：由路美邑发现的“大金元材料品系”立即被立项，而且立项单位是省里有关部门。

原来，这后面，还有一段鲜为人知的背景——

“大金元”在云南路南路美邑发生自然变异的同时期，即1959年到1961年，又被称作“三年困难时期”（改革开放之前又称为“三年自然灾害”），中国共有3755万人死于饥饿。死人之多，甚至超过了当时的西班牙3500多万的人口总数。

1958年的“大跃进”、“大炼钢铁”，以及随之而来的“浮夸风”——人有多大胆、地有多大产，亩产万斤粮、甚至十几万斤粮的“卫星”接二连三放飞在中国大地。

吃饭不要钱，以大队为单位成立集体大食堂，毫无计划，放开肚皮海吃山喝，一时成为所谓“跑步进入共产主义”的象征（各取所需被认为是共产主义的标志之一）。

此仍人祸。

再来看天灾，1958年7月，黄河中游遭遇自1919年有记录以来的最大洪灾，中国主要产粮区的河南，变成一片泽国。

紧接着，1959年7月，长江中下游又发生百年不遇的洪灾，华东数省粮食绝收。

与上述两地不同的是，1958、1959、1960、1961、1962年，包括云南在内的全国大部分地区连续五年大旱。1959年，全国粮食总产量较上一年减产15%；1960年，在1959年的基础上再降15%，中国粮食总产量锐减至十年前1951年的水平。而此时，中国总人口已由1950年的4亿多增加到6亿多人！

灾难由此降临。

连续的天灾加上人祸，直接导致云南13万边民外逃，举家迁往境外！

众所周知，云南与缅、老、越三国接壤，边境线长达4000多公里，且几乎没有任何天然屏障，许多村民跨境而居，国境线甚至穿越同一个村落，只需一抬腿就到了另一个国家。

边民外逃引起了中央和毛泽东的高度关注，1959 年 8 月，原中共云南省委第一书记兼昆明军区政治委员谢富治上将奉调公安部队司令员兼政委；原中共四川省委书记、副省长，成都军区第二副政委兼中共重庆市委第一书记阎红彦上将接任云南省委第一书记兼昆明军区政治委员。

谢富治与阎红彦均为老红军，同为 1955 年开国上将，但此上将非彼上将。阎红彦 1925 年加入中国共产党，系陕北红军创始人之一（而谢是 1930 年参加红军，1931 年入党，入党时间比阎晚了 6 年）。早在 1943 年，阎红彦担任延安警备第 1 旅政治委员期间，就在延安《解放日报》发表了《实事求是》一文，受到毛泽东的高度赞扬。但接下来，阎红彦因“得罪”了当时的西北局某负责人，长达十余年间不受重用。陕北红军主要领导人刘志丹、谢子长先后牺牲后，该负责人趁阎到苏联学习之机，谎称自己也是陕北红军创始人之一，并要求刚刚回国的阎红彦为自己作证，被阎严词拒绝。“七大”期间，阎多次向中央反映该负责人的品质问题，建议其不宜担任中央委员，为此长期受到不公正的批评。直到发生“高饶事件”后，毛泽东才公开向阎道歉，称自己看错了人，冤枉了阎红彦十几年。

在云南边民大量外逃之时，毛泽东特地调阎红彦出任云南省委第一书记，看中的就是阎刚直不阿、实事求是的高贵品质。只需略举一例即可看出阎的高风亮节，阎是现役上将，当时军队的工资普遍高于地方，到云南刚一上任，阎就交代秘书，我的工作主要在省委，工资就按地方标准执行。

阎当然知道“民族团结、边疆稳定”是云南压倒一切的中心工作。他上任后首先着手调查边民外逃问题，结果，原因令其异常震怒。云南当时地广人稀，尤其是边疆地区，气候大多呈立体分布，一般很难因灾害造成粮食绝收。边民外逃的罪魁祸首，居然是集体大食堂。边疆山区，许多地方一个合作社（边疆地区直到 1964 年才实行公社化）的管辖范围即达数十公里，食堂却就建那么一两个。也就是说，社员到集体大食堂吃一次饭，来回就要跑十数公里。经常是吃饱了却走饿了，一天光阴就在奔波中白白浪费了。粮食和锅盆碗盏都被收走了，自己做饭已经不可能，不去集体食堂吃饭会被饿死，而吃一顿饭弄不好就会在路上摔死或累死，边民被逼无奈，三十六计，走为上，为了活命，那就跑吧。

边疆如此，那么，云南“内地”又怎样呢？处于云南腹地的曲靖地区，原本是云南的粮食主产区，但同时却是“三年困难时期”的重灾区，该地区有“粮仓”之称的路南县和陆良县，是云南饿死人最多的两个县。究其原因，集体大食堂仍是罪魁祸首。

阎红彦立即下令解散边疆地区大食堂。没过多久，全省大食堂也先于全国其他地区陆续解散。当时思茅地区某县县委书记，搬出中央文件拒不执行，被阎毫不客气下令撤职。当官不为民做主，不如回家卖红薯。

稍后，阎红彦又根据1960年7月，中央北戴河会议提出的国民经济“调整、巩固、充实、提高”的八字方针，在农村实行“三自一包”，扩大自留地面积，调动了广大农民的生产积极性，在很短的时间内，就基本解决了农民吃饭和边民外逃问题。

阎红彦1959年8月出任云南省委第一书记，到1961年就基本解决了云南的吃饭问题。但光有饭吃还不行，还得让人民、尤其是广大农民尽快富裕起来，边民背井离乡逃往国外，起码说明我们的政策出了问题。阎红彦在云南省委扩大会议上公开指出：“我们的制度，千好万好，没有饭吃就不好；我们的政策，千正确万正确，不能发展生产就不正确。”

云南毗邻三国，谁也不是瞎子，谁好谁不好，一眼就能分出高低，何况你还跑了那么多的边民。

实事求是，是阎红彦早在延安时期就一贯倡导和身体力行的工作作风。到任不久，通过实地调查，他就发现了美种烤烟对云南经济发展的重要作用。

早在1956年，云南全省烤烟种植面积就达到了创纪录的106万亩，而且因为质量优异，不但源源不断地销往上海、天津、青岛等地，甚至远销到苏联和东欧地区，为云南经济社会建设换来了大量急需的资金。但与不“唯上”，只“唯真”的阎红彦不同，他的前任却是唯命是从而不顾实际。为了大炼钢铁，施放粮食卫星，前任领导曾经下令大幅压缩烤烟种植面积，致使云南纸烟厂和1956年建成投产的玉溪卷烟厂无米下锅，不得不用荷叶、树叶掺在烟叶里制作卷烟。后来为了一味追求烟叶高产，大量推广多叶烟栽培，编号为“581”的多叶烟几乎覆盖全省，结果造成严重后果，当时生产的许多卷烟质量也因此严重下滑。当时出口西德的一批云南烟叶，到了口岸被对方检测后认为不合格，拒绝验收。事情一直发展到了惊动周总理的地步，周指示，就地销毁，总结教训。“云烟”牌子因此差点被毁。阎红彦为此召开专门会议，请烟草专家徐嘉锐到会就烟叶质量问题发表意见，徐的意见是，尽快铲除“581”，还“云烟”以清白。云南省委省政府真的采纳了徐的谏言，以文件形式下发全省，铲除“581”全部换上“大金元”。“云烟”清甜香的清誉方得保全。

当时云南纸烟厂生产的甲级产品“云烟”“红山茶”，倒是基本没用“581”做原料，因为生产数量极少，售价较高，属特供商品，基本不可能流入市场。“大重九”就成为很多中、低层干部的“抢手货”，一包难求！

13 军原驻防云南，1968 年才换防到四川。20 世纪 80 年代初中期任 13 军参谋长的王引生将军，解放云南时，时任 13 军 37 师 109 团“洛阳英雄连”指导员。王老将军回忆说：“三年自然灾害期间，我是 109 团的团长，那时候连师长都搞不到‘大重九’，只有我每个月四条‘大重九’是有保证的。为什么？因为我救过我们团军人服务社主任的命。109 团是赫赫有名的红军团，元江战役时，三千战两万，解放军先后赶到元江东岸的三个轻装团与国民党第 8 军的三个师，展开了一场血战。那是一场名副其实的混战，云南老百姓觉悟太高，把我们也当成了国民党，故意带错路，让我们在大山里瞎转了一天一夜，前卫跑成了后卫，原本 109 团是前卫，110 团是后卫。结果，110 团反倒跑到了前面，因此，当我们赶到的时候，战斗已经打响了。更糟糕的是，向导带着部队在原地乱撞，本来跟在后面的团卫生队被敌人抓走了。师政委雷起云把我叫去说：‘妈的，全国都解放了，红军团的卫生队却做了人家的俘虏，这回脸丢大了。我命令你，不管用什么办法，一定要把卫生队给我抢回来！’‘洛阳英雄连’有 180 多号人，1945 年我一入伍就在这个连，从来没打过败仗。这时候，向导也知道我们是真正的解放大军，不是国民党，带着我们一个冲锋，就把卫生队抢回来了。卫生队的助理员后来做了军人服务社的主任，他因为工作关系，跟云南纸烟厂常有来往，搞点烟对他不是难事，而他倒没忘当年的救命之恩，即便是三年自然灾害期间，每月四条‘大重九’，他都会准时送到我的办公室。搞得别的伙计们羡慕不已。”

连云南有相当级别的干部都没有稍微好一点的烟抽，云南经济如何发展？喜欢调查的阎红彦发现，没烟抽是因为烤烟原料紧张，烟厂无米下锅，当然就没烟抽。而烤烟原料不足，是因为前任领导为放“卫星”而大幅度减少烤烟栽种。于是，产烟大省闹出了“烟荒”，经济也因此严重滑坡，引出一系列社会问题。找到原因后，阎红彦连续两年下令扩大全省烤烟种植面积。但是却受到困厄：烤烟种植面积压缩后，选育籽种已经长期不为重视，而原有种子因为退化，不能满足面积扩大之需。因此，寻找好的烟种，尤其是符合云南卷烟工业发展实际需求的好烟种，就变成了一项政治任务，压得烟草科技人员喘不过气来。

阎红彦下令扩大烤烟种植面积后，因一时找不到那么多好烟种，各地八仙过海，自显神通，找到什么种什么，于是，1960 年云南烤烟的最大特点就是“多、乱、杂”。阎红彦不是那么好糊弄的，找来省农科院的负责人说，给你们两年时间，找不到好的种子，你们就别干了。

云南农科院领导挨了骂，马上把一腔怒火转发到了其直接下属，也是当时全省唯一以研究烤烟科学为己任的玉溪烟科所头上。玉溪烟科所所长叫雷永和，其实雷永和早就在做这方面的工作了，接到寻找最佳烟种的命令后，雷永和挟天子以令诸侯，趁机从农科院要来了一笔经费（三年自然灾害期间，要钱比登天还难）。那时候检验手段十分落后，雷走的其实也烟农经验主义的路子，先是把各地的烟叶拿来评吸，之后再挑出质量上乘者，栽种在相邻的不同地块中，比较其农艺性态。就在这时候，罗竞艺送来了“材料品系”——曲靖地区路南县路美邑公社普兴友发现的变异“大金元”。

研究各地送来的不同“材料品系”就成了省里一项紧迫课题——当然，具体执行人，还是雷永和。1962 年，经过初步筛选，雷永和把来自曲靖、玉溪、昆明嘉利泽农场三个不同地区的烟种，种在相邻的三块地里，进行农艺性态比较，有比较才有鉴别，结果一比就比出来了——罗竞艺送来的曲靖路南路美邑变异“大金元”，无论外观还是内在品质均拔得头筹，尤其是在吸味上所表现出来的清甜香，更是独树一帜，因此荣获第一名。

路美邑变异“大金元”因花色鲜红，遂被定名为“红花大金元”。

当年的《云南日报》随即刊发了一篇名为《雷永和和他的红花大金元》的长篇通讯。雷永和也因此荣获云南省劳动模范称号。

当然，上级也没有忘记最早发现变异“大金元”的普兴友，普兴友被披红挂绿，坐着路南县长的美式吉普，请到昆明，受到了省委书记阎红彦等云南省最高领导人的亲切接见。接见之后，普兴友又被送回村里，也不见有人请他去公社吃“皇粮”。甚至连大队一级“半脱产”干部也没捞着一个。就问继父：你不是说老天爷要给我机会吗？难道机会就是去坐一回吉普车？继父也有点想不通，他布下的每一着棋，小子都走得很认真，效果按说也不错，怎么却没得到预想的结果呢？只好安慰他说，老子真枪实弹打江山，一身的枪眼，下巴都打得找不到了，也没有坐过美国吉普。知足吧，小子。

普兴友忙活半天没搞成的事，却被另一个人得到了。此人叫敖晋常，也是当年普兴友派去管护“红花大金元”的社员之一。与只会做事说话却木讷的普兴友相比，敖晋常就显得能说会道，发现“红花大金元”不久，敖因为常去县里宣传介绍“红花大金元”的发现过程，就被破格录用到县供销社，成了端铁饭碗的公家人。

关于“红花大金元”在云南的传奇诞生经历，现任红云红河集团总裁助理、卷烟原料专家王绍坤有一个十分形象的比喻，雷永和与红花大金元的关系，相当于伯乐与千里马，雷在普兴友的基础上，采用科学方法进一步试验、繁育，培育出更加成熟和稳定的籽种，在全省推广种植。当然，罗竞艺也功不可没，罗在红花大金元的发现过程中，相当于排球中的二传手，雷则是主攻手，高高跃起，重磅扣下，一锤定音，雷霆万钧。1972 年，“红花大金元”荣获云南省农业科技奖，从此成为全省乃至全国种植面积最大、时间最长的烤烟品种，有“烟草王国，‘红大’当家”之说。

而“红花大金元”最初的发现者普兴友，在路美邑当地，还被人称做“红大老干爹”。“红大老干爹”普兴友现今还居住在 1950 年打土豪分田地时分得的那间老房子里，50 多年前悬挂过“红花大金元”留种烟棵的那根房梁，黑黢黢，歪斜斜的。房梁下面同样歪斜的墙上，挂着一个装满老照片的镜框。普兴友经常会把它取下来，用一双手摸索着，擦拭着，然后凑到眼前，他已经微弱的目光，试图穿过那层厚厚的白内障，去重温老照片上定格下来的、已经发黄的、当年戴红花坐吉普时曾有过的风光。

时至今日，“红花大金元”的故事还在继续，2006 年，在昆明市安宁县禄裱乡的一块烟地里，红花大金元再次发生变异——按原昆烟宣传部副部长王天培的话说，这一次是真正成精了，变异的烟株高达 2 ~ 3 米，直径 30 厘米，比大汤碗的碗口还粗，是名副其实的“烤烟树”。这一变异现象引起了有关部门的高度关注，2006 年 10 月，植株体细胞培养获得成功；2007 年 1 月，每一批组培苗在寻甸育苗成功，当年，在大棚内试种，成活 40 株。正常的“红大”，每株一般只有 30 片烟叶，其中可用烟叶 15 ~ 18 片；变异“红大”，每株烟叶多达 80 余片，可用烟叶在 30 片左右，这就意味着在种植面积不变的前提下，产量至少可以翻一番。2008 年 12 月，由云南省烟草公司科技处牵头，云南中烟工业公司科技开发部主持，邀请红云红河集团、红塔集团、云南烟草科研院等单位感官质量评吸委员，对“变异红花大金元”进行感官质量评价，结果如下：1. “变异红大”与正常“红大”对照比较，总体感官质量接近；2. “变异红大”清甜香韵明显，杂气少，烟气细腻，刺激小，劲头适中，余味舒适；3. “变异红金”下部烟叶与“红大”基本无差异，中部在烟草本香、清甜香韵方面稍有不足，上部在杂气、劲头、刺激性方面比“红大”略好，但香气不如“红大”。

“变异红花大金元”项目，受到国家烟草专卖局和云南省烟草专卖局的高度重视，国家烟草专卖局于2008年12月正式立项，2009年至2011年，昆明市烟草公司开始在大田进行小面积种植试验。但是有1958年前后云南多叶烟“581”的教训，今天的云南烟草人并不急于求成，而是等待实验数据和科学检测的结果，让事实来说话，因此，对“变异红花大金元”项目是秘而不宣，或者是只做不说。这也正是云南烟草人一贯的行事风格：低调做人，高效做事。

“红花大金元”传奇的另一种延续方式是，就在当年发现其自然变异的石林路美邑不远处，一座名为云烟印象的庄园，于2012年7月建成开园。花海烟田，是这座庄园最大特点。熏衣草、迷迭香等数十种名贵香料花卉，在一望无际的山峦间绵延开放，严格按有机作物栽培方式实行田间管理的“红花大金元”错落其间。烟在花中，采日月精华，吸天地灵气，这里的每一片自由舒展的上好烟叶，被用来手工制作“云烟”系列的登峰之作——新版“大重九”，让人充满无限遐想和期待。

“红花大金元”传奇，还将继续。

第十章 · 边疆晓歌

BIANJIANG XIAOGE

消失的背影

许多人都知道，三年困难时期后期，中国与印度之间发生了一场被称之为“中印边境自卫反击战”的战争。战争自 1962 年 10 月 20 日开始，11 月 21 日结束，历时一个月，以中国军队的完胜而告终。但很少有人知道，1960 年 11 月至次年的 1 月，中缅边境还发生了一场名为“中缅边境勘界警卫作战”的战争。

1950 年 2 月逃出国境的国民党 26 军 93 师 278 团和第 8 军 237 师 709 团残部，约 2000 人，在不到两年的时间内发展到 1 万余众。原第 8 军军长李弥，被台湾当局派到缅北出任“云南人民反共救国军”总司令。不过，云南官方和民间习惯上还是将李弥部称之为蒋残军。抗美援朝期间，李弥率蒋残军多次偷越国境，一度攻占了西盟、澜沧等县城，遭我重创后，再次退回缅北，占领了缅北地区约 10 万平方公里，相当于三个台湾省的面积，修机场，办大学，俨然成了国中之国。

1960 年 10 月 1 日，中缅两国正式签订《中缅边界条约》，接下来的工作就是勘界了。但此时长达 2000 多公里的中缅边界缅方一侧，基本为李弥部蒋残军所控制，要想确保勘界顺利进行，就必须事先清剿盘踞在边界缅方一侧的蒋残军。这也是缅方所希望的。1950 年中后期，面对打是打不赢，赶又赶不走的蒋残军，缅甸政府曾经把台湾的蒋介石告上了联合国的国际法庭（此时把持联合国席位的仍然是台湾），在联合国的压力下，老蒋不得不将李弥部蒋残军主力撤往台湾，但仍有 4000 多人留在缅北，“等待”第三次世界大战的爆发。

当时昆明军区的两个军——13 军和 14 军，以思茅地区（今普洱市）的西盟县为界，以北为 14 军作战地域，以南则归 13 军。李弥部蒋残军主要盘踞在 13 军作战地域，司令部就设在金三角地区的缅北大其力（今勐腊面向缅老泰三国交界处）。

对付几千名李弥部蒋残军，自然无须出动两个军，1960 年 11 月 25 日，战斗打响后，13 军和 14 军先后只动用了两个团的兵力，就打得李弥部蒋残军遍地找牙。问题是缅方当时划定了一条 20 公里红线——即从两国分界线进入缅境 20 公里为界，中方部队不得超越这条红线，毛泽东亲自下令，谁越过了红线就杀谁的头。解放军打到 20 公里红线处，只能停下脚步，看着李弥部蒋残军向缅甸腹地逃窜。李弥部蒋残军自知不是解放军的对手，老头吃柿子专挑软的捏，就转过头去专打缅军，一家伙把原本要配合中国人民解放军的缅军清剿司令部都包围了。缅方频频告急，并主动又划出一条 100 公里宽的红线，让中国解放军往里进攻。这回解放军才总算是可以放心施展拳脚了。1961 年 1 月 25 日，中方部队第一仗首先解了缅军之围，之后穷追猛打，一口气打到了湄公河西岸，击毙李弥部蒋残军两名师长，生俘一名，歼敌千余名。若不是规定不许越过缅老边境，李弥部蒋残军这个词，极有可能从此消失。

然而，仅仅几年之后，又一场举世瞩目的战争，在与云南相邻的越南爆发了。

这场战争还得追溯到更早的 1883 年中法战争。中法之战以中国不战而败，签署屈辱的《巴黎停战协议》告一段落，成为中外战争史上一大奇观。《协议》规定，法国撤出台湾和澎湖列岛，中国则承认法国对越南的殖民统治。1945 年 8 月，日本投降后，随着滇军和国民党中央军的撤离，法国殖民者重新占领越南。新中国成立后，中国先后派出以陈赓大将和韦国清上将为团长的援越顾问团，协助胡志明领导的越南人民军作战，于 1954 年取得奠边府大捷，迫使法国承认越南独立。但，法国人前脚刚走，后脚美国人就来了，1955 年越南南方发生政变，成立了亲美政权。1964 年 8 月 2 日，美国军舰"马多克斯"号击沉越南鱼雷艇，制造"北部湾事件"，美军借机大举入侵越南。

其实，中国政府（不论国民党还是共产党），从未放弃对争取民族独立的越南人民的支持。当年龙云麾下入越受降滇军曾将大批从日军手里接收的武器，秘密移交给胡志明领导的越民党（劳动党前身）；解放军 4 兵团进军云南前，陈赓命令担任 13 军后卫的 39 师，从缴获的南宁国民党军火库里，带走整整一个师的武器，在文山移交给胡志明。之后，又在蒙自以"1 对 1"的方式（士兵对士兵、班长对班长、排长对排长，直至师长对师长），由 13 军 38 师帮助训练越军 316A 师，使之成为越军最精锐的部队，王牌中的王牌

（该师 1975 年首破西贡，1979 年最先攻入柬埔寨首都金边）。

为了支持越南人民的抗法斗争，抗美援朝停战后，中央军委即迅速抽调了一个铁道兵师，全线修复了滇越铁路。也许有人会说，云南十八怪，火车没有汽车快，比汽车还慢的滇越铁路，即使恢复通车也没多大的作用，其实你错了，早在 1932 年，滇越铁路就有了云南至今还没有的“动车”——米其林火车。米其林火车采用当时最先进的内燃机车，钢制车轮上安装了充汽橡胶轮胎，时速高达每小时 100 公里，跑完全长 854 公里的滇越铁路（昆明至海防）只需约 9 个小时，从昆明到越南首都河内只要 6 小时就足够了。

而当时的云南，还没有一条通往内地的铁路。

“大跃进”期间，1958 年 7 月，全长 1083.3 公里的成昆铁路破土动工；同年 8 月，贵昆铁路动工，全长 639 公里的贵昆铁路于 1966 年 3 月建成通车（1970 年 12 月交付运营）。成昆铁路则一方面因为“三年自然灾害”，一方面因为地质条件极端复杂，被国外列为“筑路禁区”，工程三上三下，到 1964 年，仅成都到青龙场 61.5 公里建成通车。

1964 年 8 月 2 日，“北部湾事件”爆发，为了支持越南人民的抗美斗争，同时也为了防止美军可能对我国的入侵，8 月下旬，成昆铁路重新复工。国务院、中央军委先后调集铁道兵第 1、5、7、8、10 五个师和铁道部第二工程局，及沿途民工共计 35 万人，投入成昆铁路大会战。历经 5 年的奋战，于 1970 年 7 月 1 日建成通车。全长 1083.3 公里的成昆铁路，隧道和桥梁总长即高达 433.7 公里，占路线总长的 40%，沿线共设 122 个车站，其中 42 个设在隧道中或桥梁上——约 80% 的线路穿行于高山峡谷之间，实在是找不到建站的地方了。其建设难度由此可见一斑。成昆铁路因此又被誉为继苏黎世和巴拿马运河之后的人类第三大奇迹，迄今，反映成昆铁路千难万险的大型写实雕塑作品仍然陈列在联合国大厅，供人观瞻。

最初勘测的成昆铁路有东线、中线和西线三个方案。东线从成渝铁路的四川内江，经宜宾和云南的昭通、曲靖，到昆明，全长 889 公里；中线从内江经宜宾、东川至昆明，全长 780 公里；西线从成都，经西昌、楚雄到昆明，全长 1083.3 公里。苏联专家判定西线为“筑路禁区”，力主采用距离最短的中线。

1957 年即被打成“右派”，罢官在家的龙云闻讯后，致信周恩来总理，指出，东线和中线与成渝线或贵昆线部分重合，一旦发生战争，对我极为不利。西线虽距离较远，且地质复杂，施工难度较大。但正因为地质复杂，沿线多为崇山峻岭，不易受敌机攻击。而且，成昆线与贵昆线两线分开，即使遭敌轰炸，至少可以保证一条铁路的畅通。周恩来回信感激龙云对成昆铁路的关心，并在信中称龙云“老臣谋国”。成昆线最终采用了西线方案。可惜，龙云将军却再也看不到成昆铁路建成通车的那一天了。1962 年 6 月 27 日，曾经对云南经济社会和民主建设作出过巨大贡献，并将美种“大金元”烟种引入云南，一手筹建了云南纸烟厂的龙云将军，因患急性心肌梗死，在北京去世，享年 78 岁。

1964 年是中国农历的龙年，所谓蛟龙出水，世事纷纭。首先是这一年的 1 月 1 日，根据轻工部《关于统一直属烟草工业企业名称的通知》，从龙云时代开始使用了 22 年的厂名“云南纸烟厂”，正式更名为“国营昆明卷烟厂”，并由云南省轻工局划归轻工部中国烟草公司贵阳分公司直接管理；10 月 16 日，中国第一颗原子弹爆炸成功，成为继美、苏、英、法之后，第五个拥有原子武器的国家。

当然也有不是太好的消息，“文化大革命”的前奏——“四清”运动开始了。数百万干部组成“四清”工作队下乡下厂，广大群众动员参与，逼迫所谓“四不清”干部“洗手洗澡”。“四清”运动的标志，是中共中央于 1963 年 5 月 20 日下发的《关于目前农村工作中若干问题的决定》（简称《前十条》）；之后，针对“四清”运动中出现的极“左”现象（随意绑人打人，乱扣帽子直至批斗至死等），中央又下发了由邓小平、谭震林主持起草的《关于农村社会主义教育运动中的一些具体政策问题》，这个文件也是十条，故而简称《后十条》，两个文件合称《双十条》。《后十条》本意是纠“左”的，但基本指导思想却依然是“挖修正主义根子”和“以阶级斗争为纲”——这在当时，也是势所必然。

说到修正主义，就不得不提一下中苏两党之间的恩恩怨怨、爱恨情仇了。严格地说，直到解放战争中的三大战役之前，以斯大林为首的苏共中央，对中共是不屑一顾的，认为中共是“农民党”，无非是一帮揭竿而起的泥腿子。解放战争的迅速取胜，让斯大林重新认识中共的同时，找到了一个与美国抗衡的重要砝码——毕竟中国有 4 亿多人，这个分量放谁那儿都不得不认真考虑。所以才有了 1949 年 12 月毛泽东首次访苏时，说出的那句“我这个人是长期受排挤，有话无处说”这样意味深长的话，而斯大林的回答就更加明白无误绝妙无比了——胜利者是不受谴责的，这是一般的公理。而接下来的朝鲜战争，更是让斯大林对中共和新中国不得不刮目相看，尽管斯大林没能亲眼看到朝鲜停战协议签订的那一天（1953 年 3 月 5 日斯大林逝世，同年 7 月 27 日停战协议签订），但却开始了对中国真诚的援助。斯大林去世后，赫鲁晓夫经过一番合纵连横，左腾右挪，终于登上了苏共第一书记的宝座。但较之列宁、斯大林，赫氏毕竟根基太浅，为迅速树立自己的威望，只好拿斯大林的残暴说事，在苏共二十大上抛出了那份著名的《秘密报告》，此举引起了毛泽东的极大反感。但赫氏却一条道走到黑，对中国也开始说三道四了。1958 年 11 月 3 日，赫鲁晓夫在与波共领导人穆尔卡会谈时不屑地说："中国人现在正在组织公社。在苏联 30 年前就曾有过，对这个我们腻了，可是中国人嘛，就让他们去尝试吧。当他们碰得头破血流时，就会有经验了。"

这一下，毛泽东被彻底激怒了。加之赫鲁晓夫提出的所谓社会主义与资本主义和平共处、和平过渡、全民国家、全民党等，在当时看来匪夷所思的奇谈怪论，据此，毛泽东断言，苏联出了修正主义。中苏关系也由此迅速恶化，到 1960 年，苏方单方面撕毁协议，撤走全部援华专家。中苏最终撕破脸皮后，从 1963 年 9 月至 1964 年 7 月，中共中央以《人民日报》和《红旗》杂志编辑部的名义，在不到一年的时间内，连续发表了九篇评论苏共中央公开信的文章，指名道姓批判赫鲁晓夫修正主义，中苏两党展开了空前规模的大论战。这就是中共党史上著名的"九评"。

苏联"修"了，中国怎么办？

其实，"大跃进"、"人民公社化"，尤其是"三年自然灾害"后，中共高层已经出现了严重分歧。在 1962 年 1 月 11 日至 2 月 7 日召开的"七千人大会"上，主持一线工作的刘少奇明确指出"三年自然灾害"，是"三分天灾，七分人祸"。虽然主持大会的毛泽东事先申明，这次会议是"白天放屁，晚上看戏"。农民出身的毛泽东，早已是世界人口最多的大国领袖，也就口无禁忌，尤其喜欢粗话细说，粗词细用。他甚至将"放屁"的粗话写进了最雅的诗词——"不须放屁"（《念奴娇·重上井冈山》）而他在"七千人大会"所说的"放屁"，意指畅所欲言（为此还一再扩大会议规模，本来只开到省一级的中央工作会议，最后一直扩大到了县一级）。但毛泽东显然对刘的"三根指头与七根指头"的提法十分不满，当年夏天，即在中南海游泳池斥责刘："你急什么？压不住阵脚了？为什么不顶住……三面红旗否了，地也分了，你顶不住？我死了以后怎么办！"

刘少奇则情绪激动地争辩："饿死那么多人，历史要写上你我的，人相食，要上书的！"

毛泽东依然坚持他的要反修防修的观点，并提出要搞“四清”。“四清”运动就是由毛泽东的一句话引起的——毛的原话是：“现在有的人三斤猪肉，几包纸烟，就被收买了。只有开展社会主义教育运动，才可以防止修正主义。”

因此，“四清”一开始被定义为“清账目，清仓库，清工分，清财物”。由此不难看出，“四清”一开始是矛头向下的。但随着运动的深入，兵锋所指发生了根本性的转变。1964 年 7 月，“中央文革领导小组”成立；1965 年 1 月，继《双十条》后，中共中央发出《农村社会主义教育运动目前提出的一些问题》，明确指出：“这次运动的重点，是整党内那些走资本主义道路的当权派。”既然是“当权派”，那就没有什么上下高低之分了，党的中高级领导人总不至于去管账目，管仓库，管工分，管财物吧？“四清”也由之前的“清账目、清仓库、清工分、清财物”变成了“清思想、清政治、清组织、清经济”。

于是，以“四清”为前奏，以批《海瑞罢官》和《燕山夜话》为序曲，以“炮打司令部”为导火绳，一场声势浩大、历时十年之久，差点葬送了整个中华民族的“文化大革命”开始了。

云南虽然地处边疆，却是“文革”重灾区之一——连续两任省委第一书记莫名其妙被害身亡，阎红彦上将于 1967 年 1 月死于小麦雨；继任谭甫仁中将，1970 年被人枪杀于省委 1 号院（凶手为军区保卫部科长，为何杀谭又成另一谜团，至今无解）；如果再加上 1975 年病故的第三任领导人周兴，“文革”期间，云南光是死在任上的省委第一书记就达三位之多。这在全国也是绝无仅有的。

“文革”前的 1965 年 5 月 24 日，中国烟草工业公司昆明分公司成立；6 月 1 日，昆明卷烟厂划归中国烟草工业公司昆明分公司管理。

第二年，“文革”开始，昆明卷烟厂于当年 7 月停止印刷“大重九”卷烟商标，其理由是：该牌号带有“浓厚的封建军阀色彩”。为此，中国烟草工业公司昆明分公司专门于 7 月 6 日下文，下令“大重九”停产。昆明卷烟厂（云南纸烟厂）历史最为悠久的当家品牌——“大重九”香烟，从此消失了十一年之久。

可以说，“大重九”香烟一直是在波回浪转中跌跌撞撞地前行。从高峰跌入低谷，从淡出公众视线再到王者归来，往往都在一瞬之间。“大重九”身上的跌宕起伏，戏剧性地折射着社会变迁的轨迹，浓缩地反映着时代发展的某些规律。

就在“大重九”消失的一年多前，即1964年底，昆明卷烟厂在参加全国评比鉴定会时，所送评的五个牌号全部被评为一类品，其中，“大重九”、“金象”、“天平”、“红安乐”被树为全国对照牌号。

既然“大重九”是全国对照牌号，而且是位居第一名的对照牌号，又有44年悠久的历史，为什么仅仅一年半之后，“大重九”就从人们的视野中长时间消失了呢？

最直接和表层的原因，当然是“大重九”的“出身”问题。在“文革”那个严格实行“血统论”的时代，人与物一样，都会被贴上出生标签，或高贵，或低贱，已经前定。而在那个时代，高贵与低贱的逻辑正好是反过来的：“低贱者最聪明，高贵者最愚蠢。”

“重九”和“大重九”，其名称，就像中烟昆明分公司那份取缔“大重九”生产的文件所言，认为它带有浓厚的封建军阀和资本家色彩。

说它有封建军阀色彩，是因为它与云南近现代史上的一位最重要的人物——唐继尧有关。从现存可供查寻的文献资料中知道，唐的一生，被认为有“两大罪状”，一、因对孙中山的不恭，被其称之为“南北军阀，一丘之貉”。其实唐孙过节，缘于孙再三诱使唐在云南发动护国战争后，于1915年12月28日致电其国内代理人陈其美：“此间确息，唐、蔡已动，滇款毋庸给。”整个护国战争期间，孙自毁其约，没给过云南一枪一弹，使唐勉力独撑危局，受了很多夹板气。所以唐才会怒斥劝其加入国民党和就任广州军政府副元帅之职的章太炎：老子就是讨口要饭，也不会加入国民党！二、时任昆明警察厅厅长兼滇军混成旅旅长的朱德，追随顾品珍倒唐，唐重返五华山后，曾下令通缉朱德，成为唐的又一大“污点”。其实，战乱年代，分合难料，当事人未必芥蒂，倒是后来某些戴着有色眼镜的肖小“自作多情”，拿此说事，乱扣屎盆子，轻易臧否有社会贡献的历史人物罢了。朱德元帅向以宽厚、仁义、善良，闻名于中共高层。建国后，朱曾多次到云南视察，据唐氏后人回忆，朱德每次到云南，百忙之中，都要抽时间看望唐的后人，在一起回忆的都是讲武堂往事，重九起义和护国战争的风云，对唐多有感念，并交代云南党政军领导人，一定要善待唐的后人，关心他们的工作和生活。

由于对唐至今没有一个公允的评价，但凡提到重九起义和护国战争，就只能拿蔡锷、小凤仙说事。一部刚刚过去百年的正史，在某些史家笔下以及一些影视文艺作品中，接近于变为了戏说。

庾恩旸在《再造共和唐会泽大记事》中，清楚指明：“再造民国不能不以会泽为其功首，然自会泽观之殊不自以为功也，观其于黄陂（黎元洪字）继任后，慨然撤销军务院，取消护国军名义，并以堂堂数省之抚军长，实行改称一省之督军，非豁达大度，不计权力，事事以国家为前提者，能如是乎?”

英国资产阶级革命，从1640年爆发，到1688年建立君主立宪制，历经近半个世纪，且死人无数；法国大革命1789年爆发，到1848年法兰西第二共和国诞生，前后60年，同样是血流成河。而中国以辛亥革命为标志的资产阶级革命，从1911年“武昌首义”、昆明“重九起义”，到1916年的护国战争，中间只有短短的6年。如果没有唐继尧、没有云南的护国首义，袁世凯的短命皇帝不可能只做83天，中国完全有可能倒退到半封建半殖民地、甚至殖民地社会（“二十一条”一旦签订，中国势必沦为日本的殖民地）。因此我们可以说，唐继尧在重九起义和护国战争中的表现，无愧于民族英雄和革命领袖的光荣称号。

在很长时间里，中国忘记了唐继尧，但韩国却没忘。唐自日本士官学校毕业后，没有和他的盟弟庾恩旸一道直接回国，而是绕道朝鲜半岛，亲眼目睹了挣扎在日本铁蹄之下的朝鲜人民的悲惨遭遇。1922年，孙中山介绍四名朝鲜人到云南讲武堂学习，其中一位叫李范奭的年仅16岁，因入学年龄不符，唐亲自将其年龄改为18岁。两年后，李范奭致信唐，要求提前毕业返回祖国参加对日作战，并在信中称，如能成行，韩国对唐将军将永志不忘！李回国后辗转到东北，出任云南讲武堂学长周保中任军长的抗联第5军参谋长，在白山黑水间，与日寇鏖战十数年，终于迎来了祖国的解放。1948年大韩民国成立，李范奭出任国务总理兼国防部长。李范奭没有忘记当年的承诺，在韩国列名致谢的88位国外友人中，早已过世的唐继尧赫然位列其中。

韩国空军首任参谋长、被称为韩国空军祖母的女飞行员申圭植，同样毕业于云南讲武学校（航空大队）。

韩国军政各界与云南讲武堂的历史渊源，还导致了在“文革”时另一幕戏剧性故事的发生：“文革”开始后，以“砸碎封资修”为己任的昆明红卫兵决定将圆通山上的“封建军阀”唐继尧墓炸毁，对已经去世近40年的唐继尧实行鞭尸毁骨。炸药埋好了，引线牵好了，只等一声令下，点火之后，唐墓就将灰飞烟灭。没想到等来的却是国务院的一份急电：赶紧修葺唐继尧墓，有重要外宾将于近期到访拜谒祭奠。原来，正是韩国派出的一个高规格访问团，指定要到昆明祭扫唐墓，才使唐继尧墓躲过一劫。而类似的故事，还有多次。唐继尧虽然英年早逝，唐墓却总能化险为夷，幸运地留存至今。冥冥中，似有一只看不见的大手，为其托护，遮阴蔽日，逢凶化吉。或许这是吉人天相的又一现实注脚？

无独有偶，也是在“文革”期间，云南讲武堂最后一期（22 期）学员——越南人民军总司令武元甲大将，率领越南军民与世界上最强大的美国军队展开了另一场力量悬殊的殊死鏖战。

越美之战，因其战火燃烧于中国西南边境，且与 1950 年朝美之战有相似之处，因此中国做了越南的坚强后盾。1965 年 6 月至 1973 年 8 月，中国先后派出工程、高炮、铁道、扫雷、后勤和地面警卫部队 32 万人（最高年份达 17 万），在越南北方执行防空、筑路、警卫、构筑国防工事、扫雷及后勤保障任务。6000 多名中华儿女血染沙场，1146 位烈士永远留在了异国他乡。到 1978 年，中国援越物资总计超过了 200 亿美元，其中，93.3% 为无偿援助；6.7% 为无息贷款。

不难想见，再次招惹中国的美国人，又一次倒了大霉。整个越南战争期间，美军出动兵力 50 多万，耗资 4000 亿美元，阵亡 5.6 万人，受伤超过 30 万人。结果却跟朝鲜战争一样，得到的又是一场没有胜利的战争。1973 年 1 月 27 日，越南问题四方代表（越南民主共和国、越南南方民族解放阵线、美国、越南共和国），在法国巴黎正式签署《关于在越南结束战争、恢复和平的协定》，自 1973 年起，美军开始陆续撤离越南。1975 年 5 月 1 日，越南人民军攻入南越首都西贡，越南全境解放。

从中国版图上不难看到，云南和广西两省区与越南接壤，但整个抗美援越期间，重点却在云南方向。因为有一条举世闻名，被称之为“胡志明小道”的秘密交通线，正是通过云南西双版纳的勐腊县，经老挝和柬埔寨，进入越南南方的。通过“胡志明小道”，大批前线急需的援越物资源源不断地进入南方战场，其中也包括了我们所熟悉的昆明卷烟厂的当家品牌——“大重九”香烟。

武元甲在回忆这场战争时，多次提到早年云南讲武堂对他的教育栽培之恩，当然，也多次提到恩师唐继尧——正是这个在当时中国被视作“封建军阀妖孽”的唐继尧，培育出了包括李范奭、申圭植、武元甲等在内的多名元帅将军。

逆境起航

2005年8月15日，中国人民抗日战争胜利60周年纪念日，在四川省成都市大邑县，一个名为“建川博物馆”的博物馆“聚落”在这一天正式对外开放。“聚落”占地500亩，坐落于国家级历史文化名镇、刘氏庄园所在地安仁古镇。“聚落”内已经建设抗战、民俗、红色年代艺术品三大系列18个分馆。该馆“红色年代”主题部分，藏有50万件以上的票证，达上万个品种。它见证了中国作为世界上使用票证时间最长，范围最广的国家，其使用的票证在当时实际已经成为了一种货币。在物质极度匮乏的年代，票证具有（甚至超过）货币的神圣，因为当时的票证是硬通货，是“第二人民币”。

2012年8月，本书笔者再次来到这个博物馆“聚落”，当参观到以收藏展示票证为主题的馆内时，笔者停下了脚步，因为，在这里见到了来自昆明的各种版本的“烟票”。据同行者说，这种烟票一直使用到“文革”结束后很长一段时间，每票票面规定不同，可买数量和品质不同的香烟数包——总的情形是，需求远大于供给。也正因为如此，当时才会出现一种衍生交易：倒卖票证。当时烟票交易市场设在昆明塘子巷，这里同时是昆明最大的香烟交易市场。一些烟票贩子每天在这里早起晚归，观察行情，寻找价差，赚取一点可怜的利润，却要随时提防突如其来的打击：因为倒卖票证属于“投机倒把”范畴，因此也属于风险与利润同在的一个特殊行列。

产烟大省的云南，为什么会长期陷入无烟可供无烟可抽的境地？现在笼统来说，账都可以算在“文革”头上。但是即便是在“文革”特殊时期，也有一些地方、一些人，在小环境里，努力去形成一些小气候，进行悄悄地抗争。

当时的昆明卷烟厂，就出现了这样的情形——早在1974年，虽然当时还在“文革”后期，昆烟却抓住了一次逆境起航的难得机遇，搞了首次技改：《四五技改》（即国家第四个五年计划期间的技改）。应该说，这是一次改写了昆烟甚至云南烟草历史的技改。而这次技改，与昆烟的一个“老人”——周善生有着特殊关系。

周善生虽然并非老革命出身，但却与许多老革命出身的“走资派”的经历有着惊人的相似之处。周善生 1958 年 1 月开始代理云南纸烟厂厂长，一代就是五年，到 1962 年 7 月才被正式任命为厂长。1964 年 1 月，云南纸烟厂更名为国营昆明卷烟厂后，周继续担任昆明卷烟厂厂长，但好景不长，“文革”前的 1965 年 7 月，也就是他正式担任厂长三年后，就被免去了厂长一职。直到 1972 年 10 月，“抓革命，促生产”的最高指示出台后，才被结合进昆明卷烟厂革命委员会，出任主管生产的革委会副主任。打倒“四人帮”后，1979 年 1 月至 1980 年 12 月，周善生再度担任昆明卷烟厂厂长，三起三落。

1973 年，就在周善生第二次“复出”不久，英国工业博览会在北京召开。

外国有一句谚语说，“打不赢的敌人就是朋友”。中美关系数十年恩怨，就是从敌人转换为朋友的。1972 年 2 月，“美帝”首脑尼克松正式访华。访华期间，中美两国共同发表了《中美联合公报》。尼氏访华，中美关系开始解冻，因此又被史界称之为“破冰之旅”。随着美国与中国关系的改善，西方国家纷纷群起而效仿，又以英国和日本步伐最快。1972 年 3 月 13 日，中英两国发表《中国和英国关于互换大使的联合公告》，两国派驻对方首都的外交代表由代办升级为大使；当年 9 月 29 日，日本与中华人民共和国建交。

当然，与美国不同，在很大程度上，英国和日本最为看好的还是中国这个庞大得难以估量的市场。因此，1972 年刚与中国建交的英国，第二年就迫不及待地在北京召开了英国工业博览会。

就像 1978 年访日的邓小平在日本第一次见识东京新干线列车一样，去北京参加博览会的周善生，立即被英国先进的卷烟生产设备惊呆了。所谓有比较才会有鉴别。邓小平曾留学法国，对工业技术革命有亲身体验和认同。所以，他在 1965 年到昆明卷烟厂视察时，特别强调的就是发展现代卷烟工业必须高度重视技术改造。邓小平到昆烟视察时，时任厂长的周善生正好陪在邓的身边。周善生在其回忆文章中说，“小平因为长期抽烟，对烟草可以说是行家。他在生产线上转了一圈，从传送带上抓起一把烟丝，察其色，观其形，闻其味，面呈满意之色。他就在车间里详细了解了云南烤烟生产的有关情况后，对烟草工业生产情况问的问题更多更细。当他了解到昆明卷烟厂从五十年代以来，虽然生产设备有所改进，产量也有较大幅度提高，但是仍然远不能满足市场需要时，小平同志语重心长地对在场同志们说，工业技术革命推动了人类社会进步，而工业技术革命的核心是从未停止的技术升级改造。搞烟草工业生产的同志，在这个问题上更不能掉以轻心。”事实上，中国烟草工业后来的突飞猛进，几乎都是围绕一轮又一轮以设备引进为核心的技术改造，此消彼长，方兴未艾，你方唱罢我登台，直至今日。周善生虽无小平那样的留洋经历，当然也没有他那样政治家高瞻远瞩、洞穿历史的本事，但周善生却有自己的经验积累。解放初期大运烟厂的设备与同时期国外相差无几，这时却已是天壤之别。英国参展的莫林斯公司生产的 MK8D 型过滤嘴卷烟卷接包装联合机组，卷烟速度高达每分钟 2200 支，而当时昆烟最好的新中国卷烟机每分钟只能卷 1000 支，而且还不是过滤嘴卷烟。在国外，过滤嘴卷烟此时已是卷烟市场上的主流产品。

走在展厅的周善生陷入纠结。他想，如果昆烟也能买一台莫林斯 MK8D 该多好，云南有着优质而丰富的烤烟原料，如果能引进先进的莫林斯卷烟机，不但可以提高产量和质量，同时还能实现由无过滤嘴卷烟到过滤嘴卷烟的升级换代。但这个想法，回去汇报能通过吗？能得到高层的支持首肯吗？因为当时的中国仍处于“文革”混乱时期，到处在批“洋奴哲学”、“外国的月亮比中国圆”，这个时候你提出引进老牌帝国主义英国的卷烟设备，不是自找无趣和麻烦吗？幸好却遇到了例外。当时的云南省委第一书记周兴不这样看问题。他认为，发展生产，能用就好。他的务实和开明，来自他从红军时期长期从事保卫工作，就养成了实事求是、明白做事的务实作风。他对其前任谭甫仁主政期间大搞政绩工程、填海造田（谭填滇池造田，至今仍是污染滇池的重要原因之一）的作法，公开表示过不满，称，填海造田，劳民伤财。事实证明周兴是对的，填海造田致使滇池周边湿地遭到毁灭性破坏，最终成为滇池加剧污染重要的原因之一。1970 年谭甫仁遇刺身亡后，周兴出任云南省委第一书记，在他的默许下，云南积极发展烟草产业为经济支柱，昭通、楚雄、红河、曲靖四个烟厂先后建成投产，为缓解地方财政困难起到了积极的作用。听了昆烟的汇报，周兴当即拍板，干，要进就进最好最先进的设备。当即指示拨给昆烟 30 万美元的外汇指标，同时再投资 300 万人民币进行“四五技改”配套工程。“四五技改”，除了从英国引进 MK8D 卷烟机一套，西德引进卷烟包装联合机组一套外，又新增国产制丝生产线一条，新中国卷烟机 20 台，包装机 10 台。

这些引进设备建成投产后，昆烟年产量由 15.6 万箱猛增至 30.2 万箱；

利润由 72.94 万元，增加到 389.95 万元，增加了 4.35 倍。最重要的是从此结束了云南和昆烟不能生产过滤嘴卷烟的历史，1975 年试生产过滤嘴卷烟 6 箱，1976 年达到了 228 箱。但遗憾的是，拍板让昆烟引进国外先进卷烟设备的云南省委第一书记周兴却没能看到这一天，也没抽上一根昆明卷烟厂新生产的过滤嘴香烟——1975 年 10 月 3 日，周兴因病在北京逝世，享年 70 岁。

昆烟是全国第一家引进国外最先进的卷烟生产设备的卷烟厂，从英国和西德引进的两套设备，性能上代表了 20 世纪 60 年代中后期国际卷烟设备的最高水平，加上质量上乘，由美种“大金元”变异的“红花大金元”烤烟原料，原料好、设备好、技术力量强，昆烟产品自然就到了一个新台阶。以昆烟为代表的云南卷烟开始问鼎全国，向一统天下的“上、青、天”（上海、青岛、天津）发出了挑战。而 10 万知青大返城和自 1979 年至 1988 年长达 10 年的对越作战，九大军区 10 多个军以上单位赴滇轮战，则让云南卷烟一步步走向全国，享誉九州，以至于 960 万平方公里的大地上，哪家烟店如果没有云南烟，简直就不能称之为烟店。

也是在 1974 年，昆烟在引进先进设备的同时，开始了新一轮复转军人安置和面向社会的招工。这年的年头和年尾，从滇池的两个方向，分别进来了两个青工，一个是来自昆明近郊滇池东岸八大河入海口的转业军人张水长，另一个是来自滇池西岸晋宁一个叫郑天一的青工，他们一前一后，自己扛着铺盖卷儿进了昆烟。没想到，招来的这两个人，若干年后，一个成了昆明卷烟厂历史上最有作为的党委书记之一，另一个成为最年轻的厂长之一。

百善孝为先

如果按接到武装部征兵录取通知书算起，张水长算是1968年入伍的兵。但实际他是在1969年春季入伍。直到今天，还有人对张水长入伍表示“怀疑”：“你是怎么进到部队的呢?”问这种话的人，都是怀疑张水长身高不符合部队要求。“你们去查一下，1968年时的征兵要求，要求男身高1米50以上，体重45公斤以上，看看我是不是符合这个标准？不瞒你们说，我是进了部队后，因为伙食好，还长了几公分呢。”2012年9月7日，张水长也是以开玩笑的口吻，回答了别人以玩笑方式提出的质疑。

张水长服役的部队，在西双版纳州，号称“民族一支队”。百分之七十都是少数民族士兵。张水长个子矮小，又是汉族，也没有“背景”，进去以后应该说没有任何优势可言。然而就是这个小个子兵，第二年就入党，然后当了号称“兵头将尾”的班长。部队很快就发现，这个小个子兵特别能吃苦，特别爱学习，特别善于发现问题解决问题。这些都是在部队最可能长进也最看好的特质。部队让他很快当班长、很快入党，其实就已经打定这样的主意。看好张水长的不仅有基层首长，更高层的首长也发现了这个可堪造就的兵苗子，而且，暗示张水长“只要就这样一直好好在部队干，进步不是问题，当女婿也不是问题。”——首长的爱女也在部队，而且也看好了这个小个子兵。

就在所有人都看好张水长，认为他会在军队干一辈子时，张水长却向领导提出了一个让人大跌眼镜的要求：“我要转业。”说这话时，是1972年，也就是说，张水长入伍刚满第三年。按当时要求，战士满三年才有转业资格。刚获得资格的张水长，在部队表现一直特别突出的张水长，居然一天也不想多待，就提出了转业要求。这让关心他成长的各级首长都感到百思不得其解。

指导员、教导员，直到政委，都找了这个貌不惊人的小个子兵谈话，从张水长那里得到的回答都是一句话：我要回家，照顾母亲。

“谁没有母亲？就你有？”指导员脾气比较火暴，说话也比较“冲”。张水长听了，就像个闷头葫芦，不争辩，不解释，头耷拉着。

教导员没发火。但是，他还是试图做更耐心细致的工作：“要不给你准个特殊探亲假，回来再说去留的事情？”张水长听了，依然像个闷头葫芦，不争辩，不解释，头耷拉着。

团政委官比较大，水平也比较高。他没再找张水长做什么工作，而是派一个到昆明出差的股长，悄悄找到昆明桃园街张水长的家。股长回来后，把看到的情况跟政委一报告，政委眼睛当时就红了。

原来，股长看到的是，一间光线昏暗、低矮潮湿的不足十平方的小平房里，张水长的母亲因为工伤，已经卧病多时，而且无人照顾，情形相当悲惨。

进而团政委了解到，张水长幼年丧父，是母亲一手带大，母子感情特别深厚。而今母亲病入膏肓，令孝子张水长人在部队，心却难安。这个家庭确实遇到了非常特殊实际的困难和问题。等到部队层层调查清楚并做出同意张水长转业的决定时，时间已经到了 1973 年，而这一年，因为张水长所在部队遇到更特殊的情况，所有士兵停止转业，张水长又被耽误一年，到他办好手续含泪离开他其实非常喜欢的军营时，已是 1974 年的年初了。

张水长以“老转”的身份，回到生他养他的昆明，做了一名烟厂工人。他上班往烟厂跑，下班急着往家跑，两头都不敢耽误。然而子欲孝却亲不在，母亲在张水长回昆后三个多月，还是离他而去了。临终前母亲是平静的。张水长知道，原来母亲催儿归，那是因为儿行千里母担忧；如今自己回到母亲身边了，母亲一颗悬着的心也放下了，在病床上拉着儿的那双手也终于放开了。

由昆明卷烟厂开始的人生履历，成为张水长一生中最重要的经历——他从这里起步，在云南烟草从工业到商业再到工业的若干岗位上不断轮换，一干就是近 40 年。到 2010 年底，他全程参加设计完成云南烟草工业“九变二”，并实现平稳过渡和更好更快提升产能之后，张水长以“云南烟草工业改革之父”（媒体赞誉）身份，光荣引退。

1974 年的昆明卷烟厂，今天的人已经很难想象那是个什么模样儿。可以从《昆明卷烟厂志》所保留当年的黑白老照片，还能知道其大致情形。20 世纪 50 年代云南纸烟厂的大门，与六七十年代初期昆明卷烟厂的大门并无差别，几根粗笨的水泥柱，一群身穿灰色工装的烟厂人，构成门前基本不变的风景。从 20 世纪 50 年代到 60 年代、再到 70 年代初期，设备、工艺、流水线，也无大差别。刚解放时就投入使用的“新中国”卷烟机，到70年代初期仍然是主力机型。厂房低矮，设备陈旧，工人劳动强度大，工作环境差，待遇低，时间长，是当时烟厂最普遍的情形。所以，如果有人说张水长复员专业到昆明卷烟厂是“拣了个漏”，还真不是事实。要知道，就在他进昆明烟厂若干年之后的1979年，当“知青”们大量返回城市参加就业时，很多人有机会进烟厂，他们却大都选择了放弃而进了别的单位。为什么？一是烟厂离城太远，二是工作太苦，三是待遇太低。又过了再10年，昔日丑小鸭早已经变成白天鹅，而且一飞冲天。当那些弃烟厂而进了别的单位的人再度面临“下岗”危机时，他们想起了当年唾手可得的烟厂岗位，再托人去说情希望调进烟厂时，一切却都晚了。人的视力再好，却看不到明天，甚至看不清下一刻将会发生的事情。有人说，这不可知当中，就包含着命运。不懂得“运”而只认“命”的人，就只能被动接受命运安排，任其捉弄，空留嗟叹。

张水长显然不是一个只会接受命运安排的人。当年在部队他不是，如今在烟厂他依然不是。如果说，要在云南烟草待一辈子，这是他的“命”的话，那么，在烟草系统怎么待，待到一个什么境界，活出一个什么模样儿，却是由他自己的努力所决定的。这个小个子的“老转”身上，很早就有一股子“不放弃、不抛弃”的精神——无论是对待自己的命运，还是身边的工友，或者是纠缠了一辈子的烟草事业。他到昆明卷烟厂第一年第三个月，就将一台新中国卷烟机开得非常熟练，效率极高，让带他的女师傅大为吃惊；满一年他就可以带别人为徒弟，第二年就让他在班组负责，随后转为不脱产干部、半脱产干部，再到专职干部，并在多个管理岗位历练，先后任车间团支部书记、党支部书记、厂团委书记、多个科室负责人。然后，在1982年，他选择了读研深造，调省烟草公司任副处长、处长，转了一圈又回来，当他1988年再度回到昆明卷烟厂时，他的身份已经是厂党委书记兼第一副厂长。之后他担任过云南省烟草公司主要领导职务，到2003年“工商分设”，他担任了云南中烟工业公司首任总经理，直到2010年退位。

很多从20世纪70年代就在昆明卷烟厂的“老人”，至今还回忆得起张水长最初在全厂“亮相”的重要一幕：那是1977年，还不到而立之年的张水长，已经从一个复转进厂的普通工人成长为昆烟第三车间党支部书记。三车间在昆烟可以说历史悠久，从1943年云南纸烟厂成立，就有这个车间。当时叫包装室，负责包烟、糊锡纸、贴商标，开始基本是手工劳动，到后来，逐渐半手工、半机械化，直到后来全自动化。1993年，在昆明卷烟厂机构改革中，三车间并入新建七车间，结束了它整整半个世纪的历史。

张水长任三车间党支部书记时，正是“拨乱反正”的非常时期。昆明卷烟厂经过十年浩劫，产量和效益都大幅度下降，工厂秩序严重混乱，乱与治，成为两种力量正在胶着状态。当时国家已经提出，整顿经济秩序，恢复发展生产，以阶级斗争为中心的格局正向以经济建设为中心转型。昆烟也开始抓纪律、抓管理，重新建章立制，要求将“文革”造成的损失夺回来。然而，长期自由散漫、无视权威和纪律的现象，在工厂还是家常便饭。就在这时，张水长发现了一个“典型”——当然，是偷奸耍滑、弄虚作假的反面典型——外号叫“小虱子”的一个青工，上班经常迟到早退，出工不出力，产品登记虚瞒乱报。张水长在较长时间观察之后，终于在某天抓了“小虱子”一个“现行”——正当他将别人劳动成果填记在自己账上时，张水长一把拿过记录本，要“小虱子”当着车间工友解释清楚。从无人敢管的“小虱子”一看比自己还矮一个头的张水长管到自己头上来，顿时恼羞成怒，顺手就给张水长左右开弓两记耳光，打得毫无防备的张水长金星直冒，人也跟着转了一个方向。车间员工一看新支书被打，有赶紧劝架的，也有幸灾乐祸的，想看看脸上印着血红指印的张水长怎么收拾。却不等张水长进一步理论，回过神来的“小虱子”一看张水长那张惨不忍睹的脸，自己把自己吓住了，撒开大脚丫片子就先开溜了。

“车间支部书记管理工人遭到暴打”的消息，在全厂迅速传播。第二天下午，昆明卷烟厂就在大礼堂召开全厂大会，厂党委、厂革委（当时还是按“文革”机构管理叫法）全体领导都端坐在主席台上。可以容纳979个座位的大礼堂，座无虚席。连上晚班的很多工人也提前进厂，要来看看“小虱子”最后会被怎么处理。先是厂党委书记宣读全厂整顿纪律的有关文件，然后是厂革委主任宣布对“小虱子”的具体处理决定：开除厂籍、留厂察看、扣除工资，以观后效——相当于判了个“死缓”。当时厂里刚刚设置了七级行政处分制度：警告、记过、记大过、降级降薪、留厂察看、开除厂籍留厂察看、开除厂籍等。对“小虱子”的处分，用了第六级，却又加了个“扣除工资”，相当于是“六级半”的次极刑了。就在会议结束主席台上一干人等就要离席时，礼堂里响起一声炸雷——“等一等，我有话说!”所有人都以为是“小虱子”要鸣冤叫屈，却不料站起来的是张水长。只见他并不等会议主持人同意，就径直走上台去，就着还没来得及关的麦克风，说：“我不同意今天的处理决定。我认为，工人有错，错不该死。要说错，是我错在先。

如果我不搞突然袭击，如果我注意工作方式方法，我想，工人不会被激怒，也不至于抽我嘴巴。因此，我认为自己首先有责任。我昨天已经给厂领导表明了我的态度，今天我再当着全厂职工要求，撤销对工人开除留用的处分决定，建议改为我和他都给予记过，借以警示他人。”话音刚落，“小虱子”连扑带滚，窜到张水长脚跟前，泪流满面，长跪不起，泣不成声地悔过：“书记啊，都是我的错，是我对不起你，我愿意接受任何处分，绝不能连累你啊!”两人在一起抱头痛哭，全场却是掌声雷动。一场要散的会，又接着开了起来。主席台上众领导临时碰头后决定，按张水长意见，撤销对“小虱子”原定处分，改为记过，并当场表扬了张水长勇于自我批评和主动担责的精神。比厂领导表扬更重要的是，全厂工人特别是青工几乎到了崇拜张水长的地步，很快，张水长做了青工的头——他担任了昆明卷烟厂团委书记一职，张水长也从此成了昆烟最有人脉的领导之一，而他的人脉，多是最基层的普通职工。他在昆烟两进两出，直到后来做到了管理全省烟草工业的“大领导”，却对昆烟很多职工非常熟悉，他能见面就叫得出来名字。因为他在烟厂时，特别喜欢找人聊天，他自己，也慢慢被人叫成了“张老倌儿”——其实，他被叫成“张老倌儿”时，实际年龄还真不算大。大约是劳心者易显老，这个喜欢正反双向思维、略早地显出老相的“张老倌儿”，最后将其在昆烟的治厂之才用在平衡驾驭云南两大烟草工业集团之上，使体量庞大的云南烟草巨人健步如飞，快速发展。而这时，“张老倌儿”却淡出烟草风云了。

潮落潮起

郑天一进昆明卷烟厂那一年，刚满 18 岁。那是 1974 年的冬天。

他的同龄人，在那个年代，基本都下乡当知青去了。郑天一没下乡，因为他是家中独子。当时有一条政策：独子不下乡。因此，他被招工进了昆烟。

其实他在报名时，并没有选昆明卷烟烟厂。那个年代，因为物质严重短缺，最吃香的是进交通运输行业。郑天一报的就是昆明大型汽车总站。已经高中毕业的郑天一，被正需要“有文化的年轻人”的汽车总站看上了。当郑天一兴致勃勃地去报到时，他那份招工表却怎么也找不到了。那时没有复印机，招工的人严格按照计划来，居然多一份表都找不到。要再取一份表，就要从晋宁到昆明——哪怕是汽车总站，要往返一趟在当时也不容易。郑天一正在一筹莫展时，昆明卷烟厂招工的人到了。就这样，郑天一阴差阳错稀里糊涂地就进了昆烟。后来他才知道，当时是没办法的人，才来昆烟——当他来到位于昆明北郊上庄的昆烟，走进车间，走进宿舍时才知道，为什么是没办法的人才来昆烟。厂房那个破旧，机器那个原始，出乎他的预料。最让他没想到的是，烟厂工人居然是系着围腰布，戴着口罩，在机器旁忙活。完全不是他想象中的——劳动布、工作服、外加翻毛皮鞋的神气样子。他一颗小心脏就感到拔凉拔凉的。然而更没想到的还在后头：进了宿舍，才发现，不仅又窄又挤，9 个青工共挤一间 10 来平方米的老旧小平房，而且连一张睡觉的床也没有——大家只好就在水泥地上打地铺。发给的劳动工具是一人一把小条扫帚，学工分配的工作就是在车间不停地扫啊扫，灰尘实在太多，哪是一把小扫帚能对付得了的？等下班出来，所有人，就看得见两只眼睛还有一点白，真正是烟灰工人，难怪没人来烟厂！

但是郑天一却坚持了下来，而且，从学工，到挡车、维修、卷包……他几乎干过烟厂所有工种，进厂两年半，他干到车间值班长，不到 10 年，他坐上了副厂长位置，成了昆烟历史上最年轻的副厂长——那是 1982 年，他 27

岁。又过了10年，1992年，他成为昆烟第一副厂长。1996年2月，正当昆烟遭遇历史上最困难的时期，他被任命为昆明卷烟厂厂长。

2012年6月，已经改任云南省烟草公司巡视员的郑天一，回首往事，心情淡定。他说，这辈子，除了“三八红旗手”的荣誉没拿过，什么都得过了；一个普通青工，最后成长为正厅级官员，党和国家给的荣誉地位，够多了。一个人要学会知足，懂得感恩，才会知道自己从哪里来，有几斤几两。他借云南省烟草公司成立30周年赋诗三题，其中有诗句写到：“荣辱兴衰过云烟”“是非成败尽思量”，确实有一种千帆过尽，云淡风轻的洒脱倜傥。

但是，当他打开一包新版“大重九”，点燃一支后，却又有些激动了。

“这肯定是中国质量口感品相最好的烟之一，而且是最有故事的烟，最有文化的烟，包装最经典的烟，也是最有可能做强做大的烟!”

五个“最”，从曾经是中国最年轻、最有影响的烟厂厂长、干过30年烟草工业、8年烟草商业的郑天一口中一气说出。袅袅升腾的轻烟背后，那双刚才还很淡定的眼睛开始湿润了。

1977年，打倒“四人帮”，日产800箱。昆明卷烟厂提出这个口号时，郑天一还是个值班长。正好又逢恢复生产“大重九”，这是个大事。烟厂老工人对“大重九”感情都很深，郑天一记得，开工恢复生产“大重九”的首日，很多老工人沐浴更衣，只差没焚香敬神了。郑天一一看那阵势，也不敢大意，本来已经下班回家了，想想又骑车往厂里赶，到车间门口，还差点撞了一个退休老奶奶。老人家一听说是赶来为“大重九”加班，连声说不碍事不碍事，倒把郑天一弄得不好意思。大家齐心协力，一家伙将“大重九”日产量突破到840箱，比厂里定的口号还多出40箱。厂里马上召开庆功会，把熬了两天两夜才回到家的郑天一又通知到厂。人虽疲累，却因为兴奋，加上那时人真年轻，佩戴着厂领导亲自授予的大红花的郑天一和工友们，在一起又喝又闹了大半天。回忆起这段往事，郑天一仿佛又回到自己在昆烟的年轻时光。“为什么上上下下都那么重视‘大重九’？除了它是老牌子，昆烟人对它凝结了很深感情，加上‘文革’封杀了它整整11年，重新生产时，大家就像见到久别重逢的老朋友，那个尊重珍惜，很难用语言表达，有点像古诗里描写的：执手相看泪眼，是不是？另一个因素是，云南要靠‘大重九’去创外汇。那时一个省也没几个外汇在手上，而要引进各种国外先进设备，生产资料，都离不开外汇。当时只有‘大重九’在海外有市场号召力，因此，开足马力生产‘大重九’，就不仅是经济任务，已经上升到政治任务的高度。”

说到创汇，郑天一眼睛里滑过一丝黯淡：“‘大重九’为当时云南赢得了创汇，昆烟却不敢使用它去进一步技改。反倒是外省烟草最先利用了这批外汇，在云南，是另一家烟企第二个用了这批外汇。为什么昆烟没用它？不是昆烟人‘憨包’，是环境压抑了昆烟，也是某些人为因素限制了昆烟。这些，不说也罢！”

1992 年，郑天一任第一副厂长的“元年”，适逢昆明卷烟厂要组织厂庆。当时定的是工厂 50 周年和“大重九” 70 周年，两个庆祝一起搞。因为云南人做事特别老实，当大家拿不准从亚细亚到云南纸烟厂再到昆明卷烟厂这段历史怎么算时，就只会尽量往少里算，往小处做。外省外地可以捕风捉影的事，在云南人这里，却是老实本分，有一绝不说二，不打诳语，不言虚妄。幸好各级大领导对烟厂都特别重视，知道厂里要搞庆祝，纷纷都提前到厂搞调研。市委书记来了，省长也来了。他们一看，就看出了问题，同一个厂，搞出同一个产品，怎么可能弄出两个时间，而且还相差 20 年！最后是省长拍板，时间必须统一，外宣形象必须统一，并且指出，“大重九”，是云南的骄傲和光荣，是云南民族工业最早飘扬起来的光辉旗帜，是云南在世界最有影响的品牌之一，爱惜她，是云南人义不容辞的责任和义务。省长现场办公，顺便将昆明通往烟厂的龙泉路改扩建也定下来：烟厂出小头，其余由省里出。因为，它是通往“大重九”之路。

1996 年 2 月，郑天一当上了昆明卷烟厂厂长。按照常理，一个烟厂厂长，何其风光！何况是昆明卷烟厂——中国排位很靠前、名气和体量都很大的烟厂。但是，1996 年初的昆明烟厂，厂里氛围却像死了人一样难看。据当时热衷于烟厂厂史撰写、时任烟厂宣传部副部长的许炳昆回忆，此前一年的 1995 年下半年，昆明卷烟厂遭遇市场‘滑铁卢’，突然之间产品就没人要了，原来是皇帝女儿不愁嫁，现在是陪了嫁妆无人要。到处堆放着卖不出去的烟，仓库早爆满，连电影院舞台上都放满了烟，最多时约有 5 万多箱，让人走路都没精神，吃饭都没心情——因为那以前，昆烟哪受过这样的委屈？

郑天一的记忆里，当时的存货远不止 5 万多箱，而是有 8 万箱烟，因为卖不出去堆在厂里。真正最了解情况的应该是朱绍明提供的数字，他说真实情况是 9 万多箱。往少一点说，是怕厂里职工受不了。他当时是主管销售的厂领导，他的数字，应该最准确。郑天一还记得，他上任第二天，主管原料的副厂长童荣昆找到他，说是仓库里放的废料占用资金上亿，而且把场地都占满了，怎么办？第三天，主管销售的副经理朱绍明找他，说是9万多箱烟，一半在厂里到处堆放，还有一半在回厂的路上——被退货了，马上要回到厂里找地方堆放。火烧眉毛那个急啊，让他这个厂长一屁股坐到了火山口上。

这时的昆明卷烟厂，可以说是急病缠身，既需要治标，也需要治本。郑天一与姚庆艳等人想出的治标之法是“三包烟”。所谓“三包烟”是指郑天一上任后连续推出的“红山茶”（特制）、“云烟”（红）和“云烟”（醇香）三包卷烟。

1996年12月21日，“红山茶”（特制）在昆明隆重推出，立刻赢得了广大消费者的青睐，供不应求。特制“红山茶”采用上乘云南烟叶、香料，使用先进的计算机控制技术，有效保证了卷烟的整体质量。风格上，既沿袭了传统“红山茶”的清香高雅，俊秀脱俗，同时又有了新的突破，吸味醇正，充实自然。包装一改昆烟长期以来的“白红色系”基调，采用中华民族所喜爱的传统的红色基调，喜庆、大方，让人过目不忘。

仅仅过了半个多月，1997年1月17日，“云烟”（红）和“云烟”（醇香）又同时闪亮登场，一时间，在国内掀起了一阵“红色旋风”（红“云烟”，与特制“红山茶”一样，外包装同样采用了红色基调）。那一年，刚好是香港回归年，百年期盼，终于在这年的7月1日实现了。自1840年的第一次鸦片战争，到1945年抗战胜利，百年欺辱，让每一个中国人没齿不忘。从1949年毛泽东在天安门庄严宣布“中华人民共和国成立了，中国人民从此站起来了”，到1984年邓小平对撒切尔说“主权问题不容谈判”，中国终于可以对全世界说“不”了。昆烟是一个有着爱国传统的企业，从庾恩锡创办亚细亚烟草公司，到极富爱国热情的“大重九”、“七七”牌卷烟，无不向世人彰显着昆烟人的拳拳赤子之心！

与“红山茶”（特制）一样，“云烟”（红）和“云烟”（醇香）一经上市，便十分火爆。据当时率领昆烟离退休艺术团上街宣传“三包烟”的何大妈回忆，20世纪90年代中后期，国内商品供给已经十分丰富，好多年没见人们蜂拥而至，排队抢购某种商品的情景了。但“三包烟”的上市，却似乎勾起了昆明人的某种怀旧情结，烟店门口排起了长龙，抽烟的不抽烟的，纷纷成条地购买“三包烟”。此情此景，使艺术团的老人们流下了激动而难忘的泪水，他们拥抱在一起，哽咽着说：我们成功了，我们终于胜利了——

“三包烟”投放全国市场后，产品供不应求，当年热销48万箱，创当时国内烟草行业新产品销售纪录之最。但昆烟却并没有满足，何大妈和离退休老职工向厂长主动请缨，守候在各烟店门口，一旦在“三包烟”中发现残次品，第一时间立刻向厂里报告，及时将消费者的声音反馈给工厂。老干部和老职工还想出了一个检测“三包烟”市场占有率的土办法，在遍布昆明大街小巷的垃圾箱里寻找“三包烟”的踪迹。这些衣着光鲜、满头银发的老人，怎么看也不像捡垃圾的拾荒者啊，正当人们疑惑不解的时候，随着一个个红色烟壳从垃圾中被挑选出来，老人口里都会发出一阵惊喜的叫声，那模样似乎比捡到真正的金子还要兴奋。能不让人兴奋吗？“三包烟”的烟壳数不胜数，占到了烟壳总数的百分之八十！

如果说推出“三包烟”最初本意是治标之举的话，它的结果却在某种意义上已经达到了标本兼治。因为正是“三包烟”使昆烟迅速走出了困境，1997 年、1998 年，连续两年创下工商零库存，实现税利大幅提升的骄人成绩。

郑天一对产品生命周期有着自己独到的见解。在他看来，卷烟是一种特殊的消费品，具有消费空间容量大、消费习惯沿袭深等特点。其吸味风格的改变，可以满足部分消费者的需要，但同时也会失去另一部分消费者。即使延长了产品的生命周期，也只是一种线性的延长，并不能扩大市场占有率。只有根据人们经济收入状况、社会地位、消费习惯、消费心理等不同特点，以昆烟的名牌“云烟”为龙头，发展名烟系列产品，进行立体化产品开发，才能在延长、更新产品生命周期的同时，扩大市场占有率。“三包烟”正是郑天一“产品周期与市场消费理论”的一次全面实践。在“三包烟”获得巨大成功，昆烟成功地突出重围不久，昆烟又提出了“生产一代、储备一代、预研一代”的名牌战略构想。以“人无我有、人有我优、人优我佳”的品牌战略，在激烈的市场竞争中抢占制高点，以期永远立于不败之地！

重新确立“红花大金元”在昆烟原料中的核心价值和主体地位，则可以说是一个具有重大意义的治本之策。在郑天一走马上任的 1996 年，曾经独领风骚多年的“红花大金元”，因其种性不稳定，品种混杂退化，加上烟农反映其不好种、多虫害、难烘烤、产量低、效益差等，已经在烤烟实际栽种中退出主流多年。在郑天一当厂长的 1996 年，周善生老厂长又回到昆烟顾问的位置上，他给郑天一出的第一个主意，就是：“你敢不敢重新试试红大？”

云南烟草王国的立身之本在于其巨大的原料优势。而原料优势正在于云南拥有适合自己卷烟生产的清甜香型品类风格的美种烤烟。由“金元”到“大金元”再到“红花大金元”，正是云南优质烤烟最清晰的一条发展主脉。

郑天一当然知道“红花大金元”对于昆烟的意义。但是，面对千头万绪的矛盾和困难，如何使烟厂得到自己生产最需要的好原料，生产出最适合市场需要的优质卷烟，又要保证烟农利益不受损害，原料、科研、市场诸环节都能密切配合，当地政府又能理解支持，这确实是一个复杂系统工程。就在1996年3月召开的昆明全市烟草经理局长会议上，郑天一厂长和李有义书记虽然都到会去做了烤烟生产要服从和服务于卷烟配方的讲话，但是，当年却并没有让“红花大金元”重新回到烟田成为主打品种，时间仓促，来不及准备种子，来不及制定种植“红大”的扶持政策，来不及做地方和烟农工作，这些都是原因，还有来自内部的阻力——原料部、工艺部等部门，都从各自角度提出了困难，比如难种、难管、难说服当地政府和烟农，是退化品种，要重新搞配方等等，总之一句话，就是不愿意找麻烦。但是如果不敢试“红大”，就意味着数十年间数代云南烟草人的努力付诸东流，就意味着昆烟人找不准自己的坐标方向，建不起自己的品类风格，就意味着既对不起先人，更对不起这个时代！郑天一和李有义、朱绍明、童荣昆、姚庆艳等一班人很快统一思想，确定在1997年烤烟栽培时大上“红花大金元”，为了增强说服力，头年又从收到的烟叶中专门挑选“红大”来做试用，原料车间的工人还自己组织了“菜刀队”，干脆利落地斩去烟把，对收来的烤烟进行精挑细选，随后调入昆烟的武怡则提出了用麻绳扎把改变烟叶扎把的“国标”——总之，群策群力，集思广益，一切都是为了找到最适合昆烟发展的路子。经此一试，既发现了问题，也找到了对策，更增加的信心，到第二年，“红花大金元”全面开花，沿袭至今，仍然是昆烟乃至云南卷烟工业最优原料、最强基础。

昆烟人还记得，就在郑天一上任的当年8月，他签发的第一号嘉奖令，是通令嘉奖生产二部修理工李云杰。这个1988年才退伍进厂的小青工，因为改进了小包油封（条盒外包塑料纸），使“红山茶”外观质量达到了“555”和“万宝路”的水平。李云杰在获得3000元奖金的同时，破格晋升为助理技师。1997年12月，郑天一签发的第二号嘉奖令，获奖者是三级站副站长周红，周红当选为云南烟草行业第一位全国外在质量评委。郑天一这一系列不同寻常的举动，让职工认识到了什么才是企业的生命。当时，全国性的国企改革已进入尾声，全国大约有两千万职工下岗，其中不乏许多名牌国有企业。当时有一句流传甚广的话，今天工作不努力，明天努力找工作——你就可能下岗，必须满世界去寻找工作。郑天一强调，作为企业领导，必须具有爱才之心、识才之眼、用才之德、育才之方。在获得ISO9002质量认证后，郑天一再次强调，获得 ISO9002 认证，不是昆烟的目的。我们的目标是培养一大批懂得 ISO9002 标准、熟悉烟草行业、了解昆烟实际的有用之才，拥有这样的人才，昆烟才可能永远立于不败之地！为此，在用工方式上，昆烟把向社会招工改为以吸纳大学毕业生为主，1995～1998 年间，先后派遣 260 人到国外学习。其中，75% 是一线工人和技术人员，以不断求得知识和人才的更新。这些措施，不但强化了昆烟人的质量意识，同时也大大提高了昆烟的产品质量，在 1997 年至 1998 年的全国行检和省内抽检中，昆烟系列产品合格率达到了 100%！

当年从昆明晋宁招来的那个小青工，连他自己都没想到，会在明星企业昆明卷烟厂连连翻起大浪。时势造英雄。多年后，在昆烟长大并成为红云集团老总的朱绍明，总结出昆烟一直以来所提倡的“三让三不让”用人观：让想干事的人有机会，让能干事的人有舞台，让会干事的人有地位。不让成绩突出的人吃亏，不让埋头苦干的人寒心，不让说假话图虚名做虚功的人占便宜。正因如此，真心英雄总会在昆烟这个舞台上脱颖而出。

边疆晓歌

如果说张水长因为当兵、郑天一因为独子，使他们“侥幸逃脱”没去当知青的话，对于那个时代大多数同龄人而言，到农村广阔天地去“大有作为”，是别无选择的选择。

大面积地在中国推行知青“上山下乡”运动是在1969年前后。这场运动由盛而衰大约维系了近十年，涉及中国城市大多数民众家庭，影响到中国三代人（知青的父母和子女），牵动了数亿人的心灵，对这场运动功过得失的反思总结和争论，至今还在继续。

云南可以说是中国知青“上山下乡”运动的“先行者”或者说试验区。因为早在20世纪50年代中期以及60年代初期，就有过几批次知青下乡的实践活动。而中国知青下乡运动的缘起，还要追溯到苏联的相同实验——赫鲁晓夫执政时期，他在1954年的大规模垦荒运动中，改变了斯大林时期移民（各种罪犯和受迫害者）垦荒的老办法，代之以城市青年为垦荒主体。此举一方面解决了粮食短缺，同时又解决了城市青年的就业问题。1955年，中国共青团中央代表团访苏时得知了赫鲁晓夫的这一“发明”，回国后向中共中央作了汇报，提出“从城市中动员年轻力壮、有文化的青年去参加垦荒工作是有好处的，也是今后解决城市中不能升学和无职业青年就业的一个好办法。”这一思路得到毛泽东的首肯。于是就有了江西“共青城”和“文革”前邢燕子、侯隽、董加耕等人的知识青年“上山下乡”。在云南，则是由共青团云南省委组织了首批青年，早在1956年就来到滇西热谷潞江坝安营扎寨，种植咖啡橡胶等亚热带经济作物，与天斗、与地斗、与人斗，其乐无穷——由此闹出动静，被当时昆明军区部队作家黄天明以一部长篇小说《边疆晓歌》，极富浪漫色彩地描述出来，轰动全国，该书印数达数百万册。它最直接的影响，是让若干年后来自北京、上海、成都、重庆等全国各地的知青们，都到云南来寻梦，来聆听那传说中浪漫抒情的“边疆晓歌”——当然，多数人亲历到的却是生活的冷酷与现实的严峻，更有一部分人，则在挽歌中埋骨青山，梦断南国。

1966年“文革”开始后，学校停课闹革命，上千万大中专及“老三届”（仅老三届学生就有1600多万）成了“革命”的主力军，把个好端端的国家折腾得乌烟瘴气，最后连这场运动的始作俑者毛泽东也意识到了，再让这帮“红卫兵小将”由着性子闹下去，国家恐怕是真的要“变色了”。于是，1968年12月，毛泽东发出“知识青年到农村去，接受贫下中农的再教育，很有必要”的“最新最高指示”，轰轰烈烈的“知识青年上山下乡运动”由此拉开帷幕，并一直延缓到了20世纪的70年代末，总计有2000多万知识青年上山下乡，到广阔天地，大有“作为”去了。至于最终“作为”如何，1978年再次复出的邓小平作了如下总结：“国家花了300个亿，买了三个不满意。知青不满意，家长不满意，农民也不满意。”

亚细亚烟草公司创始人庾恩锡最小的儿子苏嘉麒与大运烟厂厂长李清煜的大女儿李嘉山年龄上只相差一岁，一个生于1951年，一个生于1952年，同属“老三届”，像他们那样的出身和背景，“上山下乡”当知青，在当时是唯一的出路。“文革”开始后不久，西双版纳傣族自治州和德宏傣族景颇族自治州同时被撤销（分别划归思茅和保山地区，至1975年在周恩来过问下才恢复）。1969年，苏嘉麒被分到保山地区陇川县章凤公社，李嘉山则分到了思茅地区景洪县小勐养橡胶农场，两地距昆明均在700公里以上。

比起那些因“上山下乡”而致伤致残致死，甚至被人强奸或在农村一待就是近10年的知青来说，苏嘉麒和李嘉山是幸运的。两人下乡的时间都不算长，苏嘉麒于1971年10月招工回城，分到了昆明海口云丰造纸厂（离他度过了童年时光的白鱼口不远）。那正是1950年瞿怡静担任过军事联络员的一家老厂。当然苏嘉麒无从知道这段历史，更不可能认识瞿怡静以及他与昆明卷烟厂和亚细亚之间的关系。不同的时间和空间，会将有可能交汇的一些人分隔得天各一方，毫无关系，永世不会产生任何联系。比如瞿怡静和苏嘉麒。但是冥冥中命运又会做些让人意想不到的安排。比如当时间滑到1980年的时候，苏嘉麒因为工作表现一直很好，因为其母苏兰妮身体变得很坏（三天两头住医院），因为海口离昆明实在太远而且当时交通实在不便，总之，苏嘉麒有很多理由需要照顾调回昆明市区单位，而上级领导也已经主动考虑到这些问题，于是征求苏嘉麒的意见，在上级可以协调的轻工系统单位中，有昆明日用化工品厂、昆明卷烟厂等单位，可供苏嘉麒调动时选择。当苏嘉麒听到昆明卷烟厂时，他的心“砰”的一动，那不正是父亲最早创造的亚细亚所留存在世的“孙子”吗？（在他那里，他将亚细亚、云南纸烟厂、昆明卷烟厂看成了有血缘之亲的祖孙三代）他脑海里一下子又浮现出自己6、7岁时，父亲庾恩锡和自己老手牵小手，一起去看登士路“庾院”老房子、大戏院的情形。他当然知道，最早的亚细亚，早已经搬到昆明北郊上庄一带。于是他利用一个星期天，找了辆自行车，一个人悄悄骑着跑了一趟上庄。他骑到那里已经气喘吁吁，他在厂周围转了一圈，看到了冒着白烟的烟囱，占地已经很大的厂房，也看到了从车间走出来的一群群烟厂工人。星期天也有很多人在上班，说明这家工厂效益不错，才需要开足马力生产。他幻想着自己也成为他们中的一员——他站在某一台机器旁，而那台机器说不定正是当年亚细亚留下来至今还在使用的，当他将自己的体温传递给机器时，转动的机器会不时浮现出父亲那张在他记忆中早已经变得模糊的脸——他由父亲又想到了母亲，他不正是因为要照顾母亲才被领导关心调回市区的吗？他怎么可能要调到这个依然离城很远的昆明卷烟厂来？而且，母亲与父亲以及父亲所遗留的所有（包括公司工厂），早已经没任何联系了。苏嘉麒想到母亲，赶紧一偏腿上了自行车，一溜烟骑回了城里。他去了可以选择的另一个单位：昆明日化厂。而苦熬了几十年的母亲苏兰妮，却在这一年潸然去世。苏嘉麒注定要与父亲开创的工厂失之交臂。他一直在日化厂（如今的日化公司）干到退休，退休前，他已经是这家公司的办公室主任。

李嘉山的回城则充满了戏剧性：李嘉山到小勐养不久，橡胶农场就改成了生产建设兵团，小勐养农场的番号是中国人民解放军云南生产建设兵团1师3团。跟李嘉山一起下乡的有位姓张的同学，其父为滇军起义将领，张同学的哥哥因为出身不好，1962年就“支边”到了小勐养农场，此时已经做了团卫生队的大夫。当时，建设兵团营以上干部均为现役军人，应该说，这些部队来的老革命（许多人都参加过解放战争、甚至抗日战争），对学生也好，知青也好，都抱有一定的同情心。当时发生过一件对知青下乡有重大影响的事件——福建李某为其子女下乡后的非人待遇，斗胆致信毛泽东，毛看后突生悲悯之心，大笔一挥“寄上三百元，聊补无米之炊”。部分知青的境遇因此有所改善，当时已经允许部分知青“病退回城”。李嘉山的那位张姓同学，趁机利用其兄的大夫身份，一次连续开出了四份病退证明，李嘉山在事前毫不知情的情况下，摇身一变，莫名其妙地成了“病退知青”，于1974年回到了昆明。

当时，知青病退与老兵退伍的政策一样，都是由父母所在单位负责安置。李嘉山回昆后，被安排到昆明卷烟厂一车间。

苏嘉麒说，“文革”刚开始他家就被抄了，他与父亲庾恩锡的合影全部被付之一炬。曾经地位显赫、大名鼎鼎的庾氏家族，非但没给苏嘉麒带来任何荣耀，反而带来了无尽的麻烦——大伯、二伯虽早已作古，但一个是大资本家，一个是国民党上将，“大军阀”；父亲庾恩锡就更不用说了，上校军需官、亚细亚烟草公司老板、昆明市市长，集反动军官、资本家、国民党要员于一身，苏嘉麒有时候甚至想，父亲1958年投湖自尽也许并非一件坏事——起码可以落到一具全尸，要是活到“文革”，天知道会发生什么事。苏嘉麒是在昆明三中上的中学，这是一所老牌学校。按那个年代的惯例，牌子越老越反动，苏嘉麒“显赫”的身世，使其“有幸”成为批斗的重点对象。还好没过多久，军代表就进驻学校了。昆三中的军代表是一位40多岁的老军人，对老师同学十分和蔼，他一来，苏嘉麒就再也没有戴过高帽、挨过斗了。

再说，“文革”开始后，李嘉山的情况跟苏嘉麒差不多，因大伯李青年、二伯李宾石已病死狱中，父亲李清煜就成了替罪羊，被“革命群众”斗得一佛出世，二佛升天。作为“资本家”子女的李嘉山，也跟着吃了不少挂落。按道理，李嘉山不该那么顺利就分到昆烟，这里面有一个重要的原因，此时，除了昆烟，云南的烟厂已达9家之多——昆烟、大（理）烟、玉（溪）烟、春（城）烟、红（河）烟、楚（雄）烟、曲（靖）烟、会（泽）烟（排名以成立时间为顺序）。作为龙头老大的昆烟，受省委、省政府指派，先后派人对上述8家烟厂进行技术辅导，并将自己的牌号无私地交给8家烟厂生产。按瞿怡静的说法，是开一个倒一个（这里的“开”是指生产的牌号，“倒”也是指的牌号）。眼看昆烟几十年好不容易创建的牌号，差不多被这帮小兄弟砸光了，昆烟无奈之下，只好重新派出技术骨干到“小兄弟”家上门指导，李清煜被派到了曲靖卷烟厂，一干就是五年。李嘉山因此也才得以顺利进入昆烟。

在中共党史中，“文革”被称之为浩劫，而所谓“浩劫”又是以“四人帮”的倒台宣告结束的。“文革”结束后，昆烟做出的重大决定之一，就是重新恢复“大重九”的生产。

1977年，众望所归的“大重九”，在“消失”11年后，终于重出江湖。

“江湖”二字出自范仲淹的《岳阳楼记》：……居庙堂之高则忧其民；处江湖之远则忧其君。不以物喜，不以己悲……先天下之忧而忧，后天下之乐而乐。

昆烟重新推出“大重九”，当时，“大重九”的民间最大受益者是谁？

答案居然是云南知青。

“大重九”重出江湖后，立刻成了云南知青手中屡试不爽的“路条”和“敲门砖”。

毛泽东当年发动“四清”时说的那句话还真没错：“现在有的人，三斤猪肉，几包纸烟就被收买了。”现实生活中，谁也不能指望人人都有范仲淹“居庙堂之高则忧其民；处江湖之远则忧其君”的崇高境界。你想招工、招干、考学（推荐当工农兵学员），病退回家吗？你想顺利搞到一张回家探亲的车票吗？可以，只要你手中拥有足够多的“大重九”（这种状况一直延续到20世纪80年代中期）。

成都知青邓贤1971年初中未毕业即“上山下乡”，到怒江以北跟缅甸接壤的云南陇川县当知青七年。他还记得为了回一趟成都，本不抽烟的他，居然是先托成都家人找到昆明熟人设法买到一条半条“大重九”，再辗转将烟带到陇川，然后故意在白衬衫左胸口袋里放一包烟，让黄灿灿的烟盒隐约透视出来，然后去找排长连长指导员，一路将烟散过去，开假条放行证明就会出奇的顺当。为了借烟拉关系套近乎，自己也得假装老练地抽几口，一来二去，多数男知青都成了烟民。在云南待过的老知青，多数也就成了云南烟的忠实拥趸。邓贤于20世纪80年代后期回到成都，离开昆明时，他留下了两样东西，一是抽假烟的“习惯”，二是一部首次正面描写中国远征军的纪实文学《大国之魂》。后来，邓贤成为中国最重要的报告文学作家之一，而他所有重要的文学作品，几乎都跟云南有关，比如那部至今被知青珍藏传看的《中国知青梦》。

为了解决超过中国总人口十分之一的知青问题，同时也为了防备一南一北，虎视眈眈的“美帝”和“苏修”，备战备荒，中共中央、中央军委在原有的新疆和黑龙江生产建设兵团基础上，又接连组建了云南、内蒙、兰州、广州、江苏、安徽、福建、浙江、山东、湖北共10个兵团又3个农垦师（西藏、江西、广西各一个）。从1969年到1973年，四年间，京津沪渝包括各省会城市，约200多万知青被分配到上述生产建设兵团。1974年，所有兵团全部改称农垦总局（新疆生产建设兵团于20世纪80年代恢复）。兵团战士摇身一变，变成了农场工人，这占全国知青总数十分之一的200多万人，当时是忧多于喜——身份突然就地变为了莫名其妙的“农场工人”，回家返城的路却变得更加遥远。至于这200多万人的生活境况，可以借用“文革”忆苦思甜时最经典的两句话来形容：吃的是猪狗食，干的是牛马活。多数知青患有贫血症，营养不良。以云南为例，农场知青每月工资24元，口粮（含30%的杂粮）则视工种和性别而定，其余国家一概不管。其劳动强度之大，苦不堪言。一年到头，男知青连包稍微好一点的烟钱也落不下来。

1978年中秋，中央中共在北京召开全国“上山下乡”知识青年工作会议。会议期间，一件预想不到的事情在西双版纳农垦分局橄榄坝农场七分场悄然发生了。

11月12日，七分场上海女知青徐玲先临盆分娩时，恰逢分场医务室一位成姓大夫喝高了，延误治疗，造成了一尸两命的严重后果。

因喝酒误事，直接导致徐玲先母子双亡，消息传开后，犹如堆积如山的干柴遇到了一粒火星，立刻引发了熊熊烈火——

11月16日，橄榄坝农场知青将徐玲先母子的尸体强行搬出停尸房，冲向30公里外的州府所在地景洪街头，抬尸游行。11月21日，州委表态：一、严肃处理肇事医生，追究其责任；二、徐玲先享受工伤待遇；三、进一步落实知青政策……

第一个回合，知青取得了胜利。

同日，就在人们认为事态已经平息的时候，在景洪农场五分场上海知青丁惠民的发动下，全州8个农场知青联合成立了“声援橄榄坝知青委员会”。赫然打出“知青要回城，知青要做人”的标语，宣布知青总罢工。全版纳的农场知青都动员起来了——“起来，不愿做奴隶的人们；起来，全世界受苦的人。满腔的热血已经沸腾，要为真理而斗争……从来就没有什么救世主，也不靠神仙皇帝，要创造人类的幸福，全靠我们自己——”高唱《国际歌》的男女知青将小小的景洪城挤得水泄不通，数万知青横卧街头（占当时西双版纳总人口十分之一强），除秘密开往中越边境的11军33师99团（驻勐海）和紧急从澜沧、西盟、孟连抽调前往中越边境组建边防团的运兵车以外，任何车辆不许通过！

事态迅速波及思茅、临沧、德宏、红河、文山等垦区，10万知青紧急行动起来，一致声援西双版纳知青的罢工行动。当时在交通不畅、信息不灵的情况下，云南知青的罢工游行消息仍然传递到全国各地，各种声援电、信纷纷发往行动策源地景洪，全国知青空前团结，社会空气骤然紧张，当局感到了来自云南知青的巨大压力。大家以为，在此背景下，正在召开的知青会议应该受到影响，中国知青政策应该由此松动。然而，1978 年 12 月 10 日，历时 40 多天的中央知青工作会议结束，经激烈争论（包括邓在会上表达的“三个不满意”），最后作出的却是一个名为《知青工作四十条》的会议决议。《四十条》明确规定，“上山下乡”不但还要继续，而且，农场知青今后一律按国营企业职工对待，不再列入国家知青政策的范围。换句话说，《四十条》从此断了农场知青回城工作以及回城与父母亲人团聚的念头，事实上成了封建时代充军发配的“朝廷”钦犯。

当时知青中不乏“通天”人物，因为很多中央领导和老干部子女就身在其中，因此，中央会议精神不需层层传达，他们早已经通过内线悉数掌握。那边《四十条》才出笼，南国云南坐等消息的十数万知青已如烈火烹油，以前还比较理性表达诉求的罢工游行顿时变了样，最终直接导致了 1978 年底至 1979 年初，发端于云南西双版纳的知青大返城运动。

12 月 14 日，北到澜沧江，南至流沙河，一直“睡”到“西双版纳州革委会”大门口的知青，提出“上北京请愿”的要求；12 月 17 日、18 日、19 日、20 日，2000 多名农场知青“代表”，打着旗帜，举着布标，背着行李，从版纳、思茅等地徒步北上，队伍如滚雪球般越来越大，情绪也变得越来越激烈，什么力量都不能阻挡这支队伍前行的脚步。12 月 25 日，请愿队伍冲破层层阻挠，到达昆明，进驻云南农垦总局。

第二个回合，知青又赢了。

12 月 28 日，因继续北上前往北京请愿之行受挫，队伍中最极端的数百名知青集体到昆明杨方凹卧轨，喊出了“不回家，毋宁死”的口号。致使昆明开往北京、上海、重庆、贵阳、广州及上述方向对开的列车受阻长达 60 个小时，客车、货车，包括秘密开往中越边境的军列全部中断。与此同时，大批知青正从云南各地源源不断地向昆明开进。60 个小时后，北京终于答复，允许知青代表进京，但人数不许超过 30 人。

第三个回合，仍以知青的胜利而告终。

请愿团到京后，受到了国务院副总理兼农垦部部长王震的接见。此时，中共中央理论务虚会议正在进行，“真理标准”问题的讨论方兴未艾，上层斗争异常激烈，知青请愿还提不到最高当局议事日程。加上 30 人请愿团到北京后变得实在无足轻重，因此，原本动静很大的云南知青请愿活动，在北京无果而终。

却不能说是功亏一篑。到此，胜负还难逆料。

仅仅半个月后的1979年1月12日，知青返城运动再次在德宏州勐岗农场爆发（1974年8月，兵团改为农场时，德宏知青就发生过强行闯关，集体越境的“8·28”外逃事件）。勐岗知青采取的是比版纳更为激进的方式——数千人集体绝食。此时，中越之战已经处于一触即发，人们不禁要问，10万知青为何敢于在大战在即的前夕频频发难？实际上，如前所述，北京、上海知青，尤其是北京知青中的某些人，其实是很有些来头的，中央高层的一举一动，都通过不同渠道传到了数千里外的边疆。

大战将即，“攘外必先安内”，此为古训，也算常识。中央不得不迅速派出以农垦部副部长兼全国知青工作领导小组副组长赵凡为团长的调查团赶赴云南。

谁知，1979年1月27日赶到勐岗的赵副部长，面对聚集在会场的三万多知青，第一句话就没说好，他的开场白是：同志们，农场青年职工们——

开头一句问候语，等于否定了知青们的“知青身份”，断了众人的回家之路。一位叫吴向东的知青从人群中站了出来，异常冷静地道：“北京来的首长同志们，我亲爱的知青战友们！兄弟们，姐妹们！我，吴向东，1969年下乡到云南的北京知青……今天，为了捍卫一个真正知青，一个有血有肉的大写的人的尊严，同时也为了拒绝那个由政府强加在我们身上的‘农场青年职工’的身份，我决定用最后的方式来表达我的抗议！”

说完，不等众人反应过来，吴向东用锋利的剃刀，从容不迫地切断了自己的腕动脉，小拇指粗的鲜血冲天而起——

赵凡这位于抗日烽火中投身革命的老八路，经历生死无数，见过场面亦多。当他面对眼前情景，还是忍不住心里一沉。他想起了跟眼前这些知青命运相同、还在冰天雪地中的女儿，老泪禁不住就在心里泛滥。但他表面还是沉着镇定的样子，一面下令火速救人，一面以自己开始模糊的眼睛巡视会场，稍做停顿后才表态：“同志们，知青同志们！我将要慎重地、负责地和全心全意地为了刚才的话，也为那个不公平的称呼向你们道歉……我也是一名知青的家长啊……知青同志们，你们是祖国的未来，希望大家识大体，顾大局，切勿操之过急，赶快恢复进食，爱护身体，我们一定尽快把同志们的实际情况带回去，向党中央国务院负责同志汇报！”

话音刚落，一位来自天府之国重庆的女知青突然跪倒在地，发出一声撕心裂肺的哀嚎：“伯伯，救救我们，救救女儿——”

一声哀鸣，感天动地。谁也没有发出口令，在场的3万多名知青，扑通一声，齐刷刷地跪成了一片。如此令人震撼的场面，纵然身经百战的赵凡也从未见识过，未曾开口，已然泪流满面。流着老泪的赵凡向知青们保证，连夜急电向北京请示，请知青们等待他的回音。

一夜未眠的赵凡，与北京进行了长达十几个小时的通话。第二天凌晨（1月28）5点，重又回到了现场。数万知青就在露天广场静坐一夜，居然谁也没有挪窝。聚光灯下，知青们从他脸上浮起的笑容，看到了绝处逢生的希望。果然，赵凡一开口就说："知青同志们，现在，让我负责任地回答你们的问题，中央领导同志已经明确表态——你们的合理要求是应该得到满足的——"

赵部长后面的话谁也没听到，完全被掌声、欢呼声、嚎啼声打断了。

天见曙色时，一个昆明知青从行囊里扯出一条已经揉得有点变形的"大重九"，给在场的知青们见人就发，而且不管男女。他一边发烟嘴里一边嘟囔：再他妈不用孝敬谁了，我就孝敬知青战友吧，来一支，哥儿们，你也来一支，姐儿们！北京、上海知青们也纷纷效法，拿出自己平素根本舍不得抽，主要用来"走门子"的"中华""大前门"等香烟，也是逢人就发，也有来不及一支支发的，干脆就往空中抛洒，广场上一时烟雾袅袅。有位女知青将得到的三根"中华""大前门"和"大重九"烟一齐送到主席台上，请赵凡品尝。赵从中找了一根"大重九"，给为他递烟的女知青说："来到云南，就抽一根'大重九'吧。刚才我是代表中央给你们表态，现在我要代表知青家长，给你们说一声，孩子们，你们受苦了，你们的爸爸妈妈、哥哥姐姐、弟弟妹妹，你们的所有亲人，没有一天不想你们，念你们！"因为扩音话筒一直开着，赵凡的声音马上就传了出去，本来很喧哗的现场一下子又安静下来。知青眼里的泪水哗哗地流着，手上有烟的知青都将烟举过头顶，像是向上苍祈愿敬香一样虔诚地拜祭天地，更让赵部长感慨欷歔。

1979年2月后的短短两三个月内，云南农场知青返城率高达90%以上（至次年，全省仅余3200人，不足原总数的3%。留下的多为已婚或者因别的个人缘故自愿留下者），全国知青（含农村插队知青）闻风而动。至此，发端于云南的知青返城大潮迅速波及全国，中央和各省市区不得不网开一面，以特事特办的方式，为其提供户籍迁移、交通运输、包括就业安置等系列服务。当年春夏之交，轰轰烈烈的知青返城运动达到了高潮，约2千万知青的大返城，宣告了历时10年之久，造就了整整一代人的知识青年"上山下乡"运动的最后终结。

说实话，较之冰天雪地的黑龙江和赤日炎炎的新疆，云南边疆生产生活条件算不上最艰苦，知青数量也远不如黑龙江和新疆。那么，知青大返城为何偏偏发端于地处边鄙的云南呢？其中原因，也许可以从重九起义、从护国战争、从云南敢为人先的传统精神和血脉上找到答案。

作为2千多万知青“恩人”的赵凡部长，善有善报，一直活到了94岁的高寿，于2010年4月14日在北京悄然去世。

最后一场战争

就在由云南引发的中国知青大返城一波未平，位于南中国边境上的一场战争又将世界的目光吸引过来。这就是发生在1979年的中越之战。

1979年2月至1989年发生在云南和广西，长达10年之久的对越作战，是中华人民共和国迄今为止的最后一场战争。

1979年的对越作战，广西是重点方向，参战部队为五个军又两个师；云南次之，兵力为三个军又一个师。作战时间从1979年2月17日至3月5日（部分部队的撤离时间延至3月13日），历时近20天，东西两线毙敌共5万余人，俘敌2000多人；我方战损：阵亡9800余人，受伤近20000人，被俘200多人（云南方向仅15人），从敌我伤亡数字上即可看出几乎是一边倒的胜负结果。其中，云南方向，13军（含加强之50军149师）毙敌9000人，阵亡400人；14军毙敌4000人，阵亡900人；11军毙敌2000人，阵亡约500人；云南省军区部队毙敌1000人，阵亡约300人。又是一个一边倒的数字。

云南与三国接壤，自建国至1993年2月10日中央军委下令解除老山地区防御作战任务，长达32年间，几乎时时都处于战争或临战状态，1950年至1953年剿匪，之后是援越抗法，1958、1959年藏区平叛，1961、1962年勘界警卫作战，以后又是长达10余年的抗美援越，最后一批援老筑路工程部队1977年才全部撤回国内。紧接着就是1979年的对越作战。广西虽然也和越南接壤，1979年还是对越作战的主要方向，但自1981年法卡山战斗后，战火就基本停息了。云南则不然，1979年大规模作战后，1980年又是罗家坪大山战斗，1981年扣林山作战，直至1984年“两山”（老山和者阴山）作战，枪炮声几乎就没有停止过。

1984年至1989年的“两山”作战，规模上虽然不如1979年，但因为时间长，参战部队和歼敌数字均高于1979年。6年间，先后到云南轮战的部队计有九大军区若干部队，光军以上番号就多达13个。6年作战共毙伤俘敌32905人，我军伤亡4283人，敌我双方伤亡交换比约为8∶1，阵亡比则高达13∶1（我方阵亡仅为939人）。歼敌数字超过了1979年的云南方向作战。

对越作战中，一位染满硝烟、浑身征尘的中国陆军士兵，怀抱步枪，背靠堑壕，在战争间歇，用一张金黄色的“大重九”烟标背面的白纸，写着家书（或许是入团入党申请书、请战书之类）的战地摄影，无疑是“大重九”从诞生到今天，长达90年来最经典的一张照片。这张战地照片，大约摄于1984年以后的“两山”作战。因为照片上有一个新式钢盔，而这种钢盔是在1981年后才开始普遍装备中国军队的。之前，只有少数炮兵部队装备钢盔。对此，昆明卷烟厂的“末代厂长”（指独立法人工厂）、现任云南中烟公司总经理、党组书记朱绍明最有发言权。因为1979年战争爆发时，他正是前线一名炮兵班长，他当时头上那顶闪着钢蓝色幽光的钢盔，就令其他兵种的战友十分羡慕。到了20世纪80年代中期，已经在昆烟党办工作的朱绍明，随厂党委书记率领的“十八棵青松”，拉了两卡车“白壳烟”到老山前线慰问，这时朱绍明头上已经没了钢盔，而他见到的那支刚上老山轮值作战的山东某军部队，每个士兵头上都戴着钢盔了——型号正是照片上那顶新式钢盔。至于为什么要在烟壳上写字？据朱绍明介绍：这里面有一个战场纪律上的硬性规定，部队集结开赴前线之前，任何人身上都不许携带可能暴露部队番号的东西——包括笔记本、信笺等等。因此，烟壳就成了战士们既能就地取材，又取之不尽的书写工具。一旦上了前线，几乎所有的官兵都会抽烟，即使从前不会抽的，很快也会受其传染而学会。因为香烟具备了两大功用，一是提神，二是镇静。对于前线睡眠严重不足的官兵来说，烟可以起到提神解乏的作用；而对于身处枪林弹雨，生死不过一瞬间的人来说，香烟可以起到缓解紧张情绪镇静安神的绝妙功用。“我就用‘大重九’烟壳背面写过决心书、请战书。也不知道是谁带的头，像有传染一样，大家都写，言辞一个比一个激烈，也有的就咬破手指头写血书，那场面确实很煽情很感动人，那就是战场，那就是军人。”2012年8月28日，朱绍明回忆起往事，心情还有些难以平复。

提到那场战争，引出了朱绍明关于那场战争与“大重九”的一段故事——

1979年在前线作战时，后方支前物资源源不断地送来，其中就有香烟，而且，居然是“大重九”香烟！我跟“大重九”，可以说是再熟悉不过的老朋友了。因为我就是在生产它的车间旁边长大的。我的父母都是昆明卷烟厂的工人，我小时候，就在厂区周围混，我们最好的玩具，就是纸烟壳，拿它来折成三角或者豆腐块，拍烟壳，比大小，就是我们那时乐此不疲的游戏。要知道，即便是烟厂子弟，谁要拥有一个“大重九”烟壳，那也是了不起的事情。因为1966年“大重九”就停止生产了，市面上很少有“大重九”烟，而且当时“大重九”价格也不是一般人能抽的。谁都想赢一个“大重九”烟壳，因此谁都不轻易出手这个很有杀伤力的烟壳。你想一想，当在战场上，当你随时有可能跟死神握手，当这刻不知道下刻的命时，你突然见到小时候最亲切的“玩伴儿”来到你跟前，握在你手中，你会有什么反应？别人会是什么反应我不知道，我只知道自己那一刻，不争气的眼泪突然哗啦就流淌出来了，含在嘴里的半截烟都泡湿了。战友们都知道我来自昆烟，谁也没笑话我，就让我静静地流了一会儿泪，情绪平静了，我才划根火柴，把那根“大重九”抽了。可以说，那是我这一生人抽过的最有滋味、最有感觉、最难忘怀的一支烟。搞了半辈子烟草，可以说什么烟都抽过了，却没有哪一种烟可以代替我1979年在前线抽过的“大重九”。

20世纪80年代中期，我随昆烟党委书记率领的“十八棵青松”，拉着两卡车“白壳烟”到老山前线慰问，也很有故事。我从当年在这里打过仗的一个兵，变成了如今来慰问新战友的烟厂人，带去的白壳烟，依然还是“大重九”。位置变了，感情还是一样，见到的是来自山东的部队，感觉却依然是当年那些熟悉亲近的战友。山东战友们也很喜欢云南烟，喜欢“大重九”，所以，当我们在老山上一片不大的空地与他们搞战地联欢时，那场面之热烈感人，我至今难忘。大家挤在一起，抽“大重九”，互相比拼节目，最受欢迎的是我们带去的一个独舞“十五的月亮”，表演者是当时昆烟“厂花”颜红。她一出场，才跳了一段音乐“过门”，全场就掌声雷动，因为她舞姿美，人更美，举手投足间，流动的都是美的韵律；一颦一笑间，顾盼的都是情的风采。到她最后一个动作收束、定格时，全场反而出奇的安静——原来，她的美让好多山东汉子看呆了眼，回不过来神，一时间忘记鼓掌了。然后才是暴雨般嘈杂喧哗的掌声，而且停不下来。颜红只好一次次谢幕，战士们都冲上台去，把她那身灰工装从前到后都签满名字——比今天的追星族狂热多了。后来昆烟书记上台发表讲话，自豪中微微有点得意的醋意：“带来‘大重九’，战士们很喜欢，这个，我们想到了；带来个舞蹈，战士们比‘大重九’还喜欢，这个，我们真没想到。”部队政委致答谢，他的讲话也很幽默：

“‘大重九’很美，这个，我们原来就知道；生产‘大重九’的人更美，这个，我们今天知道了。”

关于那场战争与“大重九”的另一段故事，是红云红河集团销售中心原总监、现任云南中烟公司销售部长马宗泽讲述的——

2011年底，我们去广东做“大重九”重新上市预热工作，在当地搞了一次品鉴会。会议结束时，一位嘉宾主动要求发个言。他说他只是当地一个工商局长，知道在大领导云集的场合，轮不着他发言。他这样说，我们更不能拒绝，已经结束的会议又往后延了一点。谁也没想到，那天最出彩的事情发生了。这位朋友拿起一包新版“大重九”，还没开口，已经热泪盈眶，他说，他最早抽到“大重九”，是在1985年，在云南老山前线，他那时只是个大头兵。慰问到前线的香烟，已经分出了三六九等，价格很贵的某个牌号香烟，是团以上首长抽的；价格比较贵的某个牌号香烟，是连排以上首长抽的；轮到战士可以抽的，就是这个“大重九”，而且是两头点火的。一些士兵知道这个情况后，有的一开始还有点情绪。但是没想到一抽“大重九”，情绪没了，兴趣来了，因为这个“大重九”实在是太好抽了，而且，两头点火的，抽起来更方便。你想啊，猫儿洞里黑灯瞎火的，你要真抽带滤嘴捧的，没准你点着的恰恰是那截丝束，容易引起明火，暴露目标不说，还有很大危险。关键是“大重九”烟就像为铁血男儿量身打造的一样，提神，带劲，味醇，厚道，所有人拿起了就放不下，抽上了就忘不了。最有意思的是，一些连排首长后来拿他们带嘴的、价高的烟来跟我们换了抽，我们还不想换呢，当然，不用换，拿去抽就是，战场上，命都不计较，谁会去计较一根烟?

都以为话到这里，就该结束了。谁想到这位老兄拿出一包钱，几万块吧，他说，刚刚开会时，我抽第一支“大重九”，就来了灵感，就悄悄让司机送来了钱，我决心把你们带来的样品烟都买了。放心，这都是我正常收入，没一分钱是公款。我抽烟历史从在云南老山算起，快30年，也是个老烟民了，也抽过很多烟。就想找一种我特别想要的烟，它必须符合几个条件：第一是国产的；第二是符合我现在消费能力和身份的；第三是关键，要抓得住我心的。今天一抽“大重九”，三个条件都符合，我知道我要找的烟出现了。管你们卖不卖，我是要强买了。说完，这个老兄真的把满场子烟收拢到自己怀里，逼着我们照单收钱。全场嘉宾，都给他鼓掌，面对这样执著感人的消费者、“重粉”，我们当然就遂了他的心愿。

关于战争与“大重九”有关的第三个故事，是本书笔者之一段平自己讲的——33年后，他回忆说：

战争发生时，我时年19岁，还是个刚入伍的新兵蛋子，枪把子还没捂热，就跟着部队上了前线。我人生中后来的漫漫抽烟史，正起始于中越边境南方丛林的某个山头。

刚开始，我还不会抽烟，其实我们绝大多数新兵是农村兵，都不会抽烟。道理很简单，抽烟是温饱之外的事，抽好烟更是小康之后的事。那时的中国人，好多都还没有解决填饱肚子的问题。当兵，很多人就是冲着吃饭不要钱，而且还不限量这一点去的。我虽然与他们略有不同，因为父亲是老兵，他要两代人穿一样的军服，而且把当英雄的梦想寄托在了我身上，所以，我与一伙农村新兵，刚吃上饱饭，就送上前线，当然，就跟烟沾上了关系。原因是，猫儿洞的黑夜太漫长寂寞了，正好劳军慰问品中有烟，先是“春城”，后来还有“大重九”“云烟”以及“红塔山”。带我的副班长是个湖南老兵，又特别好这一口，对于云南烟，不管什么牌子，在他看来，都是好烟。看他抽烟像神仙的样子，我也跃跃欲试。副班长却严肃地告诉我，抽烟——尤其是在阵地上，在夜里，抽烟可有讲究呢！烟头一定要藏在袖管里，否则，被对方狙击手发现，后果就不堪设想。那天晚上，我和副班长就在战壕里一支接一支地抽，那天抽的就是“大重九”。一边抽烟副班长一边对我说，半年前，在老家里，有人给他介绍了一个对象，才19岁，是个高中毕业生，还没见过面，但是已经寄来了照片。等这场仗打完，他说他就要回家，相亲，争取结婚呢！副班长还说，他都二十好几了，连女孩子的手还没牵过，要是在战场上光荣了，你说冤不冤？说着，副班长就从胸口衣兜里掏出很小的一张照片，仔细打量起来。也许是照片太小光线太暗，也许是抽烟高兴了忘乎所以，副班长居然直起身子，把烟头凑近了照片——“砰”一声枪响，副班长仰面倒下，那烟头还没熄灭，而副班长，却牺牲在了我身边。从那以后，我打仗和抽烟都特别猛，打仗直打到负伤昏迷被抬下火线，醒来的第一件事情，就是找烟抽，第一句话就是：“给我一支烟！”我至今仍清楚地记得，我的班长被地雷炸断双腿，被我们转移到安全地带后，说的也是同样一句话。战场上的兵啊，好像空闲下来嘴里没烟，心里就慌。而我，抽烟时间长了，就会让人做思考状，我后来当作家，可能也与抽烟有关吧！33年，几乎没间断，每天我不少于两包烟，要问我抽了多少烟，这样说吧，我抽过的烟，也就448000支，如果一支接一支地连接起来，我粗算了一下，足有40多公里长！

昆明卷烟厂不遗余力地支前拥军，收获的当然不止于一幅跟“大重九”

有关的经典照片和几个故事。事实上，昆明卷烟厂一直跟军事、军队、军人有着很深的缘分。从最早创牌的“大重九”，到1977年重出江湖的“大重九”，其烟标上就凝结着很深的军人情感。至从1949年6月新版“大重九”烟标定格后，除了厂名，这个烟标在其后数十年中几起几落，从无嘴变有嘴，从乙级变甲级，最后升格为代表中式卷烟最高水准的最新版“大重九”，所有后来的设计者们却很难动这个经典烟标一分一毫。因此，数度重出江湖的“大重九”，以其不变应万变，赢得了几代人，尤其是金戈铁马为国效命的军人们的追捧喜爱。它让人喜欢的理由有无数条，如果拣主要的说，除了代表王者之气的金黄色基调，当数那枚美轮美奂的蓝色盾牌了。全世界绝大多数国家都将盾牌用作军人和警察臂章的基本形态，作为国家武装力量的象征和化身，以此彰显军人的豪情与霸气。昆明卷烟厂历90年而沉淀下来的“大重九”，在21世纪第一个十年又次第上演一幕幕大剧，继续浓墨重彩地书写着报国志，爱国情，以及深深的军人缘分。

说到军人，就不能不说说从昆明卷烟厂走出来的几个曾经是军人的领导者的故事。

我们已经在前面结识了曾经是军人的张水长。另一位比张水长稍晚当兵，因此也稍晚转业进厂的李万兴，是昆烟近十数年来又一个重要人物。李万兴，1970年12月入伍，1974年3月退伍进昆明烟厂。曾经在炮兵14师当汽车兵的李万兴，进厂后第一份工作是小车驾驶员，也算是专业对口。此后的一段履历，他基本跟郑天一相同，比如都在1982年当了车间副主任、主任，都在1984年3月当了副厂长。后来李万兴调云南省烟草公司，到1993年，李万兴去了曲靖卷烟厂，接了老厂长李树金的班。曲靖一直是烟叶大市（地区），在云南排名第一，因此也可以说在中国、在世界，其烟叶产量都排名第一。正是在李万兴手上，曲靖完成了烟草改革的一个重要历史阶段：“三合一”。李万兴在曲烟这段时光，身兼厂长（烟厂）、局长（烟草专卖）、经理（烟草公司），因其优质烟叶产量、优质卷烟销量巨大，他的责任也就特别重大。然而当过汽车兵的李万兴，不仅善于看清方向，还具备军人特有的大局观，他将曲靖“三合一”的一盘烟草大棋下得行云流水、风生水起，因其业绩显著，于1998年又调回省公司。2000年，当昆烟再度面临危局时，李万兴重回昆烟，成了昆烟历史上第一个正厅级厂长。

昆烟在进入21世纪之初的再度滑坡，当然有种种原因。李万兴重回昆烟，也算是临危受命。但他是否能挽狂澜于既倒，很多人还是打了一个大大的问号。大家都知道，李万兴管过烟叶，但是他并不怎么懂烟叶育种栽培病虫害防治等具体技术；李万兴管过烟厂，但是他并不怎么懂卷烟配方卷包等具体环节；李万兴管过市场（商业公司主要任务之一就是市场销售），但是他并不怎么天天满世界跑市场找销路。那么，他将以什么样的灵丹妙药，来救治当时已经“病情严重”的昆明卷烟厂呢？人们拭目以待。

就在李万兴重回昆烟的这段时间，曾经风光无限的云南卷烟正遭受外省市场群起而攻之的困局。当时有着近 80 年辉煌历史的昆烟，产品再度大量积压，而且破天荒地出现了数十亿元的亏损；而另一位后起之秀红塔集团久负盛名的“红塔山”，产量从 1996 年最高峰的 89.6 万箱，降到了 2002 年的 30 万箱。

1998 年，云南卷烟工业实现的税利相当于全国烟草行业税利的 40%，其中，上划中央的“两税”占全国烟草行业税收入库的 28%。上缴中央财政的款项，相当于西部地区新疆、青海、宁夏、陕西、贵州五省区财政收入的总和。20 世纪 80 年代末至 90 年代中期，凭借优质烤烟原料和世界上最先进的卷烟加工设备，云南卷烟几乎垄断了国内高中档烟市场。这么说吧，1998 年之前，在 960 万平方公里的中国领土上，只要有人居住的地方，就有云南烟；凡是卖烟的商铺就必须卖云南烟。一旦提及云南，不管到没到过云南，人们一定会说，哦，云南，云南出好烟——“云烟”、“大重九”、“红塔山”。

事实上，当时全中国的商店只卖两种烟，云南烟和地产烟（本地出产的卷烟）。风光无限的云南烟，不仅给国家带来了巨额税收，造就了一大批富人阶层，而且至少使得占云南总人口四分之一的烟农迅速摆脱了贫困。云南烟草业的高歌猛进和一枝独秀，也大大刺激了中国历史上商业和加工业最为发达的中东部及沿海地区。外省一些烟企，不动声色地开始了他们的绝地反击。

他们迅速引进和更换本地烟草加工业的设备，大量收购云南优质烟叶原料，派出大批生产技术人员到云南烟企学习取经；并对外地烟实行地方封锁，云南卷烟由此如冷水煮青蛙，在不知不觉中慢慢就被挤出市场，眼看就要窒息而亡。而当时上级出于通盘考虑对“两烟”实行的“双控”政策（控制烤烟栽种面积、控制卷烟生产产量），更是让云南卷烟工业雪上加霜，当头一棒。

当大多数云南烟草人纷纷为云南卷烟在省外遭遇的不幸鸣冤叫屈的时候，李万兴却不动声色，出奇的冷静。

当时是昆烟第四生产部部长兼综合办主任的范晓，对李万兴有过一番观察。他发现李万兴总喜欢用军人和战争来比喻身边的人和事。李万兴平时话不多，口头禅喜欢说“这个嘛就冤枉了”“这就很冤枉了”。老家本是河南的李万兴，在云南待时间长了，已经一口地道云南腔。而“冤枉”二字，在云南话里多有吃亏、算计或者被耽误的意思。久跟李万兴接触的范晓明白，当李万兴将“冤枉”挂在口头时，他其实是在找怎样才能让昆烟不“冤枉”的路子。所谓兵者，诡道也。你不管人家采用何种手段和方式，人家一旦击败了你，就是胜利者，而胜利者是不受终极意义上谴责的——哪怕在过程中会被道义的口水淹个半死——最终人家却是胜利者。这是一般的公理。

近朱者赤。经常有机会接近李万兴的范晓，已经明白了现实严酷的道理。他说，不能全怪人家狡猾，外省人的确有不地道之处。但你如果稍稍聪明一些，动动脑子，还会遭人暗算吗?

其实，这完全是时任昆明卷烟厂厂长李万兴的口气。因为李万兴早已经看出了某些端倪。范晓说，当时自己成为昆烟最年轻的部长后，那可真是踌躇满志，志得意满哪。在范晓印象中，李万兴厂长平时很少进车间，而且准时上下班。但，自从自己当上部长后，厂长李万兴到车间的次数越来越勤了，眉头也皱得越来越紧，脸色阴得能拧出水来。2002 年 2 月的一天，范晓忍不住问李厂长：“您怎么啦?厂长，是不是遇到了什么不顺心的事?”

李万兴反过来问他：“你知道你使用的是什么设备吗?”

范晓：“那还用问?世界一流的超高速，一分钟可以卷包一万两千支香烟。一台（套）机器的价格就相当于一架波音 737。”

李万兴：“我给你的是越王剑，但你剁的却是白菜猪草。高射炮打蚊子，大材小用，我能不急吗?”

范晓这才想起，好长一段时间，他引以为豪的超高速，开的（生产）却都是“春城”、“红山茶”一类的中低档烟。不过，市场这两个字，那时对他还是那样的遥远，昆烟几千人，只有四个人负责销售。在他的印象中，销售科无非是填填单子，四个人，一年一百多万箱烟，夜里刚生产出来，第二天一早就带着车间里的热气，销往全国各地了。

李万兴这时又说：“只开‘春城’、‘红山茶’，不开‘云烟’，是因为‘云烟’没人要，卖不出去。利润一路下滑，跌到了 4 个亿。”

范晓不知深浅地说：“4 个亿也不错了呀，全昆明有几个厂家一年能赚 4 个亿?”

当时还是“三合一”体制，烟草公司、专卖局、烟厂一家。李万兴集经理、局长、厂长于一身。李万兴眉头一皱说：“你懂什么？4个亿其实是烟草公司的利润，烟厂早就处于亏损状态了。”

正是在这次谈话后不久，昆烟决定走出去，开始了在省外的全新布局。范晓也在不久后北上太原，成了“山昆烟草”的老总。

一颗颗棋子布出去，一片片市场收回来。昆明卷烟厂在多数人不知不觉中，又开始好转起来。那些曾经对李万兴持怀疑观望态度的人，在心里完全折服了，有人甚至把“烟草战略家”的帽子悄悄戴在了李万兴头上。李万兴又回到那个按时上下班、少有去车间的工作状态上，到休息日，他会自己找跟钓鱼竿，跑到不为人知的地方，一坐大半天。该开会时，他也去做报告，也有秘书为他事先准备好的讲稿，但是，人们发现，他的重要思想都在书面报告之外，在他不经意中随口说出的某几句话。如果谁那时分神了，可能就真的要“冤枉”了（此时李万兴已经很少再使用“这个就冤枉了”的句式）。所以，每到开会，每到李万兴脱稿开讲时，底下的笔都在齐刷刷地飞快记录。因为谁都怕“冤枉”，谁都想昆烟和自己个人不再被“冤枉”。

李万兴后来在云南省烟草公司总经理任上退休。

从昆烟走出去的另一个复转军人童荣昆，也是个很有意思的人。一看他名字，就知道，他是云南昆明人。17岁时，童荣昆从昆明当兵，那是1969年。2月入伍，5月开拔，到目的地一看，已经在国外。原来他们是一支秘密出境支援老挝的工程兵部队。童荣昆因为人机灵，善观察，团长相中他当了警卫员。团长独到的眼光很快就得到了验证：一次率警卫和作战参谋外出察看地形，没想到三人在异国大森林里迷了路，就连指南针也失去作用。这时机灵而善观察的童荣昆发挥作用了，他出发时注意观察过一条森林河流的走向，因此他自告奋勇地当起了向导，最后他忍受了蚊叮虫咬，冒着被蛇兽攻击的危险，终于带领团长一行安全走出密林，自己身体却多处血肉模糊，从此也就跟团长结下生死之交。

两年后回国轮换，部队去了大连，工程兵也就变成了海军。在海军舰队，20多岁的童荣昆干到了指导员，本来有大好前程，却因为父亲病危，他只好想法转业回到家乡昆明，1981年，他进到昆明烟叶复烤厂。当时连级干部转到地方，已经没有现成职务等着你，童荣昆就从最基层，一年一个台阶，三年换三岗，硬是很快进步到厂党委副书记位置上。1987年昆烟与复烤厂合并，童荣昆成了昆明卷烟厂党委副书记。到1992年“三合一”时期，他又当了副厂长、副经理、副局长。他的工作重心也转向了以抓烤烟生产为主。

当时昆明卷烟厂最大的问题就出在原料上。可以说是吃百家饭，也就难免看别人白眼。更要命的是，原料卡着脖子，配方就得跟着原料走。这样的烟要想做大做强，基本是一句空话假话。因此，童荣昆就按照昆烟最紧迫的实际需求，做了两件事：一是抓基地。当时粮烟争地，单靠在昆明一地寻找突破基本不可能。童荣昆就跑滇西保山、丽江、德宏、临沧四地州，一处一处去做说服工作，将其列入昆烟原料基地。因为滇西历史上并无种植烤烟的传统，因此，开初工作并不顺利。但是在部队就善于做思想工作的童荣昆，硬是一处处做了下来，而且都取得了不俗成效。比如保山，童荣昆去之前那里烤烟种植面积是5千来亩，现在是50多万亩，整整翻了100多倍；丽江当时是烤烟空白地带，现在已经种植20多万亩；临沧、德宏，如今也已经分别达到30多万亩、20多万亩。说起这些数字，童荣昆如数家珍。至于数字背后的艰辛委屈，军人出身的童荣昆却是一笑带过。

抓品种，是童荣昆做的第二件事。因为数量慢慢上去了，接下来就要求优质。因为有了烤烟种植面积的突破，昆烟就提出以配方组织原料的新要求。在童荣昆主管烤烟原料生产时，他接手的是一个“多、乱、杂”的摊子。收来的烤烟居然有11个品种，而且相互混杂，对复烤和按配方组织生产，都带来很大难题。这些品种，“大重九”和“云烟”基本无法使用。昆烟在1996年3月果断提出按需生产烤烟的要求后，进一步明确种植“红花大金元”和“K326”两个主打品种。当时很多人都说办不到。童荣昆的军人脾气上来了，他立下军令状，两年之内，保证说到做到，不放空炮。很多人为他捏了把冷汗，那么大的面积，那么多的县区，怎么可能？童荣昆对此早有主意。他说动昆明市组织召开了高规格的烤烟生产汇报会，市委主要领导亲自出席并听取汇报，最后市委决定以红头文件方式，要求各级政府必须为烤烟优良品种推广抓落实，一层抓一层，政策上给保证，措施上给扶持，优良新品种终于从文件走向田间地头，昆明卷烟厂也从过去“找米下锅”变成了挑选最对胃口的饭吃，优质卷烟有优质原料做支撑，昆烟底气前所未有的足起来了。

“红花大金元”的推广，确实也遇到过诸多难题。因为多年不种，加上确实“红大”比别的烟难种难管难烤，要做硬性推广，烟农这一关就不好过。童荣昆想方设法要政策，要为烟农种“红大”留够补贴。很多烟农看到这个不抽烟却一天到晚往烟田跑，跑出跑进却衣服皮鞋都整整洁洁，而且还特别爱穿一身白衣服下乡的“烟领导”，开始多有抵触情绪，那年“三讲”

就有老百姓借此给市里提意见，说是童荣昆逼着大家种“红大”，烟农是含着眼泪“绣红旗”。但是当童荣昆跑来补贴政策，又看到“红大”带来的优质优价时，许多人又要给童荣昆送锦旗了。

在童荣昆抓烤烟时期，每个烟站都书写着三行大字：国家利益至上，烟农利益至上，消费者利益至上。在国家局提出的“两个利益至上”基础上，基层烟站多了个“烟农利益至上”的口号。童荣昆说，烟站面对的就是烟农，如果烟站都不以烟农利益为主，那就没人听你的话，更没人愿意为你按需搞烤烟生产。都知烟好抽，不知种烟难。童荣昆说，他就是愿意真心实意地将烟农利益举得高高的，看得重重的，落到实实的——而不是只挂在口头，写进文件。当兵的人，办事必须实诚，这是必须的！

在昆烟领导岗位上，不知不觉就会数出了一大串复转退伍军人的名字：张水长、李万兴、朱绍明、童荣昆、和国刚、田东明，更老的还有瞿怡静，等等，好像昆烟有一种偏爱军事题材和军人治厂的传统。其实这只是那个特殊年代的一种巧合。比如，朱绍明、和国刚、田东明，三人都是同一年进厂（1981 年，朱绍明是春季转业，以昆烟子弟身份进厂，而和国刚、田东明则是当年底进厂。三人都是炮兵——算上李万兴，则是四个炮兵——都干到班长职务。朱绍明和田东明在部队时就因为在一起写材料而熟悉。1981 年冬天，原本打算到昆烟“侦察”情况的田东明，走到厂门口居然正好碰到朱绍明，情况立即搞清楚并做出决定，就来昆烟。而和国刚进厂后，居然很快又跟朱绍明在同一办公室。四个炮兵，都先后不同时间坐过昆烟厂长的位置），当然，这些曾经做过军人的领导，确实也有一种比较特殊的魅力，比如，他们一旦进入角色，在低调中有爆发力，面对迷局有大局观和前瞻性，既讲究战术更讲究战略，不出手则已，出手必稳准狠，攻坚克难，志在必得。昆烟，从某种意义上说，它是云南“烟草王国”的干部摇篮，人才基地，烟草业的“黄埔军校”。最典型的例子是，按国家局部署烟草工商分离后，云南省中烟工业公司到目前为止共产生了两位老总，首任老总来自昆烟，即前面介绍过的昆烟退伍兵张水长。云南中烟公司的第二任老总也来自昆明卷烟厂，而且也是一个退伍兵，他就是现任云南中烟公司总经理、党组书记朱绍明。

第十一章 · “烟草王国”的诞生

YANCAOWANGGUO DE DANSHENG

烟 巨 人

云南由于特殊的地质、地理和气候条件，使这里拥有多顶“王国”帽子：动物王国、植物王国、有色金属王国……这些“帽子”，可以说主要都是由上天慷慨赐予云南的。而戴上“烟草王国”的帽子，却有明显的双重因素：它既是老天给的（比如特殊的地理和气候条件），更是人的创造（从引种外烟，到改良品种，再到不断技改、打造品牌、推出品类、确立经典……）的结果。

如果说20世纪初期以庾恩锡为代表的民族工业先行者，他们筚路蓝缕，披荆斩棘，所创建的云南第一家机制卷烟厂——亚细亚烟草公司，是为缔造云南“烟草王国”走出了第一步的话，那么，到20世纪40年代，那些为引进美式烟种在云南大地生根开花的努力耕耘者，则是云南“烟草王国”建设最初的奠基人。正是他们在最艰难岁月里的不懈努力，发现了“兹土偏宜烟”的秘密，找到了建造“烟草王国”最坚实的基石，具有现代意义的“烟草王国”由此在云南大地悄悄萌发。

新中国的建立，给云南建造“烟草王国”注入了巨大动力和活力。从20世纪50年代开始，新中国几代领导人对云南烟草事业的发展，都给予过关怀和支持。从宋庆龄副主席对昆明卷烟厂的深情一瞥，到毛泽东主席对“云烟”的逢人就夸，再到朱德、周恩来、邓小平，一直到江泽民、胡锦涛以及习近平等领导人对云南烟草工业的关心视察，对云南烟农劳作的嘘寒问暖，都为云南烟草人带来了巨大鼓舞，为云南烟草事业发展带来了巨大精神动力。

昆烟人还记得，1989年11月20日下午，江泽民来到昆烟的情形。并不吸烟的江泽民，却对“云烟”品牌很熟悉。当时昆明卷烟厂还生产“三七”“皓牌”等香烟，显然江泽民对这些牌子都不熟悉，每问及这些牌子的质量和效益时，他都拿“云烟”来做比较。当知道昆烟有一个专线车间正在生产出口创汇的“云烟”时，江泽民看得很仔细，问得也很认真。他叮嘱昆烟人，出口产品要严把质量关，面向国内市场的产品同样要把好质量关。对引进工业设备十分熟悉的江泽民还注意到昆烟当时已经大量使用的“MOLINS”机械设备，并随口就用英语念出声来。他反复叮嘱昆烟人，质量是企业关键，要降低消耗，提高效益。他还高兴地让随同来访的中央相关部门负责人都来品鉴昆明卷烟厂生产的好烟，并随口数出了一大串抽烟的负责人的名字，还亲切地称他们为“烟筒”。他的随和亲切，让在场的昆烟人都笑了起来。最后，江泽民在昆烟留下了题字签名，也将他亲切平易的形象留在了昆烟人心中。

红云红河集团采购中心总监苗魁元回忆起2002年7月19日胡锦涛到昆烟视察的情形，至今还历历在目。那天早上，胡锦涛来到昆明卷烟厂所属云南九九彩印公司，他详细视察了九九彩印公司凹印、烫模两个主要车间，一边走一边问当时的公司经理苗魁元，公司效益如何，人均利税怎样，还停留在印制“云烟”商标的机器前，拿起一张半成品，仔细查看“云烟”商标图案。当胡锦涛了解到，在九九彩印公司、九九集团和昆明卷烟厂，复转军人在各个岗位上都发挥了重要作用时，胡锦涛面带亲切满意的笑容，对昆烟及所属第三产业取得的成绩表示了赞许肯定。随后，胡锦涛在这里与云南各条战线的复转军人代表进行了座谈——这正是“八一”建军节来临之前，胡锦涛借此传达了他对全国复转军人的亲切问候。

2008年11月19日下午，习近平也来到红云红河集团所属昆明卷烟厂的工人中间。他详细视察了昆烟生产四部制丝线和高速卷接包生产线，集团总裁朱绍明就集团规模、品牌、设备、原料、生产经营、员工收入等情况向习近平做了一一汇报。当来到产品展示台前，习近平认真察看了昆烟各品牌卷烟的外观和内在质量，并询问了各品牌的风格特点后，对昆烟和红云红河集团的成绩表示了肯定。最让昆烟老工人代表何传芝激动的是，她作为昆烟离退委工作人员，在这里也受到习近平亲切握手接见。何大妈拉着习近平的手，报告了昆烟作为国有大企业，有大批离退休人员，却都老有所为，老有所乐，为企业的和谐发展作出了自己的贡献时，习近平特别高兴。就在昆明卷烟厂生产四部门前，他与陪同视察的省市领导和在场员工亲切合影。习近平是第一位到刚刚组建完成的红云红河集团视察的党和国家领导人，因此也让红云红河集团和昆烟人特别受到鼓舞。几代领导人对昆烟和云南烟草人的关心，一直是云南烟草事业发展的重要精神力量。

而20世纪60年代“大金元”品种的变异和发现，“红花大金元”的培育和推广，则为以后云南“烟草王国”的真正崛起，独步辉煌，埋下了重重的另一个伏笔。

真正让“烟草王国”崛起于云南的重要因素，要归功于中国实行全面改革开放的新时期。从拨乱反正到思想大解放，从以经济建设为中心到坚持科学发展观，云南烟草事业在占尽天时地利人和的有利环境中，率先发展，勇于发展，善于发展，跨越发展，在国家局的宏观指导下，按照云南省委省政府的决策部署，努力实现由烟草大省变为烟草强省的战略目标，成为云南工业强省之路的一个突出典型。

到20世纪90年代中叶，云南已经形成了大致合理的十家烟厂的布局，它们就像十朵祥云，点缀在美丽丰富神奇的彩云之南，它们是：昆明卷烟厂、玉溪卷烟厂、曲靖卷烟厂、楚雄卷烟厂、大理卷烟厂、昭通卷烟厂、红河卷烟厂、会泽卷烟厂、春城卷烟厂（后来的昆明卷烟分厂）以及绥江雪茄烟厂（绥江厂在烟企首轮整顿中最早出局，后来的云南烟草工业改革也就以九家烟厂为起点）等。这十家卷烟厂分属于云南七个州、市，除了红河、会泽、绥江三家是建在县级城市外，其余都建在省、州、市所属的中心城市。而这七个州市，也正好是云南烟叶的主要产区，同时也大多是云南经济发展状况较好的地区。

进入21世纪后，为了云南“烟草王国”的更进一步崛起，也为了这个“王国”在与全国同行乃至跟世界同行的竞争中，能够取得更好更快的发展，云南“烟草工业”按照国家烟草经济版图的大布局，按照“大企业、大市场、大品牌”的战略发展思路，选择了在改革中求突破，在突破中谋取更大发展的自强不息之路。云南烟草因此而步入了做大做强、又好又快的快车道，这条道路，也就是人们通常所说的“九变四”，“四变三”，“三变二”之路。这个看似做“减法”的烟草变局，其实却是在做“乘法”，它经过合并“同类项”，经过复杂的“四则混合运算”，当它的基数向“无穷大”靠近，它运算的结果就发生了惊人的巨变——云南“烟草王国”，更加名至实归，众望所归，当之无愧！如今，云南烟草形成了“两红”（红云红河集团、红塔集团）并立的新格局，它就像一个巨人，两腿分开，步履坚实，巍然屹立在南中国红土高原上。然后大步流星，追风逐月，一路向前……这个烟草“巨人”，头顶有朵朵祥瑞红云所绕，身后有巍巍壮丽红塔所倚，脚下有滔滔奔腾红河所拥……它的形象更是夺人眼目：身高如山，目光如炬，臂长如江河，行走如疾风……这个体量庞大而伟岸的烟草“巨人”，它不仅仅属于云南，也属于整个中国和世界！

眼下，管控中国当下最大省级烟草工业公司，同时直接指挥公司之下两大烟草工业集团的重任，就落在朱绍明身上。“如果改革需要水，我们就把自己融化；如果改革需要火，我们就把自己燃烧。”身负重任的朱绍明这样表态说。朱绍明，于2010年3月进入中烟云南公司过渡性接盘，11月正式任云南中烟工业公司总经理、党组副书记（2012年后同时兼任党组书记），此前，他是红云红河集团总裁，更早，他是昆明卷烟厂有法人资质的最后一任厂长。如果往最开头追溯，他是1981年退伍分配进昆烟卷烟厂的一名大头兵。30余年的岁月时光，将当年那个在厂里篮球场上喜欢打中锋的细高个，磨砺成了云南“烟草王国”领头雄师。

说到朱绍明，本书作者之一冉隆中，不由想起一段不久前与朱绍明打交道的事情——

2010年3月16日晨8时，我打开手机。数个未接电话立即出现在手机屏幕上。都是陌生号码，我挑其中显示次数最多的一个号码打过去，电话那头，传来一声谦和的问候：

冉老师，不好意思，打扰了。

请问你是——

我是朱绍明。是这样的，我正好今天早上比较空，就想请冉老师来聊聊。不知道冉老师有没有空？

那是当然！我马上来！

才挂电话，铃声又接二连三响起。是时任红云红河集团总裁助理代伟打来的，是集团宣传策划部部长江波打来的，是副部长范平打来的……都是问相同一个问题：冉老师有空吗？回答也是相同的：我马上来！不用派车，为节省时间，我自己来！

从以上描述中，你不难看出我急切的心情。是的，要知道，我等这一天，已经等了足足大半年。当时我正写作一本关于云南烟草王国“九变二”的书，其中很大篇幅，就是写红云红河集团。有一个很简单的逻辑：要写红云红河，就必须见见朱绍明。原因很简单，因为在他手上，完成了从昆烟到红云，再到红云红河的全部重组过程。作为“一把手”，他是这一系列重大事件的参与者、设计者、推动者、见证人。

说实话，当初接下写作本书这活儿，从某种意义上说，也是因为自恃认识朱绍明！谁知道朱绍明却真不是那么好见的。他是真低调。低调到什么程度？我在网上查询，发现他基本不接受任何媒体采访，更不接受行业外媒体采访。我找到一个篇幅稍微大一点的他与媒体对话，是他某年在北京参加“两会”期间，回答中央人民广播电台主持人的提问，话题很集中：红云红河的社会责任。与此无关的话题，尤其是涉及他个人成绩的，他只字不谈。这就是他的风格。记得我到昆烟采访，看到墙上“低调、谦和、诚信、务实”八个大字时，就总会想起他。我跟昆烟人就此话题有过一番讨论，他们说，尽管这八个字一直是昆烟人尤其是历届昆烟领导的共同特点，但是体现最充分的还是在朱绍明身上。低调加上忙碌，要见他就更是难上加难。他忙到什么程度？从2009年采访写作云南烟草报告文学以来，我就开始关注起他的行踪，在“红云红河大事记”上，我粗略统计过一下，某月，他在省内外出差时间，多达26天！我将他出差事由简单归类，大约有：一是到集团所属企业开展工作，这些企业天南地北，省内省外，他大约也只能拣其中重点看看了；二是到各地拜访客户，搞“工商协同”“品牌推广”等战略合作和市场营销，那行走半径更是大得吓人；三是参加国家局和行业内各种会议……从朱绍明行走的频率，就可以看出做烟草大集团老总的不易。当然他也有较多时间坐镇总部。但是要想在集团办公室找到他，却也是很困难。我能理解，即便在办公室，他要急于处理的事，等着要见他的人，需要他参加的会……他哪里还顾得上与我这个闲人闲聊啊！

现在终于机会来了。放下电话十多分钟后，我已经抵达红云红河集团总部。门外是小范在迎候，接着是小江，小代……我当然知道，并不是因为我这采访者有多重要，而是今天接受采访对象的重要，相关部门的重视程度就显得非同寻常了。代助理、江部长、范副部长，他们每人都拿着笔记本，跟我一起鱼贯而入，来到朱绍明办公室。朱绍明已经迎了出来，两个大致同龄的男人，握手，行拥抱礼。我注意到，眼前的朱总，跟我差不多30年前就认识的那个朱绍明，并无太大变化：从背影看是玉树临风，从侧面看是一根竹竿。简单说，依然是清瘦，细长，高挑。是行走辛苦？健身有方？或者基因如此？应该是兼而有之吧。

在总裁办公室外间宽大的会议桌前，大家分两厢坐定。朱总清嗓子时，所有人已经齐刷刷地打开了笔记本作聆听记录状。朱绍明的话题却是先跟他的下属说起：你们知道吗，冉老师可真的是我的恩师哦。我最早的信心就来自他的鼓励和启发。众下属握笔的手都悬空停在笔记本上方，他们显然被朱总这个开场白搞愣了——

朱绍明转而向我，说，冉老师，还记得你来给我们上课的情形吗？我是一辈子都不会忘记的。一个看上去比下面学生还年轻的四川伙子，上课也不像别的老师那样夹一堆厚厚的讲义，站上讲台就旁若无人口若悬河，课堂里顿时就起了议论声。你肯定也看出了这些“老江湖”有不服气的情绪，于是上来就给我们一个“下马威”，让大家当堂作文，题目被你龙飞凤舞地写在黑板上：《一件小事》。你又补充说，副题不限，可以自由发挥。然后就抄着手在教室踱步，大家在底下悄悄说，这小老师要等着看我们的笑话了。

朱绍明讲得绘声绘色，不仅他的下属听得聚精会神，连我自己也傻眼了：他怎么记的那么清楚？

朱绍明接着说，第二堂课，作文讲评，我就成了那堂课的主角——因为冉老师讲评的就是我的作文：《中锋在黎明前消失》。这其实是借用了别人充满悬念的一个大题目。而我在作文里写的其实是一件很小的真事情：我从部队复员来到昆烟，本来是分在当时的一车间当工人，但是因为人年轻，又是党员，就被借到组织科协助清理档案，那时厂纪委也准备调我。刚好这时遇到厂里搞篮球比赛，昆烟是个集体荣誉感从来就很强的地方，各部门对篮球赛的重视程度就可想而知。我个子高，在球场上身手也还可以，几个部门都争着让我上场打中锋。你们说我该怎么办？结果我是借连夜出差而巧妙回避了。这就是《中锋在黎明前消失》讲述的故事。冉老师讲评这篇作文，我至今还记得说了两层意思，一是从文章角度说写得好，大意是说文通字顺文风朴实结构巧妙叙事精彩等等，尤其夸了我“关子”卖得好，前有伏笔后有交代，题目弄出很大一个悬念，结尾说的却是一桩合情合理的小事；二是说这篇文章讲了一个很好的道理：在工作和生活中，有时候退让也可能是一种前进。也就是古人所谓的以退为进。今天我们讲，退步有可能是进步，慢有可能是快，道理是一个。冉老师前一点是从文学角度说的，后一点是从哲学角度说的。这两点，对我一生影响很大。让我知道，原来我也是可以写出比较好的文章的，原来我的文章也是可以表达比较深刻的道理的。这对一个刚刚起步的人来说，帮助鼓励有多大？你们难以想象。总之，这在我一生中是永远感念不忘的。

朱绍明以他一贯的从骨子里流露出来的谦和，差不多花了半小时来怀旧，为我这“老师”给足了面子，话题才转入正轨。其实我知道，我不过是他人生求学路上极其偶然的一个偶遇者，他早已经完成了管理工程硕士学历的深造，又有多次在国内外重要学府进修经历。很多人，早已经习惯于把人生中一段“电大”学历忽略不计。朱绍明偏偏提起，而且是当着自己的下属如此郑重地用长时间、大篇幅来提起，只能说明，这是一个极其诚实的人，是一个将感恩真正放在心上、落实到工作生活细节中的人。这样一个有定力、有诚信、对己严苛自律、对人宽厚温暖的人，在其事业之途，走多远，位置到多高，都让人不觉诧异。

这是当时笔者冉隆中随手记下的一段笔记。时间又过去了两年半，朱绍明的位置更重要，事情当然也会更多了，但是，他跟笔者冉隆中仍然时有联系，而且这种毫无功利、只讲人情、问候冷暖的联系，居然在不知不觉中已经保持了近30年。

在朱绍明看来，云南烟草几十年里，确实发生了从小到大的变化，并认为这种变化来之不易。除了天时地利，人和是更重要的因素。朱认为，毛泽东那句老话说得好：世间一切事物中，人是第一位起决定作用的因素。人和，既是全省数万烟草人和衷共济努力奋斗所形成的局面，也是上百万烟农默默奉献的结果，更是几届省委省政府领导以及国家局领导正确决策之使然。云南烟草能够在中国占有非常重要的一席之地，能够形成今天这样庞大的规模，如果离开了正确决策，政策扶持，那是不可思议的。另一方面，整个烟草行业宏观调控的政策导向也起到了重要作用。正是这种导向，才有了云南烟草工业的不断改革重组，整合优势资源，实现强强联合，又稳又快地走上了跨越式发展之路。在这一轮发展过程中，云南烟草工业和商业都受益匪浅，逐步做大做强，形成了很好的企业布局和发展态势。还有一个不能忽视的是现行专卖体制，中国烟草和云南烟草，能够生存发展到现在，是这个体制起了决定性的作用。当然还有一个不可忽视的因素，那就是云南烟草人群体对事业的忠诚和热爱，拼搏和努力，奉献和牺牲。

朱绍明特别强调了烟草人的群体作用，烟草工商干部群众的作用。他认为，随着市场经济社会的逐步走向成熟，法制社会的逐步健全，英雄创造历史的时代过去了，平民英雄的时代到来了，这在烟草行业体现得尤其明显。而现在强调以人为本，建设和谐社会，全面贯彻落实科学发展观，更是要重视每个人的作用，由每个具体的人组成的社会成员的集体作用。在企业，就是要重视每个职工的作用。

说到云南烟草工业在中国烟草行业的地位，朱绍明坦承，之所以能取得在全国规模第一的地位，能为云南经济社会发展作出持续的巨大贡献，还是因为在国家局和省委省政府坚强领导下大力推进联合重组的结果。省内重组，省外扩张，效果明显，成绩巨大。以在他任上的昆烟与曲烟重组成红云集团为例，实现了一年见成效，三年见大效。又以还是在他任上组建的红云红河集团为例，2008 年 11 月 8 日才挂牌成立的红云红河集团，到 2009 年，集团实现利税 354 亿元，较重组前净增 23 亿元，综合竞争力显著增强。再以省外重组的山西昆明烟草公司为例，仅一年时间，该公司就实现了从负债累累到起死回生。山昆公司如此，内昆公司，乌兰厂、新疆厂等等，都如此。红塔集团的企业重组发展之路也是如此。如果说合并是一好，现在一好换来了三好：企业好，员工好，当地政府更觉得好。企业效益好了，员工收入多了住房宽了，当地政府税收也增加了。当初有人怀疑跨省重组，省内有省外也有，现在在事实面前，大家都受了教育、受了鼓舞、凝心聚力、团结做事就落到实处了。

云南烟草企业在自身发展的同时，始终牢记企业社会公民责任，发展不忘回报社会，积极支持润滇工程，滇池治理，生态建设，抗冻抗旱抗灾，文化教育，助老助残等社会公益事业。为“兴边富民”、挂钩扶贫等做了大量工作。在烟草企业为社会做善事的活动中，人们经常会看见朱绍明的身影。他多次去镇康、富宁、巧家、会泽等“老少边穷”地区，亲自为帮扶地区送捐款，出主意，献企业之爱，找脱贫之策。一贯低调谦和，做多说少的朱绍明，唯有在企业社会责任方面，他会多说几句话，而且说的都是滚烫的话，暖心窝子的话。他是希望通过自己的言行，唤起烟草企业人担当更多的社会责任，为和谐社会建设作出更多实际贡献。

一个低调谦和的实干家，一个志存高远的战略家！当他谈布局谈思路时，你可以感受到他韬略无穷，胸中自有百万兵；当他举实例做分析时，你可以感受到他驾轻就熟，如数家珍。熟悉是来自他多年实干的经验，谋略则来自他不断苦修后占据精神视野的制高点，才能高屋建瓴。他早在 20 世纪 90 年代，大约是 1995 年 4 月吧，当他刚刚出任“三合一”时期昆烟企业主管销售的副经理时，为了昆烟“三包烟”推出，他动员了妻子孩子跟他一起走上街头，为“三包烟”，一家人组成了特殊而抢眼的“宣传小分队”，至今还成为昆烟人的美谈。也是在这一年，他走南闯北，了解昆烟市场下滑的原因，写下了翔实细致的长篇分析报告。其中一段分析文字是这样写的：“名优烟价格普遍下滑，是这次订货会一个最引人注目的迹象……厂际间的市场竞争更趋白热化，各卷烟厂争先恐后与销区联络感情。不同类型的座谈会、联谊会等等，名目繁多，许多厂家都到销区进行市场考察。以上种种迹象表明，历来烟草市场厂家说了算，销售围着生产转的局面已经彻底改变。从宏观上讲，这是烟草市场进步与成熟的标志，但是对厂家，压力与困难与日俱增。”这样有充分事实依据又有高度理性精神的分析，出自17年前的朱绍明之手，我们就知道，17年后他能走到今天的位置，绝非偶然。

朱绍明对烟草行业一些涉及社会热点问题，有自己清醒的看法。谈到控烟，朱绍明表示，卷烟消费者的减少毕竟需要一个循序渐进的过程。当前，对于烟草行业而言，核心的社会责任是“降焦减害”，逐渐使烟草从有害到低害、无害。他说，降焦减害是当前最科学、理性、负责、务实的解决办法，也只有这样，才能在消费者的需求、对健康生活的追求、国家财政的需求三者中间找到一个合理的平衡点，并且最终实现行业的自身价值——维护国家利益，维护消费者利益。他主张，不会吸烟的人最好不要轻易尝试，因为毕竟是一种嗜好，而不是生活必需品。但是已经吸烟的人，可以适度少吸一点。而他自己作为云南烟草的领军人物，面对压力，同时也是出于多年来的习惯，每天大约要抽两包烟。显然，他还没做到让自己“少吸一点”。

关于烟草行业是否属于“夕阳产业”的问题，朱绍明认为，他目前还不这样看。这个观点的出发点是吸烟与健康的问题。这是对于烟草企业而言不可回避的话题。在这个问题上，烟草人始终坚持“国家利益至上，消费者利益至上”的行业价值观，不断在降低卷烟危害性上下工夫。同时，这也是整个烟草行业所要面对的问题，中国烟草行业正在积极面对这个问题。处理好这个问题，是烟草人应尽的社会责任。

分　与　合

天下事，合久必分，分久必合。

天下事太大，就说点小的吧。

以前一家人，大大小小总有数口。兄弟姐妹小时候，都是围着桌子一起长大的。大了，姐姐妹妹就像泼出去的水，嫁人了；哥哥弟弟春心萌动要娶自己的女人进屋，原来的一个屋檐不够住，分家了。嫁了就嫁了，分了就分了，血浓于水那份血缘还系在每个人心里呢。但凡有点事，嫁多远分多远的姐妹兄弟，脚板跑得还是比外人快呢。这就是亲情，亲情散发出的力量。

如果遇到更大一点事呢，如果非一家一户所能为，又该怎样呢？古训说“打虎亲兄弟，上阵父子兵”。于是，分了的又合了，嫁了的又回了。重新组织个“托拉斯”（联合体）吧，大家分分工，担担责，都有事做，都有饭吃。于是，从前的一大家，变成了如今更大的一大家。

一家人的分与合轨迹，很像是个隐喻，如今很多家族式私企，不就是像这样盘根错节纠节而成的吗？

公企又如何？还不是分分合合，比如云南众烟企——

90 年前，云南现代意义的卷烟企业，风起云涌，又烟消云散，只留下个亚细亚，留下个“大重九”。50 多年前，云南的烟企更是前浪后浪，此消彼长，冒出了玉溪卷烟厂，冒出了“红塔山”，然后像滚雪球，州啊市啊甚至到县，都拉了自己的杆子，都有了自己的烟厂，都立了自己的牌号。山头林立，汇成丘陵地带，绵延成红土高原，组成了世所公认的“烟草王国”。

然而进入到 21 世纪的最近 10 年，云南卷烟工业按照特定的主题和精细的构思，重新走向整合之路，分散的巴掌要捏成拳头，绵延的高原要突出巅峰。于是，经过变戏法一样的“九变二”，整合成了现在由云南中烟领导下的两大集团。相比较于全国其他省市区，此次整合都是一步到位，即都是一家省级中烟，垂直领导若干卷烟工厂（车间），唯有云南是个特例，它特就特在，即便剩下两家公司（集团），其体量在全国依然属于最大；云南烟草在中国烟草和本土经济结构中的比例份额，实在超大。保持两大集团并存，适度竞争，共同发展的现有格局，既是云南经济安全的需要，也是国家局保留一个观察窗口和实验基地的需要。于是，在全国大背景下的云南卷烟工业整合步伐，迈到2008年，出现了暂时停顿，维持了现有格局。

停一停，看一看，想一想，等一等那追不上的思绪和灵魂，也好。因为云南烟草在任何一个时间节点上都风景奇好——红塔巍巍，好；红云映辉红河奔腾，好。云南烟草王国一部红色经典，翻到任何一页，谁看了，都会由衷地叫一声，好！

不说企业，说说企业人吧。

烟草企业的分分合合，带来的是人——尤其是重要人物——在这个大圈子里比较频繁的交换流动。于是又形成另一种进进出出分分合合的风景。细看一下，在云南烟企重要岗位上，走马换将的多，长期不挪窝的少——当然不是没有，比如朱绍明，他静静地从昆明卷烟厂一点一点长高长大，一直长到云南烟草工业这棵大树的最高处，成为业内“智信仁勇严”五德皆备的旗帜标杆。这样有定力，能持守的烟草人，当然是云南“烟草王国”最需要的帅才，就像从这个厂子冒出去的张水长、李万兴，他们都一样，都属于“烟草战略家”，当然，他们还有个巧合，都是曾经的军人。

帅才帅一个，将才将一窝。而将帅之分，也是相对比较而言。比如烟草帅才，放到全省格局或者国家局背景下，就是一个将才；又比如烟草将才，放到集团那一亩三分地中，就是当然的帅才——这里要说的姚庆艳，就是如今红云红河集团执掌帅旗的“大帅哥”。

姚庆艳的事业轨迹，在红塔那边，是两进两出；如果不计他在省烟科院任院长那四年时光，与他两进两出红塔相对应的另一个坐标，就是红云红河集团。据郑天一回忆，1996年，他刚坐上昆明卷烟厂厂长位置，就着手物色业内顶级技术专家来助阵。他一开始打定主意要物色的是时任红河卷烟厂副厂长的武怡，而武怡当时在红烟干得正是风生水起，红烟是武怡事业起飞之地，他对红烟有拳拳报恩之心，因此希望给他一点时间。郑天一当然尊重并佩服武怡这样的选择。就在他为自己那点心事纠结时，有一天，“烟王”突然来访，主要随行者正是姚庆艳。他们不在会议室喝茶抽烟，而是一个又一个车间看，边看边问，省公司主要负责人也从头至尾地陪同。慢慢地，郑天一看出了名堂，应该是省公司为他解决难题来了，而且惊动的是“烟王”，推荐的居然是姚庆艳！事后省公司很快就来征求郑天一的意见，郑天一说，瞌睡遇到枕头，哪里还有什么意见！于是，姚庆艳很快就一进昆烟，先借调，后任命，做了主管生产和技术的第一副厂长。此次进昆烟，姚庆艳所留时间不长，从1996年10月到1998年10月，刚好两年时间，却与当时班子成员一起，成功开发出以“红云”为代表的“三包烟”系列产品，并协助昆烟走出困境。随后他调去云南烟草科学研究院任院长，其后，再回红塔，担任总裁一职。

2012年9月21日，刚从国外访问回来的姚庆艳还患着感冒，一面服着中药一面接受笔者的采访。话题正是从他一进昆烟说起的——

我去昆烟，在当时确实是形势所逼。这个形势就是昆烟遇到了前所未有的大麻烦。产品积压，士气低沉，前景黯淡，当时的昆烟正陷入迷惘之中。举个例子说吧——就在1996年，我去之前，昆烟给职工连续放了三次长假。第一次是春节，放假时间很长，职工都很高兴，因为以前工厂总是很忙，很难得放稍微长一点的假，大家就高高兴兴地回家过了一个春节大假。到了五一，又是长假；再到中秋（国庆），还是长假——大家终于感到不对头了：一个企业，如果老给职工放长假，说明企业已经遇到很大麻烦了。证实这个判断的是职工的工资，眼看着，口袋里的收入在逐月下降，工厂产品却在越积越多，大家终于从盲目快乐中醒悟过来。但是，路在哪里呢？

我正是在这样的背景下一进昆烟的。我去昆烟，一是因为云南烟草一盘棋，这盘棋当时的关键所在是如何重新走活昆烟，因此上级让我这颗棋子移到昆烟这盘棋上去；二是“烟王”有这样的气度和魄力，他让我这个从来就在玉烟打转转的助手，走出玉烟，走进云南烟草大格局中去谋事做人，既是对我的信任，也是对我的锻炼。说实话，当时进昆烟，各级领导不担心我能力够不够，经验足不足，唯一担心的是我能不能迅速融入到昆烟这个群体中去，昆烟的职工会不会接受我？因为两个企业，一直是旗鼓相当，支撑着云南烟草最大两片天。而昆烟历史还远比玉烟悠久，企业文化也各有特色。我个人也感到压力很大，但是心想又必须适应挑战。因此，当领导问我要不要带人进昆烟时，我说就我一人，不带一兵一卒。我要赢得昆烟对我的信任，我必须首先信任昆烟干部职工。我到任也没发表什么就职演讲，就在第一次见面会上说了两句话六个字：同呼吸，共命运。

现在昆烟老职工说起昆烟，都爱说到“三包烟”的故事，我也来说说我经历的“三包烟”吧。“三包烟”确实是当时昆烟起死回生的关键一役，从

"放长假"中醒悟过来的昆烟人，确实有一种老国企人不服输的精神。"三包烟"才上到昆明市场，很多昆烟的退休职工自发组织去到货柜前，跟普通消费者一样排起长队，拿自己已经不多的退休工资去买"三包烟"，就为了捧个"人气"，为了增强我们在职职工对企业的信心和责任。当时我去到昆明樱花商场，看到这感人场面，老职工也认出了我。我们彼此交换了一下眼神，我当时感到的是一个强大的气场，一种巨大的力量，眼泪差点就夺眶而出。你说，有这么好的职工，你能对这样的企业无动于衷袖手旁观吗？

再说一段与"三包烟"有关的故事吧。很多老职工都还记得去各大卖场拣烟盒的往事。大家都以为，拣烟盒主要是为了知道"三包烟"到底卖出了多少。其实它还有更深一层意义：我们要为投入新一轮技术改造找到依据。因为当时统计手段还很落后，而且当时还有个特殊情况，就是，烟卖出去了，还不等于烟真的就消费掉了。当时烟贩有囤积紧俏烟的习惯，等到市场买涨时再抛售，因此，市场行情经常会有水分，有假象。从垃圾中找烟盒看市场行情，这其实也是跟老"烟王"学来的。有一次在北京机场，离登机时间稍微早了点，老"烟王"就去香烟货柜打探卖烟行情。因为"烟王"名气太大，售货员一眼就认出问者是"烟王"，就说最好卖的当然是"烟王"生产的烟。"烟王"离开货柜时跟我撇撇嘴，"说假话！"我感到很奇怪，怎么他就可以判断人家是说假话呢？"烟王"说，"你没看见她柜台下那些空条盒吗？最多的并不是我们的"。一句话点醒了我，使我知道，什么叫处处留心皆学问。我把这个经验用在"三包烟"上，果然在当时很管用，一下子就摸清了情况，为昆烟技术改造提供了最有说服力的依据。

姚庆艳再度离开红塔，是在2007年。他调云南中烟公司任副总，后兼红云红河集团党委书记。当时难免有媒体做多种猜测，关注的是个人去留，在意的却是云南烟草大布局。也难怪，云南烟草稍有一点动静，就会引发很多根神经随之颤抖，正如风起青萍之末而舞动于松柏之下，道理一样。当时，他工作地点主要还是在云南中烟公司的办公室。这就更加重了行业外尤其是好事媒体的多方打探猜测。其实这只是一次正常的人事谋篇布局的伏笔——又过了些时间，人们终于看到结果：姚庆艳二跨昆烟（红云红河集团）门槛，而且是连办公室都移了进去，他这一次是真正深度跨进，时间是在朱绍明升任云南中烟公司老总之后。红云红河集团新"三驾马车"，由姚庆艳担纲领衔任集团董事长兼法人，武怡任总裁，许力为任党委书记。

姚庆艳此前在红塔担任总裁的三年，强力推动数项改革，特别是确立

“以烟草为主业，提质创新，增强企业核心竞争力”的归核化战略。以主业为主，这话听上去有点拗口。如果你了解之前红塔的实际，就会见怪不惊了。中国烟草曾经被多次宣判为“夕阳产业”，只是这“夕阳”却总是不掉，反而有越升越高、越做越大的趋势。但是“夕阳”声音每冒出一次，业内就会引起一些风波，最具体的就是：做替代产业，搞多元化。烟草业搞多元化，本身并无过错，但是如果在准备不足的情况下，一群财大气粗的骄兵悍将，误打误撞到陌生领域，其结果可想而知。云南烟草行业吃这样的亏不是一个两个，也不是一次两次。所以，才有包括朱绍明、姚庆艳等人的痛定思痛。而姚庆艳是个专业技术型企业家，喜欢拿数据和事实说话。他在红塔，对红塔极盛时期在中国市场占有率做了比较，发现，红塔最高年份在全国也就占了百分之三的市场份额。“还有比这更朝阳的产业，比这更大的市场空间吗?”他研判，中国烟草业现阶段正处于从成长走向成熟的过渡时期，因此，发展空间还很大。其理由是，因为烟草具有较大产业规模；是国家重要财政收入来源之一；为社会提供大量的就业机会；在国家专卖制度统一管理下，进行并将面临更激烈的市场竞争。全国卷烟产业规模一直在不断扩大，但增长率趋于减缓。因此，他更坚定了“以主业为主”的烟企发展思路。

昆明卷烟厂员工对曾经在昆烟工作了两年的姚庆艳回归红云红河集团，感到由衷高兴。很多人还记得：“姚董当时是副厂长，每天早上七点钟就会到车间看望上夜班的职工，晚上很晚了还在车间转，这些我们都是看得到的。”“他刚来时企业管理比较混乱，有的职工甚至将宠物狗带进了车间，姚董拿这个例子开刀，工厂秩序一下子得到了好转。”“那时的部长、主任最怕姚董。说我们干得好的时候不见你，一出问题你就总在面前。”姚庆艳也曾在一次出差期间，在出机场的时候帮助有身孕的一位员工扛行李，使得来迎接的一方人员揣摩了好久，能让总裁扛行李的，该是什么级别啊？这就是姚庆艳。他身上，有当年“烟王”那些朴素执着坚定的影子，注重细节，以身作则，更有现代烟草企业家对全球化、大竞争、大市场、大品牌、大企业极富战略高度的崭新认识。

集团“三驾马车”之一、担任总裁职务的武怡，在某种程度上与姚庆艳有相似性。他在烟草系统的分分合合中，也有多岗位履职锻炼的经历，先后在云南省烟草公司、红河卷烟厂，然后是昆明卷烟厂、红云集团、红云红河集团，当过科长、厂长助理、副厂长、副总裁，直到集团总裁。1998 年姚走武来，武怡当时到昆烟任副厂长，接手分管的正是姚留下那摊子工作。当

2010 年集团组建新班子时，他们终于汇拢在一起，成为一个班子最核心的成员，开始为红云红河集团在更高层次“上水平”而携手发力。

武怡从 1998 年的昆烟到如今的红云红河集团，已经在这里走过 14 年时间。他以自己的修行和悟性，从技术管理型到专家权威型领导，一步步走到国家级卷烟品鉴大师的高位。他不是依靠职务之便而浪得虚名，而是抽一根又一根卷烟，做一个又一个配方，一点一滴，日积月累，积少成多，从小媳妇熬成婆，终于成为国家卷烟评吸委员会副主任委员和调香方向学科带头人。

2009 年 11 月 8 日，红云红河集团举行周年庆典，引来大量媒体新闻报道。其中一篇新闻稿里，说了这样一段话：在云南卷烟工业“三变二”重组中成为中国卷烟工业企业规模第一大的红云红河集团成立不到两个月，其决策层就马不停蹄地吹响了“云烟”冲击中式卷烟代表品牌的号角，与这些高调的实际行动相比，红云红河集团另一个更重要的战略规划却在默默进行着，这就是关乎中式卷烟发展的“云烟”清甜香品类体系的构建。国内烟草战略分析人士认为，“云烟”清甜香品类体系的构建，或将引领未来中国卷烟的消费潮流。

其实，红云红河集团关于“云烟”清甜香品类体系构建，并非“默默”在进行。根据红云红河集团“高效做事”的企业行为理念，“云烟”清甜香品类体系构建作为一个系统工程，早在 2009 年 5 月 15 日“云烟品牌发展论坛”上，就已经大张旗鼓地向全国高调宣示了。正是在那个会上，国家局局长姜成康发表了关于“云烟”的一个著名论断：“云烟”品牌是全行业的共同财富；培育好“云烟”品牌是全行业的共同责任。红云红河集团也正式提出了“品味清甜香，打造中式卷烟代表品牌”的企业战略目标。清甜香，成为这个高规格论坛一个关键词而广受关注。

构建卷烟品类体系，并非始于“云烟”。比“清甜香”更早的一些中式卷烟“品类”“热词”，如“清香”“浓香”“淡雅香”“本草香”等，从 2008 年以来，就已经频频出现，并引入国内各品牌卷烟营销中。但是“云烟”却后来居上，高屋建瓴。因为它甫一亮相，就直指“中式卷烟代表品牌”“中式卷烟核心子品类”这一最高目标。

2010 年 3 月 15 日下午，本书笔者之一冉隆中对时任红云红河集团副总裁武怡（他在此几天后接任集团总裁之职）的采访，话题就从“清甜香”开始。

武怡手里把玩着一包烟。从它烟支尊贵的雪茄色，就知道那是一包“云烟”中的王者——“云烟（印象）”。武怡就从这包“云烟（印象）”说起。他说，“云烟”是一个品牌，这很好理解。“云烟”作为红云红河的核心品牌，它又可以细分为：以“云烟（印象）”为代表的高端产品，以“云烟（软珍）”为代表的高档产品，以“云烟（紫）”为代表的中档产品。作为市场概念，高端、高档、中档，这些都不难区分。它可以从外包装的颜色，香烟的吃味等等方面来区别，最直接的区别是消费者掏钱的多少，也就是说，消费层次将“云烟”的几种档次很明显地区分开来了。但是，“云烟”作为一个大品牌，它的品质内涵和文化内涵是不是就到此为止了呢？我们认为不是。经过深挖细究，我们找到了云烟的品类内涵：清甜香。于是我们开始了构建“云烟”清甜香品类体系的系统工程。这么跟你说吧，中式卷烟其实就是个大品类概念，它相对应的是各种“洋烟”；“云烟”就要做中式卷烟核心子品类，也就说，云烟要努力成为中式卷烟中风格最突出，境界最高，受众最广的代表者。这是我们的目标。

武怡说到这个话题就有点眉飞色舞，但转而看我这个“烟盲”表情木然，他就将话题从烟转而说到了茶，说到了酒，甚至，说到了饮料——

“王老吉”，你肯定喝过吧？武怡问我。

我赶紧点头。

武怡说，怕上火，喝王老吉。这是“王老吉”最著名的广告词。这句话已经深入人心了。“王老吉”就成了“不上火的凉茶”的代名词。其实这个词是生造的。也就是说，它是个创新的品类。它从各种茶饮料甚至是从各种茶的种类中，找到了自己的特点、位置、空间：凉茶。它就成为喝酒、吃火锅人的首选饮料。甚至是很多人热天消暑的首选饮料。这个市场有多大？你看看它投放的广告有多大，就知道了。一罐凉茶，做成了北京奥运会饮料的首选合作伙伴。这就是做品类的一个成功典范。

武怡说，民间有句很通俗的话，烟酒茶，不分家。其中酒和茶，都有它很明确的品类概念。先说酒，大的品类可以分出白酒、红酒、啤酒、药酒等等，再细分，每个大品类又可以分出若干分支，比如白酒，如果它跟“洋酒”相区别，它可以叫“中式白酒”；但是消费者不会记这个大概念。如果消费者是爱好白酒中酱香型这个品类的，他就知道，酱香型的代表作是茅台酒，曲香型的代表作是五粮液，等等。红酒也有很多品类概念，什么干红，干白，柔红，又分法国的、澳大利亚的、中国的，等等。茶的品类概念就更不用说了。绿茶花茶红茶黑茶，龙井云雾毛尖铁观音，多了去了。另立山头的却是云南普洱茶。茶中普洱，应该说也是个品类构建的成功范例。所有的茶都以新鲜为好，最好是什么“明前茶”，还要什么“女儿茶”，总之就是要新鲜，娇嫩。普洱茶却反其道而行之，推出个“越陈越好”的概念，别出心裁地打造出一个“有时间记忆”的茶。连它的香型也区别于所有的茶香，它叫“陈香”。茶的品类概念种类既多又细分得很明确，消费者的舌尖味蕾记忆，早已经对各种品类有了定位。但是，普洱的陈香概念一出，却镇住了所有茶客。它比红酒还高贵的颜色，它与健康相联系的概念，它穿越时光隧道的厚重，加在一起，就是文化，就是品位，就是市场价值。可以这样说，只要是沾着吃的，闻的（比如香水），跟人的味觉嗅觉有关的，都已经建立了品类概念。八大菜系就是菜品中的品类概念。而每一个品类概念的确立，又跟地域、气候、人文、历史等息息相关。为什么同样历史悠久而且风格更为独特，对人影响更大的烟，却迟迟没有在业内和消费群体中建立起自己的品类体系呢？

品类，这个太专业的研究术语，经武怡一通深入浅出的解释，我似乎稍微明白了一些。有人指出，品类概念的提出，其实还是商家为了抢占消费者的心智空间，为了重新瓜分市场的一个动作。品类的背后，是消费者心智处理的特殊方式，是消费者的认知模式。为什么这样说呢？美国认知心理学专家乔治·米勒，对消费者心理做了大量实验后得出一个结论：消费者心智处理信息的通常方式是，将信息归类，然后加以命名，最后存储的是这个命名而非输入信息本身。这就是商家热衷于构建品类体系的理论依据。但是，品类构建并非只是一个纯理论问题，也不应该只是生产制造者的一厢情愿。它最终应该是作用于消费者，必须得到消费者的终极认可。品类，才会有真正的意义。

我将上述理解与武怡交流，对此早有深入研究的武怡，表示了部分认同。他说，品类概念现在确实还停留在烟草业内。各家都在抢占品类山头。比如江西“金圣”的“本草香”，安徽“黄山”的“焦甜香”，不一而足。但是他认为，红云红河提出“清甜香”的品类概念，却有着坚实的依托和深厚的背景。云烟使用的主料是云南自产优质烤烟，它本身就属于天然的清香型品类，其清新自然醇厚悠远的风格特征早为业内所公认。但是，光找到清香，还远远不够，清而不特，仍然不能把自己细分出来。经过深挖细分，我们确立了云烟的“清甜香”，这绝对不是空穴来风。其实好的烟叶都带有甜味，比如津巴布韦烟叶，它就有公认的“焦甜味”。在“红花大金元”母株出生地石林县，那里是云南乃至全世界最适宜种植烟叶的地区，“云烟（软礼印象）”的原料供应基地——印象烟庄也坐落在那里。那里产出的烤烟就有明显的清甜香味。注意我说的是清甜，甜有很多种类型，植物中的甜，适度最重要。过度的甜则腻，纯甜则只能做糖。而烟叶中的清甜，是甜之上品，它清新自然，让人在不经意中才能捕捉，那一丝丝的清甜，完全是神来之笔，意外之喜，可以意会而难以言传。当然，说难以言传，不是说就不能传。就像你们作家，好的作家，有“状难写之物如在目前”的本事。我们烟草人，也要把这种难以捕捉难以描绘的“清甜香”定位出来，我们的表述就是：清新自然，甜润优雅，韵味悠远——这就是“云烟”清甜香品类风格的主要特征。

武怡怕我还不能具体理解，他抽出一支“云烟（印象）”，点燃，深深吸进，良久，烟雾像抒情诗一般，才从鼻孔徐徐而出。他告诉我，吸烟，也叫抽烟，吃烟。人的嗅觉和味觉，其实是分不开的。为什么品烟者要口进鼻出呢？他就是要全面地品出烟卷的香和味。香味香味，本身也是连成一体不可分开的。口之于味觉，鼻之于嗅觉，烟的香味就同时被品评出来了。我现在就能感受到“云烟（印象）”的“清甜香”，它以烟草本香为主体香韵，复合了一定的清香，甜香，果香和花香香韵，具有香气清新明快，细腻飘逸，口感甜净舒适的独特感官特征。不要以为武怡是王婆卖瓜自卖自夸。他可是国家局评烟委员会专家成员之一，还是那个委员会的副主任哦。那个委员会，成员一共就六七个人。

武怡认为，“清甜香”所传递的信息本身就很丰富，清是清新自然，清雅淡定，而甜是温暖美好，甜蜜幸福。它在整体上给人以云淡风轻，品位生活的精神愉悦。我注意到，他抽烟时表情专注，忘乎所以，说话时不假思索，自然流畅。这个敬业者，完全沉浸在被“清甜香”所陶醉的境界中去了。我想，这既有好烟给他的灵感，也有职业烟草人半生的积累和学养，更有他对自己供职企业团队的无限忠诚和热爱。

他似乎感到自己只顾抽烟说话，忘了我这个采访者的存在，就把话题一转，对我说，烟民有个顺口溜，抽支“云烟”，赛过神仙。如果是像现在这样，来支“云烟（印象）”，我相信，你这作家的创作灵感，肯定会如不尽长江滚滚来——哦，可惜，你不会吸烟。

说到“云烟（印象）”，武怡更是来了精神。他告诉我，这可是“天地之精华，清甜香云烟”中的极品。他说他自己平时也很少抽“云烟（印象）”，朱总裁也是这样。大家都养成了习惯，贵客面前，才拿“云烟（印象）”出来。为什么？不是说这么大个集团，几个总裁副总裁，连自己生产的产品都抽不起，而是要时时处处都建立“云烟（印象）”等于稀缺尊贵的概念。我们有句话，精雕细刻，只为尊贵一刻。比如现在，在你尊贵的作家面前，我也跟着沾沾光，抽“云烟（印象）”了。如果你自己都不当数，别人会怎么看？

从这个小细节可以看出，武怡和整个集团班子，为营造“云烟（印象）”的至尊至贵，真可谓用心良苦。但是在我印象中，“云烟（印象）”问世时间并不长。我把疑问提给武怡。

武怡说，对，它的来历，我可以说是一清二楚。因为我参加了它从内到外的整个研发过程。先看这颜色，为什么它的颜色是棕色？在之前，你肯定没见过哪家烟厂敢把烟卷做成棕色的。棕色烟卷自“云烟（印象）”开始。现在当然不稀奇了，很多跟风的，也做这颜色了。但是，“云烟（印象）”是第一个吃螃蟹的人。棕色，视觉冲击力大，而且更关键的，它是雪茄颜色，而烟中最高贵也最昂贵的，就数雪茄了。正宗高档古巴雪茄，多少钱一支啊？地球人都知道。这里有个转喻：雪茄等于高贵，雪茄色就是高贵色，因此，“云烟（印象）”就是烟中至尊，暗示了它王者般高贵的地位。再说橡木桶概念。这是移植了国外好葡萄酒要用橡木桶发酵的概念。我们将精心挑选的烟叶以传统手工艺制作，并在橡木桶里发酵，结果成了一大卖点。连“云烟（印象）”背后那一抹，你看像什么？日出东方？朝霞万里？风驰电掣？红云红河？都像。又都不是。它是怎么来的？说来它本是个设计的失误——最初要做的是一条飘带，结果却出了枯笔。没想到却是天佑神助之笔。那一笔，让人想象无穷！再来看这个，“云烟（印象）”烟卷的嘴棒，给人以咖啡和巧克力两种食品颜色，输出一个“甜”的概念。哦，说起“云烟（印象）”，那真有说不完的话题。印象庄园、印象血统、印象手工坊，以及印象研发、印象韵味等等，所有这些，就是要传递它是原生态，是素朴自然而又无比高贵的概念。说到原生态，就要说到“印象”这个名字了。所有人都知道，代表云南原生态艺术最高水准的作品，就是杨丽萍的《云南映象》。正是杨丽萍《云南映象》登峰造极轰动世界的时候，我陪外省客人也去看《云南映象》演出。那时候也正是我们研发“云烟（印象）”的关键时候。内在品质，外部包装，都还处在精雕细刻千锤百炼中，连名字，也取了无数个。我现在还记得的就有：盛世，尊贵，王者……都好，却都不满意。那天看演出，看着看着，我突然走神，也可以说是突发灵感，就用手机给朱总发了一条短信：就叫“云烟（映象）”，如何？朱总很快回信，说，好。但是他改了一个字，“映象”成了现在的“印象”。

不知不觉间，我注意到武怡已抽了三支“云烟（印象）”。我问他，你平时抽烟量大吗？抽烟历史长吗？武怡说，这也要看。做起事来，我可以忘记抽烟。但是，现在是跟你说话，肯定就可以一支接一支抽。像我这样级别的评烟师，耐烟量肯定远比一般人大。但是，我抽烟的历史并不算长。说起来，这还跟以前“凭票购烟”有关。1979 年，我入云大读书，读的是化学专业。进校前，我还没抽过烟。读书期间，每个班定期要发“烟票”，凭票可以买“春城”牌香烟。但规定烟票只发抽烟的同学。我因为不抽烟，人家当然不发给我。我就急了，我虽然不抽，不等于我家里没人抽啊。我父亲就是个老烟民，他是云大中文系老师。我必须把这“烟票”领回去孝敬给他。我就硬着头皮当着大家面抽起烟来。刚开始那个呛啊，差点没把人憋死，但是我还是忍住了。我必须假装老练，一来二去，我就真抽上了。到毕业，有分配去省烟草公司的名额，那时候，满世界都还稀奇大学毕业生，分去烟草公司可不是什么热门之选啊。但是，我想的是，到烟草公司，至少落个抽烟方便吧。二话没说，就去了。这一去，就开始了我的烟草人生。

当初为“骗”领一张烟票而开始吸烟经历的那个后生，后来因此而走进烟草行业，成了中国烟草界大名鼎鼎的评吸专家、研发专家、营销专家、技改专家，并成为行业内赫赫有名的烟草集团新任总裁。

红云红河集团“三驾马车”中另一驾马车、集团党委书记许力为，祖籍重庆丰都，却是在昭通威信长大，他进入烟草系统，第一站也是在昭通。1989 年他担任昭通卷烟厂总会计师时，是当时全省烟草系统最年轻的处级官员之一。后来他到云南省烟草公司审计处、昆明醋酸纤维有限公司、省烟草公司国有资产管理处等多岗位任职，2000 年 9 月任昆明烟草企业总会计师，从此留在昆烟，直到 2010 年 3 月任红云红河烟草（集团）有限责任公司党委书记。

2010 年 3 月 15 日中午，本书笔者冉隆中首次正式采访许力为。以下是当时的采访札记——

我与许并不是第一次见面。上一次见面是他来主持召开关于《烟草王国红色经典》的初稿座谈会。十多位红云红河集团各部门中层干部，大多对初稿表达了言辞激烈的批评。其中观点之一，是说，烟草对云南贡献如此巨大，作为一本专书，怎么就写那么几个人，那么几件事呢？轮到许发言时，已经是做会议总结了。我感到，他的谈话温和而中肯，既指出了他认为存在的问题，又给我这在场聆听意见的作者留够了面子，同时，还揽过了“领导责任”——他说，既然集团领导都没接受人家作家采访，就不能一味地怪作家写得不充分，巧媳妇还难为无米之炊呢。

走进许的办公室，第一眼就让我感到吃惊：里外两大间办公室，几乎所有可放置东西的地方，都摆放着文件、书籍和各种纸质印刷品。外间那张桌子，足有乒乓球桌大小，因为被纸质印刷物覆盖得严丝合缝，我只能猜想，那原本应该是张会议桌吧。进到里间，副总裁的办公桌当然是所谓的“大班台”，体量也是足够大。而那上面，依然被文件书籍覆满。这是我见过的最奇怪的办公室了，而他的主人，居然是一家企业的副总裁（当然，我已经知道，再过些天，许副总裁将变为许书记）。我忍不住就围着他外间的那张被文件书籍覆盖的会议桌绕了一圈。我注意到，许多书籍或者文件都是处于正翻阅状态的，打开的书页，有的还被做了标记。而且，居然全部是整齐有序的，杂而不乱，一本本，一册册，平躺在那里，好像是列队等待检阅的士兵一样。许一眼就看出了我的好奇，打着哈哈说，作家，莫见笑啊，我没读过啥书，却养成了这让你奇怪的习惯，也就是图个找起来方便。我知道，我碰到了个博览群书而且非常用功的企业领导了，能证明这一点的，不仅仅是他满桌翻开的那些书和文件，也不仅仅是他架在鼻梁上那副总往下坠的深度近视眼镜，更是他以下谈吐所表露出来的博闻强记和勤学多思——

你们要写“烟草王国”，这个题目好。但是要知道，30 年前，这顶帽子还戴不到云南头上。30 年前是“上、青、天”，人家才是“烟草王国”。正所谓 30 年河东，30 年河西。云南能戴上“烟草王国”的帽子，还是沾了改革开放的光。我说这个意思，你们认同吧？现在说云南是“烟草王国”，那是当之无愧。因为数字摆在那里：2009 年，全国卷烟生产是 4700 万箱，云南占了其中约 1000 万箱；上缴国家的税利，云南占了四分之一还强。如果从省内来看，烟草工业带动了商业，整个云南烟在全省财政收入中所占比例，应该是二分之一还强。国家局为什么如此重视云南？云南省为什么如此重视“两烟”，这组数字最能够说明问题。

但是烟草历来又是个非议最多，麻烦最多的行业。说到烟草，无非要说到“吸烟有害健康”“行业垄断”“高收入”等等问题。这些确实都是问题。但是不是有这些问题，就不要发展烟草了？至少在云南，现在还做不到。云南经济社会要发展，现在还离不开烟草这根特殊杠杆的拉动，烟草业还是云南经济的主要优势。全省数万烟草职工为云南经济社会发展作出了巨大贡献，上百万烟农靠种植烟叶而脱贫致富，全省靠烟草提供的财政收入，调整经济结构，发展多元经济，上能源、化工、有色金属等项目，建铁路、高速公路、新机场等项目，搞地铁、轻轨、“桥头堡”等项目，哪一个离得开烟草？云南必须先将这些“朝阳产业”培育起来，烟草这个“夕阳产业”才能够落下去。“夕阳”落下去的时间，要取决于“朝阳”升起的时间。总不能“朝阳”还没升起，先将“夕阳”落下去。试想一下，如果那样，世界会怎样？会一片黑暗！所以说，烟草在云南这个情况比较特殊的省份，现在还不是讨论如何削减撤销的问题，而是要研究怎样又好又快利国利民继续发展的问题。但是，如果放长远一点看，烟草肯定迟早有一天作为行业要消失。这一天的到来，我们假定是100年。100年，对于任何个人，那都是一个很遥远的数字。因为以现在的生命规律和医学水平，我们不可能活到100年以后。但是，对于社会和历史，它又是个近在咫尺的数字。所以，必须有人去琢磨它，研究它。不能等那一天到鼻子跟前了，我们才惊呼：啊，烟没了，烟财政没了，没烟抽该怎么办？云南该怎么办？我们人类的伟大之处，就在于：大多数人都在埋头拉车，却有少数人会抬头看路，甚至还有更少一部分人在仰望星空，在思考100年、1000年、甚至10000年以后的事。好吧，就算烟草行业还有100年发展时间，我个人有个比较悲壮的愿望，如果这世界还有最后一个“烟民”，在抽最后一根烟，我希望，那支烟属于红云红河所生产。

烟草行业利润大，它关系到国家经济安全，其实也关系到每个还离不开香烟的“烟民”的生命安全，所以，国家要对它实行垄断。不要一听到垄断这个词，就觉得是个很坏的东西。至少在现阶段，对烟草实行垄断专卖，是利大于弊。烟草行业挣钱比较多，但是它的大头都上缴国家财政了。作为一个利润大挣钱多的行业，它的从业者可能收入会比别的行业略多一点，这也是事实，而且是不值得大惊小怪的事实。我们现在还必须承认社会分配做不到完全公平，至于绝对公平，那可能是永远都做不到的事情。既然这样，就不要一说到烟草，就总觉得那里的钱都是有问题的钱。因为控烟，全运会（山东济南）不要烟草的钱了，世博会（上海）也不要烟草的钱了。有人甚至呼吁，希望小学也不能要烟草的钱了。发出这种呼吁的人，却不可能掏钱去盖哪怕一所希望小学。减少烟草的宣传，加大控烟的力度，让吸烟的人逐渐少起来，让社会更文明更健康，我想，其实这是包括每个烟草职工在内的全社会成员的共同愿望。但是没必要把烟草妖魔化，没必要给烟草行业背十字架钉耻辱柱，更没必要让烟草人都背上“原罪”的包袱。钱，说到底，它就是货币，作用于流通，本来没有什么属性。为什么一沾烟的钱，就是坏钱，黑钱了呢？难道有这种奇怪想法的人，没看见从烟草行业挣来的钱，大多数已经转换为了造福桑梓，服务民生的事实吗？一些人的观念，怎么就那么狭隘、极端呢？

当然，要写烟草人，写云南这个“烟草王国”，我个人觉得，不是要去研究和歌颂烟草行业的垄断属性，也不是要简单地去炒作烟草行业利润大挣钱多这些容易让人误会的东西。而是要歌颂赞扬云南烟草人的精神品质。云南烟草工业，如果从“亚细亚”算起，走了差不多100年的路，而戴上“烟草王国”的帽子，用了30年时间。这其中，有至少好几代人，做了多少努力和牺牲？这才是值得作家去大书特书的东西。但是，云南烟草人却都是做多说少，不仅红云红河人是这样，你到哪个厂去采访，可能都会碰到这种情况。为什么？低调。为什么要低调？特殊。这两个词，可以循环使用。其实这是云南烟草人自我保护的需要。做得多容易受表扬，说多了可能犯错误。言多必失嘛。趋利避害是每个人的本能，谁不愿意多得表扬而少挨批评啊？但是我得说。因为我分管宣传，我想低调也不行，还得配合你们作家、记者。但是我内心又经常想，其实云南烟草人，真的值得更多人去走进他们的内心，去歌颂他们的精神。如果能够全面真实客观地去写一写烟草人，我想，是会写出点好东西来的。我个人原来也爱好过文学，最早也算个文学青年吧。考大学时候，最想报的就是文科，而且最想进的就是中文专业。但是受家庭影响，个人愿望却不能实现。我父亲是中学语文老师，“文革”因为教语文而受过冲击，一朝被蛇咬，十年怕井绳。他哪里知道，恰恰是家里文学书籍多，让我耳濡目染爱上了文学，想上文科，甚至也想过当作家啊！结果，参加恢复考试后的第一届高考，我父亲坚决不让我报文科，可是我只有语文考得好，居然考了80多分——那在当时，这可是个高分！最后却被师专理科录取了，我也没心思去上那个学，我就与大学科班教育失之交臂了。现在想来，我一生有两大遗憾不能弥补：一是没上正规大学读书（尽管后来也通过努力完成了研究生学习），二是没能够当上兵（因为当年政审没通过）。人啊，都会有遗憾。太完美的人生，可能不属于我们这一代人吧？

话题扯远了，还是说烟草吧。从1980年进昭通烟厂算起，我在烟草行业，也有整30年，算个老烟草人了，而且是见证了云南烟草崛起的30年，成为“烟草王国”的30年。1980年代，还在“三合一”时期，我就干了企业总会计师，成为当时省内烟草业最年轻的处级干部之一。后来进省公司，又下到厂，上上下下好几回，业内各种工作都干过，用现在时髦话说，也算“多岗位”锻炼吧？2004年做昆烟副厂长，然后是红云集团，现在是红云红河集团。对于烟草，因为待的时间久，我也算有一点发言权。我对云南烟草，可以说感情很复杂。我个人肯定是把一生精力都投进云南烟草事业了，我也爱这个事业，爱这个群体。当然，因为烟草行业专卖的特殊性，决定了它内部机制肯定不如充分市场竞争企业那样灵活、高效。中国的事情，总逃不出那个规律，太活易乱，太收易死。烟草行业的分寸感更难掌握。所以，现在烟草的很多权限，都上划了。企业却在地方，企业人也肯定是地方人。企业和企业人跟地方的关系可以说是千丝万缕，剪不断，理还乱，欲罢不能，欲说还休。这就很矛盾。很多事情，你是想得到却做不到，表面风光，有苦说不出。这样的事情经历多了，我也会有些复杂情绪和感慨，遇到你们文人，很难得的交流机会，多说几句，你不会见怪吧？但是如果你注意到我的名字，你会不会产生一个联想，我就是按名字所暗示的，凡事当尽力而为，尽可能亲力亲为，努力作为，也就不留遗憾了。做烟草，尤其要如此。

我这样说，千万不要误会，以为在烟草行业什么事情都干不成。那绝对不是事实。我个人觉得，在企业，舞台比在政府机关还是要大，要灵活。而在红云红河这个企业，可能感觉会更好些。红云红河可能强调“和谐”这个概念更多一些、更早一些吧？它的企业精神，就六个字：和谐，创新，超越。而它的管理理念是：以人为本，和谐管理。你可不要以为它只是写在纸上挂在墙上的东西。恰恰相反，红云红河集团是把这些东西往人脑子里，心坎上灌输，并落实在细节中的。朱总喜欢说“三让三不让”：让想干事的人有机会，让能干事的人有舞台，让会干事的人有地位。不让成绩突出的人吃亏，不让埋头苦干的人寒心，不让说假话图虚名做虚功的人占便宜。每个普通职工可能都会背下这“三让三不让”。红云红河集团就是为能人搭舞台、给机会、重奖励、创先争优的地方。因为在这里，想做的事，只要有利于企业发展，有利于社会发展，70%都可能做成。剩下的那个比例，原因多了，就不细说了吧。我个人喜欢拿做事来说事。其实一个人的幸福感，在很大程度上不是取决于钱多钱少，而是做事的多少。做事就是追求所谓成就感吧。这大约跟作家创作作品的多少，影响的大小，是一样的吧？男人，社会属性太强，就希望自己多被社会所承认。而要得到承认，就必须多做事，做好事，当然，如果有那舞台，更希望做大一点的事。有一句话，说心有多大，舞台就有多大。这可能指的是做梦。但是在实际生活中，还是舞台有多大，心才能有多大。否则，人就很容易成为空想家。

你要我说说从红云到红云红河？我知道你的意思。简单说吧，红云三年，比较顺。原因很好找，曲烟是个性特点并不突出的企业，因此，重组后彼此融合就比较容易。而红烟曾经是个性特别张扬的企业，所以融合起来难度就会大一点。当然时间也是一个因素。现在才一年多点，彼此磨合，也需要时间。有一点可以说一说，就是企业重组不是简单地做加法。合在一起了，比较容易首先实现共享的是牌子啊，技术啊这些表面和刚性的东西，而一些软性的东西，比如企业文化理念，企业管理方式，可能适应起来会有个过程。而一旦文化软实力也统一在一起了，企业发展后劲就容易出来了。现在，我们已经看到了这样的好开端。其实企业重组，做大做强，是势所必然。在中国范围看是这样，在世界范围看更是这样。以后的烟草竞争，确实就是大市场，大品牌，大企业之间的竞争。如果还守着自己的一亩三分地过小日子，可能就过不下去了。在汪洋大海里，一条小舢板是抗不住大风浪的。以后就那么几个大牌子，就把蛋糕切完了。杂牌子，小牌子，早就被淹没了。现在国家局提“两个十多个”，恐怕也是过渡性提法。以后还会更集中。云南走“九变四”“四变三”“三变二”的路，不是在耍魔术，而是在顺应时代潮流。至于“两红”（红云红河与红塔）之后会怎样？这个问题你不能来问我。可能现在问谁这个问题都不合适。但是我们也可以从常识来看一看。应该说，维持现在的格局，既是省情之使然，也是国情之需要。改革是必然趋势，同样改革也是循序渐进的一个过程。不走不行，走得太快也不行，步子必须迈得又稳又好。为什么现在提“又好又快”的科学发展观，而不再单纯强调GDP？道理是一个。所以，现在不是讨论分还是合，而是要让“两红”在适度竞争中，一起稳健地大踏步走向省外市场，国外市场，让云南烟草品质更好，品牌更响亮，品类更清晰，市场空间更大，以适应即将到来的更加激烈的市场竞争，并立于不败之地。

话匣子打开就止不住。但是我知道还有个会在等着他。采访结束了。离开许力为办公室，我忍不住又回头看了一眼那些铺天盖地的书籍文件。回想起刚才许君一席话，我知道这些书籍文件如此摆放，绝不是虚张声势。许力为显然是个勤学多思的人，而且是个喜欢亲力亲为、尽力而为、努力作为的人。头脑里冒出孔子的一句名言：学而不思则怠，思而不学则惘。心想，几天后，许副总裁变为了集团党委许书记，按惯例，他将换办公室。我猜想，他这些书籍文件应该会原样照搬过去并依然如此摆放吧？真想有机会再去看一看。

2012年以来，笔者有多次机会又来到许力为办公室。没想到的是，他并没换办公室，唯一换了的只是门外的牌子——由副总裁换成了党委书记。室内格局则一点没变。

如果说还能找出一点变化，那就是，许力为如今不抽烟了。“去年体检，医生建议说不要抽烟了。医生的话有科学道理，而我相信科学，就不抽了吧。反正干了大半辈子烟草，也抽了大半辈子香烟，拿得起，也要放得下。”许力为一副近视眼镜背后的眼睛，笑眯眯的，心胸坦荡而神情淡然。在他习惯坐靠的沙发对面的茶几下端，本是真皮包裹的地方被他一双布鞋蹬出了木质原形——他经常在这里蹬腿看书，久而久之，坚固的皮质茶几居然被他蹬破了。

他的情形，跟另一个烟草“大佬”李万兴相似。李也抽了大半辈子，也在去年停了下来，也是出于医生的忠告。童荣昆干了一辈子烟草，却从未染指。还有个半路入伙的程永照（云南烟科院党委书记），以研究《国际控烟框架条约》之中国对策为己任，他也是从不吸烟。不吸烟者照样可以在烟企工作，而且是做很重要的工作。王婆卖瓜肯定要自卖自夸，卖烟者肯定要说自己的烟最好。但是他们从不隐瞒吸烟有害健康的事实，更重要的是，他们从来没放弃为还不能摆脱香烟的吸烟者健康谋福祉，在探索降焦减害和尽可能安全吸烟的道路上，他们始终在辛勤奔走。当有一天出于身体原因需要戒烟时，他们也会毫不犹豫地与钟爱了大半辈子的香烟说声拜拜。烟草在他们手上，是一份工作，更是一份事业和责任。事业需要科学理性，责任需要分担承受。所以，有多少委屈和困难，他们都注定了要放下身子，一声不吭地扛起来。这就是从亚细亚时代走到今天的云南烟草人。

云在天　河在野

云在天，飘逸的时间长了，就想借河流当镜子照照。当它俯下身子，正想打量自己模样儿的时候，河流却已经流到很远地方去了。

河在野，撒野的日子长了，就想在彩云上打个结，帮自己停顿停顿，好理理自己一贯的胡思乱想。才思量定，云彩却已经淡开了。

河就扑通一声，跌下来了，然后人们奔走相告，下大雨了，赶紧收衣服被子啊——

就从童话回到了现实。

现实是：云在天，红云映辉；河在野，红河奔腾。

九变二

云与河走到一起，时间是2008年11月8日。那一天，红云集团与红河集团正式合并成为红云红河集团。中国体量最大、拥有卷烟名牌号最多、影响力最大的超大型卷烟制造企业就此诞生。

这是继2005年11月8日云南烟草工业“四变三”三年之后，云南烟草的又一次大动作——“三变二”横空出世。红云集团与红河集团完成重组，原红河集团下辖的昭通卷烟厂，加入红塔集团。

邱建康出任新组建的红云红河（集团）有限责任公司董事长，原红云集团董事长朱绍明担任红云红河集团总裁和企业法人代表，原云南中烟工业公司副总经理姚庆艳担任红云红河集团党委书记。

盛况空前的授牌仪式在位于昆明国贸中心的云南大剧院举行，国家烟草专卖局局长姜成康、中共云南省委书记白恩培亲自为新组建的红云红河集团授牌。

云南中烟工业公司总经理张水长在授牌仪式上发表了题为《努力实现云南烟草的新跨越、新突破》的讲话。他在讲话中提到，这次“三变二”的重组整合，是云南中烟工业公司成立以来的第三次整合，是经过2004年9月10日的“九变四”，和2005年11月8日的“四变三”后，在更高层次、更高水平的重组整合，是云南烟草工业企业在做强做大的道路上迈出的历史性一步。他说，五年来，云南烟草工业在产量计划增加不多的情况下，税利从2003年底工商分家时的323亿，到2008年将实现560亿元，工业税利净增230多亿元，连续跃上400亿、500亿两个大台阶，工业资产已由2003年的600亿元增长到1000亿元以上，净增400亿元。

说到这些数字，张水长如数家珍。因为一部云南烟草工业账，在他那里可以说是烂熟于心。数字是枯燥的，但是张水长却突然动了情——因为他想起了“九变二”过程中，极其艰难走过来的每一步——

有一次，张水长带了两个处长到某州去谈烟企重组。对方很认真也很隆重，摆出了五套班子的最高规格，会议桌的另一边，坐满了一长排人。谈话却是谈判的架势——人家从国家大法到民族地区自治法，从建州历史沿革到脱贫现实困难，一直讲讲讲，从早上8点讲到离中午12点还差5分钟，一句话，就是：重组不可能。谁要从州里拿走这个厂，谁就是这个州的历史罪人。帽子摆那里了，时间也没有了。最后“首席谈判”才说，我们现在欢迎省上来的张领导做指示，12点，准时一起喝酒去！

张水长知道人家没给你讲道理的机会了，心一横，说：“给我留了5分钟，非常感谢。但是，时间多了，我只要两分钟，就把话说完。我的态度是，给你们15天。15天内，到昆明找我张老倌儿，一切都可以商量。过了15天，这个厂可能就永远停在这个规模这个量上，发展不可能，那就当一辈子孤魂野鬼。好了，用时一分钟，喝酒去！”

那顿酒，大家都喝得别有滋味在心头。酒毕，张水长带着两个小处长，直接打道回了昆明。

到第10天，州里来人了。带来的是同意合并重组的相关文件，以及州里确实需要保留的十个条件。张水长扫了一眼文件，当即拉着州里来客，直接去喝酒了。酒桌上，大家都开怀畅饮。喝到尽兴时，张水长拉着客人，说，“位置不同，想法不同，但是大家都是为了更好发展，在这一点上，我们是永远的朋友。为了真正共同的发展，我们把这杯酒干了。十个条件，不打折扣，就按州里的意见为准。”于是双方皆大欢喜，重组随后也顺利进行。

另一次，张水长去到一个厂，一个已经如日中天般名气很大的集团，跟厂长（董事长）商谈，话题还是一个，合并重组。

同样是从早上 8 点到中午 12 点，不同的是，谈话在一间“密室”，而且就两人参加：张水长和那位董事长。

事隔几年后，张水长回忆说：“因为我们是多年的老朋友，为了共同的事业，都打拼到了最后，所以我们就开门见山，不绕弯子。我说，事关改革大局，关系到云南烟草再上台阶的大问题，私人感情就得先放一边了。谈成了，我哥你弟，关系依旧；谈不成，怕是连朋友都难做了。我敢说这样的狠话，其实是因为知道对方在大是大非上一点不糊涂，因此才敢亮开底牌谈，不留余地谈。最后谈得两个人都热泪长流，事情成了。”

业内人士曾经这样评价云南烟草“三变二”，称，云南烟草工业的再次整合，改写了中国烟草的版图。“三变二”以后，红云红河的产销规模将突破 400 万箱。2009 年的市场规模将达到 470 万箱，税利突破 300 亿元，成为中国烟草当之无愧的“巨无霸”。排在其后的中烟实业公司，年计划量超过 370 万箱；第三位的红塔集团，2007 的产量为 358 万箱，如果再加上新划入的昭通卷烟厂，2009 年，红塔产量同样有望突破 400 万箱。因此得出了这样的结论，云南烟草“三变二”后，为“云烟系”参与国内、国际竞争奠定坚实的基础，“云烟”在中国烟草新一轮联合重组中，必将拥有更多的话语权。

还有一种说法是，红云红河将成为继菲莫、英美、日本、帝国之后的世界第五大烟草巨头。

这都是意料之中的事。事实是，2009 年，红云红河集团品牌规模达 470 万箱，实现税利 354 亿元，集团成为品牌规模全国第一、世界第五的龙头企业，开始朝着努力打造中式卷烟标志性大品牌和世界领先品牌迈进的目标冲刺。

几年前，时任云南省省长秦光荣在谈到未来五年，云南烟草“1182”发展规划时说，到 2012 年，云南烟草工业品牌将达到 1000 万箱的规模，1000 亿元的产值，800 亿元的税利，和 2000 万担的烤烟产量。让人欣慰的是，2012 年的今天，云南烟草人这个目标，已经提前超额实现。

已经在不同场合多次表明“过去的事情不再想，现在的事情不再问，今后的事情不再管”的张水长，2012 年 9 月 7 日，在红塔体育基地，在他参加“桥牌”比赛的现场，被笔者一个接一个问题问起时，他还是终于忍不住拉开话匣子，一个又一个地回答了笔者采访提问。他最后说，“事情是需要大家来做的，云南烟草这样大的事业，更是如此。几十年，上百年，多少代人，都在这条路上接力，到我这里，当然也会有遗憾，有的事，就一步之遥，却只能如此。历史的选择，往往是各种力量纠结平衡的结果。做事就像揉面，急不得，快不得，水要一点一点往里加，面要一点一点往下揉。水加猛了面就变稀泥了，水加少了你就揉不动了。改革是门学问，烟草改革尤其是一门大学问。不断揉，总有一天，生面要揉成熟面，变成筋道和力道都最好的面。我有信心等着那一天的到来。”

新工房

2011 年 5 月落成并投入使用的红云红河集团昆明卷烟厂联合新工房会是个什么模样儿？你肯定会说，无非就是个大一点的车间。是的，你说得不错，它肯定是个车间。但是至于它大到什么程度，又有什么特点，你就说不好了吧？是的，如果对这个行当缺乏相当了解，你最好别轻易做猜测下判断。

笔者自以为算对烟草行业有点了解认识了，曾经的云南九大烟草工业，看过无数遍。就在近三年，为写作云南烟草“九变二”，又反复到一家家烟企，看一座座厂房，跟一个个烟草人打交道。但是，当第一次走进这座投入了 60 亿的昆明卷烟厂联合新工房时，仍然傻了眼——这不是一座现代迷宫吗？是的，它是一处最迷人的现代工业迷宫。即便有专业讲解导游，即便只是浮光掠影走马观花，我们仍然在里面游荡了大半天。外行看热闹，我们看到的是，各种品种型号的烟叶自己乖乖从仓库“走”出来，钻进一个个巨大的橡木箱，然后不知道什么时候它们又躺到一条条新的流水线，切成丝，卷成烟，装进盒、打成条、汇成箱，又跟着机器人装进更大的箱，去到更远的地方。

这里还是一座活态的卷烟工业博物馆，是一处充盈着爱国主义色彩的教育基地。在这里，你可以看到一个有 90 年历史的现代卷烟企业，在重大历史关头和重要时间节点上，走过的每一个脚印：亚细亚时代的厂门和机器，最早的“重九”包装和广告，抗日战争时期云南纸烟厂职工为前线将士加班生产卷烟的画面，美国飞虎队员叼着“重九”香烟在画着血盆大口的飞机前的留影，宋庆龄怀抱昆明卷烟厂婴儿时的慈祥笑容，毛泽东、邓小平、江泽民、胡锦涛以及习近平等多位党和国家领导人或夸奖“云烟”，或亲临视察昆明卷烟厂的一张张照片，一件件实物，以及昆明卷烟厂从 1922 年以来各个时期生产的几乎全部牌号的香烟烟标，所获得的各种荣誉证书和奖牌奖章，各种学术著作和科研成果……让你穿越时光的隧道，跟随岁月的脚步，体会创业的艰难，感受前辈的执著，把握时代的脉动，分享光荣与快乐，接受灵魂的洗礼，坚定更强的信念。

当然，这里更是一座让人吃惊的财富山，聚宝盆。如果以单位面积计算，可能这里是昆明乃至全云南最值钱的一个地方。60亿的投资，就投入在这方寸之间。它完全可以与银行媲美。银行纵然有金山银山，但是它是静态的，或者说银行进出的钱是死的，而且都是为别人托管的，银行不过是过路财神。这里的钱却是活的——每一条流水线，都像印钞机，在源源不断地往外吐钱。它吐钱的多少，是由它吐出的香烟牌号所决定的。而它吐什么牌号香烟，又是由消费者的需求和国家局的管控所决定的。所以，它的大楼最突出处，大书着两句话：国家利益至上，消费者利益至上。

就在这座迷宫的办公区二楼，我们见到了指挥掌控这里每一根神经的枢纽人物——范晓。他目前的职务是红云红河集团昆明卷烟厂厂长。

历经多年磨砺，范晓成长为一员久经沙场的战将。他从车间主任，到山西卖烟郎，再到山昆公司副总经理、总经理、总经理兼党委书记，范晓早已经独当一面。2011年3月，一纸调令，范晓携妻带子，从三晋大地重返云南，出任红云红河集团昆明卷烟厂厂长。他也是这个取消法人资质后的工厂第三任厂长。

范晓说，刚回来就遇到昆烟搬迁新工房，其规模之大、要求之高、任务之紧，以及必须万无一失的责任，都让人提心吊胆。好在这次无需“从战争中学习战争”，因为他是一名久经战阵的老兵。

1989年，范晓大学毕业，因为学的是机械制造，中国二汽（东风汽车制造厂）、云南电视机厂、冰箱厂（当时都是全省最吃香的厂家）都向他伸出了橄榄枝。但让他比较感动的是，昆烟是最早向他复函的厂家，于是决定先去昆烟看一看再说。范晓不知道昆烟在什么地方，还专门找了一位有亲戚在昆烟的同学陪着自己一起去。但那位同学也是第一次去昆烟，两人骑着自行车过了小菜园、上马村、下马村，越走越荒凉，心里不由一阵阵发毛，这都骑出城去十来公里了，昆烟到底在哪里啊？

终于在一个半山坡上找到了昆烟锈迹斑斑的大门。学工科的都喜欢亲自到间车转一转，一圈转下来，基本可以摸清工厂的底子了。至于找车间嘛，很简单，哪里有机器的轰鸣，就往哪儿去。到底是刚出校门的菜鸟，范晓不知道，那个年代，噪音最大的一般都是国产设备，结果一找找到了老二车间，刚一推开大门，灰尘夹带着刺鼻的生烟味扑面而来，像是走进了碾米房，什么都看不见，先前心中的荒凉，此刻变成了绝望。

二汽就在湖北十堰，范晓去过，全套生产设备都是从法国引进的，人家那才叫现代化企业。拜拜吧，昆烟。范晓决定了去二汽，汽车工业代表着一个国家的工业实力和水平，咱们还是去造汽车吧，那才是真正的制造业。但下山的时候，两人又走错了路，误打误撞地走进了昆烟正在推进的"八五技改"工地。巨大的厂房已经拔地而起，窗明几净的车间里堆满了漂洋过海而来的洁白的英国松木箱子，范晓的英文一向很棒，从印在松木箱子上的英文范晓知道，里面装的全都是当时世界最先进的自动化卷烟设备。不由停下了步子，昆烟如此"多情"地向大学生伸出橄榄枝，该不会是让我们来操控这些现代化设备吧？这时，云南人恋家的思想也开始作祟了，二汽再怎么好，毕竟远离故土，要不，再走走看看？

这时，同学提醒他，转了半天还没去姑妈家呢。在同学姑妈家，证实了范晓的猜想，他们这批大学生的确是专门为"八五技改"招收的。同学的姑妈拿出听装"大重九"招待侄子和范晓，范晓惊奇地发现，同学的姑妈也会吸烟，在那个年代，女性抽烟还不多见。而且，老太太吸烟的那种睿智和淡定，让范晓终生难忘。范晓抽完平生第一支香烟后，打定主意，不走了，服务梓桑，效命故乡。

就这样，范晓分到昆烟"八五技改"工地（12 车间）。当时昆烟给他的第一感觉是，气魄很大，一步就从手工作坊，跨入当今国际上最先进的现代化企业。一台联合卷包机就是 100 多万英镑，约合 1500 万人民币。范晓说，时间不等人，在引进国外先进设备上，昆烟虽然是全国同行业第一个吃螃蟹的人，但后来却不如玉烟那般大气，在 1980 年中期就把昆烟远远抛在了身后。时间就是金钱，只好在战争中学习战争了。范晓以助理工程师的身份来到了"八五技改"工地。

当时负责安装调试设备的都是英国专家，说的也是英文。一天，范晓刚进车间，就见几个工人正忙着把汽油浇在拖把上。车间严禁烟火，他们想干什么？

当时国家外汇十分紧张，眼前的设备是用棉花、大蒜等农副产品换回来的，范晓算过，大约 1000 节火车车厢的大蒜，才能换回一台设备。范晓停下步子问："你们要干什么？"

工人说："你还是去问老外吧，老外发火了，说是要火把，不知道他们想干什么。"

范晓一听就明白了，在英文中，火把和电筒是同一个单词。翻译是从外单位借来的，基础不行，一定是这位半瓶子醋，把电筒译成了火把。于是，让工人找了把电筒递给暴跳如雷的老外，老外这才眉开眼笑地向范晓伸出了大拇指。接连几件事，范晓流利的英文都派了大用场。于是，厂里又把翻译差事交给了范晓。范晓很快译出50多万字技术资料，大家更对他刮目相看了。进厂一年后，成立“八五技改”办公室，范晓被抽调到办公室，带队出国考察进口设备。当时昆烟有个很好的决策，谁引进的设备就交给谁安装调试使用，1993年，范晓就被任命为7车间主管设备的车间副主任。又过了一年，“八五技改”第三期工程——100万箱工程破土动工。这次引进的是每分钟12000支的超高速卷包设备，1个亿一套，总共引进15套，为此专门成立了第四生产部，范晓被任命为副部长兼综合办主任。1998年升任第四生产部部长。可以说，范晓是从“八五技改”中脱颖而出的，进厂9年，就干到部长位置。所以，在昆烟新工房落成前夕，让他回归昆烟执掌“帅印”，正可谓知人善用。

新总部

就在新工房一侧，红云红河集团新总部也已落成。总部门前大厅内显眼处，由名家所撰《云烟赋》赫然在目。其赋曰——

日出东方，烟出云南。世有烟也，云烟为尊；至尊云烟，品质使然。其品也清香，其质也润甜。清香出浊世，静好如初；润甜得天成，花开云卷。唇齿快意哉，有风过耳；性灵生机也，无痕入眼。官坊民间，吸天地灵气；庙堂巷陌，吐空谷幽兰。独乐乐也，群乐乐也。孟获吸之为迎邪，诸葛得之而祛瘴。昔有纪晓岚，倚之成四库；后有鲁斗士，燃之得投枪。毛公惊叹云烟好，邓翁吐纳笑谈间。人因烟襄，得奇思也；神有烟助，生妙想焉。文采如泉涌井喷兮，汪洋恣肆；思绪如日升月落兮，缤纷悠然。灰飞烟灭间，天地颜色改；吞云吐雾时，妙笔莲花中。随风赋形，小大由之；流光溢彩，长短皆宜。动也飘逸，其味至臻；静也凝思，其境至善。故人云，烟有五德，智信仁勇严；五德皆备，独此云烟。

夫世间事，祸福相依也。舍得利弊，周而复始；烟之倡禁，与生俱来。然世事无绝对，褒贬两由之。性情之人，感万物之灵赐；明理之人，知世易之时变。予人玫瑰，手留余香；授我权柄，度在公平。良莠优劣，不枉一时利害；是非曲直，公道自在人心。

大美乎云南，至美兮云烟。云南之美，美不胜收；云烟之美，美轮美奂。美若艳遇兮，目迷离而心摇宕；美赛神明兮，驾云雾而飘欲仙。想淡云香绕，千回百转，喜忧俱扫；透风烟远望，壮思如飞，物我两忘。感成王败寇，尽随风远逝；叹穿雾临池，存多少华章？然穷词毕字，难表其美之万一；搜肠刮肚，未尽其妙之三昧。吾无以言！正所谓大音稀声，大象无形，各美其美，美美与共矣！万千之美，吾一言以蔽之：美即生活！酸甜苦辣琴棋画，油盐酱醋烟酒茶。得其中真味，方为世上真人也！

嗟乎！轻烟在手，指尖开灵感之花，花开如醒；妙香入心，心境浮快乐之云，愉悦红尘。有烟云如斯，何不玄思奇想，致远传神？有云烟如斯，何不就此写定，潇洒人生？春城雾茫生云烟，云蒸霞蔚红满天；世人都说神仙好，唯有云烟忘不了。我知者云烟，大德化境永不言；知我者云烟，心心念念总牵连。曲终人未散，一支到辽远；云烟升腾处，普天同灿然！

“最光荣的新品牌”

乌鸦反哺，源自李时珍《本草纲目·禽部》：“慈乌：此鸟初生，母哺六十日，长大则反哺六十日。”乌鸦本是一种通体漆黑、面容丑陋的飞鸟，因被视为不吉利的象征（比如人们常说的乌鸦嘴），而遭到人们的唾弃。但就是这种外形丑陋，遭人厌恶登不了大雅之堂，入不了水墨丹青的飞鸟，却拥有一种值得人类称道甚至学习的美德——爱老、敬老、养老。乌鸦在母亲哺育长大后，却不忘养育之恩，当母亲年老体衰，不能觅食或双目失明不能飞行时，子女就会四处寻找可口的食物，衔回口对口地喂到母亲的嘴里，以回报母亲的养育之恩。

乌鸦反哺的故事世代相传，广为人知，“反哺情结”今天已成为维系社会及家庭走向和谐、温馨和安宁的重要力量。

如果将祖国和人民比作母亲的话，昆烟无疑就是他们的孩子。

我们知道，烟草属于高税利行业，昆烟作为云南最老的卷烟企业，在自身发展的同时，从来没有忘记自己的社会责任。早在1951年1月，昆烟的前身——云南纸烟厂就响应国家号召，筹集了700万旧人民币（折合新币7万元），支援抗美援朝战争——

从“1998年洪灾”，到“2003年非典”；从东南亚海啸，再到“汶川大地震”，从2010年到2012年云南连续三年旱灾……不论国内还是国外，哪里有灾难发生，哪里就有昆烟的身影——

据不完全统计，从2005年到2012年底，仅仅七年时间，昆烟及后来的红云集团、红云红河集团，支持社会公益事业总投入就高达10多亿元。

昆明世博园建设、北区烟草路、龙泉路等大量昆明市政建设，昆烟都曾投入过巨额资金。

而尤其值得称道的是，昆烟在扶贫帮困和捐资助学方面所做的大量的工作。

临沧市的镇康县、昭通市的巧家县及曲靖市的会泽县、文山州的富宁县都是昆烟（含红云红河集团）的挂钩帮扶县。

其实，对于贫困，从时任红云红河集团总裁朱绍明到时任集团副总裁许力为都不陌生，两人都下过乡，当过知青。比一般人，他们更懂得什么叫贫困，贫困的原因到底在哪里。因此，集团的扶贫并没有停留在简单的“输血”层面上，而是更注重于对贫困地区的“造血”功能的投入。

2005年7月，昆烟决定拿出一个多亿，用于“兴边富民”工程。当时的昆明卷烟厂厂长朱绍明自任组长，率队亲赴临沧，商讨落实具体项目。当地一位政府领导感动地说：“昆烟的所作所为体现了两个‘真’字——扶贫动真情，兴边动真格。”7月21日，昆烟与临沧市正式签订《昆明卷烟厂对口帮扶镇康县兴边富民意向性协议书》。根据协议，昆烟将有计划安排资金，用于扶持镇康县的烤烟生产、兴建人畜饮水工程、设立贫困大学生救助基金等项目。同时，昆烟还将每年为镇康县建造一所希望小学。

会泽县最早是属于会泽卷烟厂和后来的曲靖卷烟厂的扶贫帮困县，2004年，“九变四”时，会泽烟厂并入曲靖卷烟厂；2005年，“四变三”以后，会泽成为红云集团的扶贫帮困县。

历史上，会泽曾经因东川铜矿和护国名将唐继尧而闻名遐迩。但截至2008年，会泽近百万人口中，贫困人口就占了51万，占总人口的51%。“四变三”，红云集团成立后，集团拿出资金同时启动会泽县金钟镇青云村、普珠村、治都村新农村建设整体推进项目。之前的1994年到2003年的10年间，会泽卷烟厂就累计投入了2个多亿，用于改善会泽县基础设施条件和发展教育事业。

在帮扶贫困地区父老乡亲的同时，红云红河人渐渐产生了一个全新扶贫理念——“逆向扶贫”，或曰“双向扶贫”。

对于“双向扶贫”，集团工会副主席华业顺说：“我的理解，意思是，当我们在资金、物资上帮助他们的同时，他们在情感和精神上净化了我们的灵魂，使我们倍加珍惜自己的岗位，努力付出。”

集团领导认为，不少“80后”职工，从学校一毕业就来到集团，我们不可能复制20多年前生产车间灰头土脸的场景，让他们感受先辈创业的艰辛。即使是老职工，也因多年高利税行业的优厚待遇，而难免“忘本”。因此，在帮扶边疆贫困人民的同时，又开发出了一所提升企业职工道德水准和良知的学校。

而且，不仅仅是一般职工，就是领导干部，也在帮助别人的行动中使道德素质得到了提升。时任集团副总裁许力为说：“的确是双向扶贫。贫困山区的农民是穷在物质上，我们城里人则穷在精神上。我们不少职工出了家门进校门，然后进厂门，不知道山区农民的生存状态有多么艰难，欲望无止境，物质生活好攀比。其实，比较一下山区贫困农民，同在一块土地上，他们却过得如此艰难，我们应该更加珍惜自己的岗位和生活环境。”

红云红河集团的帮扶行动，在感动被帮扶者的同时，也常常被那些贫困地区朴实人们的善意所感动。

为了感谢红云人，镇康县每年都要送一车菠萝给集团。每一个菠萝都经过了他们精挑细选。路途遥远，为了不让菠萝损坏，他们总是小心翼翼地用木条箱，一箱一箱地装好才上路。一车菠萝本不值钱，但他们的良苦用心，却让红云人十分感动。

时任镇康县县长尚东红要求全县，凡是需用香烟接待客人时，必须用红云红河的产品；凡是种植烤烟的地方，一定要把烤烟种好，为红云红河提供最好的原料。为了用好红云红河集团提供的资金，尚东红不止一次地在各种会议上告诫下属：有人说，红云红河集团有的是钱。但我要告诉你们，红云红河集团的钱也是一支烟一支烟卖出来的，不是从天上掉下的！红云红河人帮助我们1500万元，大家可以算一算，要多少支烟才能卖到这个数？我们必须珍惜人家的劳动，把他们给的每一分钱都管理好，使用好！

尤其让红云红河人感动的是，每次到镇康，镇康县的党政领导都要迎送到镇康与邻县交界的地方。尚县长说：“不是为了摆谱，是我们必须从每一个细节上感激他们。”

红云红河集团将扶贫视为集团“最光荣的新品牌”。对此，云大教授木霁弘是这样解释的：就烟草企业的产品而言，就目前人类所掌握的科技手段而言，想在既满足消费者“过瘾”，又对身体绝对无害之间寻找平衡点，还做不到，红云红河把目光投在产品之外——扶贫，不正是有百利无一害的盛举吗？

于是有了对口帮扶，有了捐资助学，有了“红云红河爱心助学基金”，有了“红云红河书卷润心田一百书赠一百校”活动。现在则将捐资教育活动更加细化定位，成为“红云红河助教”“红河红河助学”的系列活动——

“此时此刻，我的内心温暖如春，因为有了你们，我，以及那些和我同样经历着命运的不幸、生活的坎坷、求学的艰难的寒门贫子，明白了什么叫做奉献，懂得了什么叫做价值，理解了什么叫爱，领悟了什么叫感恩——”说这番话的是巧家县一位叫郭志勇的高三学生，是“红云红河爱心助学基金”，让这位贫家子弟，完成了高中学业，顺利地考入了大学。

一包烟几十块，一瓶酒几百块，一顿饭上千块，这样的消费对今天的城里人来说，已经是家常便饭，算不得什么了。但你想过没有？在边疆、在大山里、在贫困地区，每月两百块甚至一百多块的学习和生活费用，就可以改变一个人一生的命运！

但红云红河人想到了。

时任集团总裁的朱绍明说：“红云红河是云南各族人民的集团，红云红河的成立与发展，离不开省委、省政府的正确领导和大力支持，更离不开全省4000万父老乡亲的关心和厚爱，创造效益回报社会是我们义不容辞的责任和使命。作为国有企业，我们始终把扶危济困、支援地方经济建设看成是与集团自身发展同样重要的事情。”

时任集团副总裁的许力为进一步阐述道：“首先，红云红河是国有企业，回报社会是责任所在，义不容辞。其次，红云红河的发展离不开全省人民的支持。再次，它坐落在云南，每年创造几百个亿的税利，有责任、有义务积极参与，把云南的资源优势转化为经济优势。目前，我们已经分别和镇康、富宁、会泽、巧家签署了协议。下一步，原红河红河集团挂钩的弥勒、沧源两个县也要统筹纳入帮扶。”

朱绍明和许力为在讲话中都使用了使命和责任这两个词。红云红河人率先将工业对农业、城市对农村、工人对农民的反哺，看成是自己的使命和责任。从执行任务到承担责任，从接受命令到肩负使命，最终拿出去的虽然都还是钱，但是却发生了质的变化。当一件事情，从“要你做”到“我要做”，心情、味道、态度、性质都会发生深刻的变化。红云红河人在反哺农村和报恩社会这件事情上，会主动去想，主动去找，自觉去做，系统地做。参与实施此项工作的集团工会副主席华业顺说，红云红河先后为云南富民兴滇工程、捐资助学工程、润滇工程、对口帮扶工程等多项活动，出钱出力，而且还出智慧——替那些受助者设计出用途和用法，使钱真正花到刀刃上。红云红河人在扶贫问题上，是真扶贫，扶真贫。

华业顺认为，红云红河集团之所以现在能够在富民兴滇工程、捐资助学工程、润滇工程、对口帮扶工程等多项活动中变被动为主动，原因要归于2005年企业的改制。当时新组建的红云集团，实现了由工厂制改为公司制，企业的产权制度发生了改变，自主权明显增强了，企业在各种社会公益事业上，从做事的态度到投入的力度，都大不一样。因此产生的效果也大不一样。以前企业也搞捐资助学，但是通常是到村为止。而帮一个村，结果可能什么都没帮到，什么变化都没发生。现在是具体帮到个人，比如对口帮扶的村子，红云红河会做到为村子里一个升入大学的本科生补助8000元，一个专科生补助6000元，有限的钱会送达具体的个人身上，让那些学优家贫的孩子成为真正的受益者。结果就很容易显现出来。落到实处的一个小小的善举，改变的是一个人的命运，拯救的可能是一个家庭，影响的却会是一个村庄、一个地区。其他诸如改善农民饮水工程，治理滇池污染工程，拯救野生濒危动物工程，润滇工程等等，红云红河人做起来都会很具体，很到位，要的是作用很明显，结果很见效。红云红河人在帮扶和公益问题上，坚决不摆花架子，不走过场。责任慢慢变为了使命，企业创造的最大经济价值，逐渐转换为了最积极的社会价值。红云红河人为此感到了莫大的欣慰。而华业顺自己感到欣慰的是，朱总说她是企业的“慈善大使”。她认为，这是自己得到的最开心也是最高的褒奖。

帮扶了别人，滋养的却是自己的企业文化，而且是企业文化中最重要的一种力量：人心向善。红云红河人认为，企业和人一样，都有追求财富的本能。如果企业或者个人的全部动力只是为了实现财富梦，创富之后，却未必能够赢得社会普遍的真正的尊重。因此，要实现企业或者个人的更高价值，就需要富而且贵。培育并养成向善的爱心，让财富向慈善和大爱转变，让它成为一种日常的自觉，就是贵的表现，也是一种新的国际接轨——就在2010年，全球首富比尔·盖茨就发出了倡议和承诺：他要将自己身后的全部财富捐献给人类慈善事业，并希望更多的企业和企业家加入到这个向善的行业中来。这个被称着“裸捐”之举立即引起全球高度关注。部分中国富人也已经加入到积极响应的行列中来。比尔·盖茨和金融巨鳄巴菲特甚至还为此专程来到中国举行慈善晚宴，并邀请更多中国富人赴宴，以共襄盛举。红云红河集团作为国企，当然有符合他们自己身份和规律的表达爱心的方式。可以说，红云红河人通过反哺报恩，来追求和实现企业的社会价值，塑造企业的文化形象，就有着更高层面的意义或者说终极价值了。

都知道一个规律：三流企业做产品，二流企业做品牌，一流企业做文化。到烟草企业这里，这个规律可能会变得更具体，也更严酷。2011 年，全球《烟草控制公约》开始在中国实行。它意味着，各种直接和间接的烟草广告都全面退市。社会已经给出的信号是：2009 年底，在山东济南举办第 11 届全国运动会时，开赛在即，爆出新闻：大赛组委会将已经到账的山东烟草公司数亿赞助资金全部退还，所有比赛场馆里不再出现任何与烟有关的广告；这一幕，很快又在 2010 年上海世界博览会上重演。一些更为极端的禁烟组织甚至提出，来自烟草行业的捐助应该从希望工程、慈善工程等领域统统退出。视烟草企业有“原罪”，烟草资金为“黑金”的舆论，有抬头之势。这些或明或暗的压力和挑战，都对烟草企业和烟草形成了新的考验。未来的烟草市场之争，毫无悬念地将被逼进文化理念之争，社会价值之争，市场认同将变为人心认同。人心，一个太虚又太实的称谓。谁能拨动那根玄妙的心弦呢？

2008 年 11 月，云南烟草企业“三变二”，原来的红云、红河集团，合并重组为红云红河集团。社会责任和向善之心，依然是这个新的庞大企业集团的不变追求。新成立的红云红河集团，开疆拓土，它的经济版图更大了——西到新疆，北至山西、内蒙古；它担负的社会责任也更大了，在红云红河集团祥云所罩之处，我们都可以看到他们尽责任献爱心的举动。按照红云红河集团一以贯之的反哺情结和感恩之心，也许，用不了多少年，红云红河集团就会将自己定位为“十三亿人民的企业”。

达则兼济天下，穷则独善其身。这既是我们中华民族的传统美德，同时也蕴含了社会主义制度的某些基本元素——马克思在《法兰西内战》一文中，首次为社会主义制度定义为：比资本主义制度更公正、更公平、更先进、更科学的社会制度。共同富裕、团结和睦，和谐发展，公平、公正、公开地实现社会成员间的资源共享，不正是无数仁人志士抛头颅洒热血为之奋斗的人类理想社会吗？

人在做　天在看

企业群星

先说一个职业抽烟人的故事吧。

对于一个老烟民而言，最可怕的事情是想抽烟时却找不到烟，比这更可怕的是想抽烟也有烟却找不到火。做一个幸福烟民的定义其实很简单：有烟抽，有自己喜欢的烟抽，那日子的滋味就赛神仙。

然而，即便对烟民来说，香烟再好，却也不能当饭吃。你只能在最需要抽烟的时候点上一支，才能感受到香烟带给你的巨大乐趣。如果把烟当“饭”吃——也就是说，把抽烟当成一种专门的职业，那情形又会如何呢？

曾任红云红河烟草集团技术中心副总监的王超，就是一位职业抽烟人。从某种意义上说，吸烟已不是他的身心需求，而是他的工作职责。他每天要吸入上百支甚至更多的烟。而且他的吸烟跟普通抽烟者有很大不同：“一般人是为了过瘾，我们是为了检验产品的品质，得非常用心去品。”为了把握内在质量，从新品研制到成品检验，从高档到低档，再到单体烟叶原料，他都要通过自己的吸食去细细地品味。

在这个注重科学理性，强调量化分析的电子时代，电脑正试图取代人的大脑的很多功能，然而，还没有一种仪器可以替代人的味蕾，来检验香烟对人产生的复杂感官刺激和丰富审美趣味。

王超说，这种工作式吸烟很讲技巧，“头几口就知道香气量、香气质怎样了，不要大口大口地吸。烟气特性、饱满度、甜感以及对口、鼻、喉的刺激等等这些主观感受，不通过人工吸食检验，没法检测。对产品内在质量把关，感官品吸是不可替代的最重要方式。”他不仅是用嘴吸烟，也是在用心吸，用脑吸。当烟雾缓缓吸入又徐徐吐出时，他味蕾积累的经验外加大脑里的“精密计算机”，已经进行了无数次复杂运算，这时候，王超张口就可以得出让人折服的结论。

王超这种工作式吸烟，每天的吸烟量是常人所不能接受的。长期的工作式吸烟，已经使他有了超长的耐烟力。他的工作可以说是举重若轻。换一个普通吸烟者，却很难承受其中之重——因为普通吸烟者还没品出其中之道，可能早已经“醉烟”了。

然而王超并不是天生就有最强耐烟力的“超人”。在上大学以前，他甚至不会吸烟。上了大学，学的是食品系的烟草工程专业，注定要和香烟打交道，他知道这一辈子不抽烟已经是不可能了，“于是上大学就学会吸烟，有意识锻炼自己，只是那时抽半截就扔了，不像现在吸得极认真。”

有人问他，“这么个吸法，对你的身体可是有害啊，成年累月，怎么受得了。”

王超回答，“那也得忍受，在这里吸烟不是享受，是工作，而且是很重要的工作。迄今为止，即使是最发达的国家，他们的生产程序里也有这道靠人吸食品味以判断产品品质的工序，没有任何机械可以替代，以后我估计也不会有。这种产品太特殊了，靠其他技术检测手段无法胜任。”

烟抽得太多，王超就采取多喝水，多吃水果的方式缓解，“实在不行，就到户外，深呼吸，吸收新鲜空气，适当运动。我的耐烟量挺大，问题不大。企业也非常关心我们，每年都要体检。”

王超的妻子从事医疗工作，作为医务工作者，她知道烟卷对健康的影响，她对王超的吸烟行为当然持反对意见，她最不能接受的就是王超回家后还会抽烟。“你在单位已经吸了这么多烟，回到家就别抽了。”但是，当抽烟成为一种习惯时，你要轻易让他立即踩下刹车却很困难。屡屡劝说不止之下，也只有妥协了，但还是要求他尽量少抽。

“对于我们这个行业，一个营销中心，一个技术中心，构成了企业发展的哑铃形结构。”王超说，“集团目前体量是全国第一，但从大到强，是一条坎坷之路，我们技术中心担负着艰巨的责任。”集团技术中心本部有90人左右，大家的工作并非外人臆测的那样，成天琢磨研发新产品，首要的却是在做减害降焦的工作。

“开发新产品和减害降焦并不矛盾，按照国家新的技术标准，减害降焦是任何新产品研发的首要目标。”“国家局提出‘国家利益至上，消费者利益至上’，两个‘至上’里，消费者利益肯定包括他们的健康利益，在还不能完全收缩卷烟业的前提下，我们的一项重要工作，也是我们作为烟草企业的重大责任，就是要琢磨怎样最大限度使产品减害降焦，最大限度保护消费者的健康利益。”

王超说，“减害降焦是技术中心的首要任务。我们从20世纪90年代初就开始这项工作了，吸烟与健康，对于消费者来说，是相对简单的问题，无非就是放弃或者坚持，而同样的问题对于我们，就是一个十分艰难的两难选择，在无法完全消除其害的情况下，我们能做的就是利用现有的科研技术手段，最大限度减害降焦。”他透露说，为了减害降焦这个研究课题，集团每年都有巨额的投入，“这些钱投在购置仪器设备和原料上。”

王超的成就，可以用“获奖等身”来形容，工作20年，王超作为主要科技人员完成的烟草科技项目20多项，共获得云南中烟级以上科技进步奖16项，其中，国家烟草专卖局科技进步奖二等奖1项，云南省科技进步奖一等奖1项、三等奖3项，云南中烟工业公司级科技进步奖特等奖3项、一等奖3项、二等奖4项、三等奖1项。2009年，王超成为全国烟草行业劳动模范。

2012年，王超因为工作业绩突出，被任命为红云红河集团原料部部长。

过去各行各业评劳模先进，通常是看谁最忙谁最累，谁最能干脏活苦活，谁当先进典型的可能性就会大一点。而今，在智能化时代，许多工厂的车间里已经很难找到脏活苦活，工厂管理者也不希望看到自己的工人总是“最忙最累”“最脏最苦”——因为，那恰恰是工厂出了乱子才有可能出现的情形。

经过你追我赶的技术升级改造后的云南每一家卷烟厂，生产车间每一条流水线都实现了自动化操控。但自动化也离不开人对机器的控制。所以每一个人还是会“一个钉子一个眼”，按编组分工全神贯注地守候在自己的工作平台上。有一个人却是个例外。他叫张昆华，红云红河集团昆明卷烟厂生产二部六车间机电修理组组长，高级技师。有记者去采访他，采访持续了一个上午，衣着整洁的张昆华没有离开过椅子，显得很清闲。大约是看出了记者的疑惑，他呵呵一笑：“我的工作带有负面性，我越忙，说明设备问题越多；我越闲，说明设备运转良好。”

就是这个看似“闲人”的张昆华，却获得了无数荣誉：2004年获“全国烟草行业职工创新能手”、“全国烟草行业技术能手”称号；2006年获云南省首届“云岭优秀职工”称号，并荣获“云南省五一劳动奖章”；2007年荣获“全国五一劳动奖章”；2008年获“云南省劳动模范”称号；2010年，荣获“全国劳动模范”称号；2012年，当选中国共产党“十八大”代表。

我们数次去昆明卷烟厂采访，其中有两次明确提出只采访工人。也许是安排者的疏忽，他两次都被安排来接受采访，而且都是随请随到。我们看到的，也是他“闲”的一面。另一方面，说明他这个“闲人”其实是昆明卷烟厂的一个“招牌菜”。

说他是“招牌菜”，并不仅仅是因为他身上荣誉多多，而是他这样的工人，对于工厂来说，确实是十分重要。在今天，看一个工厂现代化程度是否很高，不仅要看你的机器设备是否领先，也不仅要看你有多少专家提供技术支持，而是要看你在一线的技术工人，他们是否能够真正熟练掌握机器设备，并使之发挥到效益最大化。技术工人的作用，在今天这样一个高技术时代，比任何时候都显得更重要。张昆华，正是他们中最杰出的代表者之一。像他这样的“高级技师”，在人才荟萃的昆明卷烟厂，也仅有 4 名，在烟草强省的全云南，不超过 8 人，放得更大一点说，在全中国烟草业内，不超过 50 人。说他们是烟草业内的“熊猫级”人物，应该不错。张昆华还是国家局烟草卷接专家组成员呢。

当然，张昆华的名头，绝不是靠吹出来的，而是靠他 30 多年的打拼，一点一点积攒下来的。在他今天“闲”的背后，是他数十年如一日的忙碌，忙于看书，忙于学技，忙于动脑，可以说，他其实是一个从来都不肯真闲下来的人。从 1981 年作为学徒招收进厂，他就把自己定位为做一名技术工人。张昆华先后在昆明卷烟厂生产三部、二部工作，一天都没有脱离过车间。回忆起刚参加工作时的经历，张昆华显得有些兴奋：“当时的生产条件比现在差远了。由于自动化程度不高，员工工作强度大，一天三班倒，经常白、中、夜班连轴转。”但张昆华的眼光没有停留在工作条件上，他对当工人的认识非常简单：“工人就得学技术，就得有本事，没技术你怎么混?”

张昆华的文化程度不高，面对那些从国外进口的机器，他把“苦”付诸工作中：“我不信有弄不懂的机器!”抱着一个“苦”字迎难而上，请教、学习、查资料、熬夜……几年下来，MAK8R、MAK－95 等几种卷烟机型被他“摸”得烂熟，只要机器有故障，张昆华总是手到病除。作为一名出色的修理工，张昆华并不满足于被动维修，他还喜欢从机器上琢磨人家的设计缺陷，然后结合企业生产实际进行技术改造。2000 年，他在包装机上的局部技术改造项目被推广后，每年为企业节约生产成本近 400 万元。

2008 年底，为确保集团确定的“4122”战略目标顺利实现，昆明卷烟厂组织实施了企业历史上规模最广、难度最大的设备搬迁整合工作。为保证部门生产的顺利进行，从 2008 年底到 2009 年 3 月，张昆华作为设备搬迁的技术骨干和专项负责人，放弃了元旦和春节长假，加班加点地对设备进行对接、修复、调校，在企业规定的时间内使设备正常投入使用。在设备投产后，张昆华根据生产需要组织技术力量，对设备重新进行了精度的调校，从根本上解决了烟支的质量问题。

张昆华说，刚搬迁的设备运转很不稳定："短短几个月，我们车间完成了一个U字形的生产历程：从最初的先进，一下子跌到质量问题成堆的落后低谷，经过大家的艰苦努力，又重新跃居先进行列。"

"我当时压力很大，我是我们生产部唯一的高级技师，工友们遇到了技术难题都来找我。"他憨厚地笑着说，"但我自己遇到了技术难题，就没有退路了，我找谁去帮我解决？怎么办呢？琢磨、查书，走着想，站着想，坐着想，白天想，晚上想，甚至做梦都在想。"

像张昆华这样的优秀技术工人，在昆明卷烟厂还有很多。比如我们采访过的维修四部工人曹建成，生产四部11车间包装设备修理工李云杰……他们都是普通的技术工人，又是大名鼎鼎的工厂功臣。他们的名字和形象经常会见诸媒体，他们的事迹也会经常被以各种方式传播。工厂和集团，乃至于省公司和国家局，对这些一线技术工人，不仅在名分上重视，更在实际中爱护关心，培养帮助。比如，每次引进新设备后，出国培训就首先安排他们。像李云杰，他是1988年才从部队退伍进厂的工人，因为肯钻研，厂里对他这样的工人就更重视，单是德国就派他去进修过两次。更让我们吃惊的是，这个普通技术工人，现在还做着昆明理工大学的客座教授，并为大学带着两名研究生。谁说技术工人只懂得技术而不懂得理论呢？

幸福像花儿开放

集团党群政工部女部长唐敏，说起红云红河，一脸幸福表情像花儿一样开放。问她为什么？她说，你们千万不要以为只是这里挣钱多。人除了钱，真的还有别的追求，别的念想。尤其是女人，女人的幸福指数，跟你们男人不大一样哦。我觉得我在红云红河集团，工作着，幸福着，美丽着，快乐着，也就很知足了。原因是，因为这里特别让我安心。我可以心无挂碍地做自己喜欢的工作。你们以为我在说大话吧？看你们那坏坏的表情，我就知道你们不相信。但是，我说的都是真话。为什么？因为企业已经把你工作以外的所有事情，差不多都安排好了，处理好了，你不把心思放在工作上，你还会放哪里？举个例子吧。集团光在昆明，就有一万多人，住在分散不同的地方。

集团却把每家每户的有线电视、宽带网络，都对点设置，免费安装好了。你说，这要多大的工程？再举个小例子，集团有来自曲靖的、弥勒的，每到周末，车就来到办公楼下，将那些要回曲靖的、回弥勒的，送到家门口。而且是全免费。这不是一次两次，而是每周如此。换哪个企业，能做得到如此周到细致？

唐敏说，如果说我刚才说的都是些婆婆妈妈的小事，那我再说个事，在集团，我工作了这么久，我还从来没见过整人的事，不仅没见过，连听也没听说过。这你们该感到奇怪了吧。因为，可以说，古往今来，有很多地方，整人害人，是家常便饭，即便你不想整人，也难免你被别人整。所以才有那句老话：整人之心不可有，防人之心不可无。但是这句老话可以说在红云红河吃不开。为什么？大家都忙工作去了，大家都感到充实了，还想去整什么人啊？再说，整人在这里也不吃香啊，没市场啊。要奋斗，可以按规则。企业制定了很管用的规则，比如“三让三不让”，而且都是显规则，你就不必花心思去研究什么潜规则了。这样的企业，多好！

集团调研室范平，用他的亲身经历，印证了唐敏的话。他说：我从曲靖来昆明，到总部工作都 7 年多了，要问对集团的感觉如何？我说一件小事吧——

我们都知道，职工对企业的文化认同很重要。只有从心底里认同了，才会产生向心力、凝聚力，才会自觉自愿地为企业做好工作，才会从“要我干”变为“我要干”。红云红河集团在这一点上，可以说做得很好，很到位。不仅企业的老底子那一部分人是这样，后来融入集团的职工也很快就会这样。为什么？就因为集团不仅会讲道理，搞“宣贯”，更重要的是，集团会从制度上、情感上来凝聚人心，温暖人心。

我说的是发生在我老岳父身上的事情。我一家——准确地说，是我老岳父一家，都是曲烟人。老岳父叫张光俊，是曲烟打叶复烤厂职工。很不幸的是，他在十多年前得了肾衰疾病。这可是个“富贵”病，花起钱来，是个无底洞，对于一个家庭而言，得了这种病，很容易就会“因病致贫”或者“因病返贫”。在合并前，说实话，曲烟虽然在曲靖也算效益最好的企业，但是我们一家人被这个病拖得也够呛。因为原来的企业，在职工医疗这一块，还是随大流，只有普通的医保社保。2005 年，一家人跟着进了红云集团后，情况就不一样了。红云集团不仅注意对外形象，对外帮扶，对内也建立了“爱心帮扶金”的机制，对职工“重特”困难，有专门的帮扶措施，还有补充医保等等。这是由集团牵头，职工互助，用集团启动金和部分工会费用、党费费用以及职工捐助费等，建立起来的对内专项基金。它的目的就一个，不让企业里任何一个员工因为生病、因为上学或者别的什么原因而返贫受苦。我的老岳父就成了这个基金的受益者。说实话，肾衰这个病，越到后期越是花钱如流水，当然，花钱也挡不住这个病最后的恶化，老岳父最后还是去了。总计老岳父花了差不多一百多万，家庭个人承担了其中约10%。你们说，这样的企业，这样的制度，对有用的员工是爱护鼓励，对“无用”的员工同样是保护关爱，对老的新的，一碗水端平。这样的企业价值、企业文化，你还不认同，天理不容！是不是这个道理？

范平说到激动处，眼睛里开始湿了。我们更愿意把他眼角里的泪水理解为是集团洒向每个职工的春雨，随风潜入夜，润物细无声。

看着这些打心眼里认同集团文化理念，融入集团大家庭的红云红河人，说实话，作为采访者，也大受感染。

市场市场

建工厂，其实首先是建市场。

这话最先是海尔老板张瑞敏说的。

其实，做过市场的人都知道，这是个常识。

但是，常识人人都懂，却不是人人都会按常识去做事情。

知道常识或者说守着常识却忽略常识违背常识而走弯路的事情，在我们周围，是经常发生的。

红云红河集团营销中心总监岳林回忆起昆烟做市场营销的经历，就觉得很有意思。

昆烟从物资短缺时代走过来，一开始，根本不知道市场为何物，更不知道怎样去做市场。“当时不知道，是因为不需要。偌大一家工厂，就三四个人开票，排成长龙的大卡车等着装货，一车一车的烟，还带着车间里的热气，就开往全国各地了。那时候，哪里需要什么市场部哦。”岳林说。

当时市场上买烟还需要凭票供应。社会上有社会上的烟票，昆烟内部也有自己的烟票。红云红河集团工会副主席华业顺直到现在还记得，那张烟票，是当时很多人被吸引进昆烟的重要元素。她还记得，她大学毕业分到昆烟，没多久，另一个同学来问她，到昆烟有什么好？华业顺也说不出来，就拿了张厂内烟票给同学看。同学还是不解其意。华业顺只好跟同学直说，“这张烟票，如果转让给别人，你知道它可以换多少钱吗？”

没等同学回答，华业顺告诉他，大约是300～400块。

一张内部烟票，就等于正常工资的五六倍。那位同学当即决定，想办法进烟厂。进了昆烟的这位同学，后来进步很快，先后坐到了两个市级烟草公司老总的位置，现在，又成了省公司的领导之一。而他最初的起点，却是一张烟票。

就在华业顺说动同学进烟厂后不久，自己却乐极生悲，那张给同学看过的烟票突然不见了。心痛的华业顺，几天几夜为这张烟票茶不思饭不想。她当时住在昆明小菜园附近，那几天，常常一个人下班后到铁路边去散步生闷气。有一天，走着走着，突然看见前面有张小小的白纸，大小正跟一张烟票差不多，她就用脚踢了一下，纸翻过来，一看，正是一张烟票！失去的几百块钱，没想到又以这样奇特的方式回来了，华业顺自己都不敢相信这事情是真的。

当烟票还在大行其道时，烟厂当然犯不着搞什么销售部，犯不着派人去跑什么市场。就这样，坐商当了很多年，人家上门来，烟厂开票的还常常爱理不睬。直到有一天，一梦醒来，世道变了。昆烟从市场上的抢手货，到突然一夜之间无人问津，市场上早没了烟票的踪影，昆烟自己的烟票也变为一张废纸。那变化，让很多昆烟人都感到猝不及防，无法适应。

红云红河集团营销中心党总支书记吕家谋回忆说，后来自己被派出去跑市场，开始是拎着烟，见人就散，却经常会遇到人家根本不接。又转而拎着酒，逢人就敬，人家也很少有愿意跟你喝的。还递过来几句不咸不淡的风凉话，哦，坐商来了啊，以前我们遇到的是门难进，脸难看，话难听，事难办。现在太阳从西边出来了啊，也该你们尝尝滋味了。吕家谋说，那一分钟，自己恨不得找个地缝钻进去，真是十年河东十年河西！

话再难听，工作再难做，却没难倒从噩梦中醒来的昆烟市场营销人。他们硬是一点一点磨，一点一点泡，一点一点撬开关闭的市场，而且是找窍门，找借力，精诚所至，金石为开，曾经处处遇冷的昆烟市场营销人，又逐渐找回了个人的自信、产品的市场、企业的尊严。

2012年，红云红河集团“云烟”品牌300万大箱顺利下线。这意味着，集团营销中心又面临一次新的大考。负责集团市场营销工作的副总裁李恒对此很有信心。他说，“云烟”系是集团最成体系、最有影响、最有价值、最有效益的一个大品牌，在当今中国，这样品种齐全、布局合理、影响巨大、效益明显的品牌并不多见。它在我们营销中心手里，不能有任何闪失。我们每个营销人员，都是如履薄冰，如临深渊，工作要严细实，作风要勇猛拼。我们既要做好高端品牌的市场引领，也要做好塔腰产品的强力推广，更要做好塔基产品的市场占领。现在300万箱“云烟”系是如此，过几年，500万箱也同样如此。

墨江碧溪古镇

穿越百年，去到1911年的重九起义硝烟现场，去到1922年亚细亚的车间工坊，云南往事历历在目，昆烟风云起伏跌宕。

回到现实，来到2012年的云南墨江碧溪古镇，寻访庾恩锡儿时走过的青石板街道，聆听岁月深处至今回响的“得得”马蹄声。走累了，就在新修的古镇随意找个餐馆要碗当地名吃豆腐脑儿打个尖；走渴了，找一口当年的饮马井，泡一壶古镇新采贡品“须立茶”，喝着聊着，就让人浑不知今夕何年，新月旧人。

庾家老宅不再，古镇修旧如新。如今古镇，又打出了马帮牌，马和马帮却不再来这里“得得”奔走，“驿栈”也少了那些沧桑路人。拴马柱一站百年，将自己站老了、朽了，成了一个个孤独衰亡的象征。远处，也见到了连片烟田，烟叶花开，依然红顶，却已难觅当年庾氏三雄的一丝半影。到是一年一度吵得热闹的北回归线上的“双胞胎节”，“摸你黑”狂欢节，让当年的他郎，如今的墨江，聚了新的人气，带来新的商机。

这里本是茶的故乡，走出的却是云南历史上最大一个做烟的人。不能不说，古镇有传奇，古镇有奇人。

从古镇一户人家出来，门前有条通往田垅的弯弯小路，细数一下，居然正好是九个弯。让人想起了“重九”——90年前，千里之外，那家工厂，那个“重九”。

第十二章 · 光荣与梦想

GUANGRONG YU MENGXIANG

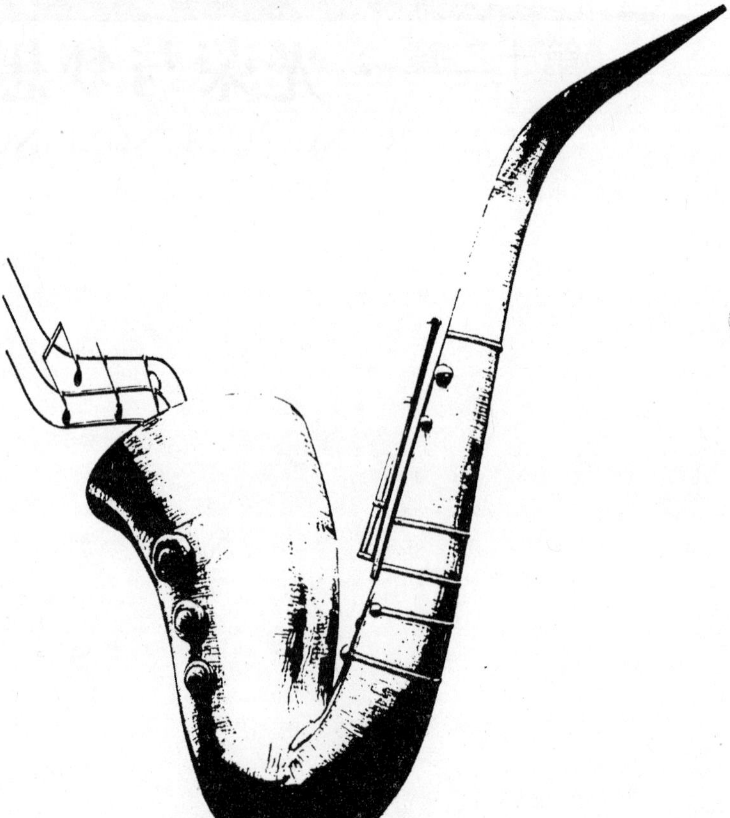

又到重阳日

岁岁重阳，今又重阳。

又到重阳日，还来就菊花。

2012年10月23日，农历壬辰年九月初九，二十四节气中的霜降与九九敬老重阳节，同在一天。昆明卷烟厂90周年和“大重九”创牌90周年纪念日，也同在这一天。

九十年，九十次，九九重阳，
九十年，九十次，重阳九九。
有一个名字，拥有九十年辉煌，
有一个名字，领略九十年风流。
你的美名，诞生在九十年前的昆明，
你的美誉，流布在华夏儿女的神州。
啊，你就是：大重九！

辉煌的“大重九”，享誉华夏神州乃至全球的“大重九”，同时又是命运多舛的“大重九”，是象征着昆烟和红云红河人不屈不挠性格和坚忍不拔精神的“大重九”。在她与昆烟同步诞生的90年时光岁月里，多少风雨多少春秋，风霜雪雨化激流。多少苦难痴心不改，雄心壮志不言愁。

1999年昆明举办世界园艺博览会时，昆明卷烟厂不失时机地推出了新版“大重九”——烟民因其烟标包装为蓝红二盾，又简称为“蓝盾”“红盾”。据主持“蓝盾”“红盾”技术开发的时任昆烟副厂长武怡回忆，“蓝盾”“红盾”使用了当时昆烟最好的机器设备，最好的原料技术，最精的研发生产队伍，可以说，积聚了所有优势资源、人力物力，这两包代表了当时昆烟水平的“蓝盾”“红盾”，也顺理成章地从原来“大重九”每包烟3块钱提升到

15 块。然而，热过一阵之后，两包烟陷入沉寂，最后几乎无人问津。失败了。

后来很多人，从很多方向，对这两包烟，做过很多总结——

提价提得太高了。按照当时的消费水平，要让烟民一次掏 15 块买一包烟，150 元买一条烟，有点离谱了。而且“大重九”从来就是定位在三两块钱的中低档烟，一下子提那么高，让人不知道还是不是从前的“大重九”了。

口味变得太大了。尤其是焦油含量，从原来的 18 甚至 20 多毫克，一下子降到 11 ~ 12 毫克，抽起来都不像烟了，至少很多人感到没劲头，不过瘾，无满足感了。那时人们本来还在欣赏红烧肉的阶段，你一下子跟人家上来清蒸海鲜，你认为档次很高，可消费者就是不接受，这样的超前，肯定要失败。

色彩改得太猛了。“大重九”的明黄色烟标，“99”和“盾牌”“菊花”“谷穗”等组成的经典图案，不是谁想改就改得了的。你改了，原来的老烟民就不认你这账了，因为他找不到记忆和感觉了，引不起联想和兴趣了。谁还为你自作聪明来买单啊，你不是吃力不讨好吗?

……

都有道理。但这是不是有点像一个成语故事所描绘的：盲人摸象。摸到屁股的说是一堵大墙，摸到尾巴的说是一条粗绳，摸到大腿的说是一根长柱，都对，又不全对。武怡说，我们不做“盲人”，也不做“事后诸葛亮”，但是我们欢迎所有关心昆烟、关心红云红河的人，当然也包括“盲人”和“事后诸葛亮”的总结和点评。正是这些无数次的失败和弯路，以及对失败教训的深刻总结和反思，才让昆烟人聪明起来，让“大重九”有了厚积薄发的巨大能量。当然，1999 年“蓝盾”“红盾”的失败或者说弯路，也并非完全打了“水飘”——到 20 世纪初，昆明卷烟厂推出了一包“云烟‘软珍’”其实，那里面就包含了当时昆烟做“蓝盾”“红盾”的主要技术精华，可以说，是“蓝盾”“红盾”的移花接木，只是在加重烟叶“红花大金元”比例上，有了更大胆的尝试。结果，这包烟成功了，开花结果了，而且到今天，仍然是昆烟和红云红河最主要也最有市场竞争力的一包烟。可以说，当时消失的“大重九”，“化作春泥更护花”，依然在默默地为昆烟、为红云红河集团、为云南经济社会发展，作巨大贡献。

时间到了 2007 年。当时的云南中烟老总张水长有几分神秘地把时任红云集团老总朱绍明叫到了自己办公室。两个老昆烟人，两个老退伍兵，不是为私交，也不是为叙旧，而是有一个重要的工作任务要交代商量。

张水长：上面要让我们做一包烟，一包拿得出手，能够代表昆烟100年历史和水平的烟，你看该做什么烟啊？

朱绍明：我们已经有“云烟（软礼印象）”了，难道还要再做一包比“软礼印象”还极品的烟？

张水长笑而不语。

朱绍明纳闷，那该是什么烟呢？脑子里一道金黄闪过：要代表百年企业的最高水平，莫非是“大重九”？

可以说，只要是做过昆明卷烟厂领导的，不，只要是在昆烟不管哪个岗位待过并且产生了感情的，没有一个人会忘记“大重九”，没有一个人不在心里默默念着想着梦着“大重九”。一生二，二生三，三生万物，又九九归一，周而复始。中国哲学，传统文化，否定之否定，事物得以不断发展衍生。这些定律，在“九九”中都能找到答案和启示。天长地久，总有“重九”。时光如水，或者时间倒流，流到哪里，都有“重九”。没有一个人会甘心让“大重九”从昆烟和中国烟草版图上永远出局。“大重九”是昆烟人永远化不开的心结，解不开的情结。

当朱绍明与张水长再度四目相望时，两个人都没说话，而是在一张纸上，不约而同地写出两个阿拉伯数字：99。

两个老昆烟人，两个老退伍兵，两个不同位置上的烟草掌门人，击掌而笑，而且是哈哈大笑。

“大重九”又回到昆烟很特殊的一个班组机位上。她的背后是一个更强的研发团队，配方、计划、各种技术参数，都随时上报——而且不只是到云南中烟那一层级。主要参加者武怡回忆说，朱绍明带回来的指示就是12个字：源自经典，不计成本，最高水平。这让人想起1958年初，当时的云南纸烟厂做第一个甲一级高端烟——“云烟”时的往事。“云烟”也是以“不计成本，最高水平”的要求，在“大跃进”的背景下，抢时间，赶进度，“超英赶美”，而且要达到最高水平，组织特殊团队，没日没夜最后做出来的。如果说两者有区别，一是“云烟”无“经典”可以依托，因此完全是创新，二是今天做“大重九”，更强调科学性，而不搞人海战术和蛮干苦干。

新版“大重九”的样品起码往张水长那里送了十次以上。每次去张水长都让研究人员围绕一个字做文章：香。在张水长看来，卷烟在满足减害降焦等前提下，配方技术的核心其实就是调香。张水长认为，卷烟进入大工业时代，普遍存在的问题是香气丢得太多，既有原料退化问题，也有产量和质量的矛盾。烟草本有草本香，但吸烟燃烧时会带来刺激和杂气问题，使吸烟者感官大受影响。加料是为了掩盖杂气，而加料掩盖杂气也是一把双刃剑，它在掩盖杂气的同时也会掩盖草本香气，因此又得同时加香，以引导和重新释放出烟草原有的草本香。在张水长看来，这就是加香加料的本质，也是所有高明调香师的精髓所在。最后调出的那一支“大重九”，香气透发能力极强，可以说达到了香气足，柔和，饱满，飘逸，成为“烟为云云为烟”的典范。张水长认为，这正是多少代昆烟人追求“清甜香”的杰出代表作。

三个月后，这包新版“大重九”惊艳出世。

武怡不仅参加了新版“大重九”技术配方的全过程，而且也是新版“大重九”包装设计的重要参与者。他记得当时为了这包烟全面体现“十二字”要求，请来的多名风格不同的设计师，设计出的新烟标何止上百！最后有资格进入投票现场的评委，大家采取的是无记名投票，即事先不做任何工作，不提任何要求，不加任何框框条条限制，也就是说，每个人的那一票，都要真正代表你真实的内心，你本原的愿望，而你选择的立场，可能要做多种考量——有业内专家、领导的立场，更有市场、消费者的立场。因此，这种投票，可以说是高度负责而且神圣。

第一轮，不是“重九”黄的全部出局；

第二轮，不是“重九”经典图案的全部出局；

第三轮……最后选下来，大家意见居然出奇的一致：回到从前，回到经典。有人说，早知如此，何必当初——直接拿原来的“大重九”烟标做一个不就得了。当时执掌现场的朱绍明说：“我们的工作，不是在做简单的重复，而是做历史的选择，人心向背的选择。没有这个过程，就不知道原来我们手中传承的‘大重九’有多金贵，有多么了不起，就不知道我们肩上的责任有多重，我们要走的路有多长。历史确实会有惊人的重复，但它是螺旋式上升的重复。如果我们看不到这一点，我们就不可能接续历史，演绎新篇。因此，‘大重九’是经典的‘大重九’，更是时代的‘大重九’，是站在时代审美高度、消费高度、经济社会发展高度的‘大重九’。”

朱绍明一席话，一锤定音。新版“大重九”由此出炉。

武怡回忆，其实新版“大重九”数量非常有限，影响力却超出所有人的想象。当时的省委书记白恩培至少不下于三次，跟国家局领导人一起说起这包烟，夸赞这包烟，而且每逢接待吸烟领导时必推荐这包烟。以至于有外界传说——这又是一包特殊定制烟。其实是外界有所不知，白恩培曾经在1983年2月至1983年9月，担任过陕西省延安卷烟厂党委副书记、厂长，他对现代卷烟和烟草有更多认识了解，而且对烟更有一份特殊感情。20世纪80年代初，中国曾经进行过一次干部年轻化的选拔，很多企业出身、有学历、懂技术的年轻厂长，作为“梯队”培养对象，被选拔到各级党委和政府任职。在延安卷烟厂当厂长的白恩培就赶上了那次的机遇。那一年，他37岁。16年后，他成为中国一方大员，于2001年10月调任云南省委书记。从此，这个粗犷的西北汉子和温婉的七彩云南，与云南“烟草王国”，结下了一段不解之缘。

也就在这极少批量的新版“大重九”被口口相传而且口碑越来越好，正要呼之欲出时，国家局限制品牌数量、做大品牌影响的“两个十多个”政策越来越收紧，“大重九”要独立江湖的可能性在此背景下几无可能了。“大重九”再次出局，成为其命运多舛的又一现实注脚。也让很多人——特别是为她倾注了很多心血的烟草人，为之感慨欷歔。

朱绍明说，其实2007版“大重九”依然没有真正消失。就在其后，2008年，“云烟（印象）”软礼出现在高端市场了，人们惊喜地发现，这包烟在其外形上，特别是色彩上，以其金黄，耀眼夺目，是“云烟”系从未使用过的色彩。她只会让人联想到刚刚消失的2007版“大重九”——因为其色彩、其地位，她们都有惊人的相似。朱绍明说：“是的，她确实是那包‘大重九’至少在色彩上的一个翻版。因为很多人都为2007版‘大重九’再度淡出江湖而惋惜不已，于是，大家做了一个折中性的工作，就是推出‘云烟（印象）’软礼，也让人多少有点安慰。‘云烟（印象）’软礼也就站在了本该是‘大重九’的位置，代表了当时红云红河集团‘云烟’系列最高端的水平。”

2010年，2011年，连续两年里，时任云南省省长的秦光荣两度在接待国家局局长姜成康时，旧事重提，提出云南与“大重九”永难分割的历史渊源和人文情怀。这位从湖湘大地走到红土高原的领导人，也跟云南结下了很深情缘。早年他为家乡江村圩市撰过一副对联“尽献都庞之宝，广纳潇湘之财”，而后又有一副对联：“待人贵在诚，诚是为人之道，也是为官之道；办事贵在实，实是为民之本，也是为政之本”，因体现其为人为官为文之道，在湖湘被广为引述。

其后他以凌鄰之名撰《柳子碑廊序》一文：

太史公曰："舜南狩，崩于苍梧，葬于江南九嶷，是为零陵。"可见九嶷、零陵之名，皆因舜而生。至嬴政执权，为平夷南蛮，凿通湘漓两水，从此，零陵遂为交通要津，设零陵郡；至魏晋，更名永州。

永州南接粤桂，北连衡岳，拥潇湘二水之清秀，生洞庭一湖之碧波。晴初霜旦，云蒸霞蔚；极目而望，气象万千。

地灵人杰，俊彦辈出。袭北地先哲之德范，开南国后世之学风。一时文韬武略，荟萃于斯。首其功者，其柳子欤！贞元元年，革新受挫。嗟嗟柳子，负辱遭谪。永州十载，悲苦何堪？困厄之中，述《天对》以明心志；旷达之时，作《八记》而遗绝响；严冬风里，孤舟独钓《江雪》；残月江边，《渔翁》晓汲湘泉；《捕蛇者说》，道尽生民之艰苦；与韩愈书，看破仕途之玄机；志如灵均，难酬报国之愿；才胜贾傅，愁对湘江流水；命途多舛，时运不济，惟以"愚"而自励。仁者贤者之心，令后辈仰为观止。

自柳之后，永州之名，誉贯神州。湖湘学子，潇湘及半，濂溪、绍基之属，无不承柳子之亮节而成一代之宗师。

今逢盛世，力倡德治，为感化万民，永州市各届政府，先后历时十余年，在冉溪南岸，筹建柳子碑廊，立碑四五百方，将其永州诗文，以及历代士子学人凭吊之作，尽刊其中，以贻后世，收厚德载物之功。谒者，读其文章，吟其诗歌，宁不深受裨益，如坐春风？余供职家乡之时，尝有意于斯而未遂，今见此事告成，且愧且喜，爰为序以记之。

这是永州在建柳子碑廊时，家乡向凌鄰求的序，足见其辞章修养之深。

到云南履新后，凌鄰（秦光荣）对七彩云南情有独钟，有歌词为证：

我爱你的白云蓝天，我爱你的红土高原；我爱你的四季如春，我爱你的气象万千；七彩云南我的家乡，七彩云南我的家园。我爱你的三江流水，我爱你的百花草甸；我爱你的热带雨林，我爱你的湖泊冰川；七彩云南我的母亲，七彩云南我的依恋。我的心啊为你感动，守望着你的秀美山川；我的手啊为你高举，保护着你的灿烂明天。

在《云南美》中他这样吟唱：

天也云南美/地也云南美/冰川伴热海/蓝天彩云追/山也云南美/水也云南美/江河淌碧玉/群峦竞翠微/云南的美是看不够的美/云南的美是说不完的美/云南的美是神奇的美/云南的美是忘不了的美。

村也云南美/寨也云南美/漫步三月街/又泼吉祥水/歌也云南美/舞也云南美/多少阿诗玛/跳得四海醉/云南的美是看不够的美/云南的美是说不完的美/

云南的美是七彩的美/云南的美是忘不了的美。

古也云南美/今也云南美/太阳点火种/高原孕文明/哥也云南美/妹也云南美/汗水酿美酒/共同举金杯/云南的美是看不够的美/云南的美是说不完的美/云南的美是和谐的美/云南的美是忘不了的美/美啊云南的美是永远的美。

还有《永远的香格里拉》也出自他手：

天边飘来一幅神奇的画/画的名字叫香格里拉/雪山环抱绿色原野/和风吹开四季鲜花/峡谷飞出三江并流/湖水倒映天地光华/你把美丽送给人间/你让世界圣洁无瑕/你是我心中不落的日月/你就是永远的香格里拉。

引述凌鄰（秦光荣）如此多的诗文歌词，无非是想说，他对云南的确了解很深，感情很深，不仅是河山大地，更是人文情怀。所以，当他一次次提到“大重九”时，就一点也不让人感到奇怪了。

2011年5月，红云红河集团新工房落成的日子。时任云南省长秦光荣与国家局局长姜成康一起出席，在剪彩仪式上，他再次说起“大重九”。他说，云南不一定要做中国最贵的烟，但是应该做一包中国最好的烟。这包烟，她只能有一个名字，就是“大重九”。

姜成康频频颔首，他说，云产卷烟一定要在高端品牌上实现突破，培育一到两个有影响力、叫得响的高端品牌。云南有全中国最好的原料，所有最好的卷烟都要使用云南烤烟。而最好的烤烟都留在了云南，云南确实有条件生产出中国最好的烟。

日出东方，烟出云南。不唯其贵，但求其好。这是地方领导人对“大重九”最精准的新定位。有地方主要领导如此重视和深情推荐，姜成康当然乐见其成。也正因为有这样的原因，在国家局强势主导“大品牌”战略时，仍然同意了云南中烟、红云红河集团以“云烟”一个特殊规格的名义，使“大重九”重出江湖。于是，在2011年5月昆烟新工房落成后又3个月时间，2012年8月，“云烟（大重九）”再度试水上市。又两个多月后，力主“大重九”重新上市的秦光荣成为新一届云南省委书记。对云南感情和认知很深的秦光荣书记，提炼出高原情怀、大山品质的云南精神，以凝心聚力，实现云南的科学发展、和谐发展、跨越发展。践行云南精神的突出代表行业和群体，就有为云南“烟草王国”建设矢志不渝的“大重九”后代——红云红河人。

对于红云红河集团新推出的“云烟（大重九）”，朱绍明作为从昆明卷烟厂走出来的一个老昆烟人，当然备感亲切，也倍加关注。其实他在昆烟厂长、红云总裁、红云红河总裁位置上，就对“大重九”投入了很多心血。他在红云集团老总位置上，尝试推出过“大重九”（礼品装，即2007年版）。更早时候，当他接到一个名叫李忠林的普通消费者关于“大重九”的来信时，他以集团领导身份亲自复信，并派专人到写信人李忠林所在的宜良县登门拜访。在给这位普通消费者复信中他表示，“大重九”是云南历史最悠久的品牌，这个品牌不仅记录着一段爱国历史与昆烟80多年的沧桑变化，也凝结着几代烟草人的情感与广大消费者的厚爱。因此将慎重对待这个品牌的开发与培育。

当时，朱绍明就认为，像“大重九”这样的老牌子和传统产品，始终存在一个继承和创新的问题。卷烟作为特殊食品，每一个消费者的舌尖上有哨兵，味蕾中有记忆，你要想随便糊弄是不可能的，除非你想自己砸牌子。但是一个时代有一个时代的审美观和消费观，卷烟老牌子从配方到包装，也不可能以不变应万变。比如在倡导绿色健康环保为主流的今天，卷烟就必须走低焦油低危害直到尽可能安全无害的发展路子，同时又要满足消费者的心智需求。国家局已经提出所有卷烟焦油含量下降到11毫克的时间表，而且降焦减害是卷烟工业的必然趋势。云南烟企要提前做到生产一代，研发一代，储备一代，不断创新。这就要求尤其要在新研发推广的（云烟）“大重九”、（庄园）“玉溪”等顶级产品中，率先垂范，模范引领，起到彰显云南烟企正能量、正价值、有社会责任、对国家和消费者负责的标杆与旗帜作用。

如今，“大重九”品牌的重新开发和培育，果然以其王者之气，从幕后走到台前，以眩目光彩，吸引了中国所有卷烟生产者和消费者的眼球。新版“大重九”，其焦油量、烟气烟碱量、烟气一氧化碳量等项指标，都降到8毫克以内。其吸味却依然丰润饱满，舒适自然，而且让老烟民能找到与历史悠久的“大重九”在品质上的内在联系。朱绍明将“云烟（大重九)”定位为，她是国家局和云南省领导的共同期盼，是市场经济的呼唤，是消费者的等待，是红云红河人积淀的经验、创新的智慧和现代科技完美结合的鼎力之作。如此神奇的继承与创新，使新版“大重九”甫一登台，就赢得满堂彩。而其成功背后的重要推手，既有行业和地方最高领导的共同参与，也有来自朱绍明的默契配合与努力。

从2010年开始，姚庆艳执掌红云红河集团帅印后，他就与武怡、许力为等人一道，接手了几件大事：其一是完成集团旗舰、昆明卷烟厂新工房的落成和整体搬迁，正是在这个规格很高、规模很大的搬迁仪式上，他领命了第二件大事：重新开发“云烟（大重九)”，使之成为中式卷烟最高端产品的代表之作。发布此项指示的是云南省省长秦光荣和国家局局长姜成康。他们在携手出席搬迁开工仪式时，不约而同地说到了“大重九”，说到了这个凝结着云南人民光荣与梦想的民族品牌，他们将这份沉甸甸的光荣使命和责任，交到了以姚庆艳为首的集团“三驾马车”手中。

姚庆艳很快对此就有了心领神会。在姚庆艳看来，“大重九”是一匹顶级好马，当然也是一匹顶级烈马。敢不敢将顶级烈马牵出来，体现的是你的勇气胆识；牵出来能不能驾驭骑行，体现的是你的才情本事；骑上去能不能风驰电掣，体现的是你的高超技艺；奔跑起来能不能到达终极目标，看的是你和你整个团队的协同精神和综合实力。“大重九”比任何一个烟草品牌都有历史厚重感，如果运作得好，它对“云烟”品牌价值和集团形象的提升都很快。如果运作不好，不仅不能很好地提升“云烟”的品牌价值和企业整体形象，还会削弱“云烟”的品牌价值。

“大重九”与“云烟”，是一种共荣共生的关系，如果形成对抗或者内耗，会对“云烟”品牌产生不好的影响。

正因为基于这样的判断，“云烟（大重九）”定位在“云烟”系列最高端、最高价的位置上。“多数人知道，少数人拥有”，这样一句营销广告词，被放在了“大重九”身上，口口相传，效果奇好。很多人，包括对“大重九”怀有很深记忆的中年以上政军商界成功人士、市场风云催生出来的新一代高消费群体、当然也包括一些欲将此物当礼品和收藏品的消费者，都在引颈盼望着“云烟（大重九）”的横空出世。姚庆艳也清楚看到了这一点。他知道，高端卷烟满足的不仅仅是最原始的生理需求，还可以满足文化需求。一旦“云烟（大重九）”满足了目标消费者的多重需求，价格对他们而言就不是问题。因为从中国礼品消费和中国特有的消费行为看，是产品价格决定了产品价值。只要“大重九”的品质不降，它所带来的独一无二的尊贵体验就不会受到影响。当然，正因为“大重九”有着90年的历史，承载了丰富的人文情感，我们才敢将价格定到这个高度。“量随价走，这就是这包烟的市场策略”。

2012年9月21日，姚庆艳说起“大重九”，一下子又陷入动情的回忆中。他还记得，1996年到1998年他一进昆烟时，唯一没动过的一包烟，就是“大重九”。“这包烟太神圣，太神奇，没有足够的智慧、经验、勇气、力量，谁也不敢轻易去动它。”姚庆艳还记得，他到任集团法人董事长之后，将2007年试制开发所余的那批“大重九”全部交给了高层领导，而高层领导又送给了更高层领导，那包烟就一直在很高层次的人士中释放着能量，传递着信息。终于等到了重新正式开发的议事日程，姚庆艳说，这包烟的神性和神奇是罕见的，让人对它心生敬畏也是由衷的。

但是却只听楼梯响，不见人下来。原来，就在“云烟（大重九）”悄悄试水，在全国少数市场少量投放以观其效时，姚庆艳最不愿意看到的一幕出现了：因受政策影响，全国千元以上价格卷烟统统调价，回到千元以内。刚刚出世的“云烟（大重九）”首当其冲，考验姚庆艳和“三驾马车”的一道难题就这样不期而至。

姚庆艳好像是一个有预见的人。就在他对“云烟（大重九）”做出种种研判分析和价格定位的同时，他还说过一段话：“一个人一生，勤奋加智慧很关键。还有一点是：永远要敢于不断地否定自我。不能实现自我否定的人，驾驭不了这么大的企业。”这段话在今天看来，好像就是为“云烟（大重九）”出世后的必然遭遇而言。当“云烟（大重九）”在价格与价值上也面临一次“自我否定”时，姚庆艳的大将风度显现出来了：他与集团“三驾马车”采取的是先冷处理，再“坏事变好事”，修正的航向是：“云烟（大重九）”依然要做集团旗帜和标志，也适当“放量”，“量随价走”，并且依然要在“调结构、上水平”上做文章，作贡献。真是四两拨千斤，一个举重若轻的调整，使“云烟（大重九）”避免了尴尬困局，它依然朝着利好烟民也利好集团、当然也服从和服务国家利益大局的方向发展。

天意不可测，人心不可违。谋事在人，成事在天。姚庆艳坚信，生态环境奠定烟叶优异品质，优异品质烟叶奠定名优品牌。生态的环境和条件决定品种和原料。植物是由生态环境决定的，作为最适宜烟叶种植的地区，云南的优势不可替代，也不可复制，云南“烟草王国”的地位也是不可易移的。优质原料才是云南烟草人最可信赖的一片碧空蓝天。在这片美丽蓝天下，红云红河作为中国体量最大的烟草集团，责任重大，使命光荣。而他既然坐在了船长的位置，就要把好舵，定好向，使航船沿着正确方向，又好又快继续前行。

2012 年 8 月 31 日下午，已经在集团总裁位置上任职两年多的武怡，再次接受笔者采访，跟笔者说起他与“大重九”的故事。武怡说——

以前我说过关于购烟票的故事，现在我再说两个与“大重九”有关的小事吧。还是 20 世纪 80 年代，即将大学毕业的我，与同班同学去西山游玩，当时我们三个抽烟的男生，一人凑了三角钱，加起来九角钱买了一包带嘴的

“大重九”，结果西山还没爬一半，那烟却抽完了。为什么？就是觉得那烟实在太好抽了。如果那包烟是一个人的，也许会省着抽。因为是合伙制的，谁都想多抽一口，因此就赛着抽。所以路程不过半，烟却已经完全被消灭了。当时就想，要是一辈子有这样的烟抽，人生会有多大的满足感！

大学毕业时，我分到云南省烟草公司。当时是步行去省公司报到，路过百货大楼时，一摸身上还有一块多钱，想到去烟草公司报到，怕是应该备点烟在身上，好逢人发一支，也算套个近乎。开始想买带嘴的，却只够买一包，怕万一公司人多不够发，不是更得罪人吗？于是就买了两包不带嘴的，五毛八一包，两包烟花去我一块一角六，那是我两三天的早点钱。因此那价格，我一辈子都记得。进了公司，果然要发烟的人还真不少，我是见人就发，却没有因此在分工时有什么特别照顾。当时就分到烟科所去了。早上分去的，我当即就赶去位于穿金路的烟科所报到。谁知在那里吃了午饭，省公司又来电话把我喊回去。原来，是当时的卷烟处坚持要一个会抽烟的，说是以后才好开展工作。而开始分去那里的是个女同学，显然属于不会抽烟的。卷烟处处长是周善生（1958 年时的云南纸烟厂厂长），资格老，话管用。他既然提了要求，人事处就按他意见做了调整。有人说，上午来那小伙子逢人就发“大重九”，不正是周老处长要的类型吗？于是，我就到了卷烟处。这个分水岭，决定了我一辈子的人生走向。如果在烟科所（今天的烟科院），我也许会成为一个专家，但是不一定能成为今天这样，把研究心得快速转换为产品成果的实用型人才。这中间当然没好坏之分，但是有个人喜好的差异。相比较而言，我还是更喜欢现在的状态，因此，也对“大重九”心生感念，念她一辈子的好。正是那五角八分钱的“大重九”，在冥冥中助了我一臂之力，为我画出了流向今天的人生轨迹。

“大重九”为什么要到现在才出？起点还是因为 2007 年那个版本。就那么几十箱烟，却做足做够了文章。让多少人引颈盼望，望穿秋水，不见伊人。于是就出现了两个声音：赶快出，在最高端位置上出。于是就有了“多数人知道，少数人拥有”的特殊效果，我们也就拿它当产品定位和营销策略，造成一种“知道有，很难找，找得着”的销售悬念。我们要追求高端产品规模化，规模产品高端化，这两句话，说得更直白一点，就是大的要变好，好的要变大。这是集团调结构、上水平的关键所在。复出“云烟（大重九）”，就是按此思路进行市场推广的。

“大重九”起步比“云烟”早，20 世纪 90 年代之前，两个品牌一直是同步发展。20个世纪90年代后期，“大重九”和“云烟”拉开了差距。1999年，“大重九”推出15元一包的烟，由于降焦超前，定位偏高，而配套措施不够，消费者不接受，“大重九”慢慢淡出市场。当时可以说是在不恰当的时间、不恰当的地点，上了一盘做得不错的菜。人家还急于要想吃到红烧肉，缺油水的人就喜欢来点重口味，你却上了一盘清蒸虾，尽管色香味形你做得都不错，但消费者的满意才是最终正确答案。所以，当时“大重九”淡出世博会，真不能怨天尤人。现在，无论是行业背景还是社会背景，“大重九”都具备了重出江湖的条件。首先，它的历史基础是相当厚重的，具有相当的品牌认知度。其次，社会环境与商业环境的变化，让高端卷烟有了强劲的需求，高端卷烟的消费持续增长。再次，2011年恰好是纪念辛亥革命一百周年，而2012年则是“昆烟”和“大重九”诞生90周年。另外，“云烟（大重九）”的复出是由相当级别的高层领导一起决定的。这为“云烟（大重九）”的复出做了很好的铺垫。4年前，我们试制了少量“大重九”香烟供专家品鉴，从没在市面上卖过，但后来价格被炒到天价，拿到烟的人如获至宝，欣喜万分，完全抛弃了之前“大重九”是低端烟的认知。大家对它期盼了3、4年，我们潜移默化对它培育了3、4年。

武怡认为，尽管在决定要推出“云烟（大重九）”的时候，有一些波折，但是对这个品牌，我们有一种很深的感情，能在我们的手上发扬光大，是一件令人自豪的事。消费者是在用心智、用文化来享受品牌，因此，我们要以故事和细节来为品牌做支撑。让她成为真正能满足消费者心智享受的一包烟。武怡为“大重九”眼下再次遭遇的起伏周折，吟了两句古诗：山重水复疑无路，柳暗花明又一村。然后弹弹指间烟灰，呵呵一笑，仿佛“古今多少事，付与笑谈中。”

当谈到曾经闹得沸沸扬扬的“中式卷烟理论”课题受阻一事时，武怡燃起一支“大重九”，徐徐吐出一串串淡淡烟圈，然后说，其实，也在意料之中。我们可以不说，也可以不报，但是，谁也阻挡不住我们要做科研、要搞技术创新的决心。因为我们必须按两个利益至上的原则去做事，不致力于减害降焦，才是不负责——对国家不负责，对消费者不负责。如果我们都不负责，不担责，国家和社会还要我们这样的集团管理者做什么？

2011年11月，山西吕梁市孝义县举行了一次“大重九”品鉴恳谈会，昆明、吕梁、孝义等地政商各界精英出席会议，一时间，由新版“大重九”营造出了一个特别温煦的“方便亲切交谈”氛围。说起为什么要在吕梁市孝义县举行这样一次“大重九”高端品鉴会，红云红河集团党委书记许力为回忆说——

有文化学者说，中华民族文化中的很多起源性的东西都与山西这块土地有关。我赞成这个观点。云南人也许不了解孝义，这不奇怪。但是孝义二字，在中华传统文化中占有很大分量，这却是世人皆知的。一个县，就占了这两个字，取孝义作为县名，当然有它的原因。它典出当地的郑兴“割股奉母”的纯朴孝行和“义虎救樵夫”的美丽故事，因为感动天下，县名也由此演变而来。更关键的是，在现实生活中，孝义还是山西省在全国县域经济百强县市中排名最前的县市，在中国百强中连续五年进位赶超，2011年已经位列全国县域经济百强县市第66位。我这样一说，大家大概听明白了吧？

山西是产煤大省，孝义是产煤大县。而那里的煤老板有个特点，可能是从小就受县名耳濡目染，特别重情重义——这就跟“大重九”找到了比金钱财富更契合的结合点。因为“大重九”就是一包有情有义有故事的烟，那里的消费者对“大重九”从包装到品质再到文化，可以说全面认可。他们顺口说，喝酒喝汾酒，抽烟抽“重九”，一下子在当地就流传开来，我们就把“大重九”在山西乃至在向华北地区辐射的首个销售点，建在了孝义。煤老板为什么喜欢“大重九”？因为今天的煤老板也很讲文化，很讲品位，当然也很讲义气。可以说，文化、品位、义气，这三者“大重九”都全面达标，还有兄弟情谊，硬汉子精神，铁血男儿气质，敬老爱老的孝心爱心，都对煤矿人的胃口，跟孝义精神完全契合。所以，你说煤老板不抽“大重九”抽什么？比较有意思的是，其实煤老板很懂烟，他们在品鉴会上，很快就找到了对“大重九”的好感觉，说：“大重九”真的有点甜。

在这次高端品鉴会上，我亲身体会了“‘大重九’方便亲切交谈”的含义。“方便亲切交谈”显然不是田间地头的交流，也不是茶肆酒楼中的对话。“云烟（大重九）”提出“方便亲切交谈”，是对超高端卷烟的礼仪性身份和道具性价值的深刻表达，是直指香烟消费本质的诠释。“亲切交谈”多为社会精英人士的沟通方式，“亲切交谈”是他们熟知且追求的工作和生活场景。“亲切交谈”，是思想的交流，也是意见的分享；是观点的碰撞，也是情意的传达；是感情的沟通，也是共识的达成。在吕梁市孝义县举行的“大重九”高端品鉴会，以及在全国很多省市举办的同类活动，都给了我们这样的启示。在这种情景之下，我希望“云烟（大重九）”能在很多的重要场合，成为一座沟通的桥梁。

红云红河集团副总裁和国刚，曾经是昆明卷烟厂取消法人制后首任厂长。他跟昆明卷烟厂法人制时期的“末代厂长”朱绍明是同年进厂（1981 年），而且都是由部队转业进厂的。他们还有一些相同点，比如在部队干的都是炮兵，都是同一时间上的前线，进厂后又曾在同一个办公室共事工作，等等。

和国刚，年少时候就热爱足球的纳西族汉子，在昆烟干过团委书记、最现代化的车间主任，一直干到厂长和今天的集团副总裁的位置。2012 年 8 月 31 日上午，在接受笔者采访时，他首先回忆的却是将近 30 年前与“大重九”有关的一段往事——

1986 年，我从厂团委书记任上调五车间任主任兼党支部书记，五车间是制丝车间，刚刚从英国引进了当时最好的狄更生制丝生产线设备，是昆烟“六五技改”的代表作。由五车间（制丝）六车间（卷烟）七车间（包装）组成的现代化生产线，已经达到年产 30 万箱规模，其中将近 20 万箱开（生产）的就是“大重九”。它说明什么？一是说明当时“大重九”在昆烟的地位最高，因为最好的设备都用来生产它。二是说明它在昆烟的产量最大，当时全厂一年也就是 50 万箱的规模，“大重九”就占了约 20 万箱，五分之二左右吧，而且这 20 万箱是单一规格，数量之大，用今天来比的话，就相当于现在的“云烟”系。三是说明它很受市场欢迎。如果你卖不掉，你肯定不敢生产 20 万箱。事实上，当时市场是，“大重九”一烟难求。很多人来找门路，找关系，就为了能弄点“大重九”。特别是在广东沿海地区和海外市场，很多人当时就认“大重九”。就靠“大重九”去换外汇，换紧缺物资，因此才加班加点生产“大重九”。也就在那个时期，国务院宣布放开名优烟市场，我记得很清楚，是当时国务院新闻发言人袁木在电视上做的宣布。在全国名优烟名录中，昆烟占了四席：“云烟”、“大重九”、“红山茶”、“茶花”，是全国各大烟厂上榜最多的一个烟厂。当时作为生产“大重九”第一道关口的把关人，我感到很自豪，很骄傲。

市场经济，谁要想“各领风骚五百年”——这是不可能的了。也许各领风骚三五年，还有可能吧。“大重九”也是这样，后来它不行了，原因你们已经总结探讨很多了，我不去说了。我只说说自己对“大重九”的感情。很多人都说小时候跟“大重九”有关的玩烟盒故事，我也不去说了。我想说的是，所有书里，文件里，都说“大重九”在“文革”十年里没有再生产，对这一点我不大相信。为什么？因为当时我们经常会有新的“大重九”烟盒拿出来玩。我母亲就在昆明军区政治部军人服务社，就时不时有“大重九”

卖，而我父亲长期抽“大重九”，“文革”时候也没断过顿。应该是那时有专门生产给中南海和军队的“大重九”特供烟。当然那时我还没进烟厂，具体情况不清楚。但是以我2007年专门在厂里布置小范围生产“大重九”的一段经历，我更坚信“文革”时期有特供“大重九”存在的可能。

说到我对“大重九”的感情，举个例吧。2005年，昆烟由工厂制改公司制，是当时全国第一家。让我们提公司名称，我提的就是：重九集团。我的理由是，如果叫重九集团，就把昆烟最早的历史资源和品牌用上了，就跟云南最伟大的历史事件联系上了，而且可以回避一个烟字，以后做宣传也方便了。但是后来还是用了“红云”。因为当时“大重九”确实淡出江湖很久，而“云烟”系中的红“云烟”当时正红得发紫。从市场影响和号召力的角度说，叫“红云”当然是对的。只是我个人对“大重九”感情实在很深，当然很多老昆烟人甚至比我还深。这也是不管怎么变，“大重九”在昆烟人心中的情结和念想总不会变，而且随时间推移，还会越来越深的真正原因。

1992年，是昆烟诞生70周年。当时推出了系列的纪念活动，其中有一项，就是我们搞了个“纪念‘大重九’创牌七十周年”组歌，组歌总名称叫“昆烟人的风采”，一共五首：《重九之恋》《昆烟人的脚印》《昆烟人的情怀》《昆烟人的眼睛》《重九之光》。是请云南著名词作家卢云生作词，由创作过《有一个美丽的地方》而名扬全国的作曲家杨非作曲。打个不一定恰当的比方，就好像是昆烟的“长征组歌”吧。昆烟组织了一个很大的合唱团，由我担任指挥。当时这组合唱一出，声震八方，不仅在全厂工人心中留下了不可磨灭的印象，在社会上也影响很大。都说昆烟人不仅能生产出最好的烟，做企业文化也很有一套。2002年，昆烟80年厂庆时，再度排演了这组歌。现在到了90周年，我希望能让这组激励过昆烟人斗志的组歌再上舞台，为90周年献上一份有历史记忆的特殊礼物。

2005年到2008年，是红云集团时代的三年，我在2005年成立集团时接了昆烟非法人制首任厂长。到2007年，生产新版“大重九”的任务来了，任务是一层一层下达的，到我这里，就是生产厂的具体任务了。配方啊、新烟标啊，由集团与厂里一起做，上最后的生产线，当然还得到工厂，到车间。我就成了这个生产任务的第一责任人。好多天，是又兴奋，又担心，就守在厂里，守在机器旁，生怕出一点点差错。因为“大重九”是昆烟人的日思夜想，谁不想让“大重九”重回昆烟，重回集团啊！就这样，多少个不眠之夜后，“大重九”惊艳出炉了，而且不负众望，果然是一炮打响，外面比里面还响——我说的是，在省外，在北京，很多人都知道了这个高端“大重九”，新版“大重九”，想方设法，就想弄到一包“大重九”。那段时间，我的手机都差点打爆了，都是来找“大重九”的。我说连我自己手上都没一包，人家谁信？你一个生产“大重九”的厂长，厂长没有，谁有？人家这样问我。我真是有口难辩，百口莫辩。新版“大重九”成了高度稀缺资源，有意无意间制造了很大一个悬念，给人一个很大想象空间，她到底是一包什么烟啊，让那么多的人追捧她、寻找她，就像大众情人一样让人为她思、为她想，千万次地问，千万次地寻，却少有人能抱得美人归。这样的结果，为今天“大重九”的重出江湖，造成了很好的市场预期氛围。因此我相信，不管“大重九”在前头还有多少曲折坎坷，还要绕多少大弯弯小九九，但是，道路是曲折的，前途却注定是光明的。

已经从云南中烟总经理位置上退下来两年多的张水长，至今还保留着一个习惯：轮换着抽云南两大集团不同牌子的烟。“非刻意为之，在我心目中，它们本来就是一支队伍，一个大家庭。它们都姓云，云南‘烟草王国’的云。”2012 年 9 月 7 日，张水长在接受笔者采访时，特别强调说。他顺手点燃一支“大重九”，然后说：“‘大重九’的方向和前途在哪里？或者说云南卷烟的前途和方向在哪里？不在高价极端烟那里，而是在如何处理吸烟与健康这对矛盾这里。表面看它们是一对生冤家死对头，毫无协调松动的可能。但是，有责任感使命感的烟企，恰恰要在这里做好自己的文章。大家要看到，禁烟不可能，控烟已必然。既然在很长的历史时期禁绝不了，那就有烟企发展的空间，谁发现了这个空间，谁就取得了发言权，就占领了市场发展的制高点；控烟既然是必然趋势，烟企就必须在提高质量、减少危害，满足消费者越来越高的需求上做更多努力。要用产业链的思路来做吸烟与健康的大文章，从原料、技术、市场营销、企业管理等多方面，打出一组漂亮的组合拳，让社会看到烟草人的真心实意、诚心诚意、尽心尽意。而突破的关键其实是在烟叶，云南烟草的最大优势也在烟叶。烟叶的优势又在天生丽质，自然生态。我欣赏一位诗人写烟叶的两行诗——‘容貌任人轻，天然香气生。’这样的烟叶多好！社会和烟民，都要看你是真天然生态，还是只做个生态的概念拿来炒作。在这一点上，昆烟人马虎不得，糊弄不得。”张水长语重心长一席话，说得在一旁陪同采访的红云红河集团党委书记许力为心悦诚服地直点头。

印象烟庄记

天地间，看雨，听风，

感受自然的秘密，

等待时间的粹炼。

至臻至美，天地精华——云南印象庄园。

这是2012年全国多家卫视播出的一段电视散文。

听者无意，观者有心。如果细看电视画面，你会发现，田垅间，一笼笼初露花蕊的熏衣草已然悄悄绽放出明艳的深紫浅蓝，另有姹紫嫣红的各色玫瑰——蓝丝带、金香玉、阿班斯、第一夫人、保加利亚大马士革玫瑰……以及蓝色的迷迭香、粉白的茉莉花、香叶天竺葵、鸢尾和碧绿的薄荷……这里被编织成了花海。而主角却是众花簇拥下那些精心栽培的绿油油的烟叶。精选的烤烟品种和花卉等香源植物在这里间隔种植，与散发芬芳的植物相互扩散熔炼，烟叶因此更加清甜香润。这就是红云红河集团独创的田间调香技术，也是印象烟庄的精髓所在。诗人赞曰：云厚风平丝雨飞，田生翡翠地增辉。烟农争说庄园好，天降甘霖滋叶肥。

印象烟庄位于一片稍稍起伏的缓坡地，北面和西面是一列翠嶂，足以挡住秋冬两季的寒流。蜿蜒的小溪从庄园中穿流而过，最后汇入远方的一湖碧水之中。庄园的东南两面非常开阔，向阳的缓坡地，春天有暖风拂过，夏天又正好让烟叶和花卉充分接受阳光雨露的滋润，交互产生出丰富的制香物质。

印象烟庄选栽了上百种香料植物，仅玫瑰一科，就有50多种珍贵的香料玫瑰。在香草母本园内，有28科59属64种芳香植物，经过田间试种与应用，红云红河集团筛选出了熏衣草、茉莉花、迷迭香、大马士革玫瑰、墨红玫瑰、香叶天竺葵、鸢尾和薄荷等10种适宜作为高档高端卷烟香料的香草，它们都是典型清甜香润的名贵天然植物精华。精选的烟草品种和花卉等香源植物间隔种植，共享高天流云，同沐雨露阳光，香气相互交融，烟叶在田间就已被赋予更加清甜香润的特质。

9 月，精心栽培的烟叶已有一人高，最肥壮的叶面上手掌拂过会有油润的触感。和风中有意无意送来一丝清甜的香，轻轻地呼吸，那份甘甜随着气息深入体内，甘甜最后会悄悄地留在心中。人有这样幸福的感受，天天与众花交融的这些烟叶呢，它们在微风摩挲中，轻摇细晃，有几分陶醉，几分得意，好像回答了人们的疑问。

云烟印象烟庄石林园占地 2300 亩，其中 1200 亩种植有机绿色烟叶，600 亩种植植物香原料，园区自然条件优越，海拔、气候条件与津巴布韦、美国北卡州等世界著名烟区相似，属于优质烟叶产区。印象烟庄已建成红云红河集团高端品牌的原料基地，其辐射原料范围，提供包括"大重九"在内的一类"云烟" 100 万箱产销量所需的高端烟叶。云烟印象烟庄在烟田间种香草，提供更多优质烟叶原料的同时，还创造了梦幻的景观效应。让人一望即有好心情，进而实现其心智享受。

用红云红河集团总裁武怡的话来概括，那就是：

游印象烟庄，观花海烟田；赏鸟语花香，品重九云烟，享手工烟艺。

事实上，云烟印象烟庄的灵感，来源于红云红河集团多年对烟叶调香理论和实践的不懈探索追求。集团总裁武怡是中国卷烟工业调香学科核心带头人（全国共两名），而且是国家级课题《中式卷烟感官风格评价方法》专家组首席专家，由武怡独立完成的同题论文，在从不发表学术论文的《中国烟草》杂志破天荒地全文发表，课题创造了巨大的经济价值，并对中式卷烟发展方向产生了前瞻性指导作用，得到国家局和全国同行高度认可，被评为全国一等奖（共两名），后又按国家《自然科学奖励评选条例》，成为全国烟草系统唯一上报课题进入候选。虽然后来引出一段风波，使之搁浅，但是该课题的思想却在红土大地上生根开花，变成了眼见为实的现实：印象烟庄，花海烟田。

在武怡看来，最好的烟叶是在花园里生长的。只有自然才是最高享受，数千年来，深谙其中真谛的中国人，最善于从至臻至美的自然汲取天地日月之精华。今天，在印象烟庄，东方的哲学思辨改变了卷烟这个舶来品的制造思路，调香不再是一个化学过程，而是天地神灵万物参与其中的一个创作过程。

在大调香理论的指导下，红云红河集团将印象烟庄作为开展高端原料研究和顶级原料生产的“第一车间”。印象烟庄作为集团独创的四级调香体系的第一级“田间调香”的研究基地，积极开展了香料作物与卷烟原料的间作模式研究。

俗话说“好花还需绿叶衬”，在这里却变成了“好烟叶还需香花衬”，从种植开始便体现了红云红河独一无二生态、绿色的调香理念。间作套种技术，在世界范围内有着悠久的历史和广泛的应用基础，合理的间作套种对作物有许多增益的作用。但是将其运用于烟叶种植，这还是首创。

印象庄园采用立体烟株栽培新模式，让多类型的自然花香同烟叶的自然香味充分融合。在这里，烟叶、香草生长在同一片土壤，呼吸着同样纯净的空气，被同样清甜的山泉所灌溉，香原料在生长过程中散发出的天然芳香物质，会通过烟草的呼吸作用吸附或附着在烟叶中，从而对“云烟（印象）”烟叶原料进行田间调香，烟叶品质更醇和。

经过集团2011年的试验结果表明：迷迭香、熏衣草、香叶天竺葵等香原料植物特有的芳香化合物已成功转移到经田间调香的鲜烟叶中，而对照烟叶未检出，感官评吸也得出了相同的结论，证明调香效果明显。因此可以说，云烟印象烟庄石林园已经成为了红云红河集团原料科技开发与研究的技术平台和创新基地，为“原料保障上水平”提供了强有力的技术支撑。

田间调香实验室中，为第一级调香——田间调香模式提供理论依据和科学指导，研究人员对单作模式和不同的间作模式做着全面的对比研究，对采用不同香料作物进行间作的烟叶做田间小气候、光照、养分、土壤化学、土壤微生物等分析，优选出能提升烤烟产量及品质的间作模式，使大田间作不仅美观且更科学。在得天独厚的自然条件下，应用最科学最细致的种植管理，为集团独特的“清甜香”特色优质原料提供强有力的技术保障，为高端卷烟提供优质、特色技术支撑。

位于5A级石林景区的云烟印象烟庄石林园，远离工矿区、城市污染源以及交通干线，灌溉水不受违禁物品污染。而在烟田花海中生长的烟叶，也在园区内采用了“绿色烟叶生产技术”，在烟田里，安装了物理和生物杀虫设备：一种是黄板，利用其颜色的鲜艳特点，飞虫飞蛾落到黄板上就被粘住了；一种是性诱剂，它将近似雌性虫、蛾分泌的性激素装进塑料袋，从而诱使雄性虫、蛾飞进袋子。对于生活在印象烟庄的烟叶，“喝牛奶”是家常便饭，成为烟叶防治病虫害的绿色无公害办法。庄园技术人员说：“例如病毒病，我们用牛奶来进行防治，100升水中加入3~5升牛奶，在发病季节做叶面喷雾。”

创新能力是一个行业、一个企业和一个品牌生命力的关键所在。红云红河集团独创性地提出烟草“大调香”理论，该理论认为卷烟调香不仅仅局限在厂房中，而是覆盖烟草种植、烟叶烘烤、烟叶陈化和制丝线加香加料四个环节，由此，集团提出了田间调香、烘烤调香、陈化调香和工艺调香“四级调香”技术。

经过田间调香的自然吸纳作用过后，便进入烘烤调香阶段。

在石林园烘烤调香试验区，强调烟叶的自然成熟和传统烘烤。采用烟叶与植物香原料同炉烘烤方法，让植物香原料在烘烤过程中散发出来的天然芳香物质进入初烤烟叶内，对卷烟原料进行烘烤调香。

在烤房设计上，也别具匠心，烤房不贪大求洋，不片面追求机械烘烤，坚持按烟叶成熟规律，成熟一片采摘一片，用量身定做的小烤房烤制，给烟叶“开小灶、吃小锅饭”，着力打造烟叶原料的高质量，彰显“云烟”高档高端品牌的特点。

在“大调香”理论中，陈化调香也是凝聚了诸多独创理念的杰作。

在欧洲，上等的葡萄酒被称为“生命之泉”，它们都储藏在用百年橡树精制而成的橡木桶中，而“大重九”和“云烟（印象）”的烟叶也同样享受了“生命之泉”的待遇。橡木箱储存陈化，这是红云红河集团获得专利的独有技术。烟草和橡木这两种看似毫不相干的物品，被智慧的红云红河人破解并掌握了它们之间的密语。这些看似普通平常的橡木箱子来自欧洲，每只造价不菲，它们赋予了每一片储藏其中的烟叶更多香醇与神奇。

制作“大重九”、“印象”的优质烟叶要在橡木箱里，与从烟株中提取培育的微生物一起，静静醇化二十四个小时，它们像是经历一次奇妙的旅行，在橡木箱特殊的小环境下，橡木本身富含的橡木单宁和其他香酚物质，会让烟叶再次发生神秘和微妙的变化。当地球又转过一周，最初的晨曦轻轻扫过橡木箱时，那些精挑细选的优质烟叶再次苏醒，由里而外焕然新生。

经过一段时间的醇化，橡木箱中的烟叶刺激性和杂味减弱了，吸味更加醇香丰满，余韵更长。同时，神奇的橡木还给卷烟带来了些许仪器无法检测和分辨的微妙的变化——香味的层次更加立体和丰满，品吸的感受高贵而细腻。这就是“云烟”清、甜、香的奥秘之一。

经过前三个步骤的调香技术，最后在卷烟烟丝中加入在印象烟庄种植和萃取的纯天然植物香料，使烟叶本香与植物香料的天然香气有机融合，对卷烟的风格进行工艺调香。

说到工艺调香，她还有一段典故。因为在2012年9月26日之前，她还以“赋韵调香”为命名。9月26日，一直关心惦记“大重九”和云南烟草工业发展的云南省委书记秦光荣来到印象烟庄，当他了解了“四级调香”理论后，对“赋韵调香”提出了他的看法和建议：“赋韵调香”听上去很美，但是却缺少直观和具象，有些让人不得要领。不如叫“工艺调香”简洁明快吧？书记一锤定音，众人眉开眼笑。秦光荣接着对印象烟庄和昆明卷烟厂发表了如下评价：“看了烟庄，给人一种全新的、更深刻的心理感受，它是一种新的思维，烟草通过创新，走绿色、生态、安全、健康的道路，开辟了更广阔的发展空间，这是现代农业的一个缩影；看了昆烟，我认为是焕然一新，一个企业的环境条件、机械、生产和管理能够达到这样一种水平，是少有的，这是现代工业的一个典范。我感到了云南烟草的实力、能力和活力。”

看似寻常简单的一支烟，经过“四级调香”和一系列工艺流程，到此可以初告功成。

武怡描述以上这一过程如数家珍。因为他太熟悉整个过程了。作为中国卷烟工业调香学科的领军人物，他将自己管理企业以外的所有时间，都用在了琢磨卷烟调香如何从传统习惯领域突围上。“天地间，看雨，听风，感受自然的秘密，等待时间的粹炼。”这段电视片中的散文诗，其实正是武怡触发“田间生态调香”的最真实写照。以前，他经常在实验室一待就是一两天。“有时候，自己都觉得自己快变成个傻子痴人了。”常常会有一种“洞中才半日，世上已千年”的奇怪感觉。显微镜，光谱图，电脑屏，外加没完没了的点火、品吸、评议，让一双眼，一张嘴，与其说是更精确了，不如说是快麻木了。人啊，始终是活生生的人，也离不开阳光、风雨，那就到户外去做做深呼吸吧。就一次次从实验室又往外跑，跑来跑去却还是在那些烟田打转转。这就是烟草人绕不开的命。你既然选择了这个事业，它就会像鬼魂附体，就会缠你绕你，逼你追你，让你找不到创新突围时，茶不香饭不思，夜不寐睡无眠。看起来是很风光，说起来还是真可怜。然而事情到这个地步，往往就会起变化，就会出现所谓“量变到质变”，其实就是“众里寻找千百度，蓦然回首，那人却在灯火阑珊处。”就是“踏破铁鞋无觅处，得来全不费功夫。”要说不费功夫？鬼才相信。因为它必须有一个厚积薄发的过程。你不日思夜想，不“衣带渐宽终不悔，为伊消得人憔悴”，她会天女下凡一样突然就来到你跟前撞到你怀里？世上也许有那样的好事，不过我武怡是没遇到罢了。

天地调香的“宏大叙事”之外，这里也还有一点可以说说的小花絮。

在一个以标准化制造为特征的大工业消费时代，消费已成为简单的物的占有，过程之乐自然就少了许多。然而，在生存之外，人们渴望的消费其实是享受一种由外而内的心灵满足。那些影响人们生活与梦想的奢华极致的品牌，无不保持着一种工匠主义精神，“手工”，成了大工业时代向完美主义虔诚的心仪与膜拜。

而云烟印象烟庄，则实现了从工业生产回归自然生态的绝佳转型。这种转型巧妙通过“清甜香会所”一一呈现在人们眼前。

体验操作区融合陈列、手工打造、互动设计等多种功能于一体，专设一张小型手工卷烟操作台，配置了一个卷烟香原料微型厨房，备有手工制作卷烟的所有原材料。来到会所的体验者，可以根据自己对卷烟吃味、香味和品类的喜好，利用手动打烟机，自己设计配方，自己进行调香，并卷制出一支专属于个人的成品“云烟”，体验一下传统手工作坊式生产的乐趣，让定制的尊享贵气满足成功者的品质要求和精神消费需求，创造一次和香烟的亲密与难忘之旅。在印象烟庄，你不仅仅是品香、品味、品文化，更是品味自己独享的自在人生。

国家局领导高度肯定了云烟印象烟庄的意义，认为，云南印象烟庄（石林园）的建成，是“卷烟上水平，重在高端突破”的重点体现，是特色优质烟叶原料生产技术与卷烟特色工艺相结合的新模式，是现代烟草农业建设的新典范，是良好的经济效益、社会效益和生态效益相结合的新形式。烟草和花卉是云南两大特色和优势产业，将两个产业结合在一起，形成一个新的产业，既利于农业增收，同时也对烟叶原料的品质和花卉本身的香气产生好的影响。如果能够实现烟叶不用添加香精香料就有足够的香气质和香气量，成为真正意义上的全天然产品，这将是行业原料技术方面的一次重大革新。“它很可能会创造一个新产业，会成为烤烟生产的新趋势，会带来卷烟调香技术的一次革命，打造云南烟叶生态调香不可复制的新优势。”

这若干个“一加一”，必然会做成一个崭新的“大于一”。简而言之，印象烟庄是一个东方哲学实验场，是一部打开在天地之间的“自然辩证法”。不识字的清风可以翻阅它，不抽烟的游子可以走进它，所有到此观瞻者，最后从中读到的，是云南烟草人的一颗赤子之心。印象烟庄，让你过目不忘，让你心生感动，让你由衷的感慨：果然是日出东方，烟出云南；世有烟也，唯斯唯盛！

光荣与梦想

瞿怡静（昆明卷烟厂离休干部）：从1950年我到云南大运烟厂算起，我在昆明卷烟厂已经62年了。回忆当年，我有幸为刚刚接管的云南纸烟厂（昆明卷烟厂前身）做过一点工作，也为昆烟最早的甲级卷烟“红山茶”、“云烟”创牌做过一点工作。这段历史，很多人都不知道了，说出来很多人也不信了。再不说，就真要带进坟墓了。我说它，不是要争功，更不是为自己评功摆好。这些对我一个已经84岁的老人来说，都没意义了。我把这段历史，写成了打油诗，将写进我的墓志铭。

投笔从戎离家乡，参军南下到边疆。

奉命接管昆烟厂，创牌云烟得金奖。

一生奉献烟草业，淡泊名利天地宽。

埋首何须归故土，含笑长眠彩云南。

我只想说，当年我们研制“红山茶”和“云烟”，是在没有条件创造条件也要上的精神鼓舞下，是咬着牙拼出来的。昆烟人有一种精神，有一种传统，这就是以“大重九”上的盾牌为代表的硬汉子精神，这种精神不垮，昆烟面对任何困难，都不会输。

我在昆烟62年，得到过很多荣誉，也享受着离休老干部的待遇，这些都是昆烟给我的，是党和人民给我的，我常怀感恩之心，并拿它来教育子女；我在昆烟工作期间，也受到过不公平，在我人生最好年华里，失去过21年自由。但是这不是昆烟给我的，是那个极“左”的社会时代造成的，对此我早已经不怨恨，不抱怨。一个人，自己要宽容，对人要包容，要知足，要学会退后一步自然宽，心底无私天地宽，心宽了，天地就宽了，才会真正地知足常乐，保持健康心态。我个人对未来没什么奢求，就是希望和老伴儿乐乐和和，一家人平平安安，多活几年，报答她在我最艰苦难过日子里的不离不弃。对昆烟，对集团，我的希望还是那句老话：发扬革命传统，争取更大光荣。

何传芝（昆明卷烟厂退休工人）：我是1953年进厂的老工人。1990年退休后，又返聘回厂做离退休和红云社区工作，直到2011年再次“退休”，有人说我是在昆烟工作时间最长的职工，我整整为昆烟工作了58年。我们这些人，十七八岁参加工作，一辈子都在昆烟。许多人的子女，甚至祖孙三代都是昆烟的职工，跟厂子的感情，那就没法说了，你要说同呼吸共命运，也不为过。

前面的不说了，1953年到1990年，那是我正常为昆烟工作的时间。退休后我到昆烟离退休委员会和红云社区工作，那算我发挥余热的时间。昆烟离退休委员会，可以说在全昆明全云南那也是响当当的，光是从中央到地方的各种奖杯、奖牌、奖状、荣誉证书就装了满满一屋子。总数有300多件，厂级和县级以下的就不算了，要都算上，大会议室都装不下。在这里工作，还多次迎接过党和国家领导人的视察，也受到各级领导的接见和鼓励。习近平副主席就拉着我的手嘘寒问暖，让我们老同志很受感动。

我在离退委跟老同志打了20多年的交道，自己也老了，感触就比较多。人都有老的一天。企业发展了，也不忘记老同志的贡献。昆烟是国有大企业，离退休老同志人数众多，他们是财富而不是包袱。因此，企业花比较大的精力，照顾好老同志，发挥好老同志的余热，让所有老人老有所乐，老有所用，就是我最大的心愿。

王以礼（昆明卷烟厂退休工程师）：一晃时间就过去了50多年。作为最早参加过第一批“红山茶”、“云烟”研制和生产的一员，我无限感慨。昆烟老前辈，有的已经带着对“云烟”的依恋先走了。我作为见证过这段历史的老人，要我来回忆，我是百感交集。

我最喜欢的就是那枚在北京领回的奖章。奖章其实不是我一人独有，参加过研发的同志都得到过的。我可能是最爱它，也保管得最好的人之一吧。我爱这枚奖章，是因为它见证了昆明烟厂的一段永远难忘的岁月。

你不知道云南纸烟厂最早时那个破。说是工厂，其实只有一座2000平方米左右的厂房，所有车间都挤在里面，每个车间约200多人。虽然那时云南纸烟厂已经算是云南最大的卷烟厂家，但是，今天看来，充其量也就算个手工作坊。

我刚进厂的时候，比较“洋盘”，也记不得是从哪里弄了一辆破旧的自行车，我骑着它去上班，那时有一辆自行车可不得了，比现在有小汽车还牛。

厂破，钱少，在那个年代，都不是大问题。真正让我们感到着急的是，云南纸烟厂那时候不能生产任何高档烟。作为云南最大的一家烟厂，没有一个拿得出手的香烟牌子，这会让每一个工人都感到“丢面子”。为了能够早日赶上国内的‘上、青、天’，打造出云南具有竞争力的品牌，云南纸烟厂当时正酝酿一场历史性的变革。1955 年，云南纸烟厂获得了一个到上海学习的名额，但当时的上海烟草研究所却无论如何也不肯收云南的学生。一次，昆明卷烟厂主管技术的副厂长率领 16 个车间的工人代表到上海烟厂参观，我就在其中。参观结束后，副厂长特意带着我去了一趟上海烟草研究所，我将本来打算带给同学的云腿罐头送给了所长，闲聊中。我和所长找到了共同话题，我才有了去上海进修的机会。

回来后，刚好赶上昆明卷烟厂组建高级新品烟开发组，也就是“红山茶”和“云烟”研究组，我也成为其中一员。厂长亲任组长，成员都是各个科室的精英。只要是开发组需要，厂里都无条件满足。那时候什么都是挑最好的做，甚至连裹烟都是厂长、车间主任亲自动手。所以，我一辈子都为自己有幸参加了从“红山茶”到“云烟”的研制而感到自豪。

如果说我有什么希望，那么，我的希望就是：让昆烟所有的后来者，都努力做一个有理想主义追求的普通劳动者。

杨有珠（昆明卷烟厂原党委书记）：我在昆烟任职时间不算长，1988 年到 1989 年吧，一年多时间，做党委书记，那段时光很值得我回忆。党的工作，在企业，就是要配合企业中心抓好生产，做好每个职工的思想工作，让他们的积极性、主观能动性最大限度地发挥出来，成为企业的主人翁。企业党务工作者，切忌说空话，要多做实事。工人是有眼光的，以前农民说，村看村，户看户，社员看干部。看的就是你说的多，还是做得多，是真做，还是假做。我希望今天的干部，继续发扬实事求是的精神，以身作则，当好表率，做好实事，为云南“烟草王国”多作新贡献。

李有义（昆明卷烟厂原党委书记）：退休了，蛮好的。我就喜欢退休后收拾收拾菜园子，也搞搞集邮，有时候还参加个展览。我的邮票，都是与烟草有关的。主题两个：一是展示云南烟草不断取得的巨大成就，二是告诉人们要尽可能减少吸烟。这两者我认为一点不矛盾。你不能因为是做烟的，就王婆卖瓜自卖自夸，你也一定要说烟草有危害，过量吸烟有害身体健康。

我还记得我在昆烟当党委书记时，接待过全国人大副委员长吴阶平同志，他为昆烟题词：极品云烟质效突出宣传不忘控烟意义。我认为这个题词很有辩证法水平。我把它一辈子记在心里，贯彻到实践活动中。所以，我搞邮展，也按这个思路来设计。昆烟从来就是社会责任感很强的企业，企业发展，始终要为消费者负责，要搞出最好的卷烟来提供给消费者。而最好的烟，并不一定是最贵的烟。其实它应该是既符合消费者习惯，同时有害成分又最少的烟。作为在昆烟待过的老人，我祝愿昆烟在这条路上越走越好。

张水长（昆明卷烟厂原党委书记，云南中烟公司原总经理）：有人给我戴了顶帽子，说我是云南烟草工业改革的“教父”。可能是因为正好在我任上，云南烟草工业走完了“九变二”的一段路。但我不认“教父”这个账。我就是昆烟人喜欢叫的张老倌儿。现在更是张老倌儿了，因为退休了，走在大马路上，谁也不会多看一眼的张老倌儿了。这不是我谦虚，因为云南烟草走到今天，不是靠一个两个人，也不是靠一届两届政府，而是将近100年，多少代人的心血啊！

我翻过作家写《烟草王国红色经典》那本书，现在又看到《重九　重九》。两本书对于云南烟草事业而言，都很有意义。我建议云南所有烟草人，以及关心云南烟草事业发展的人，都读读这两本书，因为这本两书把我要回答的很多问题都说清楚了，100年，云南烟草走过什么路，做过哪些事，出过哪些人物，为云南或者为国家作过哪些贡献，这两本书梳理得比较清楚。特别是《重九　重九》，有人物，有故事，有细节，有场面，有思想，有观点，比我自己搞了一辈子烟草的人说得还清楚，而且不枯燥，不说教，很好看。看过《重九　重九》这本书，可能就没人再说谁谁是“教父”，谁谁是“大掌门”了。云南烟草有成就，这是谁也否定不了的事实。但是它是一个群体，是多少代人努力的结果。谁想贪天之功，谁就不是真正意义的云南烟草人。因为烟草是个非常特殊的行当，确实是做得多，说的少，写的就更少。我过去也是信奉这个观点，认为一说就容易出乱，就会自找麻烦。现在看来，必要的该说的还是要说，要不然，事实不清，是非不明，更容易让人思想混乱。一些历史史实，如果都不去清理，再过一些年，就没人能说清楚了。所以，找好角度，找好热爱和熟悉这些历史，并且有能力客观公正地写清这些历史的人，来做这份工作，还是很有意义的。

昆烟90年了，“大重九”也90年了。这是个让人感慨的事情。人生易老天难老，岁岁重阳今又重阳。今天的“大重九”，名还是那个名，烟盒还是那个烟盒，但是里面装的已经是代表云南最好、水平最高的一包烟，至少是其中之一吧。这包烟走得好不好，顺不顺，还有很长的路要走，还有很多的事要做；云南烟草这盘大棋，以后该怎么下，该怎么走，也还有很多值得思考的问题。

借用孙中山那句名言，大家一起共勉吧：革命尚未成功，同志仍需努力！

郑天一（昆明卷烟厂原厂长，云南省烟草专卖局巡视员）：

荣辱兴衰过云烟，昂首行船万里扬。自强不息攀高峰，千秋事业众人传。

——仅以此诗，与昆烟人共勉

李万兴（昆明卷烟厂原党委书记、厂长，云南省烟草专卖局原局长）：昆烟要纪念90年，要纪念“大重九”创牌90年。我在这个厂几进几出，好像这个时候不说几句话，就有点冤枉了。

我现在时间比较自由，就喜欢做点以前想做却没时间做的事情。比如喜欢跑跑书店，找各种书看看，晚上选择性地看一两集电视剧，每周固定接几次小孙孙，喜欢多听听小孙孙讲点没污染的话，也尽可能学学小孙孙，做点返老还童的事情。不要小看这个啊，你要真做，是不容易的啊。你在社会上混了大半辈子，从语言，到习惯，都污染得差不多了，你要回到真天真，基本不可能了。而要假装天真，这个不用教，好像很多人都会。但是，那有意思吗？那不是在编鬼故事吗？我这人，最不喜欢哪个一本正经地跟你编鬼故事。但是这辈子，听鬼故事实在太多了，所以特别想听点说真话、说人话的声音。这恐怕就是我喜欢跟小孙孙对话的原因吧？

还是说说烟吧。我2011年，查出身体有肺气肿，虽然很小一点点，但是医生建议戒烟，我说戒就戒了。有人说，一个人如果连戒烟这种事情都做得了，说明这个人是个狠心的人。我的体会，说这话的人应该是在编鬼故事。因为你没到要戒的时候，等到有一天，医生说你不戒要出大问题，你怕比谁都戒得快。我自己搞了一辈子的烟，自己的孩子也在“子承父业”，我不会说烟有多么好，当然也不会说烟有多么坏。吸烟就是一种个人习惯。不吸的人，对吸烟人很不理解；吸烟的人，对一天到晚嚷嚷的人，也不理解。其实这个社会还是要多理解，相互理解，社会才能和谐。烟草在很长时间，有很充足的理由会存在下去。吸烟对健康有影响，但是吸烟是合法的。烟民有吸烟的权利，有吸好一点烟的权利，烟厂就必须为这些人负责，就必须投入更多的时间金钱精力，研究更好地符合烟民根本需要的烟，从这个意义上说，昆烟责任重大，云南烟草人责任重大。

我现在不吸烟了，进烟厂的时间和机会很少了。但是，不等于说我不关心烟草、不关心昆烟了。请接受一个老烟草人对昆烟、对“大重九”的祝福和致敬吧！

朱绍明（昆明卷烟厂原厂长，红云红河集团原总裁、中烟云南省公司党组书记、总经理）：如果改革需要水，我们就把自己融化；如果改革需要火，我们就把自己燃烧。我说这话，其实是要表达我自己生是烟草人，死是烟草鬼的意思。也就是说，我早已经把自己一生人都交给了烟草事业，以前是昆明烟草，后来是红云红河烟草，现在是云南中烟——总之，纵然一身是铁，也就是能给烟草事业打几颗钉吧。

有人一生可以做很多事，或者做几件事。我属于一生人就只能做一件事，我做的事就是烟草，无论当一个工人也好，当一个老总也好，都是围着烟草这件事在打转转。我觉得，自己一辈子能做烟草这一件事，如果还能做好这一件事，已经感到很幸运，也很幸福了。因为这件事，在云南，至少有无数前辈，也是做了一辈子，而且是很多人的一辈子。很多人，前仆后继，为这一件事，献了青春献一生，献了一生献子孙，祖祖辈辈，都投入在其中了。我只是他们中的一员，最多可以算比较幸运的一员，仅此而已。

云南烟草，现在已经成为了“烟草王国”，世所公认，这是没有问题的了。它确实是很多人一棒接一棒努力的结果。在我看来，云南“烟草王国”的建设者，是一个很大的群体，如果要掰起指头数一数，至少有四部分人组成：

一是近百年来云南的历届政府——从唐继尧、龙云、卢汉，到与此相关的宋子文，还有美国将军陈纳德，政军各届，都对云南烟草从种植到现代卷烟生产，投入了相当多的关注和支持。解放以来，党和国家领导人对云南人民在建设包括烟草事业在内的社会主义事业的关心，对云南经济社会全面发展的关心，也让云南烟草人永志不忘。毛泽东、宋庆龄、邓小平、江泽民、胡锦涛以及习近平等中央领导人，都曾经到昆烟莅临指导，或者直接关心过昆烟产品，对云南烟草人产生过巨大精神鼓舞。1950 年云南解放以来，特别是改革开放以来，又尤其是近年来，云南省委省政府的支持力度也越来越大，为云南卷烟上水平，包括原料上水平、技术上水平、结构上水平、市场上水平等等方面，都给予了很大支持，很悉心的帮助指导，正因为有党和国家领导人的关心，有历届云南省政府的支持帮助，云南“烟草王国”才有最好的政策环境、政治基础。因为烟草涉及环节太多，谁要想单枪匹马，单打独斗，在这个特殊领域做大事，有大作为，都是不可能的。100 年来云南烟草发展史，已经充分说明了这一点。

二是有一个有事业心、有责任感、有抱负、有远见、有理想，也敢于担当的云南烟草工商群体。从 90 年前建立云南第一家机制卷烟厂的民族企业家庾恩锡开始，这个群体，就把烟草当成一项事业来做，当成是“实业报国”“实业救国”的一项使命来做。当然，也是为云南找到了经济社会发展的路径和钥匙，所以大家才有如此大的热情、如此强的耐力、如此大的爆发力、如此坚不可摧的决心和勇气。90 年前的民族企业家庾恩锡是如此，90 年后今天的数万名云南烟草人更是如此。因为今天的云南烟草人所做的一切，都是以消费者利益至上，以国家利益至上，是为中华民族的伟大复兴，为云南经济社会的全面发展，在不断探索不断努力。

三是有一个充满智慧，勇于钻研，百折不挠，敢于追求真理的科研团队。无论是 1927 年就学成归国的云南本土科学家徐嘉锐，还是扎根云南并为美烟种植作出非凡业绩的外来科学家如常宗会、蔡希陶等等，他们都是学贯中西的大科学家，又是立足田间地头、边疆村寨，勇于实干而绝不满足于书斋讲坛的科学家。他们是老一辈科学家中理论联系实际的典范，他们一次次实验美烟在云南大地的栽种，一次次选育烤烟优良品种，走过很多弯路，遭遇过很多次失败。如果他们在任何一次失败后悲观下来，停顿下来，就可能没有了今天云南“烟草王国”的大好局面。到了 20 世纪 50 年代、60 年代、70 年代，直到今天，云南烟草界的科研工作者，在前辈的基础上，继续探索，终于从变异“大金元”中选育出“红花大金元”等一批新品种，成为云南烤烟的“当家花旦”，为云南卷烟工业发展奠定了最好的原料基础。

四是有数以千万计的云南烟农，为云南“烟草王国”优质原料基地建设，长期不懈地作巨大贡献。云南烟农与烤烟，可以说形成了很好的互补关系，相得益彰，共同发展进步。烟农因为种植烤烟而逐渐脱贫致富，云南“烟草王国”因为有广大烟农的参与和奉献，才得以蒸蒸日上。烟草事业发展了，也反过来反哺农业，为润滇工程、烟水工程、烟路工程等大量投入，为新农村建设作出贡献，云南烟草人在每一次公益活动中，捐出去的也许是可以量化的金钱，收获的确是无法估计的心灵净化和人生境界的提升。我坚信，在云南省委省政府的正确领导下，在国家局的支持帮助下，烤烟与烟农“双赢”的良好局面，云南“烟草王国”已经形成的大好局面，必将在我们手里持续健康地继续发展下去。

作为一个后来者，一个矢志不渝地将毕生精力奉献给云南烟草事业的工作者，我要由衷地向上述四个群体的建设者们致以深深敬意。

卷烟作为特殊食品，每一个消费者的舌尖上有哨兵，味蕾中有记忆，你要想随便糊弄是不可能的，除非你想自己砸牌子。但是一个时代有一个时代的审美观和消费观，卷烟老牌子从配方到包装，也不可能以不变应万变。比如在倡导绿色健康环保为主流的今天，卷烟就必须走低焦油低危害直到尽可能安全无害的发展路子。烟草人心中只有一个宗旨和信念，那就是：“两个利益至上”。坚持这个宗旨和信念，烟草才能着眼大局，服务人民，承担责任，不断前行。

姚庆艳（红云红河集团董事长、法人）：算起来，我是两进红云红河了，从1996年算起，也算是个老人了。对昆烟，对红云红河，对我所服务过的云南烟草企业，我都有很深的感情，也深怀感恩和敬畏之心。感恩云南大地，感恩历届政府，感恩广大烟农，感恩烟企职工——没有你们，就没有云南“烟草王国”发展到今天的成绩成就，也没有我从一个学工成长到今天的经历。敬畏烟草事业，敬畏前辈同仁，敬畏自然生命——常怀敬畏心，才使我们敬业守成，尊重规律，遵守纲纪，而无掉以轻心。

一个人一生，勤奋加智慧很关键。还有一点是：永远要敢于不断地否定自我。不能实现自我否定的人，驾驭不了这么大的企业。

武怡（红云红河集团总裁）：烟草在我们手上，是一份工作，更是一份事业和责任。事业需要科学理性，责任需要分担承受。所以，有多少委屈和困难，我们都注定了要放下身子，一声不吭地扛起来。

云烟品牌的厚积薄发，是继承了几代云烟人呕心沥血勇攀高峰的成就。云烟的清甜香，来自半个世纪的积淀，来自改革发展的历练，来自社会各界的厚望，来自消费者的期盼。我们会珍视这笔宝贵的财富，在奋力推进“卷烟上水平”的征程中，不断提升云烟品牌价值，求强图精，不负前人，不负今人。

许力为（红云红河集团党委书记）：我按自己名字所赐意思，要求自己：凡事当尽力而为，尽可能亲力亲为，努力作为，也就不留遗憾了。做烟草，尤其要如此。

我们人类的伟大之处，就在于：大多数人都在埋头拉车，却有少数人会抬头看路，甚至还有更少一部分人在仰望星空，在思考100年、1000年、甚至10000年以后的事。好吧，就算烟草行业还有100年发展时间，我个人有个比较悲壮的愿望，如果这世界还有最后一个“烟民”，在抽最后一根烟，我希望，那支烟，属于红云红河所生产。

童荣昆（云南省烟草专卖局巡视员）：我们那一批人，为烤烟优良品种推广抓落实，一层抓一层，政策上给保证，措施上给扶持，像“红花大金元”这样的优良新品种终于从文件走向田间地头，昆明卷烟厂也从过去“找米下锅”变成了挑选最对胃口的饭吃，优质卷烟有优质原料做支撑，昆烟底气前所未有地足起来了。

每个烟站都书写着三行大字：国家利益至上，烟农利益至上，消费者利益至上。在国家局提出的“两个利益至上”基础上，基层烟站多了个“烟农利益至上”的口号。烟站面对的就是烟农，如果烟站都不以烟农利益为主，那就没人听你的话，更没人愿意为你按需搞烤烟生产。都知烟好抽，不知种烟难。只有真心实意地将烟农利益举得高高的，看得重重的，落到实实的——而不是只挂在口头上，写在文件中。当兵的人，办事必须实诚，这是必须的！

李恒（红云红河集团副总裁）：云烟系已经形成了金字塔结构，塔尖上是引领云烟的旗帜品牌如“大重九”和软礼印象，塔腰是很有市场号召力的软珍等规格，塔基是紫云、软紫等一批受到广大烟民喜欢的种类。现在云烟系300万箱顺利下线，成为中国卷烟工业一个有规模、有价值、结构齐全的重要品牌。作为集团分管销售工作的负责人，我们将为全国各地喜欢云烟系的朋友，不遗余力地做好优质服务。

程永照（云南省烟草科学研究院党委书记）：特为“大重九”赋诗三首：
重九香/情谊后人赞/护国起义标青史/救国图强美名扬/谁还比她香？

重九好/清香海外飘/抗日伴随远征军/亚洲烟坛气自豪/谁还比她娇?
重九妙/云岭孕其俏/土肥水工精心调/光合作用基因好/谁还比她俏?

田东明（红云红河集团工会主席）：2008 年到 2011 年，我是红云红河集团昆明卷烟厂非法人制第二任厂长。昆烟经过从工厂制改公司制，又经过大力度技术改造，整体搬迁联合新工房，成为大集团下的旗舰工厂，关系越理越顺，活力越来越强。我从 1981 年进厂，30 多年，亲身经历了昆烟在改革开放背景下的巨大变化，见证了“大重九”的起落兴衰。我相信，“大重九”的明天会更好，昆烟的明天会更好，红云红河的明天也会更好。

张昆华（红云红河集团昆明卷烟厂工人）：云南推荐我当上中共十八大代表，这是我的光荣，更是云南烟草人的光荣。因为我是昆明卷烟厂的一名技术工人，在今天，看一个工厂现代化程度是否很高，不仅要看你的机器设备是否领先，也不仅要看你有多少专家提供技术支持，而是要看你在一线的技术工人，他们是否能够真正熟练掌握机器设备，并使之发挥到效益最大化。技术工人的作用，在今天这样一个高技术时代，比任何时候都显得更重要。

王慧（红云红河集团技术中心副总监）：烟草又被称为神草，这是我在大学第一课听来的。烟草有本香，以前又将卷烟叫做香烟。吸烟者不是为了吞那口烟而吸烟，而是为了在那个烟的香气中找到满足和快感。因此，研究卷烟其实就是在研究其中的香气质香气量，是否达到并符合吸烟者的口味和心智需求。集团现在建成了能满足加工 500 万箱年产量的香精香料制配中心，又研究探索四级调香的新理论。其中陈化调香就是以橡木箱为载体，让这种会呼吸的木头，使我们生产的烟更有品质，更有受众。我愿意为此刻苦钻研，争取做出新成绩。

许炳昆（红云红河集团昆明卷烟厂九九物业公司经理）：早在 20 世纪 80 ~ 90年代，我就是一个昆烟历史的整理者，收集者，写作者。一开始那并不是我的本职工作，而是我的一个爱好。就像有人下班后喜欢打麻将，喜欢唱卡拉 OK 一样，我就喜欢找烟厂的历史资料，将烟厂的昨天整理出来，让今天的人看看我们的过去，珍惜今天的幸福，为明天的更加美好而努力奋斗。我整理出了《昆烟工人运动史》，也整理出了《云南卷烟工业社会主义改造史》，还作为常务副主编，整理写作出版了《云烟香五洲》等书籍。我希望这些书籍能够继续为昆烟发展提供有益的借鉴，当然更希望看到能够全面细致地总结昆烟和集团的新作品不断出现，为昆烟和集团作传写史，使昆烟人的光荣传统代代相传。

江波（红云红河集团宣传策划部部长）：

我愿意是一支/紫色的熏衣草/静静地开放/你宽大油绿的叶片旁

我愿意是一朵/小小的白浪花/悄悄地汇入/你湍急奔腾的漩流中

普兴友（路南县路美邑村农民）：我是一个种了一辈子烤烟的农民。1961年无意中我们发现了“大金元”的变种，后来经过很多专家的努力，它成了“红花大金元”，有人也叫我是“红大老干爹”。我不会说什么话，就希望，“红大”越种越好，烟农越过越好，纸烟越做越好，云南越变越好，我就高兴了。

王天培（昆明卷烟厂退休干部）：在昆烟干了大半辈子，退休后又发挥余热和个人爱好，收集烟标，整理云南烟草历史，摊子越铺越大，事情越整越多，从中也越来越找到了自己的乐趣。我就希望自己的这份爱好，能为集团事业发展出一点力，自己作为一个老昆烟人，也尽一点责。让后来的烟草人，更多了解一点云南烟草发展的艰难历程和辉煌历史，更加珍惜今天来之不易的“烟草王国”大好局面，更加努力地为云南烟草上更高台阶，作更大贡献，我们的努力就没白费。

后记 ZHEYINIAN YUYIGEMINGCI
这一年　与一个名词

这一年，我是跟一个名词一起度过的。

是什么名词，需要花一年时间，投入恁多精力，去做这一件事情呢？

这个名词叫“重九”。

诠释一个名词，需要花一年时间——而且，不仅是一年，如果算上从2009年就走进与这个名词相关的群体，应该说，花去的已经是近四年时光。

农历九月九日，因含两九故称重九，俗称重阳。这是辞书对重九最简明的解释。然而在云南，在中国烟草界，提到重九，人们会自然联想到一个事件，一盒香烟，那就是发生在1911年的昆明重九起义和诞生于1922年的亚细亚公司及其“大重九”香烟品牌。

时间过去了100年、90年，两个“重九”不仅未褪去颜色，反而随时光流转愈发光彩。她们成为云南参与中国近现代历史进程的重大事件，云南民族工业的光辉旗帜，凝结着云南人的光荣与梦想，而被今天的人们深深铭记。

两个“重九”有很强的关联性、同步性。因此，当我们披阅千万字史料、采访上百位人物，试图重述和阐释时，才发现其内蕴是如此丰赡深厚，令我们常有笔力不逮之虑。这也正是以一年甚至四年光阴投入其间的原委始末。

重述和阐释“重九”，需要三副笔墨：文学叙事、革命叙事、商业叙事。同一段历史要以三副笔墨交替叙述，其难度可想而知。文学叙事的好处是使历史回到人物和现场，找到它毛茸茸的鲜活，坏处却是可能虚化甚至模糊历史的本相；革命叙事的便利是通过评判甄别与臧否，让读者在温故时有清楚的情感取舍寄托，坏处却是容易造成简单粗暴甚至误入歧途——须知，即便到今天，很多历史依然尘封遮蔽，要做出新的探究评价多有难度和风险，我也只能勉力而为；商业叙事在传统习见中常为文人不屑，细究其因，其实多是酸文人不得其法更难入其门后的酸葡萄心理作祟。历史进程中既然有其重要一角的参与，直面和书写它时，又何必羞答答欲抱琵琶半遮面呢？

当然不必美化烟草，但是也不必对烟草妖魔化；烟草人做事需要低调，但是也不必深怀原罪。回到科学与法治框架内，才能找到烟草发展与控制的正途。

而对于写作者，重要的是找到调和文学、革命、商业三副笔墨的形而上之念，我最后确定的是“普世”二字。真实，好看，有用——然后普世，是本书最终追求的书写目标。至于融会如何，需要读者诸君明鉴了。

本书由许力为担纲策划，江波、梁昊以及魏红文、王天培、韩晓笛等多有协助。合作者段平参与了部分内容采访写作。云南人民出版社刘大伟、赵石定以及王韬、马滨等给予鼎力支持。

出版之日，适逢“亚细亚”和“大重九”两个“90”周年庆典不期而至。谨以此书，铭记这段波澜起伏的历史并献给关心她的读者。

冉隆中

2012年11月8日